真相
解放战争那些事

黄瑶 著

中国青年出版社

目 录

前言 1

第一部分：国共和战博弈，争夺东北 1

1. 毛泽东哪一项战略决策是奠定解放战争胜利基础的神来之笔? 3
2. 《中苏友好同盟条约》规定东北将交给蒋介石，为什么毛泽东认为仍"有文章可做"? 11
3. 我军最早进入东北的究竟是哪一支部队? 19
4. 中共军队为何能比国民党军队更早进入东北? 22
5. 日军一投降，阎锡山为什么急急忙忙占据上党? 31
6. 抗战胜利后，第一位起义的国民党军将领是谁? 39
7. 重庆谈判时，为什么毛泽东要给蒋介石"洗脸"、蒋介石要给毛泽东"一捂"? 45
8. 蒋介石命令停止追击撤退的林彪是战略上的失误吗? 48

第二部分：蒋介石挑起内战，解放军奋起自卫 57

9. 皮定均因何功劳被毛泽东大加赞赏? 59
10. 李默庵损兵折将，为何仍说是同粟裕"双赢"? 62
11. 蒋介石嫡系整编第三师中将师长是如何变成"现代庞涓"的? 73
12. 为什么陈毅说粟裕的战役指挥"愈出愈奇，愈打愈妙"? 76
13. 国民党军整编第四十六师师长韩练成为何临战失踪? 87
14. 蒋介石最看重的整编第七十四师是如何落入陈、粟包围圈的? 93
15. 出于什么原因毛泽东从保卫延安到主动倡导撤出? 105
16. 毛泽东为何事与任弼时发生了多次激烈争论? 109
17. 在战场上要运用蘑菇战术是谁提出的? 115
18. 有一次林彪为什么甘于被师长指挥? 122

第三部分：解放军三路出击，展开战略进攻 …… 125
19. 刘、邓为何匆忙中断休整，义无反顾地冒险提前跃进大别山？ …… 127
20. 为什么刘伯承说"慈不掌兵"反映的是国共军队的性质？ …… 136
21. 华野伤亡万人的南麻、临朐战役是因"七月分兵"导致的吗？ …… 142
22. 各解放区作战成绩排名末位的晋察冀野战军是如何打翻身仗的？ …… 147
23. 林彪、李天佑三战四平，何以功亏一篑？ …… 154
24. 毛泽东与林彪在打长春的问题上有什么纠结？ …… 162
25. 粟裕怎样"斗胆直呈"，建议军委推迟要其渡江南下的决策？ …… 168
26. 江青在八届十二中全会上就城南庄事件诬陷聂荣臻，真相究竟如何？ …… 174
27. 国共双方将帅在济南战役中有何令人感慨的表现？ …… 181

第四部分：震惊世界的战略决战 …… 197
28. 林彪有没有让罗荣桓看过回师打长春的电报？ …… 199
29. 解放战争中哪一次战役被美国西点军校写进了教科书？ …… 204
30. 什么原因导致装备精良的廖耀湘兵团60小时内即被装备简陋的东野全歼？ …… 213
31. 开启淮海决战阀门的人是谁？ …… 219
32. 毛泽东为什么要一日之内连发三封"至要至盼"的电报？ …… 224
33. 华野追击杜聿明集团使用的是什么战术？ …… 229
34. 毛泽东如何用空城计来对付傅作义的偷袭？ …… 235
35. 邓华、刘亚楼为什么否定毛泽东先打塘沽的决定？ …… 240
36. 东北先遣兵团胜利攻占密云，为什么却遭到了毛泽东严厉批评？ …… 244
37. 哪三个人对促使傅作义接受和平改编贡献最大？ …… 247

第五部分：宜将剩勇追穷寇 …… 267
38. 解放军渡江战役为什么要推迟六天？ …… 269
39. 1949年，谁让英国军舰第一次在中国领土内升起了白旗？ …… 273
40. 渡江战役中，刘伯承为什么批评并阻止三兵团攻打安庆？ …… 279
41. 渡江战役中，国民党江阴炮台为何开炮攻打自己的军队？ …… 282
42. 为什么说打上海好比在瓷器店里打老鼠？ …… 285

43. 毛泽东在陈明仁起义前是如何消除其顾虑的? ……… 291
44. 连战连捷的解放军为什么会在青树坪战斗中失利? ……… 295
45. 解放军一三五师孤军深入白崇禧防地,为什么成为好棋? ……… 299
46. 海南岛战役中,解放军的木船为什么能够打赢国军的军舰? ……… 304

第六部分:战争史上的奇迹 ……… 313

47. 淮海战场上为什么会出现"共产党指挥的国民党军队同国民党军队作战"? ……… 315
48. 为什么说小推车创造了世界战争史上的奇迹? ……… 327
49. 我军在军事战术技术上究竟靠什么打赢了解放战争? ……… 337
50. 解放战争中,国民党为什么失败,共产党为什么胜利? ……… 350

后记 ……… 367

前　言

1945年抗日战争胜利后,蒋介石因为有领导抗战的中国政府领袖的名义,在国际国内的声望达到了个人生涯的顶峰。中国共产党在敌后抗战中也得到长足发展,但是,同得到美国支持、垄断了对日受降权的国民党政府比较,明显处于劣势。

抗战胜利后,国际上美、苏不希望中国发生内战,全国人民都渴望和平建国。中共准备继续国共合作,建设国家。但是,中共由于接受了"四一二"蒋介石用武力发动反革命政变的惨痛教训,同国民党合作的底线是不能交枪,不能像法国共产党那样,把自己的游击队交给法国政府。中共希望经过和平谈判,参加以国民党为主导的政府,对蒋介石采取"洗脸"的政策;同时建设好解放区,使其成为国内的模范区,以此影响全国,将中国建设成为新民主主义的国家。但是,国民党却不承认解放区,坚持要中共交出军队。经过一年的谈谈打打,蒋介石倚仗其绝对的优势兵力悍然发动内战,扬言要在6个月内消灭中共。中国共产党及其领导下的人民解放军别无他法,只能奋起自卫。

仅仅过了4年,蒋介石得到美械装备的数百万军队就大部被歼,蒋介石率领着他的残兵败将,在人民解放军的隆隆炮声中,急匆匆离开大陆,灰溜溜逃往台湾。

这是为什么?对此,至今仍有许多人包括一些青年人,实在不能理解,抗战后享有极高威望且拥有几百万装备精良军队的蒋介石和国民党为什么败得那样快、那样凄惨?而只拥有几十万条破枪的毛泽东和共产党为什么胜得那样快、那样精彩?这个问题,至今吸引着无数有兴趣的读者,特别是众多的党政干部和党史、军史方面的专家学者和爱好者。

正是这个问题,使六十多年前那场被史书称为"解放战争"的战争成了一个谜,海峡两岸作战双方的亲历者以及他们的后辈不断地研究它,胜利者总结成功的经验,失败者探究失败的原因,一段时间后似乎谜底已经揭开,有了铁板钉钉的结论。可是在进入21世纪的今天,人们不再满足历史教科书所提供的几条干巴巴的结论,他们想从过去出版的大量战争史、论文、年谱、专著、回忆录和纪实作品中寻找新的答案,但许多非专业读者仍然不能感到满足,因为这些著作要么专写解放军,要么专写国民党军,缺少对照,难以让普通读者深刻地了解国共双方的本质区别。也有些著作因缺少大量的细节,使读者难以深切地感受解放战争的精彩篇章。那些长篇通史,因为太长了,许多读者难以卒读。大量的回忆录,因为只局限于战争的局部,所以也不能让读者完整地理解这场战争。

我们在想,有没有一种办法让读者在最短的时间内,既能深切地感受,又能深刻地了解,还能完整地理解这场战争呢?于是,本书尝试采用问答式的写法,以期让对此有兴趣的读者能用较短的时间感受这场战争的精彩篇章,了解国共双方的本质区别,并由此门而登堂入室寻找上述谜题的答案。

接下来我们要对书名中的"解放战争"做些解释。在史学界,"全国解放战争时期"和"解放战争"是两个不同的概念,在时间划分上二者既重叠又有区别。全国解放战争时期是中国新民主主义革命中的一个时期,上接抗日战争时期,下接新中国的成立,时间跨度为1945年9月至1949年9月。至于解放战争,开始于1946年6月蒋介石撕毁停战协定,发动全面内战。到中华人民共和国成立时,华东、中南和西南的作战仍在继续,一直到1950年5月,海南岛和舟山群岛解放,解放战争的大规模作战行动才告一段落。

战争是残酷和血腥的,但战史又是人们津津乐道的。三国时代的赤壁之战已经过去一千八百余年,也传唱了一千余年。苏轼的《念奴娇·赤壁怀古》写道:"大江东去,浪淘尽,千古风流人物。故垒西边,人道是,三国周郎赤壁。""遥想公瑾当年,小乔初嫁了,雄姿英发。羽扇纶巾,谈笑间,樯橹灰飞烟灭。"这一阕词成为"千古绝唱"。同三国时代的战争比较起来,无论其规模、张力、智谋,解放战争都更胜一筹。其进程之波澜壮阔、斗争之尖锐复杂、情节之惊险曲折,不仅在中国,在世界战争史上也是少有的。希望本书能引发读者了解和研究解放战争的兴趣,并从中获得教益。

现在有一些战史类的图书对引用的史料未注明出处,读者需要了解时无从查考。笔者在撰写文稿时有时也未注明出处,时间长了对于一些史料的出处连自己也忘记了,再去查找十分麻烦。为读者,也是为自己着想,本书对所引用史料都注明了出处,便于读者查考。

第一部分：
国共和战博弈，争夺东北

1. 毛泽东哪一项战略决策是奠定解放战争胜利基础的神来之笔？

自从1941年1月皖南事变发生以来，国共关系十分紧张。日军为控制中国沿海地区，1942年在发动浙赣战役的同时，于4月"扫荡"沂蒙山区，5月对冀中、太行区进行了疯狂的"扫荡"。25日，八路军前方总指挥部参谋长左权在山西辽县麻田附近指挥部队掩护中共中央北方局和八路军总部机关突围转移时壮烈殉国。这正是黎明前的黑暗时期。此时的中国，几乎没有多少人会去想抗日战争胜利后的问题。然而，毛泽东却在黑暗中看到了黎明，并由此提出了抗日战争胜利后我军进军东北的问题，这在当时可是非常超前的设想。那么，毛泽东为什么会在这个时候提出这个问题？

这要从毛泽东1942年致刘少奇的一封电报谈起。

1942年4月初，任新四军政委的刘少奇从新四军军部驻地苏北阜宁单家港出发，在返回延安途中，受中共中央委托，在山东抗日根据地进行视察。7月9日，毛泽东致电刘少奇：

> 国民党在战后仍有与我党合作的可能。虽然亦有内战的另一种可能，但我们应争取前一种可能变为现实。因此就须估计日本战败从中国撤退时，新四军及黄河以南部队须集中到华北去，甚或整个八路（军）新四（军）须集中到东三省去，方能取得国共合作的条件（此点目前不需对任何人说），如此则山东实为转移的枢纽。[①]

抗战胜利后，八路军、新四军撤到黄河以北为何是"国共合作的条件"？因为这是国民党开出的要价。国民党出于对八路军、新四军在敌后迅猛发展的恐惧，于1940年7月16日拟就《中央提示案》，要八路军和新四军从华中等地区撤走，"全部开入旧黄河河道以北（指自山西介休、平遥、太谷、长治，河北邯郸、馆陶，到山东齐

[①] 《罗荣桓年谱》第237页，人民出版社2002年版。

河以北)之冀察两省和晋东北及冀鲁交界地区",并于21日送达中共谈判代表周恩来手中。①此后双方谈判几经反复,但要八路军开往华北的要求基本未变。

此时,国共关系为什么可能好转?

因为1941年12月8日,日军偷袭珍珠港,太平洋战争爆发了。

12月9日,日军偷袭珍珠港后的第二天,中共中央发出《中国共产党为太平洋战争的宣言》,分析了当前世界形势及其发展,并指出:法西斯阵线的最后失败与反法西斯阵线的最后胜利已经确定。②显然,中共已经看到了地平线上那胜利的桅杆。

毛泽东在12月12日给周恩来的电报中预测了太平洋战争的发展形势。电报说:

> 在半年内英、美均非日本之敌,但只要留得新加坡、马尼拉,达尔文等二三据点,即可在半年后造成对日相持局面,以待日军之敝,然后举行反攻。③

毛泽东之所以能在黑暗中看到黎明,之所以能比别人早几年想到抗日战争胜利后的问题,正是由这个判断而来。

当时,国民党对太平洋战争爆发的态度也是积极的。

12月8日,蒋介石在国民党中央执行委员会常务委员会特别会议上提出三点国策:

> 一、太平洋反侵略各国,应即正式成立同盟,由美国领导,并推举同盟国联军总司令;
> 二、要求英、美、苏与我国一致实行对德、意、日宣战;
> 三、联盟各国应相互约定,在太平洋战争胜利结束以前,不对日本单独媾和。④

---

① 南京中国第二历史档案馆藏档,转引自杨奎松:《国民党的"联共"与"反共"》第419页,社会科学文献出版社2008年版。
② 中共中央文献研究室编:《毛泽东年谱(1893—1949)》(修订本)中卷第344~345页,中央文献出版社2013年版。
③ 同上,第345页。
④ 秦孝仪总编纂:《总统蒋公大事长编初稿》卷四(下)第767~768页,台北,1978年版。

国民党为何积极？请看韩素音的描述：

> 军事委员会一片欢腾；蒋介石抑制不住心头的喜悦，口里哼起了一段京戏的唱腔，并且整天向圣母作祈祷。国民党政府官员纷纷互相祝贺，仿佛已经获得一次伟大的胜利。在他们看来，美国对日作战，这是他们盼望已久的伟大胜利。美国终于同日本打起来了，终于打起来了！现在中国的战略地位将越来越重要了。美国的钞票和装备将源源不断地流入，五亿美元、十亿美元……现在根据租借法提供的物资将大为增加……如今美国将不得不支持蒋介石了，而这意味着美钞跑进官吏的腰包，跑进军队司令官的腰包，意味着枪炮运送到胡宗南手里，以便将来攻打延安。①

国民党渴望源源不断的美援，美国对华态度如何？

美国当然希望中国国共合作，对日作战。早在1941年2月8日，罗斯福在致蒋介石的信中就说：

> 在万里之外的我们看来……这所谓共产党与国民政府间，相同之点殆多于相异者。我们希望双方能够消泯歧见，更密切合作，以有利于对日本作战的共同目标。②

由于国民党在抗日战争中的表现不尽如人意，罗斯福对中共投入了更多的关注。他读过斯诺的《红星照耀中国》，并于1942年2月24日接见了斯诺，向他了解了八路军和新四军在敌后坚持抗战的情况。这时，罗斯福认识到在亚洲同日本打仗，中国是十分重要的战场。他曾经说："如果我们从南方进军，每个月攻占一个岛屿……估计要五十年才能打到日本。"③他不想只在太平洋广大海域同日军进行逐岛战斗，因为一来拖的时间长，二来美军伤亡大。他曾经打算在中国沿海登陆，在中国军队的配合下，以中国沿海地区为基地，进攻日本。为此必须取得沿海地区中国军队的合作，而沿海地区的中国军队绝大

---

① 韩素音：《没有飞鸟的夏天》，转引自迈克尔·沙勒《美国十字军在中国》第90页，商务印书馆1982年版。
② 董显光：《蒋总统传》第三册第455页，台北"中央文物供应社"1952年版。转引自赵志辉：《富兰克林·罗斯福的中国观》，《美国研究》2002年第2期。
③ 李庆余主编：《11个美国人与现代中国》第74页，安徽大学出版社1997年版。

部分是中共领导的部队。因此,在中国要坚持抗战,离不开中共,必须使国共密切合作。为此,他又捎口信给蒋介石,希望蒋介石改善同共产党的关系,恢复同共产党的谈判。

毛泽东抓住这一国际形势急剧变化的时机,开始探索自1941年1月皖南事变以来十分紧张的国共关系能否缓和。

12月28日,毛泽东为中共中央书记处和中央军委起草太平洋战争爆发后的战略方针,指出:

> 世界大势和国内大势迫得国民党要作某种政治上的转变,但其过程仍是慢的,我党我军的宣传,务须避免刺激国民党,静观变化,少作批评,极力忍耐,不要急。总之明年的中心任务在于积蓄力量,恢复元气,巩固内部,巩固党政军民,对敌伪以政治攻势为主,以游击战争为辅,对国民党以疏通团结为主,以防制其反共为辅。①

1942年上半年,国民党一度策划进攻陕甘宁边区。就在此时,形势出现了转机,日本军队突然进攻云南和浙江的国民党部队,"使得国民党进攻陕甘宁边区的计划暂时停顿了,国共之间暂时可以缓和一下"②。

6月6日,太平洋战争爆发已近半年,正如毛泽东的预料,尽管新加坡、马尼拉已被日军攻占,但美军在中途岛海战中击沉日本"赤城""加贺""苍龙"和"飞龙"四艘航空母舰,取得大捷,扭转了太平洋战争的战局。当时,美国希望中国内部一致对日。美军这一胜利遏制了国民党反共的势头。

6月26日,毛泽东致电在重庆的周恩来,对国共关系判断说:"国共一时不会好转,也不会决裂,是拖的局面,但到希特勒倒台,国际局面变化,势必影响中国,国共好转与民主共和国前途还是有的,我们好好做下去,争取此局面。"③

此时,毛泽东主动着手缓和国共关系,真心期望抗战胜利后国共能继续合作,建设国家。并且,已经准备做出重大让步。

6月30日,毛泽东致电周恩来,请周考虑利用纪念"七七"的机会,找负责国共关系的国民党军事参事室主任王世杰谈一次国共关系问题。毛泽东还表

---

① 中共中央文献研究室编:《毛泽东年谱(1893—1949)》(修订本)中卷第348页,中央文献出版社2013年版。

② 同上,第383页。

③ 同上。

示,愿意同蒋介石一谈,请王向蒋转达。①

7月6日,毛泽东致电在重庆的董必武:"为争取国共好转,我们准备出席参政会,不争名额,但以维持原额为宜。"②

7月7日,《解放日报》发表经毛泽东修改的《中共中央为纪念抗战五周年宣言》,宣言指出:"中国各抗日党派不但在抗战中应是团结的,而且在抗战后也应是团结的。"③"我们愿尽自己的能力来与国民党当局商讨解决过去国共两党间的争论问题,来与国民党及各抗日党派商讨争取抗战最后胜利及建设战后新中国的一切有关问题。"④

也就是在这份宣言发出两天后,毛泽东就发出了给刘少奇的电报。在这封电报中,经常从最困难的前景设想的毛泽东估计,日本战败后,国民党甚至可能进一步逼迫八路军和新四军退出华北,全部撵到东北去。由于这只是他的一种估计,因此要求刘少奇绝对保密。

毛泽东认为,如果形势这样发展,对中共并非不利,甚至可以说是求之不得。因为在中国,东北具有极其重要的战略地位。20世纪前半叶,它不仅是中国重要的工业基地,而且也是中国重要的产粮基地,更何况它还背靠苏联。早在长征结束刚到达陕北时,中共即尝试"打通国际路线",以便取得苏联援助。西路军西征的目的就在于此。抗战胜利后,如果能控制东北,就能达成中共"打通国际路线"的夙愿。

即便国民党不想让中共介入东北,在华北的八路军要进入东北也是易如反掌。国民党的军队远在西南、西北,对八路军进入东北无法阻止。

从此,中共中央和毛泽东日益看重东北在中国革命事业中的战略地位。这是1942年毛泽东在头脑中闪出的最耀眼的思想火花。中共解放战争胜利的火种,已经埋藏在了这个思想火花之中,下面就要看毛泽东和他的战友们能否把这个火花燃成燎原之势。

1944年9月3日,中共中央分别致电中共晋察冀分局和山东分局:"满洲工作之开展不但关系中国未来局面至巨,而且已成刻不容缓之紧急任务。"决定"晋察冀分局及冀中区党委、冀热区党委,山东分局及胶东区党委各成立一

---

① 中共中央文献研究室编:《毛泽东年谱(1893—1949)》(修订本)中卷第389页,中央文献出版社2013年版。

② 同上,第391页。

③ 同上。

④ 转引自杨奎松:《国民党的"联共"与"反共"》第464页,社会科学文献出版社2008年版。

满洲工作委员会,负责动员和领导一切可能的力量开展满洲工作"①。

如果说毛泽东在1942年提出进军东北还只是在被动状态下思考怎样解决中共的生存问题,那么,1944年中共中央决定成立两个满洲工作委员会,则说明毛泽东等中共领导人对东北的思考又进了一步。此时,在1942年仅毛、刘两人知道的设想,已经成为中共领导层的共识。

当时的历史背景是,苏联军队继取得斯大林格勒保卫战的胜利后,于1943年7月开始,对德军展开了大规模的反攻。1944年6月6日,英美盟军在法国诺曼底登陆成功,在欧洲开辟了第二战场。至此,盟军在欧洲对德国已呈东、南、西三面合击全面反攻之势。不难判断,日本侵略者将随着德国法西斯的覆灭而垮台,抗日战争的胜利指日可待,东北问题必须立即提到议事日程上来。

1945年中共召开第七次全国代表大会,在大会召开期间毛泽东至少三次提到东北。

5月31日,毛泽东在为大会做结论时,讲到了预见性问题。毛泽东认为注意东北就属于这种预见。

> 大城市是一个大量的普遍的东西。东北四千万人口也是一个大东西,但是在今天讲,还不是一个眼前的现实问题,还不容易注意到。现在我们大会就已经指出这是明天的事,是一个大量的有普遍意义的东西。我们在这个问题上,如果犯了错误就不得了。②

毫无疑问,这时的毛泽东已经不再把东北看作将来被动妥协撤退的底线了,而是要把它当作一个重要的战略要地来经营了。如果抗战胜利后,能够争取国共继续合作、和平建国,中共就可以把既有工矿企业,又有大城市的东北建设成政治清明,人民当家做主、丰衣足食的模范区,以此影响全国,促使中国走向新民主主义道路。如果蒋介石挑起内战,东北就成为中共最大最完整的战略基地。东北的重要性当然是怎么说都不为过。所以,毛泽东才说"我们在这个问题上,如果犯了错误就不得了"。

继续看毛泽东在"七大"上是怎样评价东北的:

> 东北是一个极其重要的区域,将来有可能在我们的领导下。如

---

① 《罗荣桓年谱》第385~386页,人民出版社2002年版。
② 《毛泽东在七大的报告和讲话集》第201~202页,中央文献出版社1995年版。

果东北能在我们领导之下,那对中国革命有什么意义呢?我看可以这样说,我们的胜利就有了基础,也就是说确定了我们的胜利。现在我们这样一点根据地,被敌人分割得相当分散,各个山头,各个根据地都是不巩固的,没有工业,有灭亡的危险。所以,我们要争城市,要争那么一个整块的地方。如果我们有了一大块整个的根据地,包括东北在内,就全国范围来说,中国革命的胜利,就有了基础,有了坚固的基础。①

毛泽东在上面这段话中连用了三个"基础",可见其对东北有多重视。当然,仅仅强调东北的基础作用,还不足以让他的思想火花形成燎原之势,我们来看他提出的更实在的措施:"准备二十、三十个旅,十五万人到二十五万人脱离军区,将来开到满洲去。"②这才是真正接地气的措施,说明毛泽东经营东北的意识又上了一个台阶,即将进入真正的实践阶段。

6月10日,毛泽东在《关于第七届候补中央委员选举问题的讲话》中又指出:

东北是很重要的,从我们党,从中国革命的最近将来的前途看,东北是特别重要的。如果我们把现有的一切根据地都丢了,只要我们有了东北,那么,中国革命就有了巩固的基础。③

重要,重要,毛泽东连说了两个"重要",这就是毛泽东此时心中的东北。可是,经营东北光有几十万兵是不行的,政治路线决定之后,干部就是决定的因素,毛泽东随即开始注意从组织上保证东北工作的开展。他一方面要晋察冀分局和山东分局成立满洲工作委员会,另一方面还在党的"七大"上建议选举东北籍的同志为候补中央委员。在这次会议上,东北军出身但党龄不长的八路军晋绥军区司令员吕正操和八路军山东滨海支队司令员万毅当选为中央候补委员。

这时的毛泽东认为中国革命必胜的底气从何而来?

从1944年起,八路军、新四军和华南纵队各部,在华北、华中、华南敌后对

---

① 《毛泽东在七大的报告和讲话集》第218页,中央文献出版社1995年版。
② 转引自杨奎松:《毛泽东与莫斯科的恩恩怨怨》第224页,江西人民出版社1999年版。
③ 《毛泽东在七大的报告和讲话集》第232~233页,中央文献出版社1995年版。

日伪军普遍发起了局部反攻，共作战1.1万次，歼灭日伪军近20万人。到1945年上半年，全国已有19个解放区，解放区总面积约95万平方公里，人口9550余万，八路军、新四军和华南纵队总人数上升到91万人，民兵有220万。①

这时中共的力量已经远远超过了红军时期，也大大超过1942年，毛泽东当然信心满满。尽管抗战胜利后，苏联在同国民党政府缔结《中苏友好同盟条约》时正式承诺，将把东北交给国民党政府接收，使中共控制东北的目标产生变数，但毛泽东从条约的背后看到了机会，仍认为"一定有文章可做"。

1945年8月26日，毛泽东在讨论去重庆谈判问题的中共中央政治局会议上说：

> 我去重庆的问题，昨晚政治局七同志与若飞同志商谈，决心答复魏德迈的电报，去。这样可以取得全部主动权。要充分估计蒋介石逼我城下之盟的可能，但签字之手在我。必须作一定的让步，在不伤害双方根本利益的条件下才能得到妥协。我们让步的第一批是广东至河南，第二批是江南，第三批是江北，要在谈判中看看。在有利条件下是可以考虑让步的。陇海路以北迄外蒙一定要由我们占优势。东北行政大员由国民党派，我们去干部，一定有文章可做。如果这些还不行，那么城下就不盟，准备坐班房。②

毛泽东宁肯坐班房也要占东北，实际上在他讲这话的前六天，即8月20日，八路军冀热辽军区第十六军分区的部队已经踏上了进军东北的征程。毛泽东进军东北的战略决策，由此开始正式实施。这一战略决策后来的发展，充分证明了它是奠定解放战争胜利基础的神来之笔。

---

① 《中国共产党历史大事记》第140页，人民出版社1991年版。
② 中共中央文献研究室编：《毛泽东年谱（1893—1949）》（修订本）下卷第14页，中央文献出版社2013年版。

2.《中苏友好同盟条约》规定东北将交给蒋介石，为什么毛泽东认为仍"有文章可做"？

毛泽东在《中苏友好同盟条约》规定东北将交给蒋介石后，仍认为"一定有文章可做"，这个"文章"的背景就是苏美两强的博弈。

抗战胜利之后，苏军已经占领东北的大城市和主要交通线，苏联的态度对我军进军东北的成败有着重要影响。但是苏联对我军的态度却是变来变去，其主要原因就是苏美两强幕后的博弈。国共双方在前台的斗争同样深受两强博弈的影响，这导致双方的关系在东北问题上时起时伏，充满了戏剧性。

其实，无论苏美两强怎么博弈，也无论国共双方如何斗争，其背后实际上都有一个影子，这就是奠定战后世界格局的《雅尔塔协定》。

1944年6月，美军在诺曼底登陆，在欧洲开辟第二战场，造成苏联、美国、英国从东、南、西三面围攻德国的态势，对德战争的胜利指日可待。在东面，美军在太平洋战争中实施跳岛战斗，逐渐接近日本本岛，但也付出巨大伤亡的代价。美国为减少本国军队的伤亡，希望战胜德国后，苏联也能参加对日作战。

为说服苏联对日作战，美、英两国首脑于1945年2月到苏联南部的雅尔塔同斯大林会商，讨论了德国问题、波兰问题、成立联合国的问题和苏联参加对日作战等问题，达成《雅尔塔协定》。按照这一协定，苏联承诺在战胜德国三个月后参加对日作战，苏联可以获得：

（1）维持蒙古现状。

（2）恢复1905年日俄战争前沙皇俄国的权益，包括：（甲）将库页岛南部和邻近岛屿归还苏联；（乙）大连商港国际化并保证苏联的优先权，苏联恢复租借旅顺港为海军基地；（丙）中苏成立一个合营公司，共同经营由苏联通往大连的中东铁路和南满铁路。

（3）千岛群岛交与苏联。

美方承诺，采取步骤使蒋介石答应包括损害中方主权内容的上述协定。

蒋介石获悉这一协定后非常愤怒，拒绝接受。但因国力有限，在美国的劝说下,只得派宋子文、蒋经国和外交部亚洲司司长卜道明于6月30日到莫斯科同苏联谈判。

出于对本国利益的考虑,美国政府对中苏谈判十分关注。7月22日,美国驻苏大使哈里曼致函国务卿贝尔纳斯:美国政府既然已经发动中国和苏联讨论两国相关的问题,因此,美国政府亟须获得在满洲门户开放政策的承认,使未来中苏所达成的协议不致使苏联在满洲有超过美国及其他国家商业的特殊利益,或断绝外国在中国这一部分的贸易。他主张请苏联对门户开放政策做书面保证。美国国务院采纳了他的建议,向苏联提出这一要求后,莫洛托夫转告斯大林的答复:关于门户开放政策并无做公开声明的必要,拒绝了美国的要求。①

此时,视东北为苏联势力范围的斯大林提高了对美国企图染指东北的警惕。

苏军出兵远东、进入朝鲜后,在美军尚未到达朝鲜、苏军完全可以占领整个朝鲜半岛的情况下,到达三八线便停止前进,遵守了美国的建议。斯大林希望能仿照驻德国的模式,由美、苏、中、英四国在日本驻军,苏军进驻日本北海道。但此议在9月11日于伦敦召开的五国外长会议上遭美国断然拒绝。② 苏联"投桃",但没有获得美国"报李"。

第二次世界大战刚结束,美国、苏联出于各自的战略利益和意识形态的对立,这两个战争中的盟友便开始了争斗。在这一苏、美博弈的历史背景下,苏联对我军进军东北的态度出现了多次反复和变化。

1945年8月17日,紧靠东北的晋察冀军区所属冀热辽军区第十六军分区部队率先进入东北。当时,刚刚攻进东北的苏军只占领了大中城市和主要交通线,东北和关内的边界基本上处于真空状态,而蒋介石的部队仍远在大后方,没有任何力量能阻止我军进入东北。我军得以捷足先登。此时的斯大林,对中共的力量比较轻视,希望中共走法国的道路,交出军队,参加国民政府,因此督促毛泽东赴重庆同蒋介石谈判,根本没有考虑我军进军东北的问题,没有这一方面的统一的政策和预案。因此,当李运昌、曾克林的部队进入东北后,不同单位的苏军采取了不同的态度。在前所和锦州的苏联红军出于同八路军有共同的意识形态,对八路军持欢迎和合作的态度;而驻沈阳的苏联红军却以《中苏友好同盟条约》为理由,一度阻止曾克林部下车。

---

① 《中美关系资料汇编》第一辑第180页,世界知识出版社1957年版。
② 参看徐天新、沈志华主编:《冷战前期的大国关系:美苏争霸与亚洲大国的外交取向(1945—1972)》第73页,世界知识出版社2011年版。

当斯大林接到驻沈阳苏军关于八路军进入东北的报告后,作为战略家的他突然意识到,中共军队进入东北正好可以成为抗衡美国染指东北的一支重要力量,因此对中共采取暗中支持的政策,派贝鲁罗索夫到延安联络,要求中共中央派代表到东北。中共当然不会放弃这个机会,中共中央立即成立东北局,向东北派出大批干部,并按照苏军的建议,进军东北的部队不称八路军,改称东北人民自治军,已经被派往山东的林彪,半路上又被调至东北。

但是,有些在东北的苏联红军对暗中支持拿捏不准,对八路军采取了高调欢迎的态度,9月6日,李运昌率冀热辽军区直属队和三个团又一个营共5000人,到达山海关。苏军派汽车出城迎接,组织了隆重的入城式。李运昌由苏军陪同,站在敞篷汽车上向沿途欢迎的群众招手致意。李运昌率部于9月14日进驻沈阳。

对此,国民党政府向苏联提出抗议,指责苏联违背《中苏友好同盟条约》。在美国和国民党的压力下,苏军收回了交由曾克林看管了仅三天的工厂、军用仓库,使后到的八路军得不到预期的装备。

9月30日,美军海军陆战队第三师在塘沽登陆,10月1日,美军海军陆战队第一师在秦皇岛登陆,配合国民党军侵占冀东解放区的北戴河、留守营等城镇,守护北宁路北平至山海关段,以便为国民党军输送兵员、物资,抢占东北。与此同时,美国宣称,不承认东北是苏联独占的势力范围,强调门户开放。这一切引起苏联对美国进入东北的担忧和疑惧。后来,12月间,蒋经国再一次到莫斯科访问斯大林。斯大林对他说:

> ……我再三声明,也是我最大的一个要求,你们决不能让美国有一个兵到中国来,只要美国有一个兵到中国来,东北问题就很难解决了。①

斯大林向蒋介石发出了不容置疑的警告。这种警告在蒋经国看来,无疑是威胁。因为不容美国染指东北是斯大林的底线,这一警告当然不只是停留在口头上,为了落实这一警告,苏联一方面正式通知国民党政府外交部,拒绝美军在大连登陆,另一方面又加强了对我军的支持力度。

10月3日,一位未透露姓名的苏共中央军委委员在外贝加尔方面军近卫军第六集团军克拉夫钦科大将等陪同下,在沈阳招待了中共中央东北局负责

---

① 《蒋经国自述:向历史交代》第185页,华文出版社2012年版。

人,热情称赞了中国共产党,高度评价了中共向南防御、向北发展的方针。由于兵力有限,东北局负责人没有把握控制全东北,便提出背靠苏联、蒙古和朝鲜的军事部署。那位军委委员明确表示反对,主张在山海关方面部署15万主力部队,在沈阳周围部署10万部队,全力阻止国民党军进入东北。他说:"你把南边,特别是山海关方向抓住(长春路是商办,谁若运兵须要交涉),北面自然是你们的。东三省人力、财富主要在南边,又是门户,把这里掌握了,北面还有什么要紧。"①

苏方的意见,不仅相当有诱惑力,而且确实鼓舞人心。第二天,即10月4日,东北局便赶紧致电中共中央:"苏方表示已下最后决心,大开前门,此间家务(指存放于东北各地的日军武器和物资)全部交我。""总观全局,我们建议中央下最大决心,立即从各区抽调三十万主力于一个月内赶到,用尽一切办法控制此间,这是决定全局的一环。"

毛泽东虽然准确地预测到了"二战"后苏美之间的矛盾,预见到了《中苏友好同盟条约》规定把东北交给蒋介石后中共一定有文章可做,但他绝没想到这篇可做的"文章"居然来得这么快。这倒着实把中共中央搞了个措手不及,中共虽然早在抗日战争胜利前就已经为进军东北做了准备,但这个准备与当时苏联的希望还差得好远呢!于是,6日,中共中央只好复电:"彼方既下决心,我应表示我方自有办法,但三十万办不到,一个月可有十万到冀东和东北,本月底可再出动五万至八万。"②

8日,东北局致电中共中央,苏军决定提供步枪30万支、机枪100挺、大炮15门。苏方还转述斯大林的话说:"中国共产党是勇敢的、聪明的、成熟了的,我们很有信心。"以此鼓励彭真,希望把国民党军挡在关内的心情溢于言表。③好消息接踵而至,但30万兵力可不是那么好调集的,即便是已经调往东北的山东5个师和新四军第三师都还在途中,走陆路依靠的是两条腿,走海路要用渔船一船一船地运,着急也是没有用的。在东北的八路军虽然已有8万,但由于扩充太快,缺乏骨干,大部分没有战斗力。尽管关内我军加快了进军东北的速度,但仍达不到苏军的期望。

10月12日,国民党东北行营主任熊式辉和外交特派员蒋经国到达长春,同苏方接洽接管东北事宜。此时马林诺夫斯基元帅等苏军领导同熊、蒋在谈

---

① 《东北局10月3日致中共中央电》,转引自徐天新、沈志华主编:《冷战前期的大国关系:美苏争霸与亚洲大国的外交取向(1945—1972)》第75页,世界知识出版社2011年版。

② 《彭真年谱》第一卷第292页,中央文献出版社2002年版。

③ 杨奎松:《中间地带的革命》第476页,山西人民出版社2010年版。

判过程中,每天都会磕磕碰碰,遇到各种矛盾,苏军陷入两难境地。如果恪守《中苏友好同盟条约》,让国民党政府接管,美国人必将以帮助运输国民党军队为名进入东北,这突破了斯大林的底线;反之,如果阻挠国民党接管,就会丧失国际信誉。因此,需要遏制美国因素而干扰国民党接管时,苏军就需要我军配合和协助;当需要维护国际信誉时,苏军就要限制我军的活动。在这一阶段,苏军对我军的态度就围绕这两难不断反复。

原来苏军主动提出,让我军接收抚顺、安东(今丹东)市,10月20日左右忽然又不让接收了,还要我军退出东丰、西丰、海龙、西安。① 过了几天,苏方又向东北局打招呼:"如果过去需要谨慎些,现在应该以主人自居,放手些干。"希望我军封锁各个机场,防止国民党军空降,并表示,11月15日前"如顽固(指国民党军)进攻,苏将协同我作战"②。

苏军要协同我军作战,共同击退国民党军的进攻,苏方的这种承诺史无前例。难道苏联准备彻底撕毁与国民党政府签订的《中苏友好同盟条约》吗?难道苏联准备连《雅尔塔协定》也一起推翻吗?非也。

没过几天,10月28日,苏军代表又通知东北局:莫斯科指示,苏军不能同美军发生直接冲突,一旦美军和国民党军联合登陆,苏军奉命退让;中共如果抵抗,苏军不加干涉。③

真是计划赶不上变化,这才过了几天,就不再说与我军协同作战了。

10月29日,国民党军东北保安司令长官杜聿明到达长春,马林诺夫斯基热情接待,表面上答应国民党军可在营口、葫芦岛登陆,随后则把这两个港口的防务交给了我军,使国民党军在这两个港口登陆成为泡影。

杜聿明不知就里,30日高兴地飞到重庆向蒋介石汇报后,迅即飞往秦皇岛,并率国民党军第十三军乘美国军舰到营口,但他发现苏军已经撤走,港口由八路军守卫,不能登陆。到葫芦岛亦复如此。蒋介石听到这个消息不可能不拍桌子骂娘,11月1日,国民党政府外交部部长王世杰强烈要求苏军命令中共不要据止国民党军登陆。而苏军的回答让蒋介石哭笑不得:此是中国人自己的事,苏方不过问。④

---

① 杨奎松:《中间地带的革命》第477页,山西人民出版社2010年版。
② 1945年10月25日《东北局关于苏方态度积极致中央电》,转引自杨奎松:《中间地带的革命》第478页,山西人民出版社2010年版。
③ 杨奎松:《毛泽东与莫斯科的恩恩怨怨》第236页,江西人民出版社1999年版。
④ 见11月4日毛泽东为中共中央起草的给刘伯承、邓小平并告聂荣臻等的电报,《毛泽东文集》第四卷第63页,人民出版社1996年版。

既然无法使用关外港口，那就从关内港口登陆。

10月30日，驻秦皇岛的国民党军第九十四军一部在美军配合下进犯山海关，拉开了进攻山海关的序幕。

11月3日，得到蒋介石授权的杜聿明，命令由美国军舰运到秦皇岛的国民党军第十三、五十二军向山海关发起进攻。东北人民自治军总部命令山东第七师和冀热辽军区第十九旅，共一万余人防守山海关。由于兵力少、战线长、装备差，防御没有纵深，同全副美械装备的国民党军第十三、五十二军比较起来，实力相差悬殊；战至16日，国民党军占领了山海关，随即继续北进。

在山海关失守前，苏军已经看出中共军队可能守不住山海关，不禁泄了气，决定按条约向国民党军队办移交。11月10日，苏军通知东北局，在苏军撤退前五天，让国民党空运部队到各大城市，不准我军与国民党空运部队发生冲突。这同10月24日让我军封锁机场的要求完全相反。当我军提出质疑时，苏军解释说，这是莫斯科的决定，东北苏军无权变动。如果五天中，我军同国民党空运部队冲突，苏军就缴我军的械。苏军还一再提出：莫斯科的利益应该是全世界共产主义者最高的利益。①

苏军又退了一步，退到了要把大城市全部交给国民党政府。

然而有意思的是，11月12日，驻扎在长春市内和长春机场的我军正准备按照苏军的要求集结撤退，结果却被到长春商洽接收事宜的蒋经国误认为是中共军队要准备包围长春攻击其空降部队。他在日记中写道："昨有共军五百余人由烟台抵此，今日下午又有装备完整之两千共军，开入长春城内，城外二十里地，亦集中有该军一千五百人，机场附近彼等已布置齐全。则共军已开始集中兵力，对长春作包围态势矣。而交涉已不能生效，我空运部队纵能降落，亦将难免开火，事态必至扩大，实有再加研究之必要。"②

这让蒋介石大怒。15日，他授意外交部部长王世杰给苏联驻华大使彼得罗夫发照会，指出："兹因运兵至东三省事，遭遇诸种阻碍，其详情有如本部长十一月十三日面告贵大使，以致东北行营及随行赴东北担任接收工作之人员，不能达成其任务，故中国政府决定：（一）东北行营职员及偕行营赴东北之军事、行政、外交人员全体四百余人，迁移至山海关。（二）迁移时间决定为本月十七日至二十三日，每日将用运输飞机一架至六架往长春接运。（三）我政府依照中苏协定并派董彦平中将为军事代表，带同助理人员数名，派在马林诺夫

---

① 《彭真年谱》第一卷第315页，中央文献出版社2002年版。
② 《蒋经国自述：向历史交代》第205页，华文出版社2012年版。

斯基元帅之总司令部所在地随同进止，以资联系，以上各节，特请查照。"①

17日，蒋介石下令，东北行营和参加接收的人员全部撤往山海关。

同日，蒋介石致电杜鲁门："当日军投降时，东北诸省原无中共军队，此一事实即斯大林大元帅亦曾予以证实。彼于八月下旬与哈里曼大使谈话中曾经如此申说（该谈话经赫尔利将军告余）。最近东北诸省境内有大部中共军队存在，自系由于苏军之支援。"苏军并"使中共军队入占营口、葫芦岛等港口，以阻挠中国军队在该各地登陆"。电报说："当前之东北局势不仅危及中国之领土完整与统一，实已构成东亚和平与秩序之重大威胁。"②

美国政府接到蒋介石的电报后，立即加紧对苏联施压。对此，当时还未卸任的中国战区参谋长、美国将军魏德迈评价说，事实上，中国已经变成"美苏这两个世界最强大国家的政治和经济竞技场"③。

11月20日，魏德迈向华盛顿报告："俄国实际上在为中共或他自己在华北及满洲的计划创造有利条件。此类行动违反了最近签订的中苏条约及其有关的协定。"

魏德迈建议：由美、英、苏三国在满洲成立托管制度，直至国民政府强大安定足够完全负责控制该区为止。④

苏军原准备至12月1日撤退完毕。但国民党东北行营突然要从长春撤走，使苏联方面担心事情闹僵。如果美国提出三国托管东北，苏联自然坚决反对，这可能导致整个《雅尔塔协定》会被推翻，苏联因此而获得的东欧的权益也会受影响。同时，苏联也担心美军会介入东北战事。于是，苏联为防止美军进入东北，非但不能撤退，反而向大连紧急空投一个师，向沈阳增兵并重新在营口布防。⑤这时，苏军再次对中共东北局变脸，11月19日，苏军有些恼怒地通知东北局：中长路沿线及城市全部交国民党军，有红军之处不准东北人民自治军与国民党军作战，东北人民自治军退出铁路50公里以外，以便国民党军接收，红军回国。⑥

中共见此，见招拆招，11月22日，刘少奇在致中共代表团的电报中提出："让开大路，占领两厢。"⑦

---

① 秦孝仪总编纂：《总统蒋公大事长编初稿》卷五（下）第885～887页，台北1978年版。
② 同上，第887～889页。
③ 牛军：《从赫尔利到马歇尔：美国调处国共矛盾始末》第164～165页，福建人民出版社1992年版。
④ 《中美关系资料汇编》第一辑第192页，世界知识出版社1957年版。
⑤ 杨奎松：《毛泽东与莫斯科的恩恩怨怨》第239页，江西人民出版社1999年版。
⑥ 《彭真年谱》第一卷第320页，中央文献出版社2002年版。
⑦ 《刘少奇年谱》上卷第531页，中央文献出版社1996年版。

1946年2月12日,英美公布了《雅尔塔协定》,国民党利用协定中对华不平等条款在关内发动了大规模的反苏运动。苏联看到国民党已彻底亲美反苏,如果让国民党顺利接收东北,美国势力必进入东北,于是再也不顾及《中苏友好同盟条约》了。它们通知东北局,沈阳以南地区不再向国民党办移交,中共在苏军撤退时准备大量接收各地政权和厂矿企业。凡未运走的军事物资及仓库等也将留给我军。

1946年3月中旬,苏军从朝鲜"给枪三万(余)支"[①]。

4月初,苏方通知中共东北局,他们将于15日和25日先后撤出长春、哈尔滨、齐齐哈尔,请中共军队到这三市近郊待机,准备夺取这三市。据高岗1946年4月20日从哈尔滨电告东北局和中共中央:苏军已确定25日撤完,今送两辆装甲车及一部武器,"交涉送十万步枪、一万轻重机枪、一千门炮。"[②]

苏联对我军态度虽变来变去,但万变不离其宗,它的出发点始终是自身利益。在拒止美国势力进入东北和维护国际信誉这二者之间,前者是主要的。因此,对我军的援助和限制比较起来,援助是主要的。

[①] 《东北局转报周保中处消息致中央电》,1946年3月16日,转引自杨奎松《中间地带的革命》第498页,山西人民出版社2010年版。

[②] 杨奎松:《中间地带的革命》第504页,山西人民出版社2010年版。

3. 我军最早进入东北的究竟是哪一支部队？

1942年7月16日，东北抗日联军领导人周保中、张寿篯（即李兆麟）在伯力同苏联远东方面军司令员阿巴纳申科大将协商，决定将退往苏联远东境内的东北抗联部队加以扩充整理，编为"东北抗日联军教导旅"，对外则称苏联远东红旗军独立第八十八步兵旅。

1942年8月1日，抗联教导旅在伯力正式组建。全旅官兵共1500人，其中抗联指战员643名，其余人员是苏联籍官兵。由抗联第二路军总指挥周保中任旅长，抗联第三路军总指挥张寿篯任副旅长，朝鲜人崔石泉（即崔庸健，后来的朝鲜国家领导人）任副参谋长。全旅编为4个步兵营，朝鲜人金日成（后来的朝鲜最高领导人）为第一营营长。八十八旅干部被授予苏军军衔，周保中为中校，张寿篯为少校。八十八旅名义上归苏军远东部队代管，装备由苏联提供，干部战士薪金和待遇与苏军同级指战员相同。

随着抗联教导旅的组成，建立统一、集中的党组织便提上议事日程。1942年9月13日，经共产国际批准，抗联教导旅召开了中共全体党员大会，宣布成立中共东北党组织特别支部局（后称"东北党委员会"），选举周保中、张寿篯、崔石泉、金日成等11人为委员。东北党委员会既是旅党委，又是东北党组织在同中共中央失去联系的情况下全东北党组织的临时最高领导机关。

八十八旅成立后的两三年中，除进行队列、步枪、手枪射击、刺杀等步兵科目的训练外，还学习了汽车驾驶、无线电通信、跳伞、滑雪等特种技能，提高了指战员的战术、技术水平和作战能力。

八十八旅还经常派遣小部队进入东北，寻找收容遣散的旧部，建立地方党组织，坚持游击斗争。有时还由苏方派遣，执行军事侦察任务。[1]

八十八旅组成后，周保中等人曾给中共中央写信，汇报部队情况，要求派人指导。于是，经中共中央与苏共中央协商，苏军便让在远东军区机关任参谋的刘亚楼担负了这一任务，并由他分管八十八旅的军政训练。

刘亚楼被分配到驻伯力的远东军区，化名撒莎，一方面担任军区机关见习

---

[1] 参看东北抗日联军斗争史编写组编：《东北抗日联军斗争史》第449~467页，人民出版社1991年版。

参谋,一方面对东北抗日联军教导旅的工作实施指导。①

1945年5月,苏军即将对日本宣战。八十八旅周保中等人制订了配合苏军反攻东北的作战计划。

7月下旬,中共东北党委员会召开全体会议,决定根据斗争形势发展的需要,实行改组,原有人员一分为二。一部分反攻东北,一部分反攻朝鲜。经过选举,新的中共东北党委员会成员为周保中、冯仲云、张寿篯、卢冬生等。会议决定中共东北党委员会将设在长春,负责领导全东北各地党组织,其下设12个地区委员会,计有长春委员会(负责人由周保中兼)、哈尔滨委员会(负责人张寿篯)、沈阳委员会(负责人冯仲云)、嫩江委员会(负责人王明贵)、海伦委员会(负责人张光迪)、绥化委员会(负责人陈雷)、北安委员会(负责人王钧)、佳木斯委员会(负责人彭施鲁)、牡丹江委员会(负责人金光侠)、吉林委员会(负责人王效明)、延吉委员会(负责人姜信泰)、大连委员会(负责人董崇斌)。

7月下旬,抗联教导旅调出一批指战员派到苏军各部队参加侦察或担任向导。担负侦察任务的组成4人一组的先遣小分队,携带电台和武器,空降各地进行侦察和宣传群众、组织群众。

8月8日,苏联向日本宣战。

8月9日零时10分,远东苏军三个方面军,即后贝加尔方面军与远东第一、二方面军,从西、东、北三个方向同时对日本关东军发起闪电攻击。

8月26日,远东苏军总司令部军事委员希金中将召见周保中,下达了远东苏军总司令华西列夫斯基的指示:八十八旅中国人员和苏联人员要分别行动。苏联人员暂时不动,中国人员要随苏军占领东北战略要点,担任驻各城市苏军卫戍副司令,其任务是,帮助红军维护占领地的革命秩序,肃清敌伪残余和一切反革命分子;利用军事管制的合法地位建立党组织,开展群众运动,在苏军主要占领地以外建立人民武装。随后,抗联指战员在周保中、李兆麟、冯仲云的率领下,划分为57个小组,以长春、哈尔滨和沈阳为中心,分派到东北各地的大中城市,协助苏军接管当地政权。②

在长春,组建了中共长春地委,由周保中任书记。随后组建了以王效明为书记的吉林地委和以姜信泰为书记的延边地委,以及伊通、双阳、公主岭、乾安、德惠、九台等县委。

在哈尔滨,组建了中共松江地委,由李兆麟任书记。随后组建了以彭施鲁

---

① 参看杨万青、齐春元:《刘亚楼将军传》第173~181页,中共党史出版社1995年版。
② 参看东北抗日联军斗争史编写组编:《东北抗日联军斗争史》第484页,人民出版社1991年版。

为书记的佳木斯地委，以金光侠为书记的牡丹江地委，以王明贵、王均、陈雷等组成的齐齐哈尔市委以及哈尔滨市委，珠河、阿城、方正、宾县、延寿、双城、苇河、安达、巴彦、木兰、五常、通河、海伦、北安、绥化、克山等县委。

在沈阳，冯仲云同中共中央东北局取得联系，建立了沈阳地委，并在周围各地建立了党组织。

各级党组织开始发展武装力量，在9—10月间就发展了4万多人，部队也改称东北人民自卫军。①

1945年9月20日至23日，中共中央东北局书记彭真、副书记陈云在沈阳接见了东北抗联主要负责人，时任中共东北委员会书记、苏联红军驻长春城防副司令员周保中和时任苏联红军驻沈阳城防副司令员冯仲云。周保中详细汇报了东北抗日联军与日军浴血抗争14年的情况和协助苏联红军进入东北和接管城市的情况。听完汇报后，彭真对抗日联军在抗日斗争中的功绩给予高度评价。②

1945年11月3日，中共中央决定：将由抗联队伍发展而来的东北人民自卫军和挺进东北的八路军、新四军部队一起组成东北人民自治军，林彪任总司令，彭真任第一政委，罗荣桓为第二政委，吕正操、李运昌、周保中、萧劲光为副司令，程子华为副政委。至此，东北抗日联军终于完成了它的全部历史使命，并为创造和建设新中国开始了新的征程。③

刘亚楼也是在这时随苏联红军回到祖国的，他化名王松，被苏军分配到大连苏军警备司令部任职，负责苏军和中共大连市委之间的联络。1946年年初国民党通知驻大连苏军，任命沈怡为大连市市长，并准备走马上任。刘亚楼将此情况告诉了中共大连市委书记韩光。韩光组织了8000多人的工人纠察队。沈怡得悉后，多次请求苏军保障他的安全，遭到苏军拒绝。沈怡不敢进入大连，国民党接收大连的企图宣告破产。刘亚楼还协助大连市委向苏军要了100桶汽油，供应东北民主联军。他以苏军参谋的身份，协助大连市委办了许多一般人不易办到或不能办到的事情，为中共在大连的活动提供了帮助。

从严格意义上来说，苏军八十八旅中的中国军队才是我军最早进入东北的部队，虽然他们当时是以苏军身份进入的，但他们为我军进入东北后能够很快地立住脚，做出了其应有的贡献，这是我们不应该遗忘的，也是我们所有写解放战争史的作者不能不提的。

---

① 参看东北抗日联军斗争史编写组编：《东北抗日联军斗争史》第486～488页，人民出版社1991年版。
② 《彭真年谱》第三卷第284～285页，中央文献出版社2002年版。
③ 参看全勇：《山河呼啸：东北抗联征战实录》第310～321页，湖南出版社1995年版。

4. 中共军队为何能比国民党军队更早进入东北？

1945年8月10日，日本政府发出乞降照会。11日零时起，朱德以八路军总司令的名义就接受日伪军投降事宜，连续发布七条命令，其中于11日上午8时发布的第二号命令是：

> 为配合苏联红军进入中国境内作战，并准备接受日"满"敌伪军投降，我命令：
> 一、原东北军吕正操所部，由山西、绥远现地向察哈尔、热河进发。
> 二、原东北军张学思所部，由河北、察哈尔现地，向热河、辽宁进发。
> 三、原东北军万毅所部，由山东、河北现地，向辽宁进发。
> 四、现驻河北、热河、辽宁边境之李运昌所部，即日向辽宁、吉林进发。①

在这一命令中，很有意思的是，只有对李运昌所部的命令中有"即日"进发的字样，这也就是说，李运昌所部接到命令后必须立即向东北进军。而张学思是张学良的弟弟，吕正操和万毅是原东北军军官，但命令却未说让他们立刻出发。不仅如此，同日中共中央致电晋察冀、山东和晋绥分局："本日延安广播总部命令第二号系为电报宣传，抢先取得国内外公开地位而发，除李运昌部队外，并非要吕、张、万等马上开往东四省，而应依中央指示，动员全军执行当前任务无懈。惟山东万毅部，应准备待命出发。"②这封电报为我们揭开了第二号命令的谜底，但与第二号命令相比，又有了点新变化，那就是让万毅所部准备待命出发。

朱德为什么只命令李运昌部立即执行第二号命令？

---

① 中共中央文献研究室编：《朱德年谱》第274页，人民出版社1986年版。
② 1945年8月11日，中共中央致晋察冀、山东和晋绥分局电。

这是因为李运昌是冀热辽军区司令员。近水楼台先得月,他带领的部队驻地离东北门户山海关最近距离不超过100公里。而此时,国民党所属部队无论是正规军还是地方部队,离东北最近的部队也远在上千公里之外。在抗日战争中,国民党军队在日军正面进攻下从沿海撤到西南。所以在日本投降前夕,国民党军队的主力偏处于后方,在长江以北、平汉路以东几乎没有国民党正规军存在,在长江以南、粤汉路以东仅有国民党第三战区的部队。而中国共产党在抗战期间则深入敌后,在日占区的广大农村建立了抗日根据地。到抗日战争胜利前夕,中共已经在接近东北的河北、山东、内蒙古等地控制了大部分农村地区,并极大地扩充了八路军正规部队和地方部队。

8月13日,冀热辽军区决定成立以李运昌为首的东进委员会和前方指挥所,抽调8个团、1个营、2个支队共1万余人,分西、中、东三路向东北进发。西路进军承德,中路进军赤峰,东路进军锦州、沈阳。前方指挥所随东路跟进。

8月20日,东路部队冀热辽军区第十六军分区司令员曾克林所部,率2500人由抚宁县台头营出发,向山海关进军。当时山海关是河北省临榆县县政府所在地,驻有日军600多人、伪军1000多人,还有警察大队及宪兵。曾克林命令他们投降,但是遭到拒绝。理由就是有杜鲁门和蒋介石的命令。

曾克林知道攻城不易,为迅速完成进军东北的任务,立即决定避开山海关,绕道九门口。部队于29日进入辽宁省绥中县的中前所一带。这标志着八路军终于踏上了东北黑土地。而曾克林所部也就成了第一支进入东北的八路军部队。此刻,已经没有任何力量能够阻止中共军队进军东北了。东北已经敞开了大门,他们将一往无前地向黑龙江和鸭绿江进发,向中苏、中朝边境进发,他们终于实现了毛泽东在三年前就提出的设想,实现了中共1936年打通"国际路线"的夙愿。

曾克林所部在中前所同苏联红军一个侦察分队相遇。苏联红军没有想到中共军队会这么快地进入东北,便误认为是伪军,一见面就将曾克林的队伍团团围住,要缴他们的械。经过苏军中通晓汉语的蒙古籍军人翻译,才解除误会。于是,双方共庆胜利会师。

与苏联红军会师后,曾克林产生了杀回马枪回头打山海关的想法。他同副政委唐凯商量后便发电报向李运昌请示。李运昌复电表示同意后,曾克林向这支红军侦察分队领导提出共同攻打山海关的建议。红军领导打开地图,看了看山海关的位置,摇摇头,没有同意。他们说:"我们的任务是到东北作战,山海关属于华北,我们不能去。"

曾克林机智地对他们说:"我们是奉朱德总司令的命令进军东北,配合你们作战,收复失地,行使主权的。山海关是从华北通往东北的门户,现在还驻扎着日军,没有投降,阻挡着我们进军东北的通道。如果不把他们打垮,我们怎能配合你们作战?"

红军侦察分队的领导听曾克林说得有理,便答应做八路军的后盾。由八路军进攻,他们协助。

8月30日,曾克林率部带领着苏联红军侦察分队来到山海关下。曾克林再一次把要求日伪军立即投降的最后通牒送进山海关,当然再一次遭到拒绝。下午5时,曾克林下令发起总攻。在红军炮火协助下,经4小时战斗,山海关解放。这次战斗共俘虏日军200人、伪军1000余人。大部日军逃往秦皇岛。

冀热辽军区第十六军分区部队在山海关稍事休整、补充后,继续北进,在锦州与另一支苏联红军相遇,随即由第十八团组成锦州卫戍司令部,接管周边14座县城。9月6日,曾克林率第十二团和朝鲜支队乘火车进入沈阳。这时,又遇到了麻烦。苏联红军包围列车,不准指战员们下车。

曾克林带领几名地方干部到苏军沈阳城防司令部交涉。苏联红军驻沈阳城防司令卡夫通少将责问曾克林:"你们是什么部队?从哪里来?是谁叫你们来的?"曾克林回答:"我们是中国共产党毛泽东、朱德领导的八路军,是奉延安总部的命令,进军东北,配合你们作战,收复失地,行使主权的。"卡夫通说:"根据《雅尔塔协定》和《中苏友好同盟条约》,最高统帅是不会同意你们进沈阳的。"

曾克林回去后同副政委唐凯商量后,又去交涉,仍无结果。

此时,部队被困在列车上已经将近一天,吃饭喝水都成了问题。曾、唐第三次去交涉。他们同卡夫通据理力争。交涉中,唐情急智生,机敏地捋起衣袖,指着参加革命后手臂上刺的镰刀、斧头和五角星,一边比画一边大声说:"毛泽东!毛泽东!共产党,毛泽东!"卡夫通正在察看唐的手臂,曾克林接着说:"为减少误会,我建议用你们的翻译。"卡夫通表示同意,找来了一位叫克拉夫钦科的政工干部。此人很老练,也很和气。曾克林通过这位翻译告诉卡夫通:"我们是来配合你们作战的。我们在山海关已经同你们共同作战了,又在锦州同你们会师。冀热辽是我们的土地,我们长期在这里抗日,你们不要我们来,让谁来?"曾克林又说:"如果你们不相信,可以去问莫斯科。"

卡夫通终于相信他们是八路军,同意部队下车,但让他们驻扎在郊区苏家屯。部队下车后,迅速集合。指战员们穿着缴获的日军黄军装,头戴钢盔,全副武装,军容整齐,向苏家屯开拔。沿途群众听说中国军队来到,集聚在马路两旁,热烈鼓掌、欢呼。苏军看到老百姓自发地欢迎这支军队时,非常震惊。

卡夫通乘吉普车赶上队伍,对曾克林等说:"你们不是一般的队伍,不要去苏家屯了。就住在故宫东面的小河沿吧。"

9月7日,苏军派两位上校到曾克林司令部对曾和唐说:"莫斯科来电报了。你们是共产党、毛泽东的部队,请你们二位到司令部去。"近卫军第六集团军司令克拉夫琴科上将、军事委员图马尼扬中将接见并宴请了曾克林和唐凯。经双方研究,为照顾苏军受《中苏友好同盟条约》限制的处境,八路军将对外的称呼改为东北人民自治军。这样,曾克林率领的第一支进入东北的八路军就取得了合法而有利的地位,并成立了东北人民自治军沈阳卫戍区司令部。曾克林任司令,唐凯任政委。部队两三天内就解除了沈阳1.5万伪军、宪兵的全部武装。部队由4个连扩展到了4000人,随后又占领辽阳、鞍山、抚顺、本溪一带。①

进入东北的八路军接收一些城市的活动引起了国民党政府的愤怒和美国政府的关注。国民党政府强烈指责苏联政府违反《中苏友好同盟条约》的规定,一再对苏联提出抗议。美国也不断在外交上对苏联施加压力。虽然蒋介石与杜鲁门双双向苏军施压,但由于看到中共军队那么快就进入东北,苏联方面便有了另外的想法。苏军驻东北的远东总司令华西列夫斯基元帅经请示苏共中央,决定派代表到延安与中共中央联系。9月14日,曾克林陪同苏军代表贝鲁罗索夫中校乘飞机至延安。中共中央听取了曾克林关于该部进军东北情况的汇报,朱德等接见了贝鲁罗索夫中校。

中共中央立即决定成立由彭真、陈云等组成的东北局,并于15日随贝鲁罗索夫中校乘飞机到达沈阳,开始办公。至此,朱德第二号命令提到的吕正操、万毅、张学思所部才先后启程奔赴东北,吕正操任东北民主联军副总司令,万毅任东北民主联军第七纵队兼辽吉军区司令员,张学思任辽宁省政府主席、辽宁军区司令员。

9月17日,刘少奇为中共中央起草致中共谈判代表团电,提出"向北推进,向南防御"的方针。② 19日,刘少奇为中共中央起草致各中央局的指示电,将战略方针中的"推进"改为"发展",提出:"全国战略方针是向北发展,向南防御。只要我能控制东北及热、察两省,并有全国各解放区及全国人民配合斗争,即能保障中国人民的胜利。"③ 随后,中共中央和中央军委从关内各解放区

---

① 参看《曾克林将军自述》第78～101页,辽宁人民出版社1997年版。
② 《刘少奇年谱》上册第493页,中央文献出版社1997年版。
③ 同上,第496页。

陆续调部队进军东北。计有山东军区、新四军、陕甘宁边区、陕甘宁晋绥联防军、延安抗日军政大学、延安炮兵学校、晋绥军区、冀鲁豫军区、冀中军区等所属部队共约11万人。

而此时的国民党正好相反，它们不是部队先到东北，而是接收大员先到东北。这同1945年8月14日国民政府和苏联签订的《中苏友好同盟条约》密切相关。

中国获悉美、英、苏签订了损伤中国主权的《雅尔塔协定》后虽然强烈不满，但因实力有限，在美、苏压力下只得吞下这一苦果。中国代表宋子文等和蒋介石特派员蒋经国在抗战胜利前夕与苏联进行艰难的谈判，在得到"给予中国的道义、军需及其他物资之援助，完全提供给中国中央政府；苏联承认中国在东北三省的主权及领土完整；对最近的新疆事变，苏联无意干涉中国的内政"的承诺后，才于8月14日同苏联签订了以《雅尔塔协定》为基础的《中苏友好同盟条约》。①

因此，在抗战胜利之初，国民党对在苏联协助下接收东北持乐观态度。9月18日，蒋介石在纪念"九一八"14周年广播演说中表示："我们东北由于盟邦苏联的军事援助之下，实现了开罗宣言和波茨坦公告，而我们东北同胞亦由此得到了解放，重返了祖国。最近将来，我们的行政人员及我国的军队就要来到东北，与我们隔绝了十四年之久的亲爱同胞握手言欢。"②

据杜聿明回忆："我记得是年（即1945年）七月中旬，旧中苏友好条约初稿已经宋子文等在莫斯科举行谈判后拟定。这时，熊式辉来昆明征求我的意见说，中苏条约即将签订，在条约签订后，苏联即出兵东北对日宣战。熊当时得意地说：'签订了中苏条约，中国可以很快地收复东北，东北沦陷区将比华北、华中、华南收复得更早。'"③

但蒋介石和熊式辉都高兴得太早了。至8月底，蒋介石都没有往东北派遣军队的动静，等于把东北放心地交给了苏联人。直到9月蒋介石才回过味来，但他只想着依靠美国军舰运送军队到东北。而此时，八路军和新四军已有多支部队正日夜兼程赶往东北。

---

① 参看1945年苏联外交部部长莫洛托夫致中国外交部部长王世杰的照会，《中美关系资料汇编》第一辑第608页，世界知识出版社1957年版。

② 重庆《大公报》1945年9月19日，转引自汪朝光：《1945—1949：国共政争与中国命运》第122页，社会科学文献出版社2010年版。

③ 杜聿明：《国民党破坏和平进攻东北始末》，《辽沈战役亲历记》第515页，文史资料出版社1985年版。

迟至10月12日，国民政府东北行营主任熊式辉、外交特派员蒋经国和行营经济委员会主委张嘉璈等几个光杆司令才飞抵长春。这比彭真、陈云等到达沈阳晚了27天。为什么晚？因为日本投降来得太快，蒋介石有些措手不及，为接收大片收复区忙得不亦乐乎。他手下各派系的官员为获得接收各收复区的肥缺，争得不可开交。因此，到底由谁接收东北迟迟定不下来，从而才导致熊式辉一行姗姗来迟。

10月28日，国民党军东北保安司令长官杜聿明飞抵长春。而其所属部队尚在山海关内。此时我军已进入东北两个月了，而且大部分调往东北的部队都已到达，只有少数部队尚在行进途中。

有意思的是，蒋介石派往东北的大员熊式辉、杜聿明、蒋经国、张嘉璈都同东北毫无关系。难道蒋介石是没有人可派吗？不是。在国民党那里，东北军出身、职务和影响力超过吕正操、万毅和张学思者大有人在。有一次，蒋介石就派谁去东北征求李宗仁的意见。李宗仁回忆说：

> 至于东北耆老莫德惠、抗日英雄马占山，以及尚在监禁中的张学良等，中央若能破格录用，在号召力方面而言，自可事半而功倍。可是我深知蒋先生对东北人特别忌恨，故未敢提供参考，以免触其忿怒。①

当时，国民党中有许多人建议派张学良到东北，但蒋介石非但不采纳，反而于1946年11月2日将张学良幽禁到台湾新竹。

对此，曾任蒋介石的侍从官的郝柏村说：

> 抗战胜利后，主持接收东北行营主任熊式辉，及东北保安司令长官杜聿明，与东北均无地缘关系。以后论者亦必以未命张学良接收东北为失策。
>
> 蒋委员长对张不信任，因张主谋西安事变，或恐如派其接收东北，正与中共合谋也。

郝柏村在读蒋介石1945年11月17日的日记后写道：

---

① 《李宗仁回忆录》（下）第847页，中国人民政治协商会议广西壮族自治区委员会文史资料研究委员会1980年印刷。

本日日记，找出张学良于1946年即移幽于台湾新竹的道理，乃阻绝张与中共或东北将领有暗通消息之机会。

如蒋公当时尽释前嫌，毅然派张学良为东北行营主任，主持接收东北大任，以其地缘及历史关系，号召伪满军队及东北同胞，应有一定的影响。以张的历史背景，非马克思主义者。其发动西安事变，非为亲共，乃主张停止内战，一致抗日。今日抗战胜利，由张来接收东北主权，与中共必立于敌对地位，而成为中共的敌人。①

郝柏村的一己之见并非完全没有道理，但是，他可能不知道，让张学良出山首先是中共提出来的。

1946年2月，彭真交给吕正操一个任务，要吕以当时在东北民主联军工作的原东北军少校以上军官的名义，起草一份致蒋介石的电报，要求释放张学良，请张回东北主持大计。吕正操让他的秘书起草了这一封电报，并由东北局组织部依据档案填上吕正操、万毅等42人的名字。② 这一份电报不知发出与否。如果发出了，蒋介石看到中共想让张学良出山，必然对张更加猜忌。如果这一电报没有发出，以蒋介石多疑的性格及难以宽容的胸襟，也不会轻易放张。

当然，蒋也不是完全没有考虑派东北军出身的官员到东北去。

1945年6月，蒋介石在考虑对敌伪的策反时，拟派曾任东北军骑兵军军长的何柱国和曾任东北军第四十九军军长的刘多荃同张群、陈诚和张治中一起负责东北。对此，郝柏村评论说：

策反东北自始即未考虑张学良，即何柱国与刘多荃，均为张的亲信旧部，但在尔后接收东北的过程中，亦未起用他们。③

蒋介石为何不起用张学良、何柱国、刘多荃？

就是因为此人缺乏这样做的胆略和胸襟。他是否完全排除了东北军将领呢？也不是。后来，他按照其让杂牌军打头阵的一贯做法，把东北军第四十九军和第五十三军投入东北战场。第四十九军军长王铁汉和第五十三军军长周

---

① 《郝柏村解读蒋公日记(1945—1949)》第131～132页，台北天下远见出版有限公司2011年版。
② 万毅回忆，"文革"后吕正操告诉万，"文革"中，专案组从彭真家中搜出这一份电报的底稿。参看《万毅将军回忆录》，第266页，中共党史出版社1998年版。
③ 《郝柏村解读蒋公日记(1945—1949)》第99页，台北天下远见出版有限公司2011年版。

福成都是东北军将领。1947年9月23日,第四十九军主力在锦西旧门地区被歼,军长王铁汉率百余人逃脱。1948年11月2日,东北人民解放军解放沈阳,歼灭第五十三军,俘虏国民党军第八兵团司令官兼第五十三军军长周福成。此是后话。

杜聿明到长春后,同蒋经国以及参谋长赵家骧去见马林诺夫斯基元帅,接洽中国军队接收东北主权事宜。马林诺夫斯基表示:"杜将军带领中国军队接收东北的领土主权,苏军很欢迎,你们从海路、陆路来,我们都欢迎。"经协商,马林诺夫斯基同意国民党军在营口登陆。

30日,杜聿明飞到重庆向蒋介石汇报。蒋介石喜形于色地说,已经和美国顾问团交涉好,用美国军舰运送第十三军、五十二军到营口登陆接收东北,第十三军已到秦皇岛,第五十二军将从越南启运。①

此时,斯大林已将东北视为苏联的势力范围,非常忌惮美国进入东北。苏军得知美国军舰将进入营口后,立即将防务交给东北人民自治军。杜聿明乘美国军舰"脱罗尔号"到营口后发现红军已撤,东北人民自治军已经布防,正严阵以待。

至此,国民党从苏军手中接收东北主权的企图乃成泡影。

蒋介石从苏军手中接收东北不成,乃决定武装进攻东北。为此,他将天津东北面的冀东地区划归东北行营,命令杜聿明指挥第十三、五十二军进攻山海关。

11月1日,由美国军舰从上海运到秦皇岛的国民党军第十三军开始进攻山海关。13日,第五十二军在秦皇岛登陆并配合第十三军加紧对山海关的进攻。16日,国民党军第十三军和第五十二军占领山海关并继续北上踏上东北的土地。这就是首先进入东北的成建制的国民党军。此时,八路军进入东北已近三个月。

蒋介石为什么不调离东北较近的部队进军东北呢?对此,李宗仁曾经提出"后浪推前浪"的方式。他回忆说:

> 关于我军向收复区开拔,我主张用"后浪推前浪"方式,以求快捷。在胜利已露端倪时,政府应尽量将驻于江南的大军,向江北推进。因为长江以南经八年抗战,大军云集,地方安堵如故,中共渗透

---

① 杜聿明:《国民党破坏和平进攻东北始末》,《辽沈战役亲历记》第520页,文史资料出版社1985年版。

力量也微。但在黄河流域则完全相反,因北方沦陷的时间较久,日军后方的兵力单薄,只能维持主要交通线,至于广大平原和山岳地区,大都为中共所占领并建立根据地。我政府对此问题亟应早为筹划,作适当的军事部署。等到胜利的爆竹一响,我大军便一浪接一浪向北方推进。如原驻河南、安徽和苏北的国军,即向山东、河北前进,原驻山西、宁夏、绥远的,则向察哈尔前进。各该军所遗防地,则由后方部队递补。如此不出一月,华北所有重镇及津浦、平汉交通线皆为我大军所有,然后再令日军集结,就地解除武装。[①]

李宗仁设想的"后浪推前浪"方式虽有一定道理,但实际上是行不通的,因为国民党军有各个系统,并非一个整体。比如,如果让山西的阎锡山东进平津,所遗防地山西由在陕西的胡宗南递补。这就要阎锡山放弃他的老巢,也就如同要了他的命。他是绝对不会服从这个命令的。

至于说到派距离东北最近的部队去接收东北,蒋介石不是没有考虑过。国民党军中距离东北最近的一是阎锡山,二是在绥远的傅作义。阎锡山已做说明,傅作义呢?早在8月11日,蒋介石就命令傅作义率部到东北去接收。但是,傅作义提出:兵力不足,路途遥远。于是蒋介石改任他为热河、察哈尔、绥远三省受降官,并成立第十二战区复员委员会,由傅兼任主任,下设察绥、平津、东北三个组,准备随时扩大其管辖范围。

蒋介石派不出距离东北最近的部队,只能用美国军舰从南方调部队了。

[①] 《李宗仁回忆录》(下)第846页,中国人民政治协商会议广西壮族自治区委员会文史资料研究委员会1980年印刷。

5. 日军一投降,阎锡山为什么急急忙忙占据上党?

山西王阎锡山,抗日战争期间曾告诫其心腹要学会"狡兔三窟","我们必须具备以下三个窟窿,才能生存:第一个是日本人,第二个是国民党,第三个是共产党",现在"日本人最有力量,所以必须费力经营好日本人这个窟窿"。[①]

1945年8月初,日本华北派遣军参谋长高桥坦、山西派遣军参谋长山冈道武从太原赶到孝义,与阎锡山秘密会谈。高桥向阎锡山透露"东亚大局将要转变,日本将停止战争,宣布投降"[②]。阎锡山立即具体部署各部队的军事行动,准备抢占太原、大同、临汾等要点。其中命令第八集团军副总司令兼第十九军军长史泽波率第十九军第六十八师、暂编第三十七师,第六十一军第六十九师和第二、六挺进纵队抢占上党地区。

上党,是指以长治为中心的晋东南地区。秦始皇统一中国后,分全国为36郡,上党是其中之一,自古为兵家必争之地。占领上党之后,向东,可向河北拓展,向南,可进窥中原。抗战期间,八路军总部曾长期驻扎于此地。

阎锡山如占领上党,也符合蒋介石的战略意图。蒋介石当时正企图通过津浦、平汉、陇海和同蒲四条铁路向华北和东北运兵。9月17日,蒋介石还写信给阎锡山,并附有《剿匪手本》两册。显然,蒋介石看到阎锡山这一行动是对他有力的配合。

8月中旬,也就是在日本正式宣布投降的同时,史泽波率部连同收编的长治伪军共1.7万余人,乘晋冀鲁豫军区部队正在向日伪军进行大反攻之机,抢占了八路军多年围困的长治、长子、屯留、壶关,还侵占了八路军从日寇手中解放的潞城和襄垣。阎锡山的受降动作远快于蒋介石的其他部队,因为他在抗战中同日本人勾勾搭搭,从而能够得到日本人提供的支持。

军情紧迫,十万火急!

当时在家值班的晋冀鲁豫军区参谋长李达,发出一封封催司令员刘伯承和政委邓小平速回的电报。

[①] 张殿兴编:《阎锡山回忆录》第126页,人民出版社2012年版。
[②] 同上,第137页。

那么刘伯承、邓小平在哪里呢？

原来,此时各解放区的许多将领都因参加七届一中全会和中央工作会议,还留在延安,其中包括刘、邓以及陈赓、薄一波、张际春、杨得志、陈锡联、陈再道、王近山等高级干部和将领。

8月23日,准备到重庆同蒋介石谈判的毛泽东在刘、邓等都参加的高级干部会议上说:

> 我们的口号是和平、民主、团结,首先立足于争取和平,避免内战。我们提出的条件中,承认解放区和军队为最中心的一条。中间可能经过打打谈谈的情况,逼他承认这些条件。今后我们要向日本占领地进军,扩大解放区,取得我们在谈判中的有利地位。你们回到前方去,放手打就是了,不要担心我在重庆的安全问题。你们打得越好,我越安全,谈得越好。别的法子是没有的。[①]

此时,晋冀鲁豫八路军正出击平汉线,向拒不投降的日伪军进军,不承想阎锡山却抄了晋冀鲁豫八路军的后路。他不仅接受日军投降的行动要快于国民党其他部队,而且肆无忌惮地首先抢占八路军的地盘。八路军向来是"人不犯我,我不犯人;人若犯我,我必犯人",不打他打谁?

8月25日,为紧急送各军区军政首长回去指挥战斗,毛泽东决定借用美军驻延安观察组的飞机。

美军中缅印战区驻延安观察组于1944年7月到达延安。我方同他们关系良好。抗战胜利后,美军观察组的任务虽已完成,但还有一些未了的事宜,国共之间的联络也需要他们,因此,美军观察组便改称美军联络组,继续留在延安。我方借用飞机在他们看来是小事一桩,也不问乘客是何许人也,便很痛快地答应了。

于是,刘、邓准备乘美军C-46运输机回太行军区。

同乘这一架破旧飞机的还有陈毅、林彪、薄一波、陈赓、萧劲光、张际春、滕代远、江华、陈锡联、陈再道、杨得志、李天佑、宋时轮、邓华、傅秋涛、邓克明、王近山、聂鹤亭。这一批将领中,除晋冀鲁豫军区的将领以外,还有将分赴华东、

[①] 中共中央文献研究室编:《毛泽东年谱(1893—1949)》(修订本)下卷第13页,中央文献出版社2013年版。

华北前线的将领。这一架飞机已相当破旧,为防备飞机失事,给每一位乘客准备了一具降落伞。杨尚昆夫妇到机场送行。飞机起飞前,杨尚昆夫人李伯钊提议为大家合影。陈毅开玩笑地说:"要是飞机掉下来,就拿这一张照片开追悼会吧。"①这么多赫赫有名的战将同机,风险确实很大。但是如果不乘飞机,靠步行,还不知猴年马月才能到达各自的根据地。军情紧迫,顾不了那么多了。当然,万一飞机真的掉下来,1945年8月25日以后的中国现代史说不定就要改写了。

此时,蒋介石为将军队调往东北,多次请求美国出动飞机和军舰。据《总统蒋公大事长编初稿》记载,9月11日,蒋介石致电在美国的行政院院长宋子文:"嘱向美国政府商洽,提前拨给船舶,以便运输国军至东北接防。盖美国政府先已承诺供给我交通工具,运输国军至各地接收,并订定运输计划,兹以情势突变,'共军'已进入东北,如照原定计划,则恐缓不济急也。"

13日,蒋介石再次致电宋子文:"关于借用美国运输舰之要求,与接防东北之交涉,不相关联,对俄接防之交涉,自当由我政府依据条约与俄自行交涉也。惟要求提前借用运舰之原因,以美军此次对中国之运舰列于优先第四位,魏德迈屡与美国军部交涉,至今仍无着落,照现状,则美国供我运舰最早在十二月初旬,如此则史达林与兄所约俄军在东北战败日本后三星期开始撤退,两个月内撤完之规定,与美舰供我日期计划,必致延误,俄军或因此借口自由撤兵,而让其防地归中共,于彼则可不负其责也。因之,要求美国政府与军部特别设法提前拨给我运舰之优先权,最迟能于本月底由上海开始运输至大连港也;否则延误时期接收东北,恐另生枝节矣;至于运兵总数,当在十二万人以上,但可分期运输,最先能运一二万人之吨位,以后陆续增加亦可,但本月内至少要有一万至二万人运舰量,以应中俄预约之期,如其俄军开始撤退之时,而我军不能如期到达,开始接防,则今后接收东北必多纠葛,或因此无法接收,亦未可知也。"

11月22日,蒋介石又亲自打电报给美国总统杜鲁门,要求增派舰船帮助他运兵到华北。②

应蒋介石的请求,美军在8月到年底,用飞机、军舰将数十万国民党军队从西南运往南京、上海、北平、天津,抢占了收复区的要地。对此,魏德迈在给

---

① 黄华:《亲历与见闻:黄华回忆录》第57页,世界知识出版社2008年版。
② 秦孝仪总编纂:《总统蒋公大事长编初稿》卷五(下),第833~834页,第889~891页,台北,1978年版。

美国陆军参谋长艾森豪威尔的报告中写道：

> 领先收复失地的整军整师的军队由美国飞机空运到上海、南京和北平。从太平洋调来美国第七舰队的一部分军舰,后来运送中国部队至华北,另有五万三千名海军陆战队占领平津地区。负有军事占领任务的中国部队的空运工作由第十和第十四航空队负责。这无疑是世界历史上规模最大的空中军队调动。①

后来败退台湾的陈诚回忆这一段历史时颇为低调。他写道：

> 在魏德迈将军协助之下,我军得适时进驻京、沪、平、津等名城,并使有力部队得在秦皇岛登陆进而收复临锦（临指临榆,旧县名,县治在山海关；锦指锦州）,也尚属不失机宜。②

郝柏村写道：

> 毛泽东滞留重庆期间,国军在美军登陆青岛与天津的支援下,顺利接收了山东的重心胶济路,以及华北的平津两个走廊,也许是国民政府在国共斗争中重要的收获。③

这正是,蒋介石高调求魏德迈帮其调兵,毛泽东低调请观察组助其遣将。魏德迈帮国民党军调兵是有心栽花,美军观察组派飞机助中共遣将则是无意插柳。

刘、邓回到晋冀鲁豫军区后,立即听取了李达的情况汇报。刘伯承说,蒋介石的军队正沿平汉、同蒲、陇海、津浦四条铁路开进,伸出四个爪子向我们扑过来。我们要守住大门,保卫华北解放区,掩护我东北的部队做战略展开。因此,平汉路和同蒲路是我们主要的作战方向。但是,现在阎锡山占领了上党六城,在我们的背上插了一把刀子,使我们芒刺在背。不拔掉这把刀子,就无法到平汉路和同蒲路守大门。他指着陈赓、陈再道、陈锡联说："你们'三陈'都在

---

① 《中国战区史料》第二卷第13章第8～11页,美国军事史中心收藏的手稿,转引自资中筠：《美国对华政策的缘起和发展(1945—1950)》第43～44页,重庆出版社1987年版。
② 《陈诚先生回忆录》第101页,台北"国史馆"2005年版。
③ 《郝柏村解读蒋公日记(1945—1949)》第129页,台北天下远见出版公司2011年版。

这里，就是本次战役的基本力量。当前最紧迫的任务是快快集中分散的部队，看谁集中得快，集中起来形成了拳头就是胜利。"邓小平接着说："关键是打不打，现在的形势是非打不可。既然只有打，一切问题都到打中去解决。"①

29日，晋冀鲁豫军区做出上党战役部署，并报中央军委。31日，彭德怀为中央军委起草回电："阎部一万六千兵占我长治周围六城，必须坚决彻底全部消灭之。惟诸城堡坚垒密，须有充分准备，切不可草率，进攻时宜选一两个城，各个击破，不宜六城同时攻击。如攻而不克，可围城打援。究应如何打法，请你们详加考虑，我们意见仅供参考。"②

为什么邓小平说"非打不可"？因为只有打得好，才能增加毛泽东、周恩来在重庆的安全系数，才能促进国共和谈。对此，毛泽东去重庆前曾在政治局会议上说过："领导核心还在延安，党内也不会有什么扰乱，将来还可能有多一些的同志到外面去。因为有了里面的中心，外面也就能保得住。"③

此时军区的主力部队还处在分散的游击战争环境中，装备不好，人员也不充实。部队集中后，太行、太岳和冀南军区各编一个纵队。④ 当时，全军区只有山炮六门，每团人数不足千人，许多战士还穿着老百姓的衣服，头上扎着羊肚子手巾，一些新兵还使用着大刀、长矛做武器。

然而，就是这样一支部队，9月1日在行进中攻克襄垣，12日攻克屯留，17日攻克潞城，19日又兵分两路攻克长子、壶关。至此，晋冀鲁豫军区部队连克五城，歼灭国民党阎锡山所部7000余人，使长治陷于孤立。

9月20日，晋冀鲁豫军区部队集中主力围攻长治。史泽波被围在孤城之中，向阎锡山连发急电，请求援兵。阎锡山一面复电称"上党必守，援军即到，事关重要，必求全胜"⑤，一面急令第七集团军副总司令彭毓斌率第二十三、八十三军等部由祁县南下增援。

这一年秋季阴雨连绵，道路泥泞。阎军士兵除携带自己的弹药之外，还给长治守军带了许多弹药，背负沉重，步履艰难，每日只能走二三十里。

---

① 《刘伯承传》第325页，当代中国出版社1992年版。
② 中国人民解放军历史资料丛书编审委员会编：《解放战争过渡阶段军事斗争·综述 文献 大事记 图片》第610页，解放军出版社2000年版。
③ 中共中央文献研究室编：《毛泽东年谱(1893—1949)》(修订本)下卷第14页，中央文献出版社2013年版。
④ 随后，晋冀鲁豫军区决定将冀鲁豫、冀南、太行、太岳军区主力依次编为第一、二、三、四纵队。第一纵队未参加上党战役。
⑤ 贾文波：《上党战役与阎锡山》，《从上党战役到太原解放》第14页，山西高校联合出版社1992年版。

24日,刘伯承获悉,阎锡山的援军已达祁县子洪镇以南,决定改变部署,围城打援。28日,留冀南纵队等部伪装主力继续围攻长治,太行纵队全部和太岳纵队主力利用雨夜悄悄撤离长治,兼程北上,在襄垣县虒亭以南常隆、上村一带设伏;10月2日,将国民党援军包围于虒亭以南老爷岭、磨盘垴、榆林地区。在围歼过程中查明援军是2个军6个师,此外,由伪军改编的山西省防军第三军4个团也正从沁县南下。全部援军有3万余人。刘伯承又调冀南纵队北上参战。5日,晋冀鲁豫军区部队将援军主力包围于老爷岭,至6日,援军除2000人逃往沁县外,其余被全歼,彭毓斌被击毙。

长治守军看到待援无望,于8日向西突围。晋冀鲁豫军区除攻城部队实施追击外,另以太岳纵队自虒亭向南取捷径,进行截击,至12日,将突围的国民党军全歼于沁河以南将军岭和桃川村地区,俘虏史泽波。

在上党战役中,阎锡山的所谓"精锐"部队被歼灭13个师共3.5万余人,占到其总兵力的1/3。我党部队缴获山炮24门、机枪2000余挺、长短枪1.6万余支。晋冀鲁豫军区部队由此获得了较好的装备。

上党战役胜利来之不易。1989年11月20日,邓小平回忆道:

> 阎锡山进攻上党区有三万八千多人,我们比他们还少一点,也就是三万出头。从编制上讲,一个完整的、编制充实的团都没有,而且装备很差,可以说是一群游击队的集合。还有就是临战前没有指挥作战的将军,那时只有李达在前线,好多将军都不在,在延安开会。我们是乘美军驻延安观察组的运输机回太行的。同机飞回的有伯承和我,还有陈锡联、陈再道、陈赓等。那时宋任穷留在冀南,仗已经打得热火朝天了,我们才到,一下飞机就上前线。在那样的情况下,把阎锡山的进攻部队完全消灭可不容易啊,应该说是超额完成了任务。①

阎锡山本想占领上党,进而把共产党部队赶出山西。结果遭此重击,气得他卧床不起,连62岁的生日也不过了。

在重庆的毛泽东听到上党大捷的消息后高兴地说:"打得好!打得越大越胜利,我回去的希望就越大。"②

毛泽东在重庆期间,蒋介石不是没有动过扣留毛泽东的心思。他要扣留

---

① 《邓小平文选》第三卷第336~337页,人民出版社1989年版。
② 《胡乔木回忆毛泽东》第421页,人民出版社1994年版。

毛泽东首先不能不考虑美国和苏联的态度。毛泽东来重庆后的安全,曾得到美国大使赫尔利的保证。10月1日,蒋介石看到中共发出的一份公告稿,提到了赫尔利对毛泽东安全的保证,非常反感,在日记中写道:

> 彼全不思本国商谈要由外国保证之耻,不思哈雷(即赫尔利,笔者注)即使为其保证,亦已失效也。

为什么失效了呢?他接着写道:

> 盖赫尔利保证共党接受统一团结者之安全,并未保证其通敌卖国反动派之生命。而且赫尔利已对共党声明:"今后国、共问题,全为中国之内政,不能如往日敌军未降时可由盟国共同作战之关系,参加调解,今后应由中国双方自动解决也。"①

蒋介石一厢情愿地猜测,扣留了毛泽东,美国可能默许,不会跟他闹僵,但是苏联一定会翻脸。他在日记中估计其后果,写道:

> 余以为最多新疆暂失,东北未复而已。而本部之内只(至)少可以统一矣。②

蒋介石认为扣留毛泽东是利大于弊。蒋介石可能寻思,扣留毛泽东,就会使中共群龙无首,他发动内战就会节节胜利,马到成功。

但是,中共有了延安的中心,仗打得好,此时已经把阎锡山的3万多人马歼灭于虒亭以南老爷岭地区。中共并未因毛泽东到了重庆而手忙脚乱,使蒋介石不得不仔细思量:

扣留毛泽东如果对作战并无帮助,扣留何益?

美国对毛的安全保证真的可以不算数吗?

党内主和派会怎么想?

还有那一大堆教授、记者、各党派人士,乃至全国老百姓有什么反应,会不

---

① 秦孝仪总编纂:《总统蒋公大事长编初稿》卷五(下),第842页,台北,1978年版。杨天石在《找寻真实的蒋介石》中亦有记载,标明为蒋10月6日日记,见该书第439页,山西人民出版社2008年版,赫尔利仍写为哈雷。

② 杨天石:《找寻真实的蒋介石》第440页,山西人民出版社2008年版。

会一片哗然？

蒋介石考虑来考虑去，于日记中写道：

> 对共问题，郑重考虑，不敢稍有孟浪。总不使内外有所借口，或因此再起纷扰，最后唯有天命是从也。①

不可思议的是，蒋介石非但没有扣留毛泽东，还在10月10日颁布的授勋令中加进了毛泽东、朱德、彭德怀、董必武、叶剑英、邓颖超的名字。

于是，10月11日，毛泽东平安返回延安。回到延安后，毛泽东高度评价了上党战役。他说：

> 太行山、太岳山、中条山的中间，有一个脚盆，就是上党区。在那个脚盆里，有鱼有肉，阎锡山派了十三个师去抢。我们的方针也是老早定了的，就是针锋相对，寸土必争。这一回我们"对"了，"争"了，而且"对"得很好，"争"得很好，就是说，把他们的十三个师全部消灭。②

---

① 杨天石：《找寻真实的蒋介石》第441页，山西人民出版社2008年版。
② 《毛泽东选集》第四卷第1157页，人民出版社1991年版。

6.抗战胜利后,第一位起义的国民党军将领是谁?

在整个解放战争中,共有1400余名国民党军将领起义投诚。他们的反戈一击,加速了国民党统治在大陆的崩溃。

1949年9月23日,毛泽东、朱德举行宴会,宴请程潜、张治中、傅作义、邓宝珊、黄绍竑、李书城、李明灏、刘斐、陈明仁、孙兰峰、李任仁、吴奇伟、高树勋、张轸、曾泽生、何基沣、刘善本、林遵、邓兆祥、左协中、廖运周、李明扬、张酦村、黄琪翔、周北峰、程星龄26位国民党起义将领。[①] 其中,高树勋是起义最早的国民党军将领。

高树勋(1889—1972),字建侯。河北省盐山县人。1915年入冯玉祥部队当兵,从士兵、班长,逐级晋升到师长。1930年阎、冯倒蒋战争失败后,高部被蒋介石编入国民党第二十六路军,高任第二十七师师长。1931年,第二十六路军在宁都起义,加入中国工农红军,在天津养病的高被迫离开军界。1933年冯玉祥在察哈尔组织抗日同盟军,高应冯的邀请,到张家口就任抗日同盟军骑兵军军长,参加了攻克多伦等战役。抗日战争爆发后,任河北游击军总指挥、新六师师长、新八军军长等职。他多年受蒋介石的排挤,同蒋介石的嫡系矛盾尖锐。1945年5—6月间,他曾通过在高部任参议的中共地下党员王定南,和八路军系统的河南人民抗日军第三支队司令员陈先瑞在高的驻地河南省南召县举行过会谈。

1945年8月1日,高给八路军副总司令彭德怀写了一封信,派王定南去太行山区进行联络。王于8月中旬到达新乡,遇到在孙殿英部做地下工作的朱穆之,两人结伴而行,9月初,到达晋冀鲁豫军区所在地河北省涉县赤岸村。

在王定南出发赴太行期间,抗战胜利。蒋介石在命令八路军原地待命的同时,也命令高树勋部原地待命,剥夺其受降权。高十分不满,不仅不执行,反而急忙从南召出发,到达郑州。蒋介石不仅没有责备他,反而任命高为第十一战区副司令长官,让他和副司令长官兼第四十军军长马法五一道,率新八军和

[①] 中共中央文献研究室编:《毛泽东年谱(1893—1949)》(修订本)下卷第579页,中央文献出版社2013年版。

第三十、四十军沿平汉路北上,在到达新乡时,企图继续北犯,与已到石家庄的胡宗南的第三、十六军一起夹击邯郸,再继续北上平津。第十一战区司令长官孙连仲已在北平。

此时,刘、邓正在上党战役的前线指挥作战。他们要求王定南去山西黎城县城见面。刘、邓从前线赶回,听取了王定南的汇报。刘伯承对王说:"彭总已经回延安,我给高写一封回信,希望他不断前进,为人民作贡献。"邓小平说,为了把争取高树勋的工作做好,要把党的工作组建立起来,他要王定南提出工作组成员名单。王定南建议由高部团长田树青和周树一以及同王一起在高部工作的王的爱人唐宏强组成。邓小平表示同意,并指定王定南为组长。这一工作由军区情报处副处长申伯纯负责。王定南返回高部时,军区派路展、辛良治随行。

10月上旬,王定南到达新乡新八军军部,向高报告见到刘、邓等的情况,并把刘伯承的信给高。高向王提出,因为蒋介石给了他一个冀察战区总司令的头衔,他打算率新八军、河北民军沿平汉路北上,把国民党兵马和收编的伪军统统带到冀察战区,并将原来控制的城镇全部交给八路军,等他到达热河、察哈尔一带,再和中共联合,一同对国民党展开斗争。高要求王定南到晋冀鲁豫军区向刘、邓对他的建议做出答复。王定南随高部到达汤阴的同时,对工作组成员传达了刘、邓指示,对工作做了安排。然后到赤岸村向刘、邓报告了高的建议。刘、邓表示同意高一个军单独北上。王定南返回途中,刘、邓又派人把他追回,让王到峰峰矿区,刘、邓司令部就设在那里。

王到后,邓小平对王说:"把你追回来,是因为敌人的行动改变了。我们原来确定的方案就不适用了。"刘伯承说:"现在国民党军沿平汉路北进的已经不是高树勋一个军,而是三个军。"邓小平说:"因此,中央军委来电指示,要我们不惜一切代价,阻拦这三个军北进,这已是我们当前严重的战略任务。"刘伯承接着说:"蒋介石的意图是让十一战区这三个军到北平,使北平的国民党军去侵占东北。因此,我们必须守住南大门,掩护东北我军。"邓小平坚定地说:"所以你要去对高树勋将军讲,根据形势的变化和需要,让他不要到冀察地区去了,要配合我们完成党中央阻止国民党这三个军北上的战略任务,就地起义。"刘伯承说:"这正是高树勋将军走向革命的大好时机。要让他当机立断。"

王定南立即表示,马上去做高的工作。邓小平派申伯纯和靖仁秋到高部协助王工作。

此时,国民党军三个军乘晋冀鲁豫解放军进行上党战役的空隙,已进到安阳以北、邯郸以南滏阳河套地带。四十军占领崔曲一带,新八军前卫占领邯郸以南 30 里的马头镇。

10 月中旬,王定南一行到达马头镇西北 10 余里的第三纵队司令部驻地。这里已是前线。经侦察,正面国民党军为田树青团。王定南写了一封信给田,说明要通过他的防地去见高树勋。信由一位侦察员送去。黄昏,侦察员带回田树青的回信和一名高部的士兵,要王定南赶快过去。三纵司令员陈锡联让王告诉高树勋,当夜零时将对马头镇发起攻击。

王定南、靖仁秋、高部那位士兵和三纵派的一名参谋共四人到达马头镇外。守军只允许三人过去。于是,靖仁秋留下,王定南等三人进入马头镇。王定南发现已不可能在当夜零时以前见到高树勋,便把刘、邓指示向田树青做了传达,然后急速穿过火线返回三纵司令部,并打电话报告联络情况,请示为争取高部全部起义,是否推迟总攻时间,得到了刘、邓批准。

第二天凌晨,王又穿越火线到达田树青团部,再转到第十一战区司令部,见到了高树勋。对高说:"刘司令员、邓政委本来已同意你一个军单独北上,但现在是三个军一起北上。毛主席已电令刘、邓首长,决不允许三个军北上,让国民党实现在全国向解放区进犯的战略。因此,刘、邓首长要求你部配合我军阻止蒋军前进。"

并无思想准备的高树勋问:"现在?"

王答:"对。当前正是关键时刻。现在起义,对你,对人民,对国家都贡献极大。"

高在屋内来回踱步,似乎自言自语地说:"要走向革命,我是有决心的。只是……"

王劝他:"像你这样寄人篱下,终非长久之计,何不尽快走向光明?"

高说:"第三十、四十军都是老西北军同人。我如果单独行动,他们必然被歼。这样,原西北军人士更会痛骂我。"

王说:"第三十、四十军是不会跟你一道革命的。那他们就是革命的敌人。他们早一天被歼,对革命只会带来好处。"

高说:"1940 年,我杀石友三,西北军老人就责骂我'不仁不义',说什么石友三该杀,但我不应该杀他,因为石是我的上司,不该'以下犯上'。如果这次又因我使三十军、四十军遭到毁灭,旧西北军同人会对我恨之入骨,骂我专干不利于西北军的事。"

王说:"石友三投敌有罪,人人得而诛之。你杀石友三是爱国的行动,人民是赞成的。"

高仍犹豫不决。

王继续劝说:"大是大非要当机立断,切不可优柔寡断!非常之人才能立非常之功。"

高说:"还有一个问题,刘秀珍和你太太都在徐州车站。如果我们马上起义,国民党会迫害她们的。"

刘秀珍是高树勋的夫人。她和王定南的夫人唐宏强作为高部的眷属已从新乡乘专列到徐州转津浦路北上。

王定南劝高:"刘邦和项羽争天下,抛妻弃子在所不惜。你今天走向革命,就不能顾虑这些。"同时,王答应将此事立即向刘、邓首长汇报。

高说:"对,对,你快去快回,我等候你的消息。"

王定南又穿过火线,连夜赶到峰峰矿务局。

10月28日清晨,王定南见到刘、邓。刘、邓暂停处理军事上的问题,专心听取了王定南的汇报。

针对高杀石友三的问题,刘伯承说:"他杀石友三,不是什么上下级问题,不是不义,而是大义灭亲,人民和一切爱国人士都是理解的。"

邓小平说:"他现在起义,不仅对当前作用重大,对今后的政治影响也很大。转告他,时机很重要。"

刘伯承说:"机不可失,时不再来,当断不断,反受其害。"他又说,"关于他的夫人在徐州一事,我们可以电请中央解决。你起草个电文,我来批发。"

刘、邓随即给中央军委发出专电:"请军委转告山东罗荣桓、陈毅、黎玉同志,高树勋率新八军与我合作已明朗化。十一战区长官部自新乡开徐州专车一列,内载留守人员及眷属,请加快派人往徐州接出高树勋、王定南二人眷属至我地区并护送来此。事关高之巩固工作,处理情形立复。"中央军委后又转告八路军驻西安办事处,妥善解决高树勋在西安的子女及亲属的安全问题。

28日夜,王定南到达马头镇田树青团。当晚,晋冀鲁豫军区参战部队全部到齐,立即发起总攻。第一、二纵队、冀南、冀鲁豫军区部队和太行军区两个支队为北集团,攻击第四十军,在崔曲歼灭第一〇六师大半个团,在阎家浅歼灭第三十九师一个团;第三纵队、第十七师和太行军区两个支队为南集团,牵制第三十军,佯攻新八军。晋冀鲁豫军区部队对国民党军的打击配合了对高树勋的争取。

29日,王定南又去见高树勋,向高传达了刘、邓的话,特别提到刘、邓安排到徐州接他夫人的事。高树勋表示感谢,同时向王定南宣布:"我立即起义,走革命的道路。"

当天,王定南又赶到刘、邓指挥部,向刘、邓首长报告了高树勋的决定。刘伯承听后高兴地说:"很好,我们对高完全以兄弟相待。"

邓小平建议:"我看李参谋长马上亲自去一趟,代表刘司令员和我去看望高树勋,一方面鼓励他已下定的决心,一方面看看还有什么问题,好做最后的商榷。"

刘伯承表示同意。

李达原在西北军,1931年参加宁都暴动。他同高树勋一见如故,谈得很好。第二天,他回到刘、邓指挥部,汇报同高树勋面谈的经过说:"高的态度明朗,决定立即率新八军、河北民军起义,并且决定把他的指挥部迁至马头镇,田树青团向我军靠拢,今天晚上即可架通电话。部队的番号、整编等问题,听毛主席决定。"①

高树勋起义后,刘、邓判断,国民党军必然向南突围逃窜,乃故意放开口子,同时将主力先敌南移至漳河以北敌退路两侧,准备歼灭逃敌。31日下午,马法五率残敌2万余人南逃中被晋冀鲁豫解放军包围。解放军侦知马法五的长官部在旗杆樟,乃对其猛攻,11月1日夜,解放军突入马的长官部。国民党军失去指挥,顿时大乱,四散逃跑。到11月2日,敌人除少数漏网外,被全歼,解放军俘虏马法五及其部属1.7万余人,毙伤敌3000余人。

11月1日,高树勋率新八军和河北民军1万余人开赴武安县伯延镇,改编为民主建国军。

11月13日,由邓小平、薄一波介绍,中共中央书记处批准,高树勋加入中国共产党。不久,他的夫人刘秀珍和子女先后脱险,来到解放区与高团聚。

12月15日,由毛泽东起草的中共中央在《一九四六年解放区工作的方针》中,号召"开展高树勋运动,使大量国民党军队官兵在战争紧要关头,仿照高树勋榜样,站到人民方面来,反对内战,主张和平"②。

此后,我军就开展了大规模的瓦解敌军工作,特别是对国民党军的秘密策反工作,在解放战争中,共策动国民党军起义、投诚和接受和平改编达177万人,其中将领1400余名。③ 毛泽东曾经说:"夺取解放战争的胜利是靠小米加步枪再加高树勋。"④

争取高树勋起义,歼灭第三十、四十军的战役称为平汉战役。对此,后来

---

① 参看王定南:《争取高树勋将军起义》,中国人民解放军历史资料丛书编委会编:《解放战争时期国民党军起义投诚·冀晋察绥平津地区》第325~341页,解放军出版社1996年版。
② 《毛泽东选集》第四卷第1174页,人民出版社1991年版。
③ 长舜、荆尧等:《百万国民党军起义投诚纪实》编者的话,中国文史出版社1991年版。
④ 《历史使命:共和国将军杨斯得回忆录》第77页,华艺出版社2006年版。

邓小平回忆说：

> 平汉战役应该说主要是政治仗打得好，争取了高树勋起义。如果硬斗硬，我们的伤亡会很大。我一直遗憾的是，后来我们对高树勋处理不公道。他的功劳很大。没有他起义，敌人虽然不会胜利，但是也不会失败得那么干脆，退走的能力还是有的，至少可以跑出主力。他一起义，马法五的两个军就被我们消灭了，只跑了两三千人。①

邓小平此处所说"处理不公道"，薄一波在他的回忆录中做了说明。他写道：

> 高树勋起义后，我们把他安排在根据地的中心区——长治，加以保护。1947年秋，他的一个老部下（警卫团团长）与洛阳国民党特务机关频繁联系，企图拉走部队。事实确凿。当时我在冶陶，派滕代远同志去处理。我们意见，无论如何要把高树勋请到司令部来，以免受到伤害；对他的部下，只要不拉走部队，也就算了。可是，具体进行这一工作的两位负责同志，弄得很过火，把高手下的部队整得很凶，处理也不适当（其实，只要高树勋留下了，他下边的部队是不会走的）。②

薄一波随后引用了邓小平上述回忆，并说："在处理这件事的过程中，我检查、督促不够，也应负一定的领导责任。"

---

① 《邓小平选集》第三卷第337页，人民出版社1993年版。
② 薄一波：《七十年奋斗与思考》上卷第389～390页，中共党史出版社1996年版。

7. 重庆谈判时，为什么毛泽东要给蒋介石"洗脸"、蒋介石要给毛泽东"一捂"？

在重庆谈判期间，毛泽东和蒋介石会面11次，直接面对面长谈三四次，有时谈话时只有他们二人在场。经过这些超近距离的接触，他们对对方观感如何？

先说毛泽东对蒋介石的观感。毛泽东回延安后说：

> 我看蒋介石凶得很，又怕事得很。他没有重心——民主或独裁，和或战。最近几个月，我看他没有路线了。只有我们有路线，我们清楚地表示要和平。但他们不能这样讲。这些话，大后方听得进去，要和平之心厉害得很。但他们给不出和平，他们的方针不能坚决明确。我们是路线清楚而调子很低，并没有马上推翻一党专政。我看，现在是有蒋以来，从未有之弱，兵散了，新闻检查取消了，这是18年来未有之事。说他坚决反革命，不见得。①

毛泽东所说"我们有路线"指的是什么？在去重庆之前，8月23日下午，毛泽东在中共中央政治局扩大会议上说：

> 我们现在在全国范围内大体要走法国的路，即资产阶级领导而有无产阶级参加的政府。中国的局面，联合政府的几种形式，现在是独裁加若干民主，并将占相当长的时间。我们还是钻进去给蒋介石洗脸，而不要砍头。②

但是，中共走法国的路与法共有一个根本区别，即不交枪。

针对国民党要共产党交出军队以换取合法地位的开价，毛泽东在《论联合

---

① 《胡乔木回忆毛泽东》第422页，人民出版社1994年版。
② 同上，第398页。

政府》中驳斥道：

> 这些人们向共产党人说，你交出军队，我给你自由。根据这个学说，没有军队的党应该有自由了。但是一九二四年至一九二七年，中国共产党只有很少一点军队，国民党政府的"清党"政策和屠杀政策一来，自由也光了。现在的中国民主同盟和中国国民党的民主分子并没有军队，同时也没有自由。①

毛泽东去重庆后，民社党党首张君劢曾给毛泽东写公开信，建议把军队交给蒋介石。对此，毛泽东在会见民社党的蒋匀田时，坦率地说："老实说，没有我们这几十万条破枪，我们固然不能生存，你们也无人理睬。"②

按照毛泽东制定的路线图，中国将保持形式上的统一，中共参加国民党主导的中央政府，同时将解放区建设成为政治清明、各项建设事业欣欣向荣、人民安居乐业的模范区，同政府颟顸腐败、特务横行、民不聊生的国民党统治区形成鲜明对照，并团结一切进步力量给蒋介石"洗脸"，改造蒋介石的独裁统治，以达国家最后真正的民主、统一。在这一过程中，如果蒋介石要动武呢？对此，毛泽东在同蒋匀田的谈话中说：

> 最近蒋先生曾对周恩来同志说：盼告诉润之，要和，就照这条件和，不然，请他回延安带兵来打。我异日拜晤蒋先生，当面对他说，现在打，我实在打不过你，但我可以对日敌之办法对你，你占点线，我占面，以乡村包围城市。③

毛泽东在重庆看出了蒋介石的衰弱，力争国共合作，给蒋介石"洗脸"，和平建国，但是也做好了自卫战争的准备。这一准备在硬件方面，只有几十万条破枪，是弱小的；但在软件方面，将运用全党通过整风和"七大"已达成高度共识的人民战争的战略战术，以乡村包围城市，歼灭国民党军有生力量，迫使蒋介石回到谈判桌上来。

再说蒋介石对毛泽东的观感。

---

① 《毛泽东选集》第四卷第 1072~1073 页，人民出版社 1991 年版。
② 蒋匀田：《同毛泽东主席的一次谈话》，《重庆谈判纪实》第 448 页，重庆出版社 1993 年版。
③ 同上。

10月12日,蒋介石在日记中说:"共毛态度鬼怪,阴阳叵测,硬软不定,绵里藏针。"他感到"荆棘丛生",不好对付。①

但是,蒋介石在《反省录》中又说:"断定其人决无成事之可能,而亦不足妨碍我统一之事业,任其变动,终不能跳出此掌一握之中。"②

杨天石在《〈蒋介石日记〉里的国共斗争》中说:

> 把毛泽东送走的当天,蒋介石在日记里写了两段话。他说毛泽东这个人阴阳怪气,绵里藏针,不好对付。后面又说,我料定毛这个人不能成事,他终究不可能逃出我的"一捂"。"一捂"是他的原话。③

那究竟是"一握"还是"一捂"?笔者未见蒋介石日记原文,只能存疑。但从发布时间看,"一捂"说在后,此处采用"一捂"。

那蒋介石怎么"捂"呢?

9月20日,毛泽东收到中共中央来电称:"据西安确息,蒋介石密示所属:目前与奸党谈判,乃系窥测其要求与目的,以拖延时间,缓和国际视线,俾国军抓紧时机,迅速收复沦陷区中心城市。待国军控制所有战略据点、交通线,待寇军受降后,再以有利之优越军事形势与奸党具体谈判。彼如不能在军令政令统一原则下屈服,则以土匪清剿之。"④

此时,国民党有440万军队,其中如新一军、新六军、第五军、整编第三师、整编第十一师、整编第七十四师、第十三军、第五十二军等部都是美械装备,还有一些部队是半美械装备,国民党政府得到美、英、法、苏的支持,垄断了关内日伪军的受降权,将接受百万日军的装备,还有中共所没有的飞机、军舰、坦克,其硬件要远远优于共产党。因此,蒋介石对"一捂"信心满满。

毛泽东和蒋介石在重庆打交道的时候,毛泽东要给蒋介石"洗脸",而蒋介石要给毛泽东"一捂"。中国在抗战胜利后为何与和平建国擦肩而过,此时已见端倪。

---

① 《蒋介石日记》,转引自杨天石:《找寻真实的蒋介石》第445页,山西人民出版社2008年版。
② 同上,第445~446页。
③ 《红岩春秋》2014年第10期。
④ 中共中央文献研究室编:《毛泽东年谱(1893—1949)》(修订本)下卷第28页,中央文献出版社2013年版。

8. 蒋介石命令停止追击撤退的林彪是战略上的失误吗？

1946年5月18日，林彪指挥四平防御战31天之后，率东北民主联军北撤。国民党军占领四平后迅速实施追击，右翼兵团21日占领公主岭，22日占领长春，24日占领东丰、海龙，28日占领永吉（今吉林市），31日占领小丰满、桦甸，到达第二松花江边；左翼兵团占领辽源、双山后，于5月30日到达第二松花江边。

6月初，蒋介石命令部队停止前进。6月6日，国共双方达成在东北停战15天的协议，商定7日生效。之后停战期限一再延长，直至10月中旬。

据说，白崇禧不赞成停战。在台湾"中央研究院"近代史研究所出版的《白崇禧先生访问记录》中，白崇禧谈到解放战争时期东北战事的内容共有三处，现摘录如下。

第一处：当访问者提出"1946年健公（白崇禧，字健生）到东北督战，此事请健公详述"后，白崇禧答道：

> 共军得了关东军枪械，守长春、四平街，杜聿明攻打未下，蒋主席着急了要我去东北。我到了以后，部署一下，打了三天，把四平街打下了（按：1946年5月20日收复四平街）。这时中央得了一个情报说有6000俄国红军便衣队在长春支持林彪，下命令给杜聿明：打下四平街后不准过辽河，不准过公主岭。我看林彪部在四平街打败，在白天撤退的，临退把16个列车炸毁了，如此狼狈，喊杜聿明追击，杜说："中央有命令不能过辽河。"我说："什么原因？"他说："长春有6000红军便衣，红军在哈尔滨朝发夕至。"我说："我有计划，我负责任。"我当他面向上面一个报告，上面下命令："继续追击。"我连夜赶回向蒋主席报告："要取长春。"他很沉重的样子，我说："打了，少6000敌人，他们再进兵来是联合国的事。"他"唔！唔！"连声。第二天，我要飞东北，他说："我们一起走。"我们一起到沈阳吃午饭（此日为5月23日），飞机一下来，知道我们战车已到长春，蒋主席高兴极了，说："吃了饭，我们到长春。"我主张取了长春攻哈尔滨，直取佳木斯，主张编300万民团自动保卫地方，我希望在东北负一些责任，而蒋主席硬要

我回南京就国防部长职。①

第二处：当访问者提出"有人认为大陆之败，非战之过，军事失败只不过是原因之一，此外像经济、政治、教育等的因素也很重要，甚至因此影响了军事之败，互为因果，健公对这种说法认为如何"时，白崇禧答道：

我不以为然，最重要还是军事，军事逆转，经济亦逆转，才从大陆溃退下来。1946年，关外有五个美械军，四平街一战把林彪打垮了，旋克长春，如果我们一直打，打到哈尔滨、满洲里、佳木斯，把他们打完了，把东北民众组织起来，把头一等的军队调回关内打聂荣臻，这是完全不同的战事结果，战事好转，其他一切也不至于崩坏下去，可能就获得了胜利。②

第三处：白崇禧对采访者说：

在戡乱时期，我们在四平街打胜了，我主张一直打过去，蒋主席一定要我回南京就国防部长职。蒋主席对我说："怕马歇尔不高兴。"③

到了21世纪，一些学者更认为国民党在东北失败的主要原因是蒋介石当了宋襄公，同意了15天停战，让共产党缓过气来了。假如1946年6月蒋介石不同意停战，而是命令新一军、新六军越过松花江穷追到底，历史就会是另一个模样，林彪可能就要退往苏联了。

是这样吗？我们试做分析。

在回答这一问题前需要补充一个史实。

蒋介石后来在败退台湾后对未继续北进占领哈尔滨也颇后悔。他说："若不停止追击，直占中东铁路战略中心之哈尔滨，则北满的散匪，自不难次第肃清，而东北全境亦可拱手而定。若此共匪既不能在北满立足，而其苏俄亦无法对共匪补充，则东北问题自可根本解决，共匪在东北亦无死灰复燃之可能。故

---

① 白崇禧口述，贾廷诗、陈三井等记录：《白崇禧口述自传》第480页，中国大百科全书出版社2013年版。

② 同上，第513页。

③ 同上，第520页。

民国三十七年冬国军最后在东北之失败,其种因全在于这第二次停战令(指经国、共和美方协商,1946 年 6 月 6 日,蒋介石发表声明,规定从 6 月 7 日起,在东北停战 15 天)所招致的后果。"①

现在回到本题。

首先应当指出的是,四平防御战是不符合解放军军事原则的一次特殊的战役。毛泽东提出的十大军事原则的第三条是"以歼灭敌人有生力量为主要目标,不以保守或夺取城市和地方为主要目标",四平保卫战并不符合这一原则。

既然如此,毛泽东为什么要决策打这一仗呢？这是当时正在进行的国共关于在东北停战谈判的需要。

3 月 25 日,毛泽东致电彭真、林彪,指出:"恩来回延三日,本日赴渝。美方因苏美关系,急欲停战。蒋被迫亦不得不停战。故美方专机接周(恩来)赴渝谈判,判断数日内即可谈妥,派停战小组至东北,望你们准备一切,尤其是不惜牺牲,打一二个好仗,以利我谈判与将来。同时,速将美方运兵,蒋军进攻消息公布,使苏联在华盛顿安全理事会中好讲话。"②

他说:

你们至少还须经一二个星期也许更长时间的恶战才能实际达到停战。在此时间内顽方会拼命进攻,企图控制更多的战略资源要地,而你们应尽一切可能,不惜重大牺牲,保卫战略要地,特别保卫北满……长春、哈尔滨、齐齐哈尔等地,你们必须在苏军撤退后一二日内控制之。否则,停战小组即将派到这些城市,保证国民党军的占领。但如被我控制,小组亦将保证我军的占领,以待整个东北问题的解决。③

毛泽东这封电报意味着由于东北停战协定即将签字,不再"让开大路"了。因为你让,他就占。谁占了,停战协定一签字,这些地方就归谁。

既然是谁占了就是谁的,在坚守四平问题上,林彪此时已与毛泽东达成共识。4 月 3 日,林彪致电李富春、黄克诚:"此次集中六个旅的兵力,拟坚决与敌

---

① 张其昀主编:《先总统蒋公全集》第一卷,第 336 页,台北:中国文化大学出版部 1984 年版。
② 《罗荣桓年谱》第 477 页,人民出版社 2002 年版。
③ 中国人民解放军历史资料丛书编委会编:《解放战争过渡阶段军事斗争·综述　文献　大事记　图片》第 420 页,解放军出版社 2000 年版。

决一死战,望以种种方法振奋军心,一定要争取胜利,以奠定东北局面。"①

4月底,国民党军进攻四平的兵力增加到10个师,东北民主联军保卫四平的作战兵力达14个师。但是,国民党军中的主力是最精锐的新一军和新六军,兵力集中,全副美械装备。东北民主联军处于劣势。

5月15日,国民党军向四平发起全面进攻,在民主联军顽强阻击下,西路七十一军受阻、中路新编第一军进展迟缓,但东路新编第六军在飞机、坦克支援下接连攻占叶赫站、火石岭子、平岗等地,并向四平东北的赫尔苏急进。国民党军总预备队第一九五师投入战斗后于18日攻占哈福屯,新编第一军和新编第六军开始猛攻四平咽喉要地塔子山。民主联军守塔子山部队由于伤亡过多,寡不敌众,于下午奉命撤出阵地。新编第六军占领塔子山后,继续迂回四平东北,企图断绝民主联军退路。18日夜,林彪命令东北民主联军撤出四平,随即致电中共中央和东北局:"敌本日以飞机大炮坦克车掩护步兵猛攻,城东北主要阵地失守,无法挽回。守城部队处于被敌切断的威胁下,现正进行退出战斗。"②

19日,毛泽东为中央军委起草致东北局和林彪的复电:"四平退出,我兵力获得自由使用,顽占领面积愈大,补给线愈长,将愈困难。"③原来毛泽东之所以要坚守四平,是因为总是考虑着当时正在进行的停战谈判。现在撤得一时都收不住脚了,对谈判的考虑就像一个包袱一样被扔掉,部队也就可以轻装前进了。

5月22日,部队撤出长春,继续向松花江以北撤退。有些不熟悉黑龙江和吉林的地形但是知道松花江在哈尔滨市区的北面的读者可能会问,如果撤到松花江以北,岂不是把哈尔滨市区也放弃了吗?这还要做一些解释。只要打开地图就可以看到,松花江大致呈数学中的"<"符号的形状。上面那条边叫松花江,而下面那条边叫第二松花江,即松花江上游抚松至扶余段。民主联军是撤退到第二松花江以北。

5月27日,毛泽东致电东北局及林彪:

目前军事方针,除以一部与敌保持接触,给以扰乱及破路外,主力应不怕丧失地方,脱离并远离敌人,争取时间休整补充,恢复元气,

---

① 第四野战军战史编写组编:《中国人民解放军第四野战军战史》第89~90页,解放军出版社1995年版。
② 魏碧海:《第四野战军征战纪实》第134页,解放军文艺出版社2002年版。
③ 中共中央文献研究室、中国人民解放军军事科学院编:《毛泽东军事文集》第三卷第226页,军事科学出版社、中央文献出版社1993年版。

再行作战。

  总之,东北是未了之局,我党须准备长期斗争,最后总是要胜利的。①

同日,林彪致电中央军委:

  四平之守,乃因敌未料我军防御,故逐次增兵来攻,被我各个击破,且敌曾在野战中遭受过我军所给的大的打击。故四平街防御战乃一时特殊条件所形成,而不能作为我一般的作战方针。

  林彪这一封电报避开为配合和谈进行四平防御战,在军言军,从军事角度切入,指出过去我军都是在野战中各个歼灭敌人,而此次守四平并非野战,而是防御战,之所以也能各个击破敌人,是因为敌人没有料到我军会在四平进行防御,一开始使用兵力较少,被我军杀伤后才逐次增兵。他的结论是:"四平街防御战乃一时特殊条件所形成,而不能作为我一般的作战方针。"

  毛泽东采纳了他这一说法,当日为中央军委起草致各战略区电,指出:

  东北四平街之所以能久守,主要是因敌未料我军有防线,故逐次增兵,便于为我各个击破,使敌遭受我重大打击。故四平防御战为一时特殊条件所致,不能成为我一般作战方针。②

  当然,人们也可以这样理解:四平防御战是在配合和谈的特殊条件下进行的,不能成为我军一般的作战方针。

  四平保卫战虽然歼敌一万余,但自己也付出伤亡巨大的沉重代价。后来,到20世纪80年代,由韩先楚上将署名,经20余名老将军和老同志讨论、修改而成的《东北战场与辽沈战役》中写道:

  四平保卫战,是在特定历史条件下形成的城市防御战。虽然取得了毙伤敌人一万余的战果,阻滞了敌人的进攻,但在我军处于劣势

---

  ① 中共中央文献研究室编:《毛泽东年谱(1893—1949)》(修订本)下卷第87页,中央文献出版社2013年版。

  ② 中共中央文献研究室、中国人民解放军军事科学院编:《毛泽东军事文集》第三卷第236页,军事科学出版社、中央文献出版社1993年版。

情况下,过多的看重了一城一地的得失,与敌进行不利条件下的作战,在战略上是失策的。我军动用不少兵力,以浅近的防御纵深,在兵力、火力并不得心应手的状态下,在那样长的战线上,打那样长的时间,部队打得相当苦,有的甚至丧失了元气。我军虽打得很英勇,也取得了作战的经验和教训,但付出了八千多战斗骨干的代价。由于我军果断的撤退,摆脱了战略上的被动,又一次避免了不利条件下的决战,保存了有生力量。①

此处说"又一次",是因为之前还有一次:1945年12月避免了在锦州地区同国民党军决战。

陈云对这两次"避免"评价很高。1947年5月8日,陈云复信高岗:

造成东北今天形势的内部原因,一是打破了和平幻想,一心一意备战打仗;二是发动了群众;三是四个月来的作战(三下江南、四保临江)这是主要的决定的。但去年七月以前有两件事也必须提及并计算在内,即锦州不决战和四平撤退的指挥很成功。如果这两件事当时有错误的话,东北就难有以后的好情况了。②

6月1日,经常从最坏的前途准备的林彪致电中共中央:"目前无法集中兵力作战,现在的任务是收容部队,求得休整之","准备游击放弃哈尔滨"。

6月3日,毛泽东复电:"同意你们作放弃哈尔滨之准备,采取运动战和游击战方针,实行中央去年十二月对东北工作指示,作长期打算,为在中小城市及广大农村建立根据地而斗争。"③

林彪不仅准备放弃哈尔滨,而且打算引诱敌人进入哈尔滨。同日,他致电各兵团并报东北局、中共中央:"为诱敌彻底分散兵力,以便我各个击灭之并恢复城市,我军应尽可能诱敌进入哈尔滨、扶余、洮南之线。""各部以少数诱敌前进,主力集结休整提高信心。"在电报中,林彪还指示在南满的第三纵队司令员程世才、副司令员罗舜初:"我程罗部暂勿向敌攻击,免使敌过早注意后方。待敌向哈尔滨前进之后及自己整顿以后再向敌攻击,不要害怕敌做好了工事。"

---

① 《辽沈决战》上册第88页,人民出版社1988年版。
② 《陈云年谱》第495页,中央文献出版社2000年版。
③ 中共中央文献研究室、中国人民解放军军事科学院编:《毛泽东军事文集》第三卷第250页,军事科学出版社、中央文献出版社1993年版。

此前,为防止国民党军北进,已在松花江等河流的桥梁上放置了炸药,准备必要时炸桥。对此,同日林彪致电东、西、南满并报东北局:

> 目前我们拟执行新的方针作战行动中,须使用大批炸药。为节省炸药起见及诱敌北进起见,兹规定各部一律不得以黄色炸药及炸破筒使用于炸桥,而应将此特别迅速大量筹备与保存,以便执行新的作战。各部刻存炸药数目与地点望速告。

6月3日20时,林彪致各兵团并报中共中央:

> 为诱敌进入哈尔滨、扶余之线,你们必须采取有效方法,以达此目的,切勿威胁与激烈的抵抗敌人,应放敌前进。只有敌人进入哈尔滨以后,方利于我今后之反攻。你们现时的任务,是向部队说明作战方针,提高信心。

同日,林彪致电山东一师师长梁兴初、政治委员梁必业、参谋长李梓斌,二师师长罗华生、政治委员刘兴元、副师长贺东生:

> 敌极分散且甚冒进疏忽,极便我歼灭。望你们一面整顿部队准备作战,一面进行侦察,在有利敌情地形条件下,望求得歼敌后尾之一部。两部统归梁、梁指挥。

从林彪这几封电报来看,他非但不惧怕国民党军占领哈尔滨,而且还企图引诱国民党军占领哈尔滨。

国民党军未进攻哈尔滨,不是由于蒋介石当了宋襄公,而是由于他兵力不够用了。

5月25日,在南满的民主联军第四纵队发动鞍(山)海(城)战役,连克鞍山、海城并促使国民党军一八四师师长潘朔端率部起义,使在东北的国民党军顾头顾不了尾,终于在第二松花江以南停了下来。

假如不停战,国民党军越过第二松花江,占领了哈尔滨,事情会怎么样呢?

只要打开地图就可以看到,在哈尔滨的西北面有齐齐哈尔,东北面有佳木斯,从哈尔滨无论是往东、往西还是往北,都有500公里以上的纵深,民主联军仍然可以深入农村发动群众。因此,事情的本质并无变化。

假如国民党军占领了哈尔滨仍然穷追下去,把齐齐哈尔和佳木斯都占领了呢?

回答是,他们有这个心,可是没有这个力。因为他们所占城市越多,兵力就越分散。到那时,民主联军不仅可以在北满发动群众,而且可以再回到东满、南满农村去发动群众。

我们可以以陕北和山东为例。在陕北,国民党军1947年3月19日占领延安;在山东,国民党军继1947年2月15日占领临沂后,占领南麻、胶县、高密,9月30日占领烟台,10月13日,占领威海部分市区。

对于这些"战绩"蒋介石一度非常满意。他于1947年10月20日说:自从6月25日到现在,"当时统帅部有三个战略目的,第一是要占领匪军的政治根据地,使他不能建立政治中心,在国内外丧失其号召力。第二是摧毁其军事根据地,捣毁其军需工厂与仓库,使其兵力不能集中,补给发生困难。第三是封锁其国际交通路线,使之不能获得国际的援助"。"今天我们检讨统帅部过去所定的战略目的可以说已经完全达到。其政治根据地——延安,在今年三月已被国军克复,其军事根据地——鲁中沂蒙山区六月以后也被国军摧毁。至于匪军国际交通线本有陆上和海上二路,其陆上一路,在去年十月张家口、承德收复之后,久已被国军截断,到最近国军占领烟台龙口,他海上交通线已被封锁了;匪军又没有机场,河北平原固然到处都可以降落飞机,然而两吨半以上运输机的着陆,必须有水泥钢骨的跑道,这又是匪军所没有的;所以他今天连空中的接济也断绝了。我们今天真是关上了大门,关上大门即使一个虎也要被我们打死,何况他是一个老鼠。"①

但是,结果呢?

在陕北,胡宗南集团被牵制在千山万壑之中,经过延安保卫战、沙家店战役、黄龙战役、延清战役、宜川战役,被歼7万余人。1948年4月22日,西北野战军收复延安。

在山东,国民党军经过鲁南战役、莱芜战役、泰蒙战役、孟良崮战役、南麻、临朐战役、胶东保卫战、胶济路西段战役、胶济路中段战役、兖州战役,被歼约40万人。至1948年7月,国民党军在山东只剩下济南、青岛这两个距离遥远的据点了。

---

① 秦孝仪主编:《先总统蒋公思想言论总集》卷二十二第292~294页,台北中国国民党中央委员会党史委员会1984年版。

当两位棋手下象棋时，一方可能为到底是跳马还是出车踌躇不决。如果跳马下输了，就会后悔：还不如出车。但是出车又如何？下棋可以复盘，打仗却无法重来。看看陕北和山东，国民党军在东北如果占领哈尔滨，又能好到哪里去？

白崇禧说，当他得知东北民主联军中有6000名苏联红军的便衣队时，主张打，把这6000人消灭，苏联再进兵那就是联合国的事了。这不是事实。

真相是，5月22日，白崇禧由沈阳飞回南京，向蒋介石报告了王继芳叛变的情况。当晚，蒋介石召集何应钦、陈诚、徐永昌、刘斐、俞大维等在官邸磋商。据当日徐永昌日记：

> 饭后白健生到，渠午后归自东北，述攻克四平街时，林彪之作战科长王瘦芳（王继芳叛逃后改名王瘦芳）来降。
>
> 因畏美关系，队伍中无苏联人。
>
> 如追的快，长春可下。①

由此可见，白崇禧原来由于顾虑东北民主联军中有苏联的便衣队而不敢追击，从王继芳那里得知"队伍中无苏联人"后才放胆追击。白崇禧所说"打了，少6000敌人，他们再进兵来是联合国的事"，纯属事后的豪言壮语。

现在有人说，新一军军长孙立人同白崇禧一样，也是力主穷追到底的。这种说法也不靠谱。

4月间，国民党军在北面主攻四平的是新一军，在南面主攻本溪的是新六军。新一军对四平久攻不下。而在南面，国民党军于5月2日占领本溪后，新六军北上加入攻打四平行列，才造成迂回四平侧后，迫使林彪北撤的结果。在追击中，杜聿明把进军长春的任务交给新六军引起孙立人的不满，认为杜聿明偏心，致使追击时行动消极。当东北民主联军在南满进攻鞍山、海城时，杜聿明命令新一军到南满增援鞍山、海城守军，孙以部队疲惫为由，休整3天后才出发，此时潘朔端已经起义。从攻打四平这一仗说，新一军表现不如新六军，孙立人行动不算积极，没有提出穷追到底的本钱。②

---

① 《徐永昌日记》第八册第279页，台北"中研院近史所"1990年影印本。
② 参看《我的戎马生涯：郑洞国回忆录》第285～296页，东方出版社2012年版。

第二部分：
蒋介石挑起内战，解放军奋起自卫

9. 皮定均因何功劳被毛泽东大加赞赏？

在1955年评定军衔时,皮定均原拟授少将军衔。毛泽东指示:"皮有功,少晋中。"

毛泽东为何如此赞赏皮定均？这要从中原突围说起。

1945年年底,蒋介石调集了20多个师,包围和蚕食中原解放区,企图消灭中原解放区的部队,打开向华东、华北和东北进军的道路。1946年1月停战协定签署后,国民党军这一行动仍在继续,至6月,进攻达1000余次,侵占县城和村镇1100余处,把中原军区部队5万余人压缩和包围在以湖北省大悟县宣化店、河南省光山县泼陂河为中心的罗山、光山、商城和经扶（今新县）、礼山（今大悟）之间东西100公里、南北约25公里的狭长地带。5月10日,国民党政府一方面由其代表徐永昌和周恩来以及美方代表白鲁德签署了停止中原战事的汉口协议,一方面加紧围攻中原军区的准备。到6月下旬,已将包围中原军区部队的兵力增至10个整编师约30万人。为掩人耳目,国民党按照蒋介石的命令,不由武汉行营,而由郑州绥署策订"进剿"中原解放区的计划,方针是"以剿灭豫鄂奸匪之目的,决以第五、第六绥区主力,分由豫南、豫东两方面,分别围剿信阳、潢川、经扶间之匪,对宣化店、泼陂河方面匪之老巢,尤应集中兵力,预期一举包围而歼灭之"。计划要求"各部队应于6月25日前,进抵指定地区,完成攻击准备,待命开始进剿。预定进剿时间为6月底"①。

6月22日,中共中原局截获21日蒋介石给第五、六绥区的密电,据此,中原局致电中央军委,提议中原军区主力6月30日前实施突围。②

23日,毛泽东以中央军委名义复电:"同意立即突围,愈快愈好,不要有任何顾虑,生存第一,胜利第一。"③

中原局决定主力分左右两路于26日开始,向西突围；由第一纵队第一旅

---

① 台湾"国防部史政编译局":《戡乱》第三册绥靖时期(下)第395~398页。
② 李少瑜等编著:《中原突围纪事》第66页,解放军出版社1992年版。
③ 中共中央文献研究室编:《毛泽东年谱(1893—1949)》(修订本)下卷第97页,中央文献出版社2013年版。

伪装主力,向东佯动,掩护主力向西突围后,根据实际情况选择方向自行突围。这个第一旅又称皮旅,旅长就是皮定均。

24日,中原军区副司令员兼第一纵队司令员王树声电召驻扎在白雀园的皮定均和第一旅政委徐子荣到一纵驻地泼陂河,对他们说:"主力今晚开始向西行动,你们赶快回去布置,要用一切办法拖住敌人、迷惑敌人,使敌人在三天内弄不清我们主力的行动方向。主力越过平汉路,就是突围的初步胜利,你们掩护的任务就完成了。至于你们下一步的突围方向,有三个去向,一是西追主力,二是就地打游击,三是到华中苏皖解放区去。到时候,全凭你们自己拿主意了。"①

皮旅的防区白雀园位于中原解放区的最东面,是国民党军进攻的重点,是保障主力西撤的屏障。皮定均回来后就部署部队构筑阵地,加固工事,调拨弹药,储备干粮。为造成敌人的错觉,皮定均抽出一些部队黑夜秘密向西转移,白天又向东开进,制造部队正向东集结的假象,把敌人的注意力吸引到东面来,以掩护主力西进。

皮定均和徐子荣乘国民党军尚未进攻之机,召开旅党委会讨论三天后的突围方向,逐个分析利弊:尾随主力西进会把敌人全部吸引到西面,对主力转移不利;向南突围,南面临近敌人武汉行营,还有长江天堑,仅凭一旅兵力突破江防南下是难以做到的;向北突围,北面是黄淮平原,河流纵横,时值汛期,水深流急,敌人可以利用河流阻隔实施堵击,此举把握不大;就地打游击,仅凭一个旅,可能陷入敌人的重围。敌人西追我军主力后,东面可能兵力空虚。皮定均认为,唯有穿越大别山东进是上策。旅党委最后决定:东进。

国民党军判断,中原军区部队将向东突围,便在东面张网以待。24日夜和25日一整天,为皮定均赢得了近两天时间。国民党军等了两天,不见解放军突围,乃于26日向皮旅阵地发起猛烈进攻。皮旅指战员依托工事顽强抗击。战至中午,天下大雨。皮定均命令一团三营继续坚守阵地十小时,自己率其余指战员在暴风雨中,按照原先计划,装着去追主力的模样向西转移,走了20公里后,转而向南,到达只有六户人家的刘家冲的树林中隐蔽。深夜,一团三营到刘家冲同大队会合。

28日,皮旅从刘家冲南下,在九龙山歼敌一个连,然后插到国民党军整编第七十二师背后,当晚在经扶县东南之田铺宿营。

29日,国民党军整编第七十二师发现皮旅,从四个方向合击田铺。皮旅从田铺出发,进入湖北,突然转向东,在黄土岗、福田河之间突破潢(川)麻(城)公

---

① 参看《中原突围纪实》第66～67页,解放军出版社1992年版。

路封锁线,30日进入大别山腹地,到达商城县瓦西坪,粉碎国民党军第三十四旅和商城、立煌(今金寨)县保安团的堵击,于7月1日翻越鄂豫皖三省交界的大别山主峰海拔1600米的大牛山。3日到达立煌县吴家店,皮定均和副旅长方升普的家乡就在吴家店附近。

吴家店位于万山丛中,此时因连日大雨,山洪暴发,国民党军不知皮旅去向,皮定均决定在此地休整三天,并打开周围几个粮仓,一面筹措军粮,一面开仓济贫。在吴家店,皮旅电台和延安联系上了,军委的指示反复出现的只有两个字:快走!

7日,皮旅向霍山、六安方向东进。11日到达淠河西岸的磨子潭,从接听敌人电话获悉,国民党军整编第四十八师,正在赶来堵击。皮旅立即组织强渡。傍晚,已经过河的三团同到达河东岸的整编第四十八师展开激战。在三团掩护下,皮旅于8日上午胜利渡过淠河。三团一营三连担任掩护任务后与部队失去联系,后与鄂东独二旅会合,编入该旅,在大别山打游击。

13日,皮旅到达大别山东麓的出口六安毛坦厂。旅党委召开紧急会议,决定赶在敌人围堵的部署到位以前,以每天180里的速度,用五天时间,穿越六(安)合(肥)公路、淮南铁路和津浦铁路,横跨皖中平原,到达苏皖解放区。皮定均和徐子荣要求指战员咬紧牙关,发扬英勇顽强、连续作战的作风,以坚决、神速的行动,夺取突围的最后胜利。

14日,皮旅三团前卫部队化装成国民党军,巧取六(安)合(肥)公路线上的官亭,顺利通过六合公路。15日,直捣合肥县高刘集(今属肥西县)。16日,皮旅一团九连化装成国民党军奇袭寿县吴山庙(今属长丰县),歼灭敌一个保安队,同淮南区党委派来的人取得联系。17日凌晨,粉碎国民党军一三八旅三团的堵击,以强行军越过淮南铁路,18日,到达定远县朱湾,19日,到达距离津浦路只有几十里地的红心铺,20日凌晨到达津浦路边,旅直属队、二团、三团隐秘通过铁路。当一团过路时,天已大亮,遭国民党军一三八旅装甲列车的袭击。经三小时激战,皮旅在新四军淮南二师五旅十六团支援下,胜利越过津浦路,同淮南军区部队胜利会师。

皮旅自突围以来,跨越河南、湖北、安徽三省,历时24天,行程750公里,经过大小战斗23次,胜利到达苏皖解放区。

当时,中原突围的主力损失近2/5。但准备舍卒保车、全军覆没的皮旅,一路拼杀,歼敌1000余人,到苏皖解放区时仍有5000余人,保持了旅的完整建制。减员的2000余人中有一部分是主动遣散的老弱病残人员。

第一旅到达华中后编为华中野战军第十三旅,1947年1月扩编为第一纵队独立师,由原副旅长方升普升任师长。皮定均升任华野第六纵队副司令员兼参谋长,1947年参加了鲁南、莱芜、泰蒙、孟良崮等战役,为山东战局的胜利做出了贡献。

10. 李默庵损兵折将，为何仍说是同粟裕"双赢"？

李默庵所说的"双赢"指的是1946年7月13日到8月31日在苏中地区发生的七次战斗的结果。这七次战斗，解放军称为苏中战役，亦称苏中七战七捷。

而作为作战对手的李默庵为什么要说同粟裕打的是一场"双赢"的战役？

这要看国共双方在战役中所要达到的目的。

先说一说这一战役的战场和双方的力量对比。

这一战役的战场苏中解放区南濒长江，东到黄海，北接淮阴，西抵运河，包括现在的扬州市运河以东部分、泰州和南通市全部、盐城市南部。

当时，在国民党军方面，指挥这一作战的是第一绥靖区主任李默庵，他指挥的部队有：整编第八十三师、整编第四十九师、整编第二十五师、整编第二十一师、整编第六十五师、整编第六十九师第九十九旅、新编第七旅，还有第七、十一交通警察总队。总兵力达12万人。

华中野战军司令员粟裕、政委谭震林所率部队有第一师、第六师，第七纵队、第十纵队共19个团，总兵力3万余人。

再看一看双方对每一次战斗得失的评估。

首战宣（家堡）泰（兴）。

7月10日，粟裕获悉国民党军将于15日兵分四路向如皋、海安大举进攻，决定先下手，以第一、第六师各以五倍于敌的兵力，于13日突然分别向敌人战线中部比较孤立的宣家堡和泰兴县城国民党军整编第八十三师第十九旅第五十六、五十七团和旅属山炮营发起攻击，激战至14日拂晓，除据守泰兴庆云寺的一个营部外，其余敌人3000余人被全歼。整编第八十三师师长李天霞向李默庵报告只笼统说两个团吃了亏，建制还在，李默庵未予深究。

7月15日，毛泽东为中央军委起草致张鼎丞等转粟裕电："此次泰兴作战不论胜败如何，均须于结束战斗后，立即整理部队，准备再战。即使打了大胜仗，也要如此，因敌人会继续进攻，我军在南线须准备打四五个大胜仗，方能解决问题。"①

对于之后的多次战斗,粟裕是有思想准备的。

二战如(皋)南。

在宣泰战斗快要结束时,南京国防部紧急通知李默庵仍按原定计划占领如皋、海安。粟裕决定出敌不意,于15日晚命令第一师全部和第六师大部转兵东进,并用汽艇急运第七纵队一个团赶回如皋,协助第一军分区部队防守如皋。同时,继续围攻泰兴城内的残敌,造成主力仍在泰兴的假象。

7月16日,李默庵命令驻南通的第四十九师兵分两路急进,企图趁华中野战军主力在泰兴之际,进占如皋,以驻黄桥的第六十九师第九十九旅助攻,以驻泰州的第八十三师向海安方向进攻,以资策应。与此同时,驻扬中的整编第六十五师也渡江北进。

17日,第四十九师师部率第二十六旅进至如皋东南的鬼头街、田肚里地区,第七十九旅进至如皋南面的宋家桥、杨花桥地区。18日,华中野战军以四倍于敌的兵力突然袭击第四十九师,至20日,歼灭整编第四十九师师部、第二十六旅全部和第七十九旅大部,共一万余人。第七十九旅残部仍在宋家桥、杨花桥顽抗。粟裕命令撤出战斗并主动撤离如皋。

21日,毛泽东为中央军委起草致粟裕电:"庆祝你们打了大胜仗。""敌情尚严重,望将参战主力集中休息,补充缺额,恢复疲劳,以利再战。"②

李默庵则认为:"我部虽然受些损失,但是,基本按计划达到占领如皋的目的。"③

三战海安。

经过连续十天的宣泰、如南战斗,华中野战军已十分疲劳,便将主力秘密转移到海安东北地区休整。

占领如皋后,李默庵便把目光投向海安。他认为:"海安是苏中的交通枢纽和战略要地。攻占海安,便可以沿角斜、李堡、姜堰、泰州,形成封锁线,巩固苏中南部占领区,确保长江下游的通道。"④于是以六个旅分别从如皋、姜堰北

---

① 中共中央文献研究室编:《毛泽东年谱(1893—1949)》(修订本)下卷第109页,中央文献出版社2013年版。
② 同上,第113页。
③ 《李默庵回忆录》第319页,中国文史出版社2012年版。
④ 同上,第321页。

上,企图合击海安,与保卫海安的华中解放军实施决战。

粟裕认为敌人兵力雄厚而集中,很难隔歼。他主张以小部队做运动防御,必要时可主动撤出海安。但许多同志不愿意,认为已经打了两个胜仗,怎么可以放弃海安这一战略要地?

粟裕感到这是一件大事,不敢单独决定,便带了一个警卫员,从海安赶往150公里外的中共华中分局和华中军区所在地淮安。为赶路,他一开始骑摩托车,又换乘黄包车,接着又骑自行车、乘船,当时能够找到的交通工具几乎全用上了。经一天一夜,终于赶到淮安。

对此,李默庵深有感触。他在回忆录中写道:"就指挥人员来说,由于军队体制不一样,国民党的高级将领很难亲临一线指挥。比如我,当时一直在常州,基本上是隔江遥控指挥,有什么情况,待下边往上报。而粟裕却和部队在一起,有什么情况,及时发现,及时处置。后来我从材料中看到,粟裕为处置战斗情况,连夜乘车、骑自行车,又乘船,赶路达300余里。这种精神在国民党的高级将领中是不可能具备的。"[1]

粟裕到淮阴后,中共华中分局立即召开常委会讨论这个问题,决定在海安前线实施运动防御,然后主动撤离。华中分局将此方案报中央、华东局和新四军军部,都得到同意。[2]

7月30日,毛泽东为中央军委起草致张鼎丞、邓子恢、粟裕电:"在我军主力未获充分补充休息恢复疲劳以前,及敌未进至有利于我之地形条件以前,宁可丧失一些地方,不可举行勉强的无把握的作战。此次粟部歼敌二万,打得很好。今后作战亦不要过于性急,总以打胜仗为原则。"[3]

按照这一指示,粟裕让主力继续在海安东北部休整补充,命令第七纵队在海安外围进行运动防御作战。七纵刚由地方武装上升为主力,补充了大量新战士,所属4个团只有1个团打过大仗。但他们在海安运动防御战中,以3000余人英勇抗击国民党军5万余人轮番的猛烈进攻,激战4天多,伤亡只有200余人,杀伤国民党军3000余人,仅7月31日夜一次对敌的袭扰就使惊慌失措的国民党军消耗了1万余发炮弹。

但是,进攻海安的国民党军只向李默庵报告占领海安的"战绩",并吹嘘解放军伤亡两三万,而不报或少报己方的伤亡数及弹药消耗数。因此,李默庵

---

[1] 《李默庵回忆录》第337页,中国文史出版社2012年版。
[2] 《粟裕战争回忆录》第376页,解放军出版社1988年版。
[3] 中共中央文献研究室编:《毛泽东年谱(1893—1949)》(修订本)下卷第117页,中央文献出版社2013年版。

说:"我回忆攻打海安,我部似乎没有花费什么力气。经过两天时间,打了一下,整编第六十五师便占了海安,第一〇五旅占了李堡。从作战计划上来说,我部达到了目的。"①

四战李堡。

占领海安后,李默庵的司令部认为粟裕部伤亡太大,大势已去,粟裕已向北撤退,一时间不会有大的行动。这时华中野战军3万余人就在海安东北地区,驻地近者离海安城仅十余里。部队每天出操上课,开会唱歌。由于群众严密封锁消息,国民党军竟毫无察觉。

李默庵命令部队抓紧时间沿泰州、姜堰、海安、李堡、角斜至海边,建立防线。8月6日,他命令驻李堡的第一〇五旅进攻角斜,同时命令驻海安的新编第七旅派一个团到李堡接第一〇五旅的防。

8月7日,粟裕报告中央军委"歼敌良机已到",同时提出希望调淮南第五旅到苏中参战。8日,毛泽东为中央军委起草复电并告张鼎丞、邓子恢、谭震林:"歼敌良机已至,甚好甚慰。""预备部队或钳制部队如有可调者,望张、邓、谭尽可能满足粟之要求。"②

按照这一指示,粟裕让主力继续在海安东北部休整补充,华中军区随即由政委谭震林率领淮南第五旅和军区特务团来到苏中。

8月10日20时,华中野战军第一师猛扑李堡。此时,李堡国民党军两个旅部正在交接,兵力虽多,但秩序混乱,工事也没有筑好。交防部队的电台、电话都已拆除,接防部队的电台、电话还没有安装,双方都无法向李默庵告急。至11日晨,一师攻占李堡,中午又克蒋庄、杨庄,全歼守军。驻海安的新七旅一个团仍按原计划到李堡接防,途中被第六师和七纵全歼。

此战共用20小时,歼灭国民党军一个半旅8000余人。

李默庵承认此战失利。

五战丁堰、林梓。

李堡战斗结束后,国民党军被歼灭3万余人,机动兵力大减,被迫调整部署,把重点放在扼守南通、丁堰、如皋、海安这一条交通干线,加强海安至泰州

---

① 《李默庵回忆录》第323页,中国文史出版社2012年版。
② 中共中央文献研究室编:《毛泽东年谱(1893—1949)》(修订本)下卷第118~119页,中央文献出版社2013年版。

一线以南的"清剿",以确保其占领区的安全。

8月13日,毛泽东为中央军委起草致粟裕、谭震林电:"苏中各分散之敌利于我各个击破,望再布置几次作战,即如交通总队①凡能歼灭者一律歼灭之。你们如能彻底粉碎苏中蒋军之进攻,对全局将有极大影响。"②

遵照军委指示,华中野战军以七纵和一些军分区部队佯攻海安、黄桥,逼近南通。8月20日晚,粟裕、谭震林率主力第一、六师,第五旅和特务团从海安、如皋东侧隐蔽南下,"钻到敌人肚子里去打",插入敌人侧后。粟裕说:"这'敌后'实际上是我的老根据地,老马熟路,军民都习以为常。16个团3万多人急行军,连家犬惊吠之声也难听见,敌人当然更无从知晓。"③

8月21日晚11时,华中野战军主力突然向丁堰、林梓发起进攻,战至22日上午,歼灭5个交警大队及第二十六旅一个营,共3000余人,打开了西进泰州、扬州的通道。

李默庵对此战的评价是"腹地受敌,交警败退"。④

攻黄救邵,七战七捷。

为配合进攻淮北的国民党军,企图夹击华中军区驻地淮阴,驻扬州的整编第二十五师沿运河北上,于8月23日在飞机、炮艇的配合下向邵伯猛攻。华中野战军第十纵队三个团和第二军分区两个团的兵力利用河湖水网的有利地形,在邵伯、乔墅、丁沟依托工事顽强抗击国民党军。

粟裕、谭震林决定用攻其必救的办法援救邵伯,于8月23日夜间以第一、六师,第五旅和特务团从丁堰、林梓地区西进,大踏步向国民党军封锁圈中心黄桥挺进。

这时,李默庵看到如皋东、北、西三面都有解放军,估计解放军要进攻如皋,便命令驻黄桥的第九十九旅东进,增加如皋的防御力量。第九十九旅旅长朱志席担心途中遭解放军袭击,李默庵命令驻如皋的整编第六十五师师长王铁汉派兵接应。

8月24日,粟、谭获悉上述情报,命令部队在行进中严密注意敌情,准备在

---

① 交通总队,即交通警察总队,是由国民党特务头子戴笠指挥的忠义救国军和国民党军事委员会淞沪别动队(投降日寇后改称税警总团)合编而成,配备有美制武器。
② 中共中央文献研究室编:《毛泽东年谱(1893—1949)》(修订本)下卷第122页,中央文献出版社2013年版。
③ 《粟裕战争回忆录》第385~386页,解放军出版社1988年版。
④ 《李默庵回忆录》第327页,中国文史出版社2012年版。

如(皋)黄(桥)公路上同第九十九旅打遭遇战。

8月25日,第九十九旅进至黄桥东北面的分界,同华中野战军第六师遭遇,被六师包围。准备接应第九十九旅的第一八七、七十九旅又被第一师包围于加力地区。两处国民党军都集团固守。解放军攻击一夜,均未能解决战斗。

粟、谭考虑,西面邵伯战况激烈,乔墅阵地已被国民党军突破。华中野战军主力如果在如黄公路上拖延时间,邵伯一旦失守,战局就会剧变。

此时,粟、谭手中并无预备队。他们决定调整部署,先打弱敌。26日,粟、谭命令第一师第一旅由加力西调到分界,使兵力增加到10个团,以5比1的优势迅速歼灭第九十九旅两个团,随后又将第二师和第一旅东调到加力,使围攻的兵力达到15个团。27日上午,国民党军分路突围,被逐一歼灭。第五旅插到如皋西南,截断了国民党军退路。第五旅从淮南调来,衣服为黄色,不同于第一、六师的灰色。他们向国民党军出击时,穿黄色军装的国民党军以为是援军,不禁欢呼雀跃,但随即成为俘虏。

分界、加力两战,解放军共歼灭国民党军两个半旅,1.7万余人。

在常州的第一绥靖区司令官李默庵获悉第九十九旅等部已经被歼灭,他看到邵伯久攻不下,怕整编第二十五师被截,命令其退回扬州。

8月28日,毛泽东为中央军委起草致各解放区首长电,通报华中解放军的作战经验说:

> 每战集中绝对优势兵力打敌一部(例如八月二十六日集中十个团打敌两个团,八月二十七日集中十五个团打敌三个团),故战无不胜,士气甚高;缴获甚多,故装备精良;凭借解放区作战,故补充便利;加上指挥正确,既灵活,又勇敢,故能取得伟大胜利。这一经验是很好的经验,希望各区仿照办理,并望所属一体注意。[①]

粟裕回忆:

> 这七次战斗并不是事先规划好的,但每次战斗都由同一战役指导思想联系着,那就是遵照中央军委"先在内线打几个胜仗"的指示,

[①] 中共中央文献研究室、中国人民解放军军事科学院编:《毛泽东军事文集》第三卷第438页,军事科学院出版社、中央文献出版社1993年版。

着眼于作战初期的作战要求,从当面的实际情况出发,灵活用兵,哪里好消灭敌人就在哪里打仗,什么时候好消灭敌人就在什么时候打仗,什么敌人好消灭就打什么敌人。战役的结果,既沉重地打击了进攻的敌人,掩护了华中解放区实行战略转变,又初步探索了解放战争一些带规律性的东西,完成了战略侦察任务。[①]

关于这七次作战的得失,李默庵说:

> 由于双方作战目的不一样,各自评价也不一样。我当时奉命作战目的主要在于收复地盘,以占领城市,驱走解放军,维护占领区的安全。所以,尽管损失了一些部队,但最终收复了盐城以南的大部分地区,保障了浦口至南京的铁路以及长江下游的交通,解除了解放军对南京政府的威胁。从这点上看,我部达到了作战目的。由于我指挥的部队较多。损失一些,也算正常,南京政府从来没有怪罪我什么。

李默庵又说:

> 从解放军方面看,他们作战的目的,不计较一城一地的得失,以歼灭我有生力量为主。经过几次战斗,粟裕部以较少的代价歼灭我较多的部队。从这一点看,粟裕部也是胜利的。特别是他在指挥作战中的卓越的指挥艺术很值得总结。[②]

这就是为什么尽管国民党军损兵折将,李默庵仍认为是"双赢"。

果真是双赢吗?

让我们把这个问题放在毛泽东和蒋介石截然相反的战略博弈的框架下来观察。

毛泽东曾说:

> 集中兵力各个击破的原则,以歼灭敌人有生力量为主要目标,不

[①] 粟裕:《回忆苏中战役》,《中共党史资料》第9期第57页,中共党史资料出版社1984年版。
[②] 《李默庵回忆录》第335页,中国文史出版社2012年版。

以保守或夺取地方为主要目标。有些时机，为着集中兵力歼灭敌人的目的，或使我军主力避免遭受敌军的严重打击以利休整再战的目的，可以允许放弃某些地方，只要我军能够将敌军有生力量大量地消灭了，就有可能恢复失地，并夺取新的地方。①

存人失地，人地皆存；存地失人，人地皆失。②

而蒋介石则说：

大家要知道，现代作战最紧要的莫过于交通，而要控制交通就先要能控制都市，因为都市不仅是经济政治文化的中心，一切人才物资集中之所，而且在地理形势上，它一定是水陆交通的要点。我们占领重要都市之后，四面延伸，就可以控制所有的交通线，交通线如果在我们控制之下，则匪军即使有广大的正面，也要为我所分割、所截断，使其军队运动的范围缩小，联络断绝，后勤补给都要感到困难，终至处处陷于被动挨打的地位。所以匪军不能占据都市，实在是他致命的弱点。

现在我们明白了匪军最大的弱点之所在，就可以针对匪军的这种弱点来决定我们的作战纲要。第一步必须把匪军所占领的重要城市和交通据点一一收复，使共匪不能保有任何根据地。第二步要根据这些据点，纵横延展，进而控制全部的交通线。如果所有铁路公路交通运输都控制在我们的手中，则我军运输方便，进退自如，一个兵即可当十个兵之用，一团兵即可当十团兵之用。同时匪军方面则因占领地区被我分割，兵力便无法集中。须知过去匪军之所以能做到"以大吃小，以多吃少"，完全是他们机动性大过我们，行动飘忽，随时可以集中他的主力来消灭我们一点。现在我们如能掌握交通，使匪军不能自由调动，不能集中主力，则他们"以大吃小，以多吃少"的策略，就无法实现。而我们正可反其道而行之，用"以大吃小，以多吃少"的方法来消灭他们。因此我们的作战的纲领，可以说是先占领据

---

① 《毛泽东选集》第四卷第1199~1200页，人民出版社1991年版。
② 中共中央文献研究室编：《毛泽东年谱（1893—1949）》（修订本）下卷第176页，中央文献出版社2013年版。

点,掌握交通,由点来控制线,由线来控制面,使匪军没有立足的余地。①

蒋介石的战略简单说就是由点到线再到面,占据地盘。在这个战略里面,没有"人"的位置。他的作战纲要可以说是如意算盘。然而蒋介石忽略了一点:只要占据了点、线,就要派兵驻守,这些兵便会成为他所说的"呆兵"。他所占据的点、线越多,"呆兵"就越多,最后就会被解放军一点一点吃掉。

对此,在国民党统治区也有有识之士看出了这个问题。1947年6月27日,萧遥在《时与文》第16期发表《内战的新阶段》,写道:

> 内战开始以来,国军所奉行的,乃是一种"以人力火力换点线"的战略,在今年一月以前,国军不惜人力火力,力争城市与交通线。人力与火力是比较不易看到的,城市交通线则是死的地理形势,容易为人看到。所以好像国军是节节胜利,而不知国军也有所折损。共军的战略,则是"以点线换人力火力",所谓"城市是包袱,以城市换有生力量消长,是赚钱生意"。这时候看共军的情形,节节撤守,好像处处失败,而不知它也有收获。
>
> 当有生力量消长(决定战争的根本因素)发生变化后,战局也随之逐渐变化,逐渐由"国军进攻"变为"互有进退",由"进多退少"变为"退多进少"了——这才是战局转化的真相,这就不会使人感到神秘,感到突然,感到"外来援助之突然改变"。②

美国女记者贝蒂·葛兰恒写道:

> 国民党军队和共产党军队,都声称在最近七个月的内战中取得了胜利。这把外国人弄糊涂了。
>
> 蒋介石兴高采烈地指着他的部队占领的一百多个城镇,认为这证明他占了上风,并能继续任意前进,在一年之内消灭共产党。共产党的领导人同样信心十足地谈到了伤亡比数,指出蒋介石为了得到这些据

---

① 蒋介石:《匪情之分析与剿匪作战纲要》,秦孝仪主编:《先总统蒋公思想言论总集》卷二十二第112~113页,台北中国国民党中央委员党史委员会1984年版。
② 转引自金冲及:《转折年代:中国的1947年》第232~233页,三联书店2006年版。

点,损失了近六分之一的前线部队,而共产党的军队几乎完好无损。

刘伯承将军的谈话很有代表性,表明了共产党的态度。刘将军是晋冀鲁豫边区政府的部队司令员。这个边区包括山东西部、河南东部、河北南部和山西东部。在接受新华社采访时,刘将军说:

"在九、十和十一三个月里,我们用十七座空城,换得了蒋介石在晋冀鲁豫地区的六万军队。据说蒋介石认为这是一笔好买卖。好吧,让他接着干吧,我们很快就会算出这笔交易的总账的。

"胜败要看是不是完好地保存了部队的主力。一个地区失守了,可以收复;可是,士兵损失了,却是无法弥补的。如果为夺取一个地区要牺牲很多人,那就表明最后必将既失地,又损兵折将。

"我当然愿意再拿几个空城去换蒋介石另外八个旅(六万人)。"①

同蒋介石算总账的时间很快就到了。1948年10月28日,国民党军廖耀湘兵团已在辽西会战中被歼灭。但蒋介石还没有得到确切消息。29日,他接见美国《纽约论坛报》记者。在回答记者"国军失利的基本原因"时说:

政府历来军事之方针,无论抗战剿匪,皆以保持国家领土主权及保护人民生命财产为唯一的目的,故一城一地均不轻于放弃。中国抗战八年,以收复东北为职志,抗战结束以后,国军冒险犯难接收东北,其重要地区尤不能轻于弃守,而中国军队之传统思想与责任观念,皆以与土地共存亡为军人唯一之职务,而以离城弃守为军人之耻辱。因此,三年以来国军处处设防,备多力分,形成处处薄弱之虞。共匪乘此弱点,乃以"大吃小"之战法,集中其全力攻我薄弱之一点,于是屡被其各个击破,此所以逐渐造成今日严重之局势。

蒋介石表示:

故今日政府剿匪战略战术,势不能不有所改变。
不复争一时一地之得失。②

---

① 《解放区见闻》,中国人民解放军历史资料丛书编审委员会编:《解放战争战略防御·综述 大事记 重要战役简介 表册 图片 参考资料》第611页,解放军出版社2001年版。
② 秦孝仪总编纂:《总统蒋公大事长编初稿》卷七(上)第162~163页,台北1978年版。

此时,蒋介石也说"不复争一时一地之得失",并非想歼灭敌人的有生力量,而是他的有生力量已经大部被解放军歼灭,剩下的也缩进孤立的点、线,成为被动挨打的"呆兵"。他已经没有任何力量同解放军争了。

对蒋介石当时的处境,阎锡山有一个评价。据徐永昌日记载:

  阎先生几次论到以中央力量,何以大江以北由面而线,由线而点,今且点亦渐有放弃。如此中央军之不能有为明矣。所以,无论任何人,事业由其自己创造,由兴而衰,若果能再由衰而兴,在历史上尚无其先例,蒋先生何能例外?谚云:山难改,性难移,此之谓也。①

苏中战役,李默庵占据了地盘,粟裕歼灭了国民党军的有生力量。表面看各有所得,但得地失人的李默庵实际上是失败了。粟裕、李默庵的得与失正反映了毛泽东和蒋介石这两种战略思想的成和败。

---

① 《徐永昌日记》第九册第 135~136 页,台北"中研院近史所"1990 年影印本。

11. 蒋介石嫡系整编第三师中将师长是如何变成"现代庞涓"的？

赵锡田，江苏涟水人，1907年12月生。黄埔军校第四期步科毕业。他既是国民党陆军总司令顾祝同的外甥，又是顾祝同夫人的妹夫，同顾祝同可谓亲上加亲。

这一位国民党军中的红人怎么会变成"现代庞涓"呢？这要从1946年9月的定陶战役说起。

1946年8月中旬，晋冀鲁豫野战军出击陇海路郑州至徐州段，打乱了国民党军对解放军进攻的南线部署。下旬，国民党军统帅部从陕南、豫西追堵中原军区突围部队的兵力中抽调3个整编师，从徐州、淮南抽调1个军和2个整编师，连同原在郑州、新乡、商丘等地的8个整编师，共14个整编师32个旅约30万人，企图以优势兵力夹击晋冀鲁豫解放军，占领鲁西南，然后打通平汉路。

8月28日，东面的国民党军第五军、整编第十一师和第八十八师从砀山、虞城一带向鲁西南的成武、鱼台、单县进攻；西面的国民党军整编第三师和第四十一、四十七师全部，第五十五、六十八师各一部从封丘、开封、考城一线向鲁西南东明、定陶、曹县进攻。

此时，晋冀鲁豫解放军经过出击陇海路，正在休整。刘伯承把蒋介石这一部署形容为"饭馆子战术"，即前一桌饭还没有消化完，他又送来一桌。

这一仗打不打？

如果不打，晋冀鲁豫解放军就势必退到黄河以北，对今后机动作战十分不利。刘、邓决心排除万难，连续作战，争取歼敌一路。

打哪一支部队？

刘、邓考虑，东面的敌人虽然少，但第五军、整编第十一师是国民党军中王牌，战斗力较强。西面之敌虽多，但战斗力较弱。其中整三师是唯一的蒋介石嫡系部队，师长就是中将赵锡田。在西面敌人中，虽然整三师战斗力较强，但由于刚从追击中原解放军的前线调来，比较疲惫；它和周围的杂牌部队矛盾很深，如果对其展开攻击，周围的杂牌部队不会增援。整三师和第四十七师虽然并进，但中间有15到20里间隙，有将其隔歼的可能。刘、邓决心攻击西面之整三师。

整三师在追击由李先念率领的中原解放军时,解放军为尽快摆脱被动,并未与其纠缠。因此,整三师从上到下都骄傲轻敌,认为同共产党打仗如同喝稀饭。①

当赵锡田路过郑州时,郑州绥靖公署主任刘峙接见了赵锡田。刘峙为取悦何应钦、顾祝同,决定给整三师增配一个野炮营和一个战车连,补充大量弹药和粮秣,希望其在进犯解放区时立头功,还打算用赵锡田代替孙震任第五绥靖区主任。赵锡田当时属孙震管辖,但并不听孙震的招呼。孙震知道赵是惹不起的人物,也少管他的"闲事"。

刘、邓决定将歼灭赵锡田的战场设在定陶以西韩集地区。为集中兵力,刘伯承将第三、六、七纵队主力结集于定陶西南地区,休整待机;同时从豫北急调二纵前来参战。

刘伯承按照"猫捉老鼠,把老鼠盘软了再吃"的思路,命令六纵两个团和冀鲁豫军区一个团将整三师诱入预定战场。在诱敌时要节节阻击,以消耗敌人,然后撤退,沿途抛撒衣物、枪支,造成匆忙撤退的假象。赵锡田像古代的庞涓一样,果然上当,9月2日,赵锡田进占秦砦、桃园地区后高兴地说:"刘伯承已溃不成军了。我不用两个礼拜就可以占领整个冀鲁豫,把他赶上太行山去。"

刘峙在报话机上用密语问赵锡田要不要飞机配合进攻,赵锡田干脆用明语回答:"飞机不需要了。就凭现有装备,共军已不堪一击了。"

刘峙吃惊地问:"怎么不讲密语?"

赵锡田答:"没有关系,共军没有报话机。"②

殊不知,赵锡田此时正按照刘伯承设计的时间和路线一步步走向覆灭。

其实,当时不仅是赵锡田,蒋介石的整个统帅部都蒙在鼓里。当赵锡田的部队进入白茅集时,蒋介石发来嘉奖令,陆军副总司令范汉杰亲自赶到前线视察慰问。范到前线后感到整三师和后方交通线不太稳当,又匆匆返回后方。

刘峙看到赵锡田信心满满,又把整编第三、四十七师会攻定陶的计划改变为整编第三师攻菏泽、整编第四十七师攻定陶。这样,这两个师的距离就由15到20里扩大到20至25里。

---

① 韩正礼:《国民党王牌师全军覆没的定陶之战》,《文史资料存稿选编精选》第七辑第102~108页,中国文史出版社2006年版。

② 杨国宇、陈斐琴、李鞍明、王伟:《刘伯承军事生涯》第200~201页,中国青年出版社1982年版。

9月3日晨,刘伯承命令部队撤出大黄集,赵锡田随即进入大黄集。为让赵锡田钻得更深一些,刘伯承又把大、小杨湖送给赵。于是,整三师第三旅进入大黄集,师部进入天爷庙,第二十旅进至大杨湖。这个师完全钻进了刘伯承设置的口袋。

晚11时30分,晋冀鲁豫解放军向整三师发起攻击。

4日,整三师在飞机、坦克配合下进行顽抗,晋冀鲁豫解放军仅歼灭其三个营。此刻,赵锡田发现自己已陷入重围,紧急求援。刘峙命令各师增援。但整四十七师被三纵隔于桃园,其他部队距离尚远。

5日傍晚,刘伯承和李达来到六纵指挥部,召集各纵领导开会,部署总攻。刘伯承到达前线,对指战员是很大的鼓舞。5日午夜,对整三师发起总攻,战至6日晨,在大、小杨湖全歼第二十旅,重创第三旅,进逼师部。中午,赵锡田率师部与第三旅残部向南突围,解放军于秦砦附近将其全歼,俘虏了赵锡田。此战共歼灭国民党军1.7万人,其中俘虏1.2万人,缴获坦克5辆和大批军用物资。

刘伯承得知赵锡田被俘后,命令把赵锡田送到六纵指挥部。刘伯承对赵锡田说:"赵先生东奔西跑,很疲惫了。到解放区可以安心休养了,不要有任何顾虑。生活上我们会尽力而为。"[①]

赵锡田对此表示感谢。

在战国时代,孙膑减灶赚庞涓,迫庞涓自杀。在解放战争时期,刘伯承却对现代的庞涓——赵锡田给予了优待。

[①] 柯岗、曾克、薛洪兴:《刘伯承中原逐鹿》第32页,解放军出版社1983年版。

12. 为什么陈毅说粟裕的战役指挥"愈出愈奇,愈打愈妙"?

1947年3月10日,陈毅对山东《大众日报》记者说:

> 我华东野战军在最近宿北、鲁南、鲁中3次战役中刚创造了一个空前大胜利,就被下一个更大胜利打破了记录,空前之后又来一个空前,接着还有另一个空前……这证明了我军副司令粟裕将军的战役指挥一贯保持其常胜记录,愈出愈奇,愈打愈妙……①

陈毅所说的鲁中战役即莱芜战役。让我们回顾一下这一战役的过程。

经过半年多的战争,国民党军统帅部认为,集结于山东解放区首府临沂地区的华东野战军"伤亡惨重,续战能力不强",必将固守临沂。当时,涉及中国问题的美、英、法三国外长会议即将召开,国民党当局企图以军事胜利来影响会议,于1947年1月制订了鲁南会战计划,由徐州绥署主任薛岳坐镇徐州,调集了19个整编师49个旅近20万人的重兵集团于陇海路以北、津浦路以东、胶济路以南地域。在南面,由整编第十九军军长欧震指挥8个整编师21个旅为主要突击兵团,从台儿庄、新安镇、城头一线向北推进。在北面,由第二绥靖区副司令官李仙洲指挥3个整编师9个旅,从周村、博山南下,企图南北夹击华东野战军,迫使华东野战军与其在临沂、蒙阴地区决战。另以8个整编师担负陇海、津浦、胶济铁路的守备。此外,还从豫北调4个整编师集结于鲁西南,以隔断晋冀鲁豫野战军和华东野战军的联系。

1月31日,南面的国民党军兵分三路向北推进。他们接受了过去孤军冒进被解放军各个歼灭的教训,采取"集中兵力,稳扎稳打,齐头并进,避免突出"的战法,平均每天只前进6公里。

此时,国民党军认为,他们这个战法将防止被解放军各个击破,并迫使解放军在临沂同他们决战。他们对此抱有很大期望。2月4日,国民党的中央社

---

① 转引自《莱芜战役资料选》第28~29页,山东人民出版社1982年版。

发布"一周战况的综合观察",吹嘘道:"鲁南共军自知末日将临,妄图作困兽斗。自1月31日由蒙阴抽调兵力万余兼程增援临沂,同时集中主力于枣庄、郯城、临沂中间地区,以防国军反击。本月1日以来,国军节节推进,大规模歼灭战态势已成,一般预料半月内即可得辉煌战果。"①

同日,毛泽东为中央军委起草致陈毅、饶漱石、粟裕、谭震林电,指出:"敌愈深进愈好,我愈打得迟愈好。只要你们不求急效,并准备必要时放弃临沂,则此次我必能胜利。"②

这时,北面的国民党军也由博山、明水南下,先头部队已占领莱芜、颜庄。

粟裕回忆:"这时,陈毅同志提出了一个重要设想:既然敌人南面重兵密集,战机难寻;而北线敌孤军深入,威胁我后方,我们不如改变原定作战方针,置南线敌重兵集团于不顾,而以主力北上,以绝对优势兵力,歼灭北面之敌。"③

2月5日,粟裕为华东野战军前委起草致军委的电报,提出三个作战方案,倾向于第三方案:"如南线敌仍不北进,或北进时不便消灭,则除以一个纵队留临沂地区与敌纠缠外,其余主力急行北上,彻底解决北线敌人,平毁胶济线,威胁济南,以吸引南线敌人进入临沂以北山地或增援胶济线,尔后我再举全力反攻,各个歼灭之。"④

2月6日,毛泽东为中央军委起草复电,表示完全同意第三方案,认为"这可使我完全立于主动地位,使蒋介石完全处于被动"。复电指示"一星期至十天内,全军在原地整训,对外装作打南面模样",待北线敌人占领莱芜、新泰、博山之线后再秘密北移。复电还指示,为使李仙洲集团放胆南下,北线渤海区部队应停止对国民党军的攻击。⑤

同日,华东野战军第二纵队在南线东端白塔埠地区发起讨伐起义后又叛变的郝鹏举部的战斗,企图诱歼右路国民党军的援军。但是,国民党军听任郝鹏举部被歼灭,不仅不增援,反而停滞靠拢,就地构筑工事,企图等待北面李仙洲集团南下后再决战。

也就在这一天,参谋总长陈诚飞到徐州,带随从两人乘吉普车到新安镇前

---

① 1947年2月5日《大公报》,转引自金冲及:《转折年代:中国的1947年》第113页,三联书店2006年版。
② 中共中央文献研究室、中国人民解放军军事科学院编:《毛泽东军事文集》第三卷第655页,军事科学出版社、中央文献出版社1993年版。
③ 《粟裕战争回忆录》第461页,解放军出版社1998年版。
④ 中共江苏省委党史工作办公室编:《粟裕年谱》第226页,当代中国出版社2006年版。
⑤ 中共中央文献研究室、中国人民解放军军事科学院编:《毛泽东军事文集》第三卷第658页,军事科学出版社、中央文献出版社1993年版。

线指挥,在欧震兵团部召集该兵团所属师以上军官训话。他说:"临沂是鲁南重镇,国军占领后就堵塞了共军南进的门口,从此苏北可以安然无恙。不仅如此,占领了临沂,又便利了摧毁沂蒙山区的作战。根据各方面情报分析,共军主力企图在临沂附近与我军决战。过去最苦的是找不到他们的主力,今天他们的主力敢于同我军作战,我们非常欢迎。现在战争的胜败取决于装备优良与否。我军在这方面有胜算把握,希望各位将领抱必胜信念。"随后,他分别和各军师长谈话,当日,各军师长即返回前线。在进攻临沂过程中,陈诚始终坐镇欧震兵团部督战。①

白塔埠袭击郝鹏举的战斗进一步证明,必须转兵北上。北上的决策确定后,粟裕即以全部精力投入战役指挥。

在军内,很多指战员对大踏步远程北上作战没有思想准备。大踏步进退本是运动战的特点,但在当时还没有为大家所理解。华中来的部队中就流传着这样的顺口溜:"反攻反攻,反到山东。手拿煎饼,口咬大葱。大好形势,思想不通。有啥意见?要回华中。"在宿北、鲁南两个战役获胜后,思想疙瘩已经减少,但打了胜仗还要后退,思想问题又回潮了。而为了隐蔽作战意图,一开始又不能公开讲北上作战的计划。这就需要各级干部在行军中做好细致的思想工作。

支前工作也有很大难度。已经运到临沂前线的数亿斤粮草、弹药和其他作战物资要及时转运北线。而北上必须通过的沂蒙山区只有几条通道,山路崎岖,部队民工几十万人北上,任务十分艰巨。但依靠老解放区人民的热情支援和严密的组织工作,是可以办到的。

在战役指挥中最重要的是对国民党军隐蔽我军意图,造成敌人的错觉,创造歼灭李仙洲集团的战机。为此,要制造一系列逼真的示形于南线的假动作。

一表示要在南线同国民党军决战。在主力北上的同时,留第二、三纵队在南线,伪装是华野全军,使用各个纵队的番号,在临沂以南实施宽正面防御,节节阻击。白塔埠讨伐郝鹏举之战也成为这一假动作的一部分。

二表示撤出临沂是被迫的,是由于战力不支。

三表示部队将西渡黄河。粟裕命令地方部队进逼兖州,在运河上架设浮桥,在黄河渡口筹集船只。"使敌即使发觉我军主力已不在临沂附近,也会错误判断我军准备西进,渡运河、黄河与刘伯承、邓小平同志率领的晋冀鲁豫野

---

① 李骏、黎殿臣、濮云龙、刘子瑛:《陈诚到新安镇指挥进攻临沂概况》,《文史资料存稿选编·全面内战(上)》第516页,中国文史出版社2002年版。

战军会合,难以立即判明我军北上作战的真实意图。"①

2月10日,华野下达了全军主力北上的命令,当晚开始秘密行动。

南面的国民党军在第二、三纵队节节抗击下,于16日占领临沂,向蒋介石谎报歼灭共军16个旅的"战绩"。蒋介石在得意之余,致电陈诚、薛岳,命令乘胜追击。电报说:"今经我大军围堵,临沂既告收复,而刘股则形成流窜,陈股亦受我南北夹击,东临大海,西阻湖山,局促一隅,惟如过去各级指挥官每以部队疲劳过甚为虑,或以战场局部胜利为满足,不能鼓励将士急起直追,则虽克城复池,仍不能将其彻底肃清,至蹈九仞一篑之覆辙,务希激励所部各级扫荡,以为一劳永逸之计。"②

国民党军空军发现解放军正向西北运动,在运河架浮桥,空军司令周至柔还报告:"临沂一战,共军因空军轰炸伤亡七八千人,毁汽车千余辆,陈毅主力被迫向泗水方向退却。"③蒋介石统帅部做出华野"已无力与国军决战,欲与刘、邓会合"的判断。陈诚则吹嘘"鲁南决战空前大胜","山东大局指日可定",随后返回南京。2月17日,国民党的外交部部长王世杰在日记中写道:"晚间晤陈辞修。彼新自徐州前线回京。据云,过去一月中共与国军在徐州附近之会战,已大体告竣。中共之鲁南根据地,为临沂,已为我军占领。中共之损失极大,现正向鲁西溃退。"④

2月20日,蒋介石致信在东北的熊式辉,以"临沂大捷"鞭策关外:"临沂收复后,黄河以南的共匪势如破竹,不难于一个月内肃清,此后关内仅为黄河以北的问题,务望关外亦能积极整训,期于今春南满与热北之残匪同时肃清也。"⑤

然而,有一些社会舆论却认为,国军此次占领临沂并未歼灭共军多少有生力量,可见共军是主动撤出临沂。蒋介石将这种舆论斥为共产党的宣传。他说:"这次政府克服临沂,共产党对外面只好说是他们自动退却的,并且还捏造事实,说这次消灭了多少国军。其实这次匪军死伤人数很多,政府认为不论如何,这些死伤的人究竟都是我们自己的同胞,死伤愈多,我们愈觉悲痛,所以始终不愿宣传,不料共产党反而捏造事实,而社会不察,居然有信以为真的,这真

---

① 《粟裕战争回忆录》第467页,解放军出版社1988年版。
② 秦孝仪总编纂:《总统蒋公大事长编初稿》卷六(下)第392页,台北,1978年版。
③ 《郭汝瑰日记》1947年2月15日,转引自汪朝光:《国共内战初期的山东战场》,《军事历史研究》2015年第2期。
④ 《王世杰日记》第六册第27页,台北"中央研究院"近代史研究所1990年影印。
⑤ 转引自杨天石:《追寻历史的印迹》第455页,重庆出版社2016年版。

使人言之痛心！"

蒋介石这一段话既达到"匪军死伤人数很多"的宣传目的，又收仁慈之名，可以说很巧妙，但可惜的是同事实完全相悖。子曰："巧言令色鲜矣仁。"此之谓也。

蒋介石接着说："至于说克服临沂是匪军自动退出的，更不值一辩，因为临沂是鲁南重镇，共产党的老巢，试问他如果不是被击败，为什么要把自己的重镇和老巢放弃呢？他们退出老巢，放弃军事重镇，便证明他们是受了严重的打击，不能不出此穷途末路的一着了。"①

但是，国民党军将领也并非都是无能之辈。在济南的第二绥靖区司令官王耀武就判断华野主力从临沂撤退，并非败退，可能有北上包围李仙洲集团的企图，于是命令全线后撤，同时向蒋介石和陈诚报告。

蒋介石、陈诚不同意王耀武的判断。蒋介石在日记中写道："在临沂附近搜出重要武器，可知匪之撤退临沂，并非有计划之行动也。"②于是发电报给王耀武，大意是："佐民弟鉴：匪军在苏北、鲁南作战经年，损失惨重，士气低落，现已无力与我主力部队作战，并有窜过胶济路，北渡黄河避战的企图。为了吸引住敌人，不使北渡黄河得有喘息的机会，而在黄河南岸将敌歼灭，以振人心，有利我军以后的作战，切勿失此良机，务希遵照指示派部进驻新泰、莱芜。新、莱两城各驻一军之兵力，敌人无力攻下，敌如来攻，正适合我们的希望。"③

王耀武无奈，只好命令整编第四十六师重占新泰，第七十三军折返颜庄。

李仙洲集团突然后撤后，华野有一些指挥员沉不住气，担心抓不住敌人，建议提前出击。粟裕认为，我主力部队尚未完全到达集结地点，还不能合围敌人。仓促发起战斗，会把敌人赶跑。因此，坚持继续隐蔽集结部队，不要过早惊动敌人。

很快，王耀武判断华野必将攻击新泰，决定"将在外，君命有所不受"，再次命令已进至新泰、颜庄的整编第四十六师和第七十三军连夜撤回莱芜。还命令驻扎在张店的第七十三军第七十七师由张店、博山南下归建。但是，已经来不及了。

---

① 《对于最近社会经济军事情势之分析》，秦孝仪主编：《先总统蒋公思想言论总集》卷二十二第 21 页，台北中国国民党中央委员会党史委员会 1984 年版。
② 《蒋介石日记》1947 年 2 月 16 日，转引自汪朝光：《国共内战初期的山东战场》，《军事历史研究》2015 年第 2 期。
③ 王耀武：《莱芜蒋军被歼记》，《文史资料选辑》第八辑第 121 页。

此时,华野各部都已到达集结位置。粟裕命令20日发起战斗。2月21日,华野八纵和九纵在莱芜东北的和庄设伏,歼灭第七十七师,击毙少将师长田君健,并完成对莱芜的合围。

莱芜城小兵多,军心动摇,粮弹两缺,难以固守。21日,王耀武一面命令李仙洲研究北撤明水(今章丘区)的部署,一面派副参谋长罗幸理携带王耀武写给蒋介石的亲笔信飞到南京向蒋介石请示。蒋介石没有料到李仙洲兵团突然会被包围,无奈,只得同意北撤。

李仙洲召集第七十三军军长韩浚和整编第四十六师师长韩练成研究如何行动。二韩均认为应执行突围命令。李仙洲决定兵分两路突围,韩浚率第七十三军从西面,韩练成率整编第四十六师从东面向北面吐丝口突围。第七十三军留一个团守莱芜,待主力突围后再北撤。韩练成提出,撤退需准备,乃决定23日突围。

粟裕考虑,如四面包围,就需要攻城,伤亡较大。不如网开一面,放敌出城,在野战中消灭之。他判断由于国民党军的补给基地在吐丝口,胶济铁路也在北面,国民党军必将向北突围,于是在莱芜城北面放开一个口子,同时在吐丝口附近利用山地的有利地形,布置了一个口袋阵。

23日清晨,韩浚率第七十三军按照计划北撤不远,其右翼忽然遭到袭击。韩浚感到很纳闷,因为右面是整编第四十六师,按说不应该遭到袭击。他一面命令部队停止前进,一面派人同整编第四十六师联系,才发觉整编第四十六师还没有出发。韩浚亲自骑马去探问究竟,首先见到李仙洲,李说:"韩练成在部队集结后说要进城看看第七十三军守城部队的情况,等他回来再出发。"①韩浚说:"这不是可以儿戏的。我已经按照命令行事,遭到意外的侧击,已经损失不小。如果不按照命令,一方急进,一方迟迟其行,出了问题由谁负责?"李仙洲便向整编第四十六师参谋长杨赞谟下令:火速攻击前进。

整编第四十六师出发后由于没有了师长,队伍失去指挥,在受到解放军的侧击后,就边打边往西面第七十三军靠拢。韩浚回忆:"结果也把我的部队扰乱了,两个军的人都混在一起,成了东、西、南三面受敌,可当时我也没有办法指挥了……"②"同时又有几千人的运输部队,和莱芜县李县长带领的将近两万老百姓男男女女老老幼幼从我右后方仓皇奔窜而至,把几万人的前进部队搅

---

① 整编第四十六师师长韩练成反对蒋介石发动内战,在莱芜战役前同解放军已取得秘密联系。但整编第四十六师是桂系部队,韩在这一支部队中没有根基和人脉,无法组织起义,乃同解放军约定,在突围前放弃对部队的指挥,造成李仙洲集团极大的混乱,对解放军取得莱芜战役的胜利发挥了积极作用。

② 韩浚:《莱芜战役片断》,《文史资料存稿选编·全面内战(上)》第518页,中国文史出版社2002年版。

成一团,军找不到师,师找不到团,团找不到营连排,营连排也掌握不住士兵,指挥系统完全为之打乱。而在解放军方面,则正以排山倒海之势,向我包围射击,包围圈越缩越紧,枪声越打越烈。莱芜李县长所带来的难民中有一部分人从便衣中掏出武器,开枪助威,里外夹击。分不出是敌是我,是民是兵。东打西窜,南打北逃,糟成一团,乱成一片。杂以爆炸、喊叫、践踏,以及难民呼儿唤女之声,惊心动魄,惨烈无比。这些难民的随行,据李县长说,是曾经取得李仙洲的同意,事先我并不知道。"①下午5时,李仙洲集团大部被歼,李仙洲受伤被俘。韩浚率第七十三军残部5000余人向博山方向逃窜,在青石关被歼,韩浚被俘。

对这次战斗,陈毅写道:"五万敌人挤在一块长二十里,宽四五里的山沟沙滩上,我炮兵一炮打到敌司令部的骡马队,骡马又跳又叫,全盘混乱。士兵都叫喊'缴枪,缴枪,老子这辈子没有打过这样的仗!'就投降了,战斗总共不过三小时。"②

战后,王耀武抱怨说:"五万多人,不知不觉在三天就被消灭光了,老子就是放五万头猪在那里,叫共军抓,三天也抓不光呀!"③

也有人将国民党军比作鸭子。在吐丝口附近被俘的第七十三军副军长李琰解释说:"有人说,把五六万鸭子散布在这个区域内,捉起来也要费点时间。是人而不是鸭子,为什么比捉鸭子还容易呢?我正是要说明这一段经过。……从东北面一直连绵到吐丝口的高地,必须预先确实控制,不然落在解放军手里,就等于在他们侧射火力下行进,又怎能行得通呢?然而整四十六师更没有力量也根本没有计划来占领这些高地,从开始行动,即处于纷乱状态。而其突围部署,既不顾后面,也不顾侧面,就是把部队摆成若干路纵队一直往前冲。所以,一遭到解放军的腰击与火力袭击,即如决口的河水一般,因为受着东面、南面、北面的压力,顺势就朝着七十三军崩溃而来。这股溃军里面掺杂着数千匹骡马,裹胁着近万名难民,特别是骡马的横冲无法阻挡。记得通过将军庙高地,望见浩浩荡荡的行李辎重和无数难民,卫士余映泉对我说:'今天是突围,为什么还携带这么多的笨重东西,掩护不好,一定会发生溃乱,这不是自己扯自己的腿吗?'一点也不差。正当十五师超过一九三师第一道统制线攻击前进时,这股溃流就把十五师和一九三师的部队冲乱了。就在这极其纷乱

---

① 韩浚:《莱芜战役片断》,《文史资料存稿选编·全面内战(上)》第538页,中国文史出版社2002年版。
② 《陈毅军事文选》第426页,解放军出版社1996年版。
③ 陈士榘:《天翻地覆三年间:解放战争回忆录》第112页,中共中央党校出版社1995年版。

之际,解放军以排山倒海之势包围上来了,官长掌握不了部队,只顾逃命;士兵无人指挥东奔西突,乱成一团。到末后,解放军不用打,只用喊话,就一批一批放下武器了。所以在几个钟头内,就宣告国民党军第七十三军及整编四十六师在莱芜全部被歼,自李仙洲以下无一漏网。"①

正因为国民党军是人而不是鸭子,才能够做到解放军一喊话就一批一批放下武器。

莱芜战役从2月20日晚发起,至23日,短短3天,歼灭国民党军第二绥靖区前进指挥所,两个整编师(军)部及其所辖6个旅(师)及第十二军新三十六师大部,共5.6万余人,缴获各种炮350余门、汽车50余辆,击落飞机4架,控制了胶济路西段及其南北地区,彻底粉碎了蒋介石的鲁南会战计划。

莱芜战败后,蒋介石唯恐济南有失,于24日②飞到济南,除检查济南防务外,就是批评指责下级。

24日晚7时,蒋介石召见王耀武。据王耀武回忆:"蒋介石把我叫到另一间屋内,气愤愤地,红着脸,瞪着眼睛狠狠地骂了我一顿。他说:'你们只是在莱芜这个战役里就损失了两个军另一个师,损失了这样多的轻重武器,增加了敌人的力量,这仗以后就更不好打了。这样的失败真是耻辱。莱芜既已被围,你为什么又要撤退?遭到这样大的损失,你是不能辞其咎的。这次你选派的将领也不适当,李仙洲的指挥能力差,你不知道吗?撤退时他连后尾也不派,这是什么部署?你为什么派他去指挥?如派个能力好的人指挥,还不致失败。李仙洲已被敌人捉去,你们要知道,高级人员被捉去,早晚会被共产党杀掉。"③

蒋介石所提的被捉去的高级人员情况如何?

3月26日《大众日报》报道:"华东人民解放军司令陈毅将军,于本月十五日探视李仙洲氏,探询李氏伤口近况。谈及莱芜战役时,李仙洲谓:'我们此次失败,主要是国防部战略指导错误,而王耀武先生干涉下面太严,王先生每直接分电各军、师甚至到团,我虽在前方,有时也不知道。'当陈毅将军告知李氏国民党方面谓此次失败系李仙洲指挥失常时,李仙洲苦笑之下继称:'在国民党里任副职,好比当副员,除兼任政治部主任或者上级别有用意培养资历者外,像我当副司令官那是没有办法。我住济南司令部时,只是替王先生招呼普

---

① 李琰:《国民党军莱芜被歼的几点回忆》,《文史资料存稿选编·全面内战(上)》第548~549页,中国文史出版社2002年版。
② 王耀武回忆蒋介石到济南是23日,但依据《先总统蒋公思想言论总集》,似应为24日。
③ 王耀武:《莱芜蒋军被歼记》,《文史资料选辑》第八辑第129页。

通客人,我和王先生也是几天或一个礼拜不见面,这次到前方来不过是高级传令兵。像陈辞修(即陈诚)到济南来和王耀武先生商议机密,我却不得参与。'……李氏与陈毅将军虽是初次见面,但纵谈甚欢,李氏并大有相见恨晚之慨。"陈毅还召见了莱芜战役放下武器的国民党军高级将校李琰少将等九人。

3月15日《大众日报》载:"莱芜战役中来解放区团聚的蒋军将级军官,计有徐州绥靖公署第二绥靖区副司令李仙洲、绥署情报处长陶仲伟(富业)少将、七十三军军长韩浚中将、副军长李琰少将、十五师师长杨明少将(伤)、副师长徐亚雄少将(伤)、一九三师师长萧重光少将(伤),四十六军一八八师师长海竟强少将、一七五师师长甘成诚少将(伤)、副师长陈炯少将、师政治部主任游靖湘少将等中将两员、少将九员。"①

25日,蒋介石对济南高级将领讲话说:"此次吐丝口之失败,全在于李仙洲司令官指挥部署之错误及其怕敌心理所造成,此次失败应引为鉴戒者,即:(一)第一日在城内俘虏共匪百余与其投降者数人,此即匪第二次来犯时之内应者。(二)吐丝口前有穿国军冠服前来我军报告敌情及带路者,又有沿途俘虏与投降者杂于队伍之中,一俟我军到其伏兵地点,即将李仙洲司令官与其司令部前后阻挟,以致队伍杂乱拥挤不能进退,卒使司令官与司令部人员全部被俘,此乃共匪假冒我军士兵诱导我军进入其伏兵陷阵也。(三)麻峪、河庄之中伏,既搜索疏忽、警戒不密、侦探不远,而且驻地居民即为敌化装之侦探,掺在我军阵地,而与伏敌预约暗号,起而夹击,此因我军未将居民与部队隔离及监视不严所致,凡此皆致败之由,故此后我军作战应以侦探为第一要务。"②

蒋介石竟然把"未将居民与部队隔离及监视不严"作为致败的因素。难怪郝柏村评论说:"共区在共党多年经营控制下,民众亦随共军意志行动,可见其对民众的组织与控制效果,亦如美军在越南进入共区却找不到敌人,但到处都是敌人。"③

国民党军脱离人民才是其致败的重要原因。

战后,蒋介石对陈诚也多所指责。

2月22日,蒋介石在日记中写道:"临沂收复以来,辞修以为匪已向黄河北岸溃窜,故对剿务一若已完者,故其自徐州回来请病休假,且时显自足之骄态。

---

① 《莱芜战役资料选》第225页,山东人民出版社1982年版。
② 秦孝仪主编:《先总统蒋公思想言论总集》卷二十二第22页,台北中国国民党中央委员会党史委员会1984年版。
③ 《郝柏村解读蒋公日记(1945—1949)》第235～236页,台北天下远见出版股份有限公司2011年版。

不料陈毅主匪已向我莱芜吐丝口一带进攻,前方布置未妥,多为匪在途中袭击消灭。"①

26日,蒋介石在南京对白崇禧、陈诚、刘斐训话,重点就是训斥陈诚,白、刘只是旁听而已。蒋介石在这一天的日记中还写道:"未知辞修有动于衷否?"②

同日,陈诚挨了训斥后致信蒋介石:"顷承训诫,辞意恳挚,指示周详,退而全盘考虑,谨将职现在管窥之实际情形,上呈钧座,以资参考,恳请处分。自民国十四年以来,二十二载,兵未解甲,将未下鞍,昔日青年,今皆二毛。师老而疲,无可讳言。夫以老疲之师,指挥之难,运用之苦,诚不可以言尽。职此次于役徐州,细心考察,毋任惶悚。故全军而前,划地而趋,无非欲以挽回颓势,而先求立于不败之地,是不得已之处置也。回顾江西剿匪,我军常独来独往,深入显出,岂前勇而后怯,实今昔情势不同耳!至于鲁南之役,未经歼其主力,反而蒙鲁中丧师之辱。职以地位言,实百喙不能辞其咎。辱在二十二年追随,亲如家人父子之切,敬乞从重处分,以明赏罚,庶几稍作士气,以利戎机。语出至诚,公私幸甚。"③

陈诚这一封信写得文绉绉的,需要略加解释。"昔日青年,今皆二毛","二毛",指头发花白、趋向老年的意思。陈诚信中说自己在南线"全军而前,划地而趋","立于不败之地",含义是说他在南线占领了临沂,并没有吃亏。失败的是在北线,他负有领导责任,但没有直接责任。

据曾经担任何应钦侍从参谋的汪敬煦回忆:"抗战胜利后,蒋委员长知道共产党终将称兵作乱,就交代何先生草拟一份清剿共产党计划。为了这个计划,何先生还特别去拜访日本驻华派遣军司令官冈村宁次。冈村建议何先生千万不能对共产党大意,更不要轻视他们。"于是,何应钦制订了一个两年计划,交给蒋介石后就没有了下文。"此时陈诚另外提了一份六个月消灭共产党的计划。陈诚以民国二十年代江西剿共的经验,认为共军不足以抵挡装备机械化的国军。"④

曾几何时,陈诚不再夸口根据江西"剿共"经验,"六个月消灭共产党"了。他所说的"回顾江西剿匪,我军常独来独往,深入显出"是指第五次"围剿"碰到了李德的瞎指挥,得以取胜,但现在何以打败仗呢?他不得不承认"今昔情势不

---

① 《蒋介石日记》1947年2月22日《上星期反省录》,转引自蒋永敬、刘维开:《蒋介石与国共和战(1845—1949)》第138页,山西人民出版社2013年版。
② 《郝柏村解读蒋公日记(1945—1949)》第240页,台北天下远见出版有限公司2011年版。
③ 《蒋中正总统档案·事略稿本》(68)第650~651页,台北"国史馆"2011年版。
④ 《汪敬煦先生访谈录》第20~22页,台北"国史馆"1993年版。

同"。他在信中特意点出同蒋介石"亲如家人父子"的关系,要求"从重处分"。

郝柏村评论道:

"自全面剿共以来,实际都是蒋公亲作战略决策,与指挥第一线到师级,参谋总长又派往沈阳兼任东北行辕主任①,且健康不佳,等于蒋公自兼参谋总长。"

"剿共作战一直是蒋公亲自决策,两任参谋总长陈诚与顾祝同,只是执行蒋公的决策而已。"②

认为共军撤出临沂已是穷途末路,命令"将士急起直追","以为一劳永逸之计"的毕竟是蒋介石本人。既然如此,蒋介石心知肚明,此事哪能全怪陈诚,看在陈诚和他"亲如家人父子"的分上,处分就免了。

4月15日,蒋介石在国民党军军官训练团第一期开学时说:

> 各位将领看到上次莱芜和吐丝口一带作战的失败,匪军能集中兵力,攻击我们的弱点,消灭我们的大军……这一次失败可以说是最可耻的失败!

在总结失败的原因时,蒋介石说:

> 现在匪军往往用佯动来欺骗我们国军,使我们不能捉摸他主力的所在。而我们则行动呆板,不知使用佯动突击的方法来迷惑匪军,这是我军的损失。③

蒋介石的话从反面印证了陈毅所说:"粟裕将军的战役指挥一贯保持其常胜记录,愈出愈奇,愈打愈妙。"

---

① 1947年8月15日,蒋介石命令参谋总长陈诚兼任东北行辕主任。
② 《郝柏村解读蒋公日记(1945—1949)》第301、322页,台北天下远见出版有限公司2011年版。
③ 蒋介石:《国军剿匪必胜的原因与剿匪战术的改进》,秦孝仪主编:《先总统蒋公思想言论总集》卷二十二第60、67页,台北中国国民党中央委员会党史委员会1984年版。

13. 国民党军整编第四十六师师长韩练成为何临战失踪？

要回答这一问题，需要回顾一下韩练成的经历。①

韩练成(1908—1984)，甘肃固原(今属宁夏)人，1925年借用韩圭璋的中学文凭考入西北陆军第七师(师长马鸿逵)教导队。1926年，冯玉祥在五原誓师北伐，收编了马鸿逵部，任命马为第四路军司令。韩也成为西北军的一员。在西北军，韩练成结识了刘志丹，接受了共产主义思想的影响。

在北伐战争中，韩任第四军骑兵团团长时，骑兵团一度受白崇禧指挥，结识了白崇禧。

1929年，蒋介石和冯玉祥反目。3月23日，蒋介石下令讨伐冯玉祥，将冯部将领韩复榘、石友三、马鸿逵收买。蒋介石任命马鸿逵为讨逆军第十五路军总指挥，驻徐州。韩练成时任马部第六十四师团长，驻归德(今商丘)。

1930年5月11日，蒋、冯、阎军阀混战在中原全面爆发。5月31日，蒋介石在归德朱雀车站指挥作战。冯玉祥部郑大章率骑兵夜袭归德机场，烧毁飞机12架。朱雀车站就在附近，稠密的枪声使蒋介石胆战心惊。参谋长杨杰要通归德守军的电话。韩练成接完电话立即率部赶到朱雀车站蒋介石的指挥部"救驾"。蒋介石见到韩练成，握着韩的手连说"你很好"，又问韩是黄埔第几期的，韩不知如何回答。蒋介石得知韩并非黄埔出身，特地给军校发去手谕："六十四师团长韩圭璋，见危受命，忠勇可嘉，特许军校三期毕业，列入学籍。"

1935年，韩练成考入陆军大学，与在北伐中结识的白崇禧的秘书石化龙同学。石向韩宣传李宗仁和白崇禧的贤明以及桂系在广西的政绩，动员韩参加桂系。全国抗战爆发后，白崇禧被任命为副参谋总长，韩应白邀任李宗仁的高级参谋。1938年1月，时任第五战区司令长官的李宗仁，委任韩练成为第八十九军第一一七师副师长兼三五一旅旅长。师长李守维是复兴社分子，派人暗中狙击韩练成，打断了韩的左臂。李宗仁、白崇禧得报后，将韩抢救出来，并辗转送往武汉养伤。

---

① 参看夏继诚：《解密：开国中将"隐形将军"韩练成的真实人生》，《党史博览》2013年第1期。

韩练成对李、白心存感激，加之白崇禧多次到医院探视，多次谈到对蒋介石的不满和蒋系的腐败黑暗，并标榜桂系如何抗日、如何反蒋。

出院后，韩练成前往广西，被任命为四十六军一七〇师副师长兼五〇八旅旅长，不久升任师长。

1939年，蒋介石在柳州召见韩练成，要他到中央工作。

1942年，韩练成到国防研究院学习，毕业后任蒋介石的侍从室高级参谋。韩身居要津，亲见、亲闻国民党黑暗、腐败的内幕，例如，他得知蒋介石曾通过与法西斯德国的秘密外交，策划与日本侵略者"和谈"，他还目睹蒋介石秘密接见南京汪精卫卖国集团的代表，以及授权何应钦秘密勾结伪军，等等。

韩练成还有机会看到中共在重庆出版的《新华日报》《群众》等进步报刊和一些有关共产党和八路军、新四军以及敌后抗日根据地的真实材料。韩练成早年在西北军亲身受到了共产党人刘伯坚、刘志丹的谆谆教诲，具有强烈的爱国主义和追求进步的思想倾向。当他看到共产党的真实情况后，对国民党政权的黑暗腐败，有了清醒的认识，决心寻找共产党。

韩练成的朋友周士观，是宁夏籍的国民参政会参政员，倾向进步，同周恩来、董必武等人多有接触。韩练成向周士观表示了对共产党仰慕的心情。周士观向周恩来转达了韩的愿望。为避开国民党特务，1943年，周恩来在周士观弟弟的一幢不为人注意的破旧小楼秘密会见了韩练成。

韩练成向周恩来表达了对共产党的敬仰，谈了自己在西北军时和党的关系，谈了自己和蒋介石、桂系的渊源，谈了他所了解的蒋介石投降、反共活动的内幕，还谈到桂系是一个地域性极强的封建性小集团，虽然反蒋，但同蒋介石在反共反人民上又是一致的。他对进入桂系表示后悔。

周恩来向韩练成解释了共产党的统一战线政策，强调目前的中心任务是抗战，团结国民党和全国人民一同打败日本侵略者。

韩练成表示："国民党如此腐败，我却受到蒋介石信任并在他身边工作，我要背黑锅了。"周恩来安慰了韩练成，希望他能理解，认准一个目标奋斗到底。

后来，韩练成又先后秘密会见了董必武、王若飞、李克农等，其中和王若飞会见的次数最多，从而加深了和共产党的关系。

1945年2月，韩练成被任命为桂系主力第四十六军军长，曾率部攻打广东廉江，歼灭日军一个联队。

抗战胜利后，韩练成被任命为海南岛防卫司令官。1946年冬，韩练成奉命率四十六军由海路到山东参加内战。部队行进途中，韩练成在上海见到了董必武，与董商妥应对办法。

中共中央华东局接到了党中央发来的密电,说四十六军军长曾去上海找过董必武,有起义之可能,望速派大员前往联系。

华东军区在先后派出政治部联络科长陈子谷和民运部部长魏文伯联系后,经陈毅拍板,决定派华东军区政治部主任舒同去同韩练成商谈。

1947年1月2日,舒同以韩军长的老朋友的身份抵达位于平度县城的四十六军军部。陪同前往的是胶东军区政治部联络科长杨斯德。

韩练成向舒同表示,愿意尽一切可能协助解放军,但由于自己在四十六军没有可靠的班子,战场起义难以做到。舒同和韩练成商谈后达成以下协议:

(1)双方建立正式关系;

(2)由华东局派出两名联络人员常驻韩练成处,韩保证其安全,并提供活动条件;

(3)韩及时向华东局提供军事情报;

(4)目前四十六军暂不积极活动,在驻地十里以内为双方非武装地区,解放军不袭击韩部;

(5)四十六军在兰底(镇)及其附近驻一个师,以便于联络。

1月11日,舒同返回华东局。华东局随即派出杨斯德和胶东军区政治部联络科副科长解魁前往四十六军军部。杨斯德化名李一明,解魁化名刘质彬。韩练成任命杨斯德为秘书,解魁为谍报员,并发给了相应证件。

战役发起前,按照事先商定,韩练成在杨斯德、解魁的保护下离开指挥位置,只带了一个卫士排,藏入一个地堡。但前线的解放军战士不知就里,将韩练成、杨斯德、解魁及卫士排统统解除了武装,当作俘虏对待。

后来,陈毅专程看望并宴请了韩练成,转达了党中央和周恩来对韩的慰问,并询问韩是去中央还是留在华东工作。韩说:"去南京,相信还可以为共产党再做些工作。"并要求陈毅派一可靠干部随同前往。华东局派敌工部干部张保祥掩护韩练成前往南京。

至于回南京后如何向蒋介石交代,韩练成和舒同、杨斯德等设计了一套说辞:韩练成早年在山东驻军时,和山东的一个小军阀王汉卿等七人义结金兰。王年岁居长为大哥,韩排行第七。莱芜战役中部队被打散,韩化了装,巧妙地躲过共军追捕,潜逃到济宁县王汉卿的老家王家楼村。王汉卿已去世,王大嫂古道热肠,收留了韩。藏匿多日后,王大嫂又将韩偷偷送走,并将最小的儿子托韩带回南京谋个差事。这个"小儿子"就由张保祥充当。

张保祥时年22岁,13岁参加了八路军,已有近十年的敌军工作经验,加之长相年轻，为人机灵，跟随韩练成回南京后，口口声声称呼韩为"七叔"，称韩妻汪啸耘为"七婶"，一直没有暴露身份。

蒋介石得知韩练成"从匪区脱险归来"，很快召见，不但未予斥责，反而极为体贴地百般安慰。韩将事先设计好的"脱险经过"向蒋介石做了汇报，并将撰写的一份《鲁中战场回忆录》呈送给蒋。蒋介石不仅深信不疑，还当面夸奖说："别人在战役中束手就擒，唯独你能只身突出重围归来，实属难能可贵！"蒋称赞韩为"独胆英雄"，命令将韩的回忆录冠以《鲁中匪区脱险记》，在报纸上发表，借以鼓舞士气。①

据曾任韩练成军部机要参谋的杨世杰回忆："根据一九二师师长段希文（此人现在泰国北部清莱府，国民党残部第五军军长）后来对我讲，他们这一批军、师长级在军官团学习时，听说，在韩练成未作汇报前，他们准备轰韩练成下台，请蒋介石追究他失败的责任。不料，他能言善辩，三句开场白：'莱芜败兵之将，全军覆灭，四十六军军长韩练成报告。'认为他能承认错误，所以才不轰他，静听他的全部发言，认为他言之有理，失败的责任不在他，而在陈诚。"②

但是，杨斯德获悉是小型的会议。他说："大概是4月中旬的一天，蒋介石召集陈诚、白崇禧等人开了一个小型检讨会，韩练成也被召去参加。韩与白在会上大肆攻击陈诚，认为李仙洲集团被歼，主要是陈诚指挥失误所致。韩练成还具体分析了鲁中战场失利的原因，认为陈诚错估敌情，指挥失策，被解放军派一部佯攻兖州，在运河上架桥所迷惑，把共军主力北上说成是败溃，令李仙洲孤军南下，陷入重重包围。其后，陈又处置不当，救援不力。韩练成的发言是进一步做出的对'党国'孝（效）忠的姿态，以图再次获得蒋介石、李宗仁、白崇禧等人的信任和重用。蒋介石认为韩练成的分析和意见很有道理，在作结论时说：'一切由我负责，但辞修（陈诚字）也不能辞其指挥不当之责。'"③

究竟是有军师长参加的军官团的会，还是小型检讨会，还是两个会都开了，笔者无法确定。但是，毋庸置疑的是韩练成在蒋介石那里过了关。

4月16日，蒋介石在《国军必胜的原因与剿匪战术的改进》的演讲中还夸奖韩练成："从莱芜带了一百余人，在敌人的后方横行五六百里，历时十余日，最后安抵青岛……如果共匪真的厉害，韩师长又何能以这样薄弱的兵力横行

---

① 参看杨斯德：《历史使命：共和国将军杨斯德回忆录》第53～57页，华艺出版社2006年版，夏继诚：《解密：开国中将"隐形将军"韩练成的真实人生》，《党史博鉴》2012年第12期第42页。

② 杨世杰：《韩练成军长在莱芜战役前后》，《文史资料存稿选编·全面内战（上）》第575页，中国文史出版社2002年版。

③ 杨斯德：《历史使命：共和国将军杨斯德回忆录》第57～58页，华艺出版社2006年版。

于这样广大的匪区?"①

但是,韩练成在潜伏中并未有更大的作为,这是因为华野有一个团级干部被国民党军俘虏后招供:在莱芜战役中,韩同陈毅有秘密来往。尽管当时蒋介石并不相信,但韩的处境已经岌岌可危。

1948年年初,韩练成被任命为甘肃省保安司令。离开南京前,他派张保祥秘密返回山东,向中共中央华东局做了汇报。

1948年7月,华东局统战部长胡立教交代张保祥说:"韩练成来了电报,要你马上回去。你的任务还是和上次一样,到南京韩练成家进行联络,一切听从他的指派。你不要和南京地下党发生任何关系,我们会直接派人与你联系。"

韩练成从兰州回南京探亲,张保祥陪同韩妻汪啸耘到机场迎接。韩悄悄告诉张保祥:"你准备随我去兰州,见机行事,家眷仍暂时留南京。"

国民党特务机关一直紧盯着韩练成。一天,中统头子叶秀峰到韩家看望。叶秀峰走后,韩练成对张保祥说:"此人还是来问莱芜失败的事。看来,他们还是在背后大做文章,要置我于死地。"韩叮嘱张要多注意周围动静,保护好家人的安全,他一个人去兰州工作。

不久,韩练成获悉,那一个被俘的团级干部将要被押解到南京,知道自己即将暴露,便于1948年10月30日从兰州悄悄回到南京。当晚,张保祥秘密掩护韩练成乘火车到上海,由周士观安排,很快把他送往香港。周士观、汪啸耘和韩练成的一子一女以及张保祥也安抵香港。

随后韩练成由香港乘船出发,准备去西柏坡。当时有许多民主人士和在香港工作的共产党员北上,准备迎接新中国的诞生。

据胡绳回忆,他也是那时从香港乘船回来的。当他经大连乘船到山东时,同行的有原在香港的党务工作者连贯、历史学家翦伯赞、政论家宦乡,这都是熟人,还有一位他过去不认识的,大家叫他老张。

胡绳回忆,这位老张"中等身材,黝黑的皮肤,陕西口音。踏上去山东的快艇时,他穿着一套解放军的冬装,外披一件羊皮军大衣。显然,这是他到大连后装备起来的"。

登岸后,大家坐着敞篷卡车,从文登、莱阳、青州一路到济南。到济南后,老张对大家说:"在北方,济南的澡堂要算最好的,它天一亮就开张。所以我们可以到那里去洗澡睡觉。"胡绳回忆:"事实证明他的建议完全正确。我在澡堂

---

① 秦孝仪主编:《先总统蒋公思想言论总集》卷二十二第64页,台北中国国民党中央委员会党史委员会1984年版。

里睡了几个月来不曾有过的好觉。"

离开济南前,老张建议上街走走。胡绳回忆:"我对济南完全陌生,也没有请人做向导,实际上完全凭老张领路,想怎么走就怎么走,从大街进入小巷,甚至进入很深的巷子。看到我疑惑的样子,老张说:'不要紧,我认识路。'在一个深巷里,有一家座上空空的小酒馆。老张说:'在这里休息一下。'坐下来后,老张不断地往巷子对面的高墙张望。这显然是一个大院子的后墙。终于老张悄悄对我说:'我前年就住在这里面。'"

谜底揭开了。这位老张就是韩练成。

到西柏坡后,有一次周恩来问胡绳:"是不是韩练成向你说过他已经是共产党员?"胡绳回答:"他并没有明白地说,不过他讲话的口气使我这样以为。"胡绳在文章中写道:"周笑了,他说:'韩练成向我作了检讨,他说他在胡绳面前说了谎,把自己说成已经是个共产党员。'说完这话,周恩来发出了他惯有的爽朗笑声。周恩来没有再说什么。我想,韩练成之所以要作这样的检讨,恐怕是为了想说出他希望加入中国共产党的意愿。"[①]

胡绳的分析完全正确。周恩来在同韩练成谈话时,听取了韩练成的汇报,谈话中批评韩在莱芜战役后不该冒险去南京,应留在华东工作或回到中央。对韩练成的入党问题,周恩来要他和李克农谈,并说:"如果需要的话,要克农把材料交我。"

1949年9月,韩练成被任命为兰州市军事管制委员会副主任。1950年2月,任西北军区副参谋长。5月,经西北军区兼第一野战军参谋长张宗逊和政治部主任甘泗淇介绍,韩练成加入了中国共产党。后来,韩练成历任兰州军区第一副司令员、训练总监部军事科学和条令部副部长、解放军军事科学院战史研究部长、甘肃省副省长。1955年被授予中将军衔和一级解放勋章。他是第一、第二届国防委员会委员,第五届全国政协常委。1984年2月27日,在北京病逝。

[①] 参看胡绳:《忆韩练成将军》,《百年潮》1997年第2期。

14. 蒋介石最看重的整编第七十四师是如何落入陈、粟包围圈的？

在解放战争初期,有一些国民党军将领,由于骄傲轻敌,孤军冒进,所率部队被解放军歼灭。例如,在定陶战役中的整编第三师师长赵锡田、在宿北战役中的整编第六十九师师长戴之岳,都犯了这个错误,前者被俘,后者自杀。那么国民党的主力、蒋介石最看重的整编第七十四师师长张灵甫是否会重蹈他们的覆辙呢？

张灵甫与共产党的军队作战可谓老油子了。红军时代他就没少打红军。抗日战争期间,他屡立战功,堪称抗日英雄,在国民党军队中有"常胜将军"的美号。抗战胜利后,第七十四军空运到南京接受日军投降,并担任南京的守备,被称为御林军。1946年5月,改称整编第七十四师,张灵甫任师长兼南京警备司令。

整编第七十四师下辖3旅6团,美械装备,全师由美军顾问培训。

1946年秋,蒋介石将这一支看家护院的王牌军投入苏北战场,进占六合、天长,再占淮安、淮阴。10月下旬进攻涟水,碰了钉子,被歼6000余人,尝到了华野铁拳头的厉害,骄横之气有所收敛。但是,他在沂蒙山竟也步戴之奇的后尘,陷入解放军的包围。这是否由于骄傲轻敌、孤军冒进呢？回答是,骄傲轻敌或有之,孤军冒进则未必。当时,蒋介石采取的是中央突破的战术,张灵甫这个主力担负突破的任务,他的位置稍稍前出是自然的事。但是令蒋介石、顾祝同、汤恩伯和张灵甫没有料到的是解放军竟然首先拿他开刀。

1947年2月26日,莱芜战役结束后的第四天,蒋介石在南京军事将领会议上说:"我想现在关内的匪军,虽以陈毅一股最为顽强,但我们如果能够不顾一切,集中兵力,首先来对付这股匪军,现在还来得及。如果我们再像过去一样,不听统帅的命令,各自为政,任其东奔西突,各个击破,则二三个月以后,你们大家都要死无葬身之地！因为陈毅组织民众的技术、训练军队的能力和其作战的灵活,我们前方的高级将领中,可以说很少人能够和他相比。他过去唯一的欠缺就是没有重武器,所以我们的部队虽不长于野战,但凭借工事还可以固守！现在他在向城和莱芜得到我们这许多重武器,如果我们不能在他重武器训练完成（两个月到三个月）以前，将他包围歼灭，那他的势力日益增加，我们无险可守，不仅山东将非我有，就是已经收复的苏北，亦将重变匪区！所以我这几天，时时刻刻在研究如何剿灭陈毅这股匪军的办法。"①

为此，蒋介石撤销了由薛岳和刘峙分别任主任的徐州和郑州绥靖公署，由陆军总司令顾祝同在徐州组成陆军总司令部徐州司令部，统一指挥原徐州和郑州两个绥靖公署的部队。对此，粟裕评论道："根据我们了解，薛岳用兵尚机敏果断，而顾祝同则历来是我军手下的败将，这无异以庸才代替才干。在高级军事指挥人员的更迭上，正象征着国民党的日暮途穷，最后必然会走向崩溃。"②

顾祝同上任后，集中24个整编师，50余万人，除以7个整编师约20万人担任重要的点线的守备和对突击兵团的策应外，集中17个整编师约25万人，以"五大王牌"中的整编第七十四师、整编第十一师和第五军为骨干，组成第一、二、三机动兵团，分别由汤恩伯、王敬久、欧震担任司令官，采取密集靠拢、加强维系、稳扎稳打、逐步推进的战法，由南向北、由西向东向沂蒙山区推进。汤恩伯兵团由临沂向北，欧震兵团由泗水向东北，王敬久兵团由泰安向东，对华野主力形成弧形攻势。

从4月初到5月初，陈、粟指挥华野10个纵队，利用在老根据地内作战的有利条件，同国民党军在鲁南周旋，打得赢就打，打不赢就走，时南时北，忽东忽西。陈毅把这种办法比作耍龙灯。我军挥舞着彩球逗引，国民党军像长龙一样随着彩球来回盘旋，疲于奔命。

但是，由于国民党军始终集聚，很难找到有利战机，除4月下旬围歼泰安的整编第七十二师外，没有更多歼敌。一些指战员编了顺口溜："陈司令的电报嗒嗒嗒，小兵们的脚板嚓嚓嚓。"

陈、粟听到后解释说："我们的电报不嗒嗒嗒，战士们的脚板不嚓嚓嚓，怎么能调动敌人呢？我们就是要用耍龙灯的办法拖垮敌人，寻找战机。"③

为进一步调动敌人，陈、粟打算以两个纵队南下鲁南，一个纵队南下苏北，吸引敌人回师或分兵，以便在运动中歼敌。

---

① 秦孝仪主编：《先总统蒋公思想言论总集》卷二十二第31~32页，台北中国国民党中央委员会党史委员会1984年版。
② 《粟裕文选》第二卷第274页，军事科学出版社2004年版。
③ 《粟裕传》编写组：《粟裕传》第595页，当代中国出版社2000年版。

3日,陈、粟将此想法电告中央军委。

4日,毛泽东为中央军委起草复电:

> 敌军不好打,忍耐待机,处置甚妥。只要有耐心,总有歼敌机会。你们后方移至胶东、渤海①,胶济路以南广大地区均可诱敌深入,让敌占领莱芜、沂水、莒县,陷于极端困境,然后歼击,并不为迟。惟(一)要有极大忍耐心;(二)要掌握最大兵力;(三)不要过早惊动敌人后方。因此,请考虑一六两纵是否暂缓南下为宜,因南下过早,敌可能惊退,尔后难于击歼。但一切由你们自己决定。②

看看,毛泽东在电报中只讲了用兵的原则,却把决策权下放给了陈、粟。这与蒋介石后来对此战的指挥形成了鲜明的对照。

遵照中央军委指示,陈、粟立即取消七纵南下苏北和一纵去鲁南的计划,命令在新泰以西的六纵南移至平邑以南地区,隐蔽待命。华野主力则后退一步,集结于莱芜、新泰、蒙阴以东地区待机。对六纵这一部署似乎是闲棋冷子,但后来却成为置张灵甫于死地的奇兵。

华野后退,国民党军就乘机前进,侵占了莱芜、蒙阴、河阳。

华野撤退,再一次使国民党军误以为是败退。据王叔铭日记载,当时国民党获得的情报是华野"损失甚重,刻已北窜""根据各方有力之情报,陈毅有炸死之可能。又朱德最近发布之命令,山东匪区亦无陈毅名字,并以徐向前指挥鲁中战事""陈毅被飞机炸毙事由多方情报证明大有可能"。③蒋介石对此也是将信将疑。他在日记中写道:"如果属实,则今后剿匪时间可以缩短。"但是

---

① "渤海"后无论是《毛泽东年谱(1893—1949)》(修订本)下卷(见第187页,2013年版)还是《毛泽东军事文集》第四卷(见52页)均作顿号,似应为逗号或句号。电报指出,后方移至渤海、胶东。渤海、胶东均在胶济路以北。这两区是安置后方的地区,如同黄河以东的晋绥是安置中共中央后方的地区一样。这两区不是诱敌深入的战场。战场在胶济路以南。电报指出的莱芜、沂水、莒县均在胶济路以南。如果"渤海"后面用顿号,那胶济路以南和胶济路以北的渤海、胶东就没有区别了。渤海和胶东在1947年上半年是华东野战军的后方还有一个旁证。同年9月3日,毛泽东致电陈毅、粟裕:"刘、邓已实行无后方作战,陈、谢亦决心深入敌区,准备与后方隔断。你们的胶东、渤海都成了前线,决不可希望仍有过去一样的接济。"从这一封电报看,毛泽东认为,胶东、渤海过去是后方,但由于战事的演变,现在,即9月3日已经不是后方了。参见中共中央文献研究室编:《毛泽东年谱(1893—1949)》(修订本)下卷第227页,中央文献出版社2013年版。

② 中共中央文献研究室、中国人民解放军军事科学院编:《毛泽东军事文集》第四卷第52页,军事科学出版社、中央文献出版社1993年版。

③ 《王叔铭日记》4月1日、2日,转引自汪朝光:《国共内战初期的山东战场》,《军事历史研究》2015年第2期。

他非常渴望这是真的。他继续写道:"深信上帝有灵,此消息当不子虚,不久必可证其毋妄也。"他期望:"能在莱芜以西地区歼灭陈匪主力,勿令其退窜沂蒙山地,延长鲁战,则万幸矣。"①

5月3日,蒋介石飞到徐州、济南督战,要求各部队封锁公路山口,多备运输车辆,专攻敌之主力,不为游击队所干扰,最后分进合击,予以各个歼灭。他对自己此番下指导棋颇为自信,认为:"莱芜已如期收复,而匪竟向北溃退,彼必以余到济南督导我军向胶济路进展,故其仓皇北撤。默察匪情实已呈举棋不定,惶惑无主之象,陈毅似已毙命乎?"②

在蒋介石督导下,5月10日,汤恩伯兵团的右路第七军和整编第四十八师从河阳北上,占领界湖,有侵犯沂水的模样。陈、粟决定歼灭这一路敌军,但这一路是桂军系统,作战顽强,很难有缴获,而且汤恩伯兵团很可能不来援救,达不到打援的目的,因此,不是理想的作战对象。作战命令下达后,粟裕仍在寻找更合适的战机。

11日,汤恩伯集团的中路整编第七十四师由垛庄经孟良崮西麓向华野指挥部所在地坦埠进发。此时,张灵甫十分骄傲。他对旅长们说:"共军主力不敢和我们作战,山东共军只有向黄河以北逃走一条路了。""旧寨以北至坦埠地区,是共军的老根据地,仓库物资移动困难,顶多不过有几个纵队掩护物资的搬运,七十四师拿下坦埠是没有问题的。只要坦埠拿下了,沂水城不用打就可以进去,胶济线很快就可以打通了。端午节可以到济南去过,和佐公(指王耀武)见面,大家痛痛快快喝几杯了。"③

粟裕高度关注这一动向。当晚,陈、粟获悉汤恩伯兵团以整编第七十四师为中心,以第二十五师和第八十三师分别为左右翼,又以第六十五师保障第二十五师的左侧,以第七军和第四十八师保障第八十三师的右侧,限于12日(后改为14日)占领坦埠。与此同时,王敬久兵团的第五军和欧震兵团的第十一师也由莱芜、新泰东犯。国民党军企图以整编第七十四师主攻,用中央突破的战法寻求同我军决战。

12日,毛泽东为中央军委起草致陈、粟电:"敌五军、十一师、七十四师均已前进,你们需聚精会神选择比较好打之一路,不失时机发起歼击,究打何路最

---

① 《蒋介石日记》4月1日、26日,转引自汪朝光:《国共内战初期的山东战场》,《军事历史研究》2015年第2期。
② 同上,5月3日、8日、10日。
③ 王克己、黎殿臣、陶向春:《张灵甫部孟良崮被歼见闻》,《文史资料存稿选编·全面内战(上)》第624页,中国文史出版社2002年版。

好,由你们当机决策,立付施行,我们不遥制。"①毛泽东所谓的"不遥制",就是不在远方遥控,因为远方的毛泽东毕竟没有前线的陈、粟能更快地了解前线战机的瞬息万变。而众所周知,战争胜负的一个重要条件就是看谁能在最短的时间内抓住战机。毛泽东和中央军委将决策权下放,不仅是表示了对陈、粟的充分信任,更重要的是尊重了战争的规律。在这一点上,习惯于遥制的蒋介石和对蒋介石的指挥唯命是从的国民党军的高级将领常常会因此犯常识性的错误。

此时,粟裕认为,应当迅速将原来进攻第七军和第四十八师的计划改变为割歼整编第七十四师。因为歼灭这个国民党军的王牌师,挫败其进攻计划。可以做到出敌不意,并将给敌人以极大震撼。整编第七十四师已到达我军集结地区的正面,我军无须做大的调整即可在局部对其形成5比1的优势。整编第七十四师是重装备部队,但进入交通不便的山区,机动受到限制,重装备难以发挥作用甚至成为拖累。同时,该师十分骄横,与其他国民党军矛盾很深,它被包围,其他国民党军不会奋力援救。

显然,粟裕对张灵甫与其他国民党将领的关系是认真做过功课的,他知道,在我军奋力阻击下,其他国民党将领不可能拼死援救张灵甫。这就是粟裕打仗聪明的地方,他不仅考虑对方的兵力、装备、地形、指挥和士气等,还要考虑对方将领之间的关系。之前因顾虑汤恩伯不会援救桂军系统的第七军和整编第四十八师而无法打援,故放弃包围这两股敌人是如此考虑;之后又判断其他国民党将领不会救援张灵甫也是如此考虑。

粟裕将上述想法向陈毅汇报后,陈毅立即说:"好!我们就是要有从百万军中取上将首级的气概!"②决心下定后,参谋们立即或骑车、或骑马、或跑步通知距离较近的第一、四、八、九纵队和特种兵纵队领导来野司接受任务;同时给第二、三、六、七、十纵队发出围歼整编第七十四师的行动命令。

13日上午11时,整编第七十四师的先头部队一五一团攻占坦埠以南七八里的马山。张灵甫获悉后立即给汤恩伯打电话说:"在14日上午一定攻克坦埠,请汤司令14日上午来第一线观战。"他还吩咐一五一团副团长王克己准备好请汤恩伯观战的瞭望所。③

---

① 中共中央文献研究室编:《毛泽东年谱(1893—1949)》(修订本)下卷第190页,中央文献出版社2013年版。
② 王德:《华东战场参谋笔记》第91页,上海文艺出版社1996年版。
③ 王克己、黎殿臣、陶向春:《张灵甫部孟良崮被歼见闻》,《文史资料存稿选编·全面内战(上)》第626页,中国文史出版社2002年版。

13日晚,华野各纵队开始行动,第四、第九纵队全力抗击向坦埠进攻的整编第七十四师,堵住他的前进道路。在敌后隐蔽的第六纵队这一支奇兵在第一纵队配合下攻占垛庄,堵住整编第七十四师的退路。第一、八纵队以小部队向左右两翼的整编第二十五师和整编第八十三师出击,使其不能判别我军矛头所向,而以主力第八纵队和第一纵队分别向整编第七十四师东西两侧纵深猛插,切断其与左右两翼的联系,把它从百万军中剜出来。

如何剜?

且看一纵司令员叶飞的回忆:

5月13日黄昏,战斗开始。我赶到老鼠峪子,督促二师、独立师前进。我一纵部队开进时,敌整七十四师也正在向孟良崮开进、收缩。由于两军过于靠近,我亲眼看到山地敌军的运动。敌人在山岗,我军在山坡,我知道他们是敌军,敌军却以为我军是友邻整二十五师,不吆喝口令,不打枪。当时暮霭浓重,视线不清。这时机是稍纵即逝的,决不能有一丝一毫的犹豫。如果犹豫了,部队停下来,敌人就会发觉是"共军",火力一压,处境就十分危险。

此时,张灵甫已经发现华野大军围了上来,不得不向孟良崮一带收缩,同山下的一纵同时向南走。于是,叶飞决定他走他的,我走我的,传令部队继续前进。他回忆道:

这时候,谭启龙副政委从第二师给我打电话,他说:"第二师师长刘飞报告,他把第六团一个营带了进来,其余部队到重山山口,遭到宫庄敌人阻击,加上空中和地面炮火的阻击,进来不得。"这个节骨眼上,部队怎么能停下来呢?我在电话上下了个死命令:"不理敌人,继续前进!"以后刘飞同志向我报告:"把整二十五师的阻击部队打垮了!第四团、第五团和独立师都带进来了。"①

把整编第七十四师剜出来后,第二、三、七、一纵队分别在左右两侧阻击援军。至15日清晨,完成对整编第七十四师的包围。

张灵甫是否因为孤军冒进陷入华野的包围圈呢?

---

① 《叶飞回忆录》第431页,解放军出版社1988年版。

粟裕在他的回忆录中指出：

> 在后来的若干材料中,把我军捕捉孟良崮战机,说成是敌整编第74师孤军冒进,送上门来的。这种说法是不符合战场实际的,既没有反映敌军的作战企图和动向,也没有反映我军的预见和战役决策。由于敌人拟对我实施中央突破,敌第74师势必稍形突出,但在战役发起前敌两翼部队距第74师仅四至六公里。①

因此,包围整编第七十四师的态势不是由于整编第七十四师孤军冒进形成的,而是华野把它从敌军中剜出来的。用陈毅所说的"百万军中取上将首级"更加妥帖。

华野将整编七十四师包围后,蒋介石的表现一惊一乍,忽忧忽喜。14日,他在日记中对整编第七十四师被围十分忧虑,由此埋怨顾祝同。他写道:"顾总司令先攻莒县不攻沂水,使我进攻坦埠之第七十四师孤立被围,其指导错误,殊乏常识,其愚拙不可恕谅,以致本晨匪部乘隙全力反攻,使坦埠之役功败垂成……然已纠正无及,虽加痛斥,亦无补益。"②但是,当整编第七十四师退入孟良崮后,蒋介石又转忧为喜,其情绪如同快速上升的过山车。15日,他在日记中写道:"幸该师已于昨日安全撤退,在孟良崮布置阵地,未为匪所算,此次匪果被我强制,其不能不与我决战形势之下,如我各部队能把握此唯一良机,必可予以致命之打击。"③

此时顾祝同和张灵甫也没有慌张。当时的态势是华野以5个纵队包围七十四师,但国民党军又以10个整编师包围着准备歼灭七十四师的华野,鹿死谁手尚未可知。

据参与总攻孟良崮的九纵司令员许世友回忆:"孟良崮及其周围山头,方圆不过数里,全是清一色的石头山。山峰陡峭,怪石耸立,草木稀疏。敌七十四师近四万人马麇集于山上,饥无食,渴无饮,工事无法构筑,人马无处隐蔽,处境极为狼狈。我军指战员们嘲弄地说:'瞧瞧蒋介石、陈诚的"天才"指挥吧,又下了一着死棋!''张灵甫呀张灵甫,这一下要演一出"马谡失街亭"了。'"④

---

① 《粟裕战争回忆录》第498页,解放军出版社1988年版。
② 《蒋介石日记》,1947年5月14日,转引自蒋永敬、刘维开:《蒋介石与国共和战》第139页,山西人民出版社2013年版。
③ 转引自蒋永敬、刘维开:《蒋介石与国共和战》第139页,山西人民出版社2013年版。
④ 《许世友回忆录》第476~477页,解放军出版社1986年版。

张灵甫当马谡也是出于无奈。因为在华野重兵包围下如果停留在山沟里，失败将会更快。

5月15日下午1时，华野对七十四师发起总攻。七十四师居高临下拼死抵抗，华野仰攻，伤亡不小。

蒋介石认为，整编第七十四师战斗力强，又处在居高临下的高地，易守难攻，附近有强大的增援兵力，正是同华野决战的时机。于是他一面命令张灵甫凭坚固守，以吸住华野；一面急令在桃圩的第二十五师、青驼寺的第八十三师、新泰的第十一师、蒙阴的第六十五师、河阳的第七军及第四十八师火速向七十四师靠拢；又令在莱芜的第五军南下，在鲁南的第二十师、第六十四师赶往垛庄；青驼寺的第九师向蒙阴增援，并发出手令电："山东共匪主力，今晚向我军倾巢出犯，此为我军歼灭共匪完成革命之唯一良机。凡我全体将士，应竭尽全力，把握此一战机，万众一心，共同一致，密切联系，协力迈进，各向当面之敌猛攻，务期歼灭共匪，发扬光荣伟大战绩，以告慰总理及阵亡将士在天之灵。如有萎靡犹豫，逡巡不前，或赴援不力，中途□□以致友军危亡，致使匪军漏网逃脱者，定以畏匪避战，纵匪害国，贻误战局，严究论罪不贷。希各奋勉，勿误。"①

看了蒋介石的电报，我们不知说什么才好，他不仅仅是越级指挥，置前线指挥于不顾，而且还很喜欢在电报中用诸如"严惩不贷"之类的词，足见他对下属的极端不信任。反观毛泽东的电报，从来没有使用过类似"严惩不贷"之类的极富威胁性的词语。

华野面临的任务一是在国民党军援兵到达之前尽快歼灭七十四师，二是阻击援军，不让其向七十四师靠拢。

当时国民党大部分援军距离整编第七十四师有一二日行程，最近的整编第二十五师和整编第八十三师距离整编第七十四师只有五公里左右。西面的整编第二十五师虽尽力向东，但在阻援部队抗击下是寸步难行。东面的整编第八十三师师长李天霞增援时只派整编十九旅第五十七团团附带了一个连携带一部报话机，冒充旅的番号，在沂水两岸转悠，以应付差事。

在蒋介石严令督促之下，李天霞何以敢于顶风抗命？这就要说到李天霞和王耀武以及张灵甫的关系。李天霞和王耀武是黄埔第三期同学。毕业后，王到部队，李天霞留校。黄埔第五期毕业后，李打报告要求下部队，获批准后便到王耀武任营长的第二十二师四团二营任连长。此后，王耀武每升一级，李

---

① 《（国民党军）一兵团孟良崮战役战斗详报》，中共山东省委党史资料征集研究委员会，临沂地委党史资料征集委员编：《孟良崮战役》第428～429页，山东人民出版社1987年版。

天霞便接任王耀武的职务。当王耀武任第七十四军军长时,李天霞便接任该军第五十一师师长。1937年10月,黄埔第四期毕业的张灵甫调到第五十一师第一五三旅三〇五团任团长,成为李天霞的下级。此后,李天霞狡猾的毛病逐渐暴露。王耀武将李天霞调任第一〇〇军军长,而任命张灵甫为第七十四军副军长,1946年又升任军长。李天霞认为自己离开第七十四军是被张排挤;同时,他还无端怀疑张灵甫同自己的情妇有染,因此对张怀恨在心。[①]

据整编第八十三师第五十七团团长罗文浪回忆,内战爆发后,第一〇〇军改编为整编第八十三师,第七十四军改称整编第七十四师。此时李天霞、张灵甫都希望能升任整编第五军军长,张灵甫在南京走了俞济时的门路。俞是第七十四军第一任军长,又是蒋介石的同乡、亲信,当时任总统府第三局局长,掌握特务,权力很大。俞济时希望能继续掌控整编第七十四师,于是保举张灵甫为整编第五军军长,而准备让整编第七十四师副师长蔡仁杰接替张的师长职务。据说命令已经签订,只等攻下蒙阴,即予公布。李天霞没有当上整编第五军军长,对张灵甫更是恨之入骨。[②]

当然,李天霞有恃无恐还有一个更重要的原因,就是他自认为在国民党军中钱能通神,用黄金和票子可以攻无不克、战无不胜。他后来被押送到徐州"剿总"军法处审判,花了几十根金条,得以被宣告无罪。半年后又被任命为整编第七十三师师长。不过,能够靠黄金和票子解决问题,也得有个前提,那就是在官职任上必须能贪,否则光靠那点薪金是办不成事的。需要指出的是,这种做法在国民党内早已成为"潜规则",本不值得大惊小怪,倒是李天霞其人在抗日战争中曾与张灵甫并肩作战、密切协同,为什么在打内战的时候却不能互相配合,这才真值得回味。

现在我们还是回到孟良崮战场。16日,各路援军仍迟迟不进。兵团司令汤恩伯致电各部:"张灵甫师连日固守孟良崮,孤军苦战,处境艰危,我奉命应援各部队,务须以果敢之行动,不顾一切,星夜进击,破匪军之包围,救袍泽于危困,以发扬我革命军亲爱精诚之无上武德与光荣。岂有徘徊不前,见危不救者,绝非我同胞所忍,亦恩伯所不忍言也。"[③]

张灵甫也给蒋介石发电报:"职师进蒙阴后,匪乘我立足未稳,大部集结,期歼我于主力分散之时。幸我占取山地,集结迅速,未为所乘。惟追剿以来,

---

[①] 参看薛峰:《见死不救的国军将领李天霞》,《旧闻新知》2010年第6期。
[②] 参看罗文浪:《孟良崮战役回忆》,《文史资料选辑》第十八辑第44~45页。
[③] 《(国民党军)一兵团孟良崮战役战斗详报》,中共山东省委党史资料征集研究委员会、临沂地委党史资料征集委员会编:《孟良崮战役》第427页,山东人民出版社1987年版。

职每感作战成效,难满人意。目睹岁月蹉跎,坐视奸匪长大,不能积极予以彻底性打击。以国军表现于战场者,勇者任其自进,怯者听其裹足,牺牲者牺牲而已,机巧者自为得志,赏难尽明,罚每欠当,彼此多存观望,难得合作,各自为谋,同床异梦。匪能进退飘忽,来去自如,我则一进一退,俱多牵制。匪诚无可畏,可畏者我将领意志之不能统一耳! 窃以若不急谋改善,将不足以言剿匪也。职秉性憨直,故敢以肤浅之虞,披沥上陈,伏乞俯赐训示。"①

此时,解放军全线发起对孟良崮的总攻。猛烈的炮火炸得山石乱飞。一颗炮弹落地开花,弹片夹杂着炸起的石头片,一弹变成多弹。而国民党军由于密集拥挤,往往死伤就是一大片。

16日下午,六纵特务团指战员冲到张灵甫负隅顽抗的山洞口,向内开枪。入洞后,张灵甫、蔡仁杰等已被击毙。②

此时,各部纷纷报告战果,粟裕计算,整编第七十四师还缺7000人,没有下落,命令重新搜索,在一条山沟里发现了这一股企图逃窜的敌人,华野立即兜剿,予以全歼。此战共割歼整编第七十四师全部及整编第八十三师一个团共3.2万人。华野伤亡1.2万人。

5月22日,毛泽东为中央军委起草致陈、粟等华东军区领导人:"歼灭七十四师,付出代价较多,但意义极大,证明在现地区作战,只要不性急,不分兵,是能够用各个歼击方法打破敌人进攻,取得决定胜利。"③

七十四师被歼,使蒋介石的情绪迅速跌落到低谷,对此,他痛心疾首。他说:"孟良崮的失败,是我军剿匪以来最可痛心最可惋惜的一件事。""真是空前

---

① 秦孝仪主编:《先总统蒋公思想言论总集》卷二十二第143~144页,台北中国国民党中央委员会党史委员会1984年版。

② 张灵甫是被击毙还是自杀,有不同的说法。1947年5月29日,陈毅在华东野战军团以上干部会议上说:"张灵甫是我们杀的,报告说是自杀的,我们便骗了党中央、毛主席、朱总司令。"《陈毅军事文选》编者对此注释:"张灵甫是我们杀的,指一九四七年五月十六日,华东野战军第六纵队特务团一部,由副团长何凤山率领冲至孟良崮山上致整编第七十四师指挥所隐蔽的山洞口,向洞内开枪,敌师长张灵甫等被击毙。由于当时野战军指挥部提出的口号是'冲上孟良崮,活捉张灵甫',故假报了张灵甫是自杀的。"(《陈毅军事文选》,解放军出版社1996年版,第387、400页)但时任国民党军整编第七十四师辎重团团长黄政于1979年回忆说:"整编第七十四师被解放军优势兵团围攻,鏖战3天2夜,官兵死伤惨重。""这时整编七十四师官兵伤亡惨重,阵地多处被解放军突破。在这危急情况下,张灵甫给蒋介石发了最后一封电报说:'我师与数倍于我之敌血战两昼夜,官兵伤亡殆尽,至此无力再战,为了不辱党国使命,发电后我等集体自杀,以报委座知遇之恩。'集体自杀者共六人,师长张灵甫、副师长蔡仁杰、旅长卢醒、副旅长明灿、团长周少宾、参谋处长刘立梓。刘立梓用卡宾枪将他五人打死,又自杀的。"(黄政:《孟良崮战役整编七十四师被歼经过》,《文史资料存稿选编·全面内战(上)》,中国文史出版社2002年版,第618页)黄政当时并不在张灵甫所在的山洞内,张灵甫是否为刘立梓枪杀,他并非亲见。即便按照他的说法,"张灵甫被击毙"说仍可成立。

③ 中共中央文献研究室、中国人民解放军军事科学院编:《毛泽东军事文集》第四卷第81页,军事科学出版社、中央文献出版社1993年版。

的大损失,能不令人哀痛!""必须等到我们全军一番起死回生的改造之后,乃能作进一步的打算。"①6月初,蒋介石把在沂蒙山区作战的众将领召集到南京军官训练团受训。5日,蒋介石对他们训话。他首先宣读了张灵甫的电报,然后说:"我接到他这封信后,精神上受到无穷的刺激……我这次所以不顾前方军事如何紧急,一定要召集你们在沂蒙山区作战的将领到南京来受训,主要的动机,即由于我读了张师长的这封信,察觉了我们前方军事危机的深重,以及我们高级将领精神道德的堕落。"②

蒋介石还曾发布痛悼张灵甫的敕文,写道:"以我绝对优势之革命武力,竟为劣势乌合之匪众所陷害,其中原因,或以谍报不确,地形不明;或以研究不足,部署错误。则至精神不振,行动萎靡,士气低落,纪律败坏,影响作战力量。然究其最大缺点,厥为各级指挥官有苟且自保之危念,无协同一致之精神,至为匪所制,以致各个击破。"他把失败的原因归咎于"友军应援不力,致招此惨败"。他宣布:"至于当时应援各师,作战不力,除八十三师师长李天霞等已交军法处审判外,并将邻近各师迅即查明责任,以法严处,以昭炯戒。"③

战后,蒋介石撤了汤恩伯的职,整编第八十三师师长李天霞交付军事法庭审判,黄百韬受到撤职留任处分。

据说,汤恩伯心里害怕,借口视察部队,磨磨蹭蹭,一个多月后才到南京。在一个军事会议上,蒋介石一见他就命令他跪下。当着众人的面,汤恩伯只得低头下跪。"浑蛋!饭桶!……"蒋介石想起爱将张灵甫,竟抬脚踢到汤恩伯的脸上。幸亏顾祝同等人上去劝阻,汤恩伯才灰头土脸地滚了出去。

这一仗解放军打赢了。但如果国民党第八十三师师长李天霞和第二十五师师长黄百韬,能够像刘伯承、邓小平宁肯打光了也要坚决执行中央军委千里跃进大别山无后方作战的命令,或者能够像王震在率领八路军南下支队挺进广东敌后根据地无后方作战时将自己的生命置之度外呢?然而,那是不可能的。对此,我们看看对中共抱有很深偏见的魏德迈是怎么说的。

1947年7月22日,美国派遣魏德迈率领的使团访华。一星期后,魏德迈

---

① 蒋介石:《对于匪军战术的研究与军队作战的要领》,1947年5月19日对军官训练团第二期学员的讲话。
② 蒋介石:《国军如何才能完成剿匪救民的任务》,秦孝仪主编:《先总统蒋公思想言论总集》卷二十二第144页,台北中国国民党中央委员会党史委员会1984年版。
③ 中共山东省委党史资料征集研究委员会,临沂地委党史资料征集委员会编:《孟良崮战役》第137页,山东人民出版社1987年版。出处是晋冀鲁豫野战军7月8日攻克郓城后从缴获的国民党军整编第五十五师文件中查获。

送回美国的报告说:

> 我感到中国国民党人在精神上已瓦解。他们不知道他们为什么要去死,要作出牺牲。他们已对他们的政治和军事领导人失去信心,他们预见到彻底垮台。因此,那些在位者就贪污腐化,趁着垮台之前能捞多少是多少。国民党士兵反映了这种态度,根本不愿打仗,他们的反应越来越冷漠而无效能。
>
> 另一方面,我们收到的报告说明共产党的队伍精神极佳,甚至有一种狂热,这当然部分是由于他们最近在军事上的胜利和缴获的战利品。但是,他们的领导人,或者还有许多普通成员都相信他们的事业。[①]

共产党的事业是什么?是为了推翻帝国主义、封建主义和官僚资本主义三座大山,为人民谋解放的共同梦想而战斗,因此解放军各部队之间能密切协同;国民党军的将校是为了升官发财,各部队之间没有共同目标,只能是如张灵甫所说:"各自为谋,同床异梦。"这正是共产党战胜国民党的因素之一。

[①] 转引自资中筠:《美国对华政策的缘起和发展(1945—1950)》第155、156页,重庆出版社1987年版。

15. 出于什么原因毛泽东从保卫延安到主动倡导撤出？

首先需要指出的是,我军并非一开始就准备主动撤出延安。毛泽东按照其力争好的可能性,又做坏的可能性出现的准备的思路,首先是提出保卫延安。

早在1946年10月,国民党军第一战区司令长官胡宗南就加紧准备进攻延安。11月10日,毛泽东获悉胡宗南下令抽调在晋南的四个旅入陕,准备进攻延安,便为中央军委起草致晋冀鲁豫军区第四纵队司令员陈赓和政委谢富治电:"你们到吕梁后看情况,如胡军向延安急进,则你们亦急进;如胡军缓进,则你们可攻占吕梁各县,待命开延。"①

24日,毛泽东获悉胡宗南命整编第一师从陕西禹门口东渡,返回晋西南后,为中央军委起草致陈赓、谢富治电:"务于数日内以迅雷不及掩耳之势,攻占隰县、蒲县、乡宁、吉县、大宁等五县,并准备在蒲县、乡宁地区歼灭整一师可能向我进攻之部队。"②

11月22日至12月12日,陈、谢率第四纵队,在三五九旅、独四旅配合下连克中阳、隰县等城,迫使胡宗南将入陕的整编第一、九十师撤返晋西南,从而粉碎了胡宗南进攻延安的图谋。

但是,情况在不断变化。

从1947年3月起,国民党军由于战线延长,兵力损耗,被迫将全面进攻改为对山东和陕北两解放区的重点进攻。在陕北战场,国民党军集中34个旅25万余人,以胡宗南部20个旅由洛川、宜川一线向北担任主攻;以西北行营副主任马步芳、马鸿奎部12个旅在银川、镇原一线;以第二十二军两个旅在榆林进行钳制,企图围攻延安,摧毁中共中央、中央军委机关和陕甘宁解放区部队,或将其逼过黄河。为配合3月10日在莫斯科召开的四国外长会议,蒋介石命令于3月10日(随后又推迟3天)开始进攻。胡宗南的秘书、中共地下党员熊向

---

① 中共中央文献研究室编:《毛泽东年谱(1893—1949)》(修订本)下卷第149页,中央文献出版社2013年版。

② 同上。

晖迅速将胡宗南进攻延安的计划秘密报送党中央。

此时,人民解放军在陕北只有4个野战旅和2个地方旅共2万余人,同国民党军的兵力对比是10比1。由于兵力过于悬殊,中共中央决定主动撤出延安。

对此,当时有很多干部想不通。中共中央书记处办公室主任师哲去见毛泽东,询问为什么不采取在延安以南大路两侧部署兵力夹击敌人而是轻易放弃延安。

毛泽东对他说:"你的想法不高明,不高明。不应该抵挡他们进占延安。你知道吗? 蒋介石的阿Q精神十足。占领了延安,他就以为自己胜利了。但只要他一占领延安,他就输掉了一切。首先,全国人民以至全世界就都知道了是蒋介石背信弃义,破坏和平,发动内战,祸国殃民,不得人心。这是主要的一面。

"不过,蒋委员长也有自己的想法:只要一占领延安他就可以向全国、全世界宣布:'共匪巢穴'共产党总部已被捣毁,现在只留下股'匪',而他只是在'剿匪',这样,也就可以挡住外来的干预。不过,这只是蒋委员长自己的想法,是他个人的打算,并非公论。但此人的特点就在这里。他只顾想他自己的,而别人在想什么、怎么想的,他一概不管。另外须知,延安既然是一个世界名城,也就是一个沉重的包袱,他既然要背这个包袱,那就让他背上吧。而且话还得说回来,你既然可以打到延安来,我也可以打到南京去,来而不往非礼也嘛!"

毛泽东还问师哲:"你懂得拳击吗? 收回拳头是为了打出去得更有力!"

毛泽东还说:"陕西群众基础好,周旋余地大。他从南门进,我从东门出。"

毛泽东的谈话使师哲豁然开朗。①

对延安的老乡,早在春节拜年时,毛泽东就用更通俗的语言打了招呼。

按照习惯,老乡们来拜年,中共中央机关要请老乡们吃一顿饭。在吃饭时,毛泽东向老乡们说,中央有可能暂时撤出延安。老乡们一听都愣了,一个个放下筷子,凝视着毛泽东。毛泽东看到大家心存疑虑,便耐心地解释说:"譬如有一个人,背了个很重的包袱,包袱里尽是金银财宝,碰见了个拦路打劫的强盗,要抢他的财宝。这个人该怎么办呢? 如果他舍不得暂时扔下包袱,他的手脚很不灵便,跟强盗对打起来,就会打不赢;要是被强盗打死,金银财宝也就丢了。反过来,如果他把包袱一扔,轻装上阵,那就动作灵活,能使出全身武艺

---

① 师哲回忆,李海文整理:《在历史巨人身边》第337~338页,中央文献出版社1991年版。

跟强盗对拼,不但能把强盗打退,还可能把强盗打死,最后也就保住了金银财宝。我们暂时放弃延安,就是把包袱让给敌人背上,使自己打仗来更主动、更灵活,这样就能大量消灭敌人,到了一定的时机,再举行反攻,延安就会重新回到我们的手里。"①

3月18日,毛泽东在撤离延安前接见了参加保卫延安的部分解放军领导干部,对他们说:"我们在延安住了十年,动手挖了窑洞,开荒种了小米,学习了马列主义,培养了一大批干部,指挥抗日战争取得了胜利,领导了全国革命。现在中国、外国都知道有个革命圣地——延安。延安不能不保,但保卫延安不能死保。战争不能只限于一城一地的得失,而主要在于消灭敌人的有生力量。"主席说:"存人失地,人地皆存;存地失人,人地皆失。蒋介石打仗争地盘,要延安,要开庆祝会。我们打仗是要俘虏他的兵,缴获他的武装,消灭他的有生力量。他打他的,我打我的。大路朝天,各走一边。蒋介石占延安,是搬起石头砸自己的脚。等他背上这个很重的包袱,我们再收拾他,他就要倒霉了,等蒋介石算清这笔账,后悔也迟了。"②"敌人要来了,我们准备给他打扫房子。……敌人进延安是握着拳头的。他到了延安,就要把指头伸开,这样就便于我们一个一个切掉它。要告诉同志们,少则一年,多则二年,我们就要回来。我们要以一个延安换取全中国。"③

3月19日,中共中央发出关于我军撤出延安的解释工作的指示,指出:

> 蒋胡急于进攻延安,正表示国民党当前处于极端困难情况之下(军事、经济、政治上有极大困难),是为着振奋人心并借以团结内部所采取的一种行动。我们失去延安虽有某些损失,但中外人民和民主人士,特别是退出临沂、鲁中胜利④之后,不会因为退出延安对我丧失信心。而我们若能将胡敌大部吸引在陕甘宁而加以打击消灭,这正便利其他解放区打击和消灭敌人,恢复失地。⑤

---

① 阎长林:《警卫毛泽东纪事》第30~31页,吉林人民出版社1992年版。
② 《汪东兴日记》第4~5页,中国社会科学出版社1993年版。
③ 中共中央文献研究室编:《毛泽东年谱(1893—1949)》(修订本)下卷第176页,中央文献出版社2013年版。
④ 指华东野战军1947年2月20日至23日进行的莱芜战役。
⑤ 中共中央文献研究室编:《毛泽东年谱(1893—1949)》(修订本)下卷第176页,中央文献出版社2013年版。

同日,国民党军占领延安这一座空城。

3月24日,熊向晖随胡宗南到达延安。

25日,胡宗南去看望毛泽东、朱德、周恩来等的住处。据熊向晖回忆,胡宗南在枣园毛泽东住处发现一张字条,写着:"胡宗南到延安,势成骑虎,进又不能进,退又退不得,奈何!奈何!"胡看后哈哈大笑。

熊向晖解释道:"这是他的习惯。合乎他的心意的,他哈哈大笑;道出他的心病的,他也哈哈大笑。这是我最后一次听到他哈哈大笑。就在这一天,他的精锐部队整三十一旅在青化砭被歼,旅长李纪云被俘。"[1]

---

[1] 熊向晖:《我的情报与外交生涯》第59页,中共党史出版社2006年版。

16. 毛泽东为何事与任弼时发生了多次激烈争论？

胡乔木回忆,中共中央机关撤出延安之后,毛泽东和任弼时两人之间曾发生过三次争论:第一次是3月29日晚上到30日在清涧县枣林子沟,第二次是6月7日在靖边县王家湾(今属安塞县),第三次是8月16日在佳县神泉堡附近。

先说一下党中央机关撤出延安的过程。

3月11日,美军驻延安观察组刚撤出延安7小时,国民党军的飞机就开始轰炸延安。为此,当时蒋介石动用了100多架飞机,占其空军兵力的3/5。[①]

12日,刘少奇、朱德、任弼时和叶剑英率领部分中共中央机关工作人员离开延安转移到瓦窑堡。

17日清晨,国民党军西安绥靖公署前进指挥所主任裴昌会指挥两个整编军15个旅14万人开始向北进攻。国民党军飞机分别从西安、郑州、太原机场起飞,对延安进行45架次大轰炸,共投下59吨炸弹,使延安成为一片火海。

18日,延安党政机关和群众基本上疏散完毕。在延安已经可以听到清晰的炮声。傍晚,毛泽东、周恩来和中央领导机关工作人员的车队离开延安,第二天到达延川县永坪镇刘家渠。这时,毛泽东就主张他和党中央留在陕北。他在送王震回部队时说:"我和你们一起坚持在陕北斗争,不打败胡宗南,决不过黄河。"[②]

3月20日,也就是胡宗南侵占延安的第二天,陕北广播电台发布新华社电讯说:"此次保卫延安,着重于破坏其突然袭击,保证首脑机关的安全转移,现在此项目的已经完满达成。而蒋介石企图在3月10日前窜抵延安的计划已经打破。中国共产党中央机关完好无损,并且仍留陕北,指导全国的爱国自卫战争。"

但是,在延安时,中央书记处的五位书记并未就此问题展开讨论。因此,

[①] 《胡乔木回忆毛泽东》第479页,人民出版社1994年版。
[②] 同上,第481页。

也是在 3 月 20 日,在瓦窑堡的刘少奇、朱德、任弼时致电晋绥军区司令员贺龙和政委李井泉:"决定中央全部先后移到晋绥。""在辛关渡准备少数船只,紧张时供我们从河口渡河之用。"①

3 月 25 日,任弼时起草他和刘少奇、朱德、周恩来联名致在任家山的毛泽东电:"敌正准备北进,我们可能月底或下月初间须东进,有一些问题想和你谈谈。"②

第一次争论

3 月 25 日,毛泽东到达子长县王家坪,和先期到达这里的刘少奇、朱德、任弼时会合,初步讨论了党中央的去向和部署。

28 日继续讨论。29 日凌晨,他们转移到枣林子沟。胡乔木回忆:"一下车连觉也顾不上睡就继续开会,会上发生了激烈的争论,弼时同志主张党中央离开陕北,迁往更加安全的解放区,而毛主席坚决不同意,反复阐述留在陕北的必要和意义。"③

毛泽东在会上说:

我不能走,党中央最好也不走。我走了,党中央走了,蒋介石就会把胡宗南投到其他战场,其他战场就要增加压力。我留在陕北,拖住胡宗南,别的地方能好好地打胜仗。

毛泽东也不同意给陕北再增加部队,他说:

不能再调部队了,陕甘宁地区巴掌大块地方,敌我双方就有几十万军队,群众已经负担不起。再调部队,群众就更负担不起了。④

对于党中央为什么不能离开陕北,杨尚昆回忆:

毛主席说了一句形象的话:中央好比一块招引绿头苍蝇的肉,放

---

① 《任弼时年谱》第 539 页,中央文献出版社 2004 年版。
② 同上,第 539 页。
③ 《胡乔木回忆毛泽东》第 481 页,人民出版社 1994 年版。
④ 毛泽东 1947 年 5 月 26、27 日在中共中央政治局扩大会议上的发言记录,转引自金冲及主编:《周恩来传》第 683 页,人民出版社、中央文献出版社 1989 年版。

110

到哪里,就会引许多苍蝇来叮,可以把人家搞乱。陕北群众条件好,地形好,我们熟悉,可以在这里搞一个战略上的作战方面,钳制敌人的力量。①

这一战略上的方面由两部分组成,一部分是毛泽东、周恩来、任弼时率领的中共中央和中央军委精干的指挥机构,一部分是彭德怀、习仲勋率领的西北野战军。这两部分缺一不可。将毛泽东打的比方再延伸开来说,如果说留在陕北的党中央好比一块招引绿头苍蝇的肉,那西北野战军就好比是苍蝇拍,而胡宗南率领的国民党军就是绿头苍蝇。如果党中央离开陕北,在陕北光剩下西北野战军这一只苍蝇拍,就吸引不住苍蝇,苍蝇就会飞走。如果仅仅是党中央留在陕北,而没有西北野战军,就打不死苍蝇,党中央还有被袭击的危险。

仅有2.6万人的西北野战军加上由800人组成的党中央就可以把胡宗南23万人的大军吸引并消耗在陕北,不使其投入其他战场,这就是这一作战方面的战略作用。

会议最后统一了认识,议定:毛泽东、周恩来、任弼时留在陕北,主持中共中央和中央军委的工作。刘少奇、朱德、董必武东渡黄河,前往华北,担负中央委托的任务。叶剑英、杨尚昆在晋西北地区,负责中央机关的后方工作。

留在陕北的中共中央和中央军委机关工作人员和警卫部队共800人,下辖4个大队和中央警卫团,第一大队为直属大队,包括作战、机要和警卫几个部分,第二大队为侦察情报大队,第三大队是电台分队,第四大队是新华社。中央警卫团,辖三个步兵连和一个骑兵连,约400人②,统归由任弼时(化名史林)任司令员、陆定一(化名郑位)任政委的直属司令部指挥,代号为三支队。毛泽东化名李德胜,周恩来化名胡必成。

对于中共中央留在陕北的战略作用,国民党中的有识之士也有所领悟。4月11日,国民党的陆军大学校长徐永昌在日记中写道:"陕北共党若折回扰胡宗南之后,则可徵其有力。如被迫仅至扰晋,则无能为矣。(吾将以此测中共前途。)"③

也就是说,徐永昌认为,中共中央留在陕北,从而诱使胡宗南部队也留在陕北,遭到不断袭扰,就可以证明中共有力。如果中共被迫过黄河,仅能袭扰

---

① 《杨尚昆回忆录》第239页,中央文献出版社2001年版。
② 张清化:《随中央前委转战陕北》,中国人民解放军历史资料丛书编委会编:《总参谋部·回忆史料》第215页,解放军出版社1995年版。
③ 《徐永昌日记》第八册第399页,台北"中研院近史所"1990年影印本。

晋军,那就"无能为"了。徐永昌将以此预测中共的前途,这充分说明了毛泽东关于党中央留在陕北的巨大的战略作用。

第二次争论

6月7日,国民党军整编第二十九军军长刘戡率四个半旅从西面和南面向三支队驻地王家湾扑来。三支队紧急动员,准备转移。但往哪个方向转移,在毛泽东和任弼时之间再次发生激烈争论。

据胡乔木回忆,当时毛泽东、周恩来、任弼时、陆定一和胡乔木住在两孔半连通的套窑中。毛泽东住左边的一孔,任弼时住右边的半孔,周、陆、胡住中间一孔。

毛泽东和任弼时就三支队往哪个方向转移发生激烈争论。

任弼时主张向东转移。他说:"我军主力现在陇东作战,远水救不了近火,不能调兵来掩护中央。敌军四个半旅两三万人,而我们中央警卫团只有四个半连,才二百多人(原文如此,似应为四百余人。笔者注)。敌人从西面来,如果我们往西走,万一和敌人遭遇怎么办?除了刘戡,西边还有马鸿逵的8个骑兵团。向西回旋余地小,有被敌人包围的危险。越往西,人烟越少,粮食也越困难。因此,往东走比较安全,万不得已还可以东渡黄河。"

毛泽东一听过黄河就来气。他尽量克制地解释,敌人就是估计到彭德怀远在陇东,离我们有几百里,救不了我们,那么,我们只好往东转移。这样他就设下一个圈套,想把我们往东赶。从南面来的敌人想在东面拦击我们,即使消灭不了,也要把我们往黄河边赶,赶过黄河就是他们的胜利。毛泽东说:"黄河是迟早要过的,但现在不是时候。现在向东是绝路,因为这是敌人早已算好了的,就是要我们落入陷阱。"

这时,雷声隆隆,阴云密布,快要下雨了。毛泽东和任弼时争论了近一天。最后由周恩来打圆场说:"可以先向北走一段,然后再向西北转移。"①

晚间,毛泽东率领三支队在如注的大雨中离开住了53天的王家湾,上山往北走。此时夜黑如墨,路滑坡陡,不能骑马。警卫战士们搀扶着,有时得架着毛泽东的胳膊往山上走。一个个浑身淋得湿透。一头驮电台的骡子掉下山摔死了。战士们又下山把电台弄上山。

刘戡往东追,扑了空,又掉头向北追。

---

① 《胡乔木回忆毛泽东》第491页,人民出版社1994年版。

6月9日,三支队转移到靖边县小河村,刚要架电台、做饭,侦察机飞来在低空盘旋,侦察员报告,敌人逼近,距离只有十几里。于是,三支队立即向西北方向转移。此时因为敌人离得很近,队伍不能有一点亮光和声音。入夜,只见南面的山沟里和山头上,国民党军燃起一堆堆篝火,人喊马嘶清晰可闻。

10日凌晨,三支队到达天赐湾。毛泽东说:"敌人如果上山,我们立刻就走;敌人顺沟过去,我们就住下。我估计敌人并没有发现我们,下午可能要退。"果然,下午,国民党军掉头南下,往保安方向走了。毛泽东打开地图给大家解释说:"这里处于胡宗南和马鸿逵防线的接合部。胡、马勾心斗角,各自都想保存实力,削弱对方,所以谁也不想来,让我们钻了空子。"①

6月16日,三支队由天赐湾返回小河村,在此停留45天。

第三次争论

8月1日,毛泽东率代号改为九支队的中央机关大队,离开小河村东进。为把胡宗南继续吸引在陕北,毛泽东有时故意在白天行军。蒋介石获悉毛泽东仍在陕北,于8月7日飞到延安,召开军事会议,决定由董钊和刘戡率领九个半旅"尾追毛泽东"②。

8月16日,九支队到达神泉堡附近,刘戡紧追不舍,距离九支队只有半日行程,而黄河就在面前。真是"前有黄河,后有追兵"。据胡乔木回忆:"这时,不但原先主张过河的弼时同志,就是原先不赞成过河的恩来同志,也不能不劝说毛主席过河暂避一时,以保证党中央的安全。恩来同志甚至说:'等打了胜仗,我们再过河来,兵不厌诈嘛。'毛主席还是坚决不同意过河,但他却命令西北局机关和伤病员东渡黄河以确保安全。这样,九支队又沿黄河边北上。行军途中,恩来同志因劳累过度而病倒,经大家劝说才上了担架。

"8月17日,刘戡军扑向黄河边上,但扑了个空。于是分几路向佳县、神泉堡等地尾追,咄咄逼人地向我党中央所处的位置进逼,使'九支队'处在极端危险之中。"③

"8月18日,"胡乔木回忆,"刘戡和钟松两支大军愈加靠拢,将我党中央夹在当中,就像两块大石头中间的一条缝,已经可以清楚地听到枪声。九支队

---

① 《胡乔木回忆毛泽东》第492页,人民出版社1994年版。
② 同上,第498页。
③ 同上,第499页。

又出发了。中央警备团大部留在山上,准备阻击敌人。山洪暴发,奔腾的佳芦河拦住了九支队的去路。在这万分危急的关头,恩来、弼时同志亲自指挥战士和老乡们架设浮桥。毛主席若无其事地坐在河边一块大石头上,拿着铅笔专心致志地批阅电报。木桥架好后,恩来同志在桥上来回走了两趟,才让毛主席过河。可毛主席却要机要人员把电台、文件先运过河,然后他才慢腾腾地走过桥去。人刚过河不久,雷雨大作,桥被洪水冲垮了。九支队在大雨中行军,在电闪雷鸣中默默前进。"①

总的来说,毛泽东率领中央机关大队数百人留在陕北,承担着风险。但是正如3月27日毛泽东为中共中央起草致贺龙、李井泉电所说:"中央率数百人在陕北不动,这里人民、地势均好,甚为安全。"②

由于人民好,中央机关大队行动有向导,能随时从群众那里获得敌人动态的信息;而敌人则由于群众坚壁清野、封锁消息,到根据地后变成了聋子、瞎子。由于地势好,有时中央机关大队和敌人只隔一座山,但"隔了一座山,就像隔了一个世界",因此,中央机关大队虽然曾经两次遇险,但都能化险为夷。

---

① 《胡乔木回忆毛泽东》第500页,人民出版社1994年版。
② 中共中央文献研究室编:《毛泽东年谱(1893—1949)》(修订本)下卷第177页,中央文献出版社2013年版。

17. 在战场上要运用蘑菇战术是谁提出的？

蘑菇战术是由毛泽东命名的。

1947年3月14日,毛泽东接见调到延安准备打击敌人伞兵的新四旅十六团的干部,对他们说：

这次叫你们来,是为对付敌人伞兵。不过,敌人的伞兵可能不敢来。这里有我们的军队,又有广大群众,他们来以前,先得想一想,能不能回去。他来也好,不来也好,我们都要做好准备,这叫有备无患。

毛泽东在分析了当时的形势后说：

在陕北,消灭敌人就靠你们。敌人有二十三万,我们才两万多。两万多人要消灭二十多万人,是有困难的。要战胜敌人,得有正确的作战方针。现在,就靠你们作"磨心",牵敌人,磨敌人,让敌人围着团团转,这种办法就叫"蘑菇"战术。陕北山高路隘,你们牵上敌人去爬吧,等它爬够了,疲劳了,饿饭了,就寻找机会消灭它。一月歼灭它一到两个团,过了一年光景,情况就不同了。①

4月15日,毛泽东为中央军委起草致西北野战兵团司令员彭德怀、副政治委员习仲勋电：

敌现已相当疲劳,尚未十分疲劳;敌粮已相当困难,尚未极端困难。我军自歼敌三十一旅之后,虽未大量歼敌,但在二十天中已经达到使敌相当疲劳和相当缺粮之目的,给今后使敌十分疲劳、断绝粮食和最后被歼造成有利条件。

我之方针是继续过去办法,同敌在现地区再周旋一时期(一个月

---

① 程悦长：《记陕北三战三捷》,《星火燎原》选编之八第403~404页,解放军出版社1982年版。

左右),目的在使敌达到十分疲劳和十分缺粮之程度,然后寻机歼灭之。……如不使敌十分疲劳和完全饿饭,是不能最后获胜的。这种办法叫"蘑菇"战术,将敌磨得筋疲力尽,然后消灭之。①

在1947年春天的陕北战场,我军之所以要运用蘑菇战术是由当时、当地的主客观条件决定的。这些条件包括四点。

第一,敌我兵力为10比1,敌人装备远优于我军。

第二,陕北地形是黄土高原,经水流多年切削,形成纵横交错的沟壑,这些沟壑便于交通,但易遭伏击。被沟壑切削成的塬虽居高临下,却不便交通。

第三,陕北是老解放区,人民好,解放军在复杂的地形中易于隐蔽自己。敌人则成为聋子、瞎子,而且无法补充粮食和饮水。

第四,敌人在第三十一旅被歼灭后采用的战术发生了变化,由长驱直进改变为小米碾子战术。

先说一说歼灭第三十一旅的青化砭战斗。

胡宗南占领延安后,得意忘形。他明知延安只是一座空城,仍对刘戡说:"共军不战而放弃延安,说明他自度处于劣势,不敢与我军主力决战。现在只要我军以主力尾敌穷追,广面扫荡,他必将渡黄河东窜。我军要迫使共军在陕北与我决战。"②

针对胡宗南急于寻找我军主力决战的心态,彭德怀以一部伪装主力与国民党军保持接触,且战且退,将国民党军引向安塞方向。野战兵团主力隐蔽集结在延安东北的甘谷驿、青化砭等地待机。胡宗南在主力向安塞急进的同时,另以整编第一军第二十七师第三十一旅前出青化砭,以保障主力的翼侧安全。

23日,彭德怀指挥西北野战兵团主力六个旅在青化砭地区利用公路两侧山地准备伏击孤军冒进的三十一旅。

25日拂晓,三十一旅进入野战兵团的伏击圈。野战兵团采取拦头、断尾、两翼夹击的战法对三十一旅突然发起猛攻,仅用两小时即予以全歼,活捉旅长李纪云、副旅长周贵昌。周贵昌说:"一打响部队就乱了套,没人指挥。炮在骡马上没有卸下来,根本没用上。"③

青化砭战斗结束后,彭德怀隐蔽集结主力,同时注意观察胡宗南的动向。

---

① 中共中央文献研究室、中国人民解放军军事科学院编:《毛泽东军事文集》第四卷第37页,军事科学出版社、中央文献出版社1993年版。

② 彭德怀传记组:《彭德怀全传》(二)第599页,中国大百科全书出版社2009年版。

③ 同上,第607页。

他发现胡宗南的行动经常是摆成寻找我军主力进行决战的架势,目的却是企图把我军驱赶到黄河以东,并没有对我军实施包围、歼灭的胆量和胃口。他回忆说:"胡宗南发现我在青化砭地区,即以主力三个旅从延安经拐峁从南向北进攻(而不由安塞向东),一路向延长、延川、清涧进攻扑了空,一路向瓦窑堡、永坪、蟠龙又扑了空。这时胡宗南已发现我主力在青化砭西北地区,他又不由清涧、瓦窑堡、蟠龙向西分路进攻,而将主力集结在蟠龙、青化砭,由南向北进攻;在瓦窑堡、清涧各以一部兵力守据点。从他这些行动中,判明胡宗南的企图是把我军赶到黄河以东,而没有歼灭我军的信心。以此定下了西北野战军的作战方针,其特点是要求每战必胜,粮食、弹药、被服、人员的补充,主要取之于敌人。"①

两军相逢勇者胜。彭德怀从胡宗南的行动中已经观察到他表面上气势汹汹,实际上已经露了怯,从而提高了战胜他的信心,找到了战胜他的路径。

彭德怀还发现了胡宗南战术上的变化。胡宗南总结了青化砭战役的教训,认为三十一旅遭歼一因兵力单薄,二因疏于搜索警戒,三因未走山地而专用河川。于是改变战术,采取方形战术,实行宽正面的集团式的逐点跃进法。队伍开进时集结几个旅为一路,数路并列,缩小间隔,互相策应。从3月29日至4月3日,连占延川、清涧、瓦窑堡,但处处扑空。部队在沟壑纵横的陕北"武装大游行",在无数山梁之间爬上爬下,睡野地,啃干粮,经常遭到游击队袭扰,被拖得相当疲惫。但西北野战兵团也没有找到歼灭敌人的战机。

4月2日,彭德怀、习仲勋致电中央军委:"敌自青化砭战斗后,异常谨慎,不走大道平川,专走小路爬高山;不就房屋设营,多露宿营;不单独一路前进,数路并列,间隔很小。……以致三面伏击已不可能。任何单面击敌均变成正面攻击。敌人这种小米碾子的战法,减少了我各个歼敌机会,准备派部分兵力袭扰敌军,断敌交通,将敌疲困,使敌不能不分散部分守备交通,而后寻敌弱点歼灭之。"②

4月5日,胡宗南因部队疲惫,以整编第七十六师守延川、清涧,以第一三五旅守瓦窑堡。主力则南下蟠龙、青化砭集结补给。

彭德怀不能让胡宗南喘气,于4月6日,在永坪地区打了整编第二十九军一个伏击,歼敌600余人后撤出战斗。胡宗南认为这可发现西北野战兵团的

---

① 彭德怀传记组:《彭德怀全传》(二)第247页,中国大百科全书出版社2009年版。
② 第一野战军战史编审委员会编:《中国人民解放军第一野战军战史》第53~54页,解放军出版社1995年版。

主力了,于是停止休整,集中主力8个旅分别由蟠龙、青化砭向西北方向运动,调第一三五旅从瓦窑堡南下策应,企图夹击西北野战兵团主力。

有利战机出现了。彭德怀决定虎口夺食,在一三五旅南下的过程中,不等它同胡宗南的主力会合就将其全歼。

按照彭德怀的命令,第一纵队伪装主力,以2个旅积极抗击刘戡和董钊2个军8个旅,每天只让其前进5至10里,将其引向西北方向;第二纵队、教导旅和新四旅在羊马河以北高地设伏。4月14日清晨,第一三五旅在西北野战兵团诱敌的小部队牵引下,于上午10时进入野战兵团的伏击圈,至下午4时,全旅4700余人被全歼,代理旅长麦宗禹被俘。

4月15日,毛泽东以中共中央名义致电彭、习并告各战略区负责人:"接彭习寒亥(14日亥时)电,继寅有(3月25日)在青化砭歼灭三十一旅之后,卯寒(4月14日)又在瓦窑堡附近将敌一三五旅(属十五师建制)全部歼灭。这一胜利给胡宗南进犯军以重大打击,奠定了彻底粉碎胡军的基础。这一胜利证明仅用边区现有兵力(六个野战旅及地方部队),不借任何外援即可逐步解决胡军。这一胜利又证明忍耐等候不骄不躁,可以寻得歼敌机会。"①

羊马河战役结束后,西北野战兵团在安定、瓦窑堡、永坪、清涧之间同国民党军周旋,使其达到十分疲劳的程度。国民党军转来转去就是寻找不到解放军的主力。他们侦察我军动向主要依靠飞机侦察和电台测向,然后主观推断。

为迷惑国民党军,解放军黄河两岸的守备部队在吴堡、佳县渡口准备了一些船只,以一些小部队多路向绥德方向运动。蒋介石判断我军主力正向绥德方向集结,准备东渡黄河,命令胡宗南部沿咸榆公路北上;命令二十二军从榆林南下,企图在佳县、吴堡地区实施南北夹击,将我军驱赶到黄河以东。

4月26日,胡宗南的主力9个旅由刘戡、董钊率领,从蟠龙、永坪兵分两路北上。此时,彭德怀率领野司机关就住在瓦窑堡南面一个山沟里,同国民党军北上主力的距离一度只有1000米左右,就隔几个山头。机关人员都荷枪实弹,随时准备遭敌人袭击。彭德怀却说:"敌人怕我们打它的埋伏,是不敢下到山沟里来。"当侦察员报告敌人都继续往北走了时,彭德怀一跃而起,说:"大路朝天,各走一边,敌人向北,我们向南,各走各的路,各办各的事。"②

27日19时,彭、习致电毛泽东:

---

① 中共中央文献研究室、中国人民解放军军事科学院编:《毛泽东军事文集》第四卷第39页,军事科学出版社、中央文献出版社1993年版。

② 彭德怀传记组:《彭德怀传》(二)第317页,当代中国出版社1993年版。

"董刘两军27日15时进抵瓦市,有犯绥德模样。"

"我野战兵团本日隐蔽于瓦市东南及西南,拟待敌进逼绥德时围歼蟠龙之敌。"

毛泽东28日7时复电同意。①

为把胡宗南主力调远,28日,彭德怀命令第二纵队第三五九旅一部、第三纵队独立第五旅及绥德军分区部队,由旅长郭鹏率领,伪装我军主力向北撤退,节节抗击,引诱敌人北上。同时,还给郭配备一部电台和一部手摇发电机,一路不断收报发报,迷惑胡宗南的电台测向。他们在沿途还丢弃一些衣物鞋袜和臂章、符号,暴露我军准备东渡黄河的企图。

彭德怀电示郭鹏:"臂章符号鞋袜等物不要丢得太多,多了反而会引起敌人怀疑。因为敌人不是傻瓜。"②

蟠龙是国民党军物资补给基地,有坚固工事,由第一六七旅及陕西民军第三总队等部守备。蟠龙战斗是攻坚战。战斗必须在敌人主力回援以前结束。由绥德到蟠龙有三天行程,国民党军是大兵团行动,最快也要四天时间才能返回。攻打蟠龙必须在四天内结束战斗。

4月29日,彭、习发出围攻蟠龙的作战部署:以一纵、二纵独立四旅和新四旅围歼蟠龙守敌;以三五九旅一部和教导旅分别阻击南北可能的援敌。

4月30日,各部将蟠龙包围。

5月2日,胡宗南主力占领绥德。傍晚,西北野战兵团发起对蟠龙的攻击。守敌凭借外围高地和坚固工事顽抗。至4日下午4时,西北野战兵团夺取了蟠龙东山守军主阵地,黄昏攻占全部外围阵地,接着发起总攻,至午夜,攻克蟠龙镇,全歼守军6700人,俘旅长李昆岗,缴获子弹100余万发,面粉1.2万余袋,夏季军服4万余套。

5月8日,在新华社播发的《评蟠龙大捷》一文中有一个顺口溜,其中写道:"胡蛮胡蛮不中用,延榆公路打不通;丢了蟠龙丢绥德,一趟游行两头空!"③

羊马河战役和蟠龙战役充分发挥了蘑菇战术的威力。

对于胡宗南在陕北作战的失败,蒋介石也有所评论。7月10日,蒋介石在其军官训练团第四期毕业典礼上讲话。他说:"最近我们在陕北作战,听到匪军批评我们国军在战术上有两个最大的弱点:第一是国军在山地作战时只守

---

① 彭德怀传记组:《彭德怀传》(二)第619~620页,当代中国出版社1993年版。
② 同上,第620页。
③ 同上,第625页。

山头，而不守山腹山脚。以为守了山头居高临下，安全就有了保障，殊不知在战术上犯了很大的错误，极易陷于整个的消灭。第二是国军行进时离不开公路，因此匪军就可以在公路两侧三十里或五十里以外的险要隐蔽地区，埋伏兵力，在半天或一夜之间，就可以赶到公路上来截击我们，消灭我们。他们这两点批评，确是我们一般部队作战常犯的错误，也是我们失败最大的原因；大家必须一致记取，切实改正，不要再蹈过去的错误。这次第一六七旅李崑岗（原文如此）旅长，在陕北蟠龙镇作战的失败，就是犯了第一个错误，他带了一个团的兵力，守着许多的山头，而放弃山腹和山脚，所以匪军一来进攻，山下的隘口要道即被匪军占领，而山腹又无工事，死角皆为匪军所利用，以接近我们山头的阵地，很容易地冲进了我们的工事，这一个团就整个地被匪军所消灭，而李崑岗就成了匪军的俘虏！

"关于国军行进的路线，各将领也必须一改过去的习惯，而必须采取此次陕北作战的经验。国军此次在陕北作战，所以能如此顺利，在几天之内就能攻下匪军的老巢延安，其原因即由于我们进兵不走公路，而专走公路两侧三五十里以外的小路。因此，匪军即无从捉摸我军进兵的路线，又因我军行进离开公路三十里至五十里，即匪军平时设伏的地区，所以他们埋伏的部队，往往在中途即为我军搜索部队所发现，而予以歼灭；因此，匪军突袭的诡计，即无由得逞。至于宿营地点，此次陕北剿匪部队，一律不许在平地，尤其是村庄里面宿营，而是宿在山地或无人烟的地区，因此在进兵当中，从未发生指挥部被袭或指挥官被俘的情事；这是一个很妥当的办法，大家必须一致采取。"①

蒋介石的讲话概括地说就是不守山头守山脚，不走公路走小路，不住平地住山地。然而这是自相矛盾的。陕北的地形特点是黄土高原被河流切割得沟壑纵横，两山或两塬之间就是山沟。所谓山脚就是山沟的一部分。当时修公路没有高架桥，公路一般都是沿着山沟修。蒋介石让部队不守山头守山脚就是要部队守在山沟里；可是他又要部队不走公路走小路，不住平地住山地，就是要部队离开山沟。那究竟是守山沟还是离开山沟？他的部属就会无所适从。

他一会儿说李昆岗旅长被俘，一会儿又说"从未发生指挥官被俘的情事"也是自相矛盾。何况被俘的还有第三十一旅旅长李纪云、第一三五旅代理旅长麦中禹。而这三位旅长被俘情况各不相同。李纪云被俘是在山沟里，麦中

---

① 秦孝仪主编：《先总统蒋公思想言论总集》卷二十二第216～218页，台北中国国民党中央委员会党史委员会1984年版。

禹被俘是在山头,而李昆岗被俘是由于守外围山头的部队被歼,他自己则在平地的镇子里被俘。

这些旅长被俘问题不在于是在山沟还是山头,问题在于他们碰上了解放军的蘑菇战术。

蒋介石的部属对于他这种脱离实际、自相矛盾的讲话早就不敢恭维了,但由于他是委员长,也只能硬着头皮听,并不打算照着做。对此,蒋介石也早有察觉。

早在四个多月前的2月26日,他在南京专门对高级将领讲了这个问题。他说:"我今天可以老实告诉大家,现在一般高级将领对于统帅的信仰,可以说完全丧失了!我亲口说的话,亲手订的计划,告诉前方将领,不仅没有人遵照执行,而且嫌我麻烦觉得讨厌!以为委员长年纪老了,过了时代,好像家庭里面的一个老头子,唠唠叨叨,什么都管,尽可不必重视他。你们这种心理态度,无论和我当面谈话或在电话里面的语气中往往表现出来,这就证明你们矜骄自大对于统帅的信心动摇!这就是你们一切失败的总因。"[①]

这一问的题目是我军为什么要用蘑菇战术,现在却在讲蒋介石的指挥风格,似乎跑题了,就此打住。

[①] 秦孝仪主编:《先总统蒋公思想言论总集》卷二十二第30页,台北中国国民党中央委员会党史委员会1984年版。

18. 有一次林彪为什么甘于被师长指挥？

钟伟在任东北民主联军第二纵队第五师师长期间，曾经"指挥"过自己的司令员林彪，这件事情发生在三下江南四保临江战役的第三次下江南过程中。

1946年10月，在停战三个月之后，杜聿明开始对民主联军进攻。由于占地广、战线长，杜聿明已无力展开全面进攻，只能采取"南攻北守，先南后北"的方针，企图首先控制南满，再集中兵力夺取北满。

10月26日，国民党军占领安东（今丹东），11月2日，国民党军第五十二军的第二十五师在新开岭被第四纵队歼灭。杜聿明认为新开岭失利是因为个别将领无能导致，因此依仗其优势兵力继续向南满进攻。南满解放区一时间仅剩下长白山麓的临江、浑江、抚松、长白四县，南满主力三纵、四纵被压缩到狭小山区，形势十分不利。

对南满的形势，林彪主持东北局进行了研究，认为如果国民党控制了南满，就会倾注全力向北满进攻，东北形势将迅速恶化。为了粉碎国民党"先南后北"的战略，东北局决定采用"坚持南满，巩固北满，南打北拉，北打南拉，南满北满密切配合，集中优势兵力，主动打击敌人"的方针。为了加强对南满的领导，经中共中央批准，决定成立中共中央东北局辽东分局，派陈云、萧劲光到南满，陈云任辽东分局书记兼辽东军区政委，萧劲光任辽东军区司令员，萧华为副司令兼副政委。

12月17日，杜聿明集中了6个师的兵力进攻临江。南满部队"一保临江"，实施运动防御，歼敌3000余人。四保临江由此开始。

为配合南满斗争，林彪决定趁冬季松花江封冻期间，派部队到松花江以南，在长春、吉林以北地区寻歼分散的守备之敌。从12月5日至次年的3月16日，林彪曾命令一纵、二纵、六纵"三下江南"。前两次下江南，林彪都住在双城，并未过江。而第三次下江南，林彪率少数参谋人员组成了前线指挥所，随二纵队过了松花江，到达农安。

民主联军第三次下江南后，林彪获悉，敌人在德惠以东的大房身有两个团，在德惠西北面的靠山屯有四个团。他认为，靠山屯集结的敌人过多，不好打,决定集中兵力攻击大房身之敌,并据此向各部队下达了命令。

3月9日上午11时,二纵第五师师长钟伟发现国民党军已开始从靠山屯后撤,但第七十一军一部仍在靠山屯附近,乃一面向上报告,一面于晚7时向靠山屯的敌人出击。当总部命令他们准备参加大房身战斗时,这位绰号叫"好战分子"的钟伟却说:"什么他妈的大房身,送上门的敌人给我打!"①

10日拂晓,该师将敌压缩到屯东南角永盛功烧锅大院内。敌人仍顽强抵抗,战斗呈胶着状态。此时,林彪催促他们执行总部命令的电报又到,钟伟回电:"把这股敌人吃掉再走。"

这时,第七十一军军长陈明仁舍不得在靠山屯被围的部队,命令已撤到农安和德惠的第八十七、八十八师回头去解围。林彪见状,不再催钟伟了,立即改变决心,由围绕大房身做文章改为围绕靠山屯做文章,将进攻大房身改为佯攻大房身,转移二纵和六纵的主力去歼灭增援靠山屯的第八十七师;转移一纵去歼灭增援靠山屯的第八十八师。这一期间,钟伟指挥所部向靠山屯发起总攻,至10日晚,战斗结束,全歼守敌第八十八师第二六四团二营及加强分队共1300余人,缴获各种炮19门、轻重机枪94挺、步枪783支、汽车8辆、军马107匹。②

在五师进行靠山屯战斗的同时,一纵奉命从德惠附近由东向西,越过中长路,抄敌人的后路。11日深夜,一纵一师前卫团过中长路时,发现东北方向有开着大灯的汽车正向南开来,乃埋伏于公路两侧,向汽车开火。七辆汽车,前三辆跑掉了,后四辆被击中缴获。审讯时听俘虏说,前面车上坐着杜聿明和他的随从。前卫团领导追悔莫及,要是早点开火,说不定能活捉杜聿明。卡车上装有弹药和钞票。卡车已经开不动,而这里已是敌占区,一纵只能把钞票拿上,而将汽车和弹药烧掉。③

随后,一纵继续前进,在郭家屯抓住八十八师,与此同时,六纵在农安抓住八十七师。3月12日,八十八师被全歼,八十七师一部被歼。13日,一纵一师又在农安以南地区歼灭新六军新二十二师一个营。此时国民党军援军将到,松花江开始解冻,不便部队行动。16日,部队撤回松花江北。三下江南战斗胜

---

① 张正隆:《雪白雪红》第260页,解放军出版社1989年版。
② 参看《中国人民解放军第四野战军战史》第178～179页,解放军出版社1998年版。万毅、刘震、徐斌洲:《三下江南作战》,《辽沈决战》(续集)第122～123页,人民出版社1992年版;李作鹏:《三下江南》,《红旗飘飘》第十四辑第176页。
③ 梁必业:《我在人民军队》第157～159页,军事科学出版社1997年版;李作鹏:《三下江南》,《红旗飘飘》第十四辑第176页。

利结束。①

　　对于第五师不执行总部命令、主动进攻敌人的行为,林彪不仅没有批评,而且予以通令嘉奖,并将该师靠山屯夜间攻击战斗经验向东北全军推广。到辽沈战役发动之前,又破格将钟伟由师长直接提拔为第十二纵队司令员。

---

① 《中国人民解放军第四野战军战史》第179页,解放军出版社1998年版。

第三部分：
解放军三路出击,展开战略进攻

19. 刘、邓为何匆忙中断休整，义无反顾地冒险提前跃进大别山？

有人对刘、邓大军挺进大别山存在两点疑惑：

为什么要埋掉重装备，既然无法携带重装备，为什么不将其交给兄弟部队？

为什么事先不派侦察部队到淮河而要刘伯承亲自在河上测量水深？

认为这两点足以说明，刘、邓挺进大别山过于匆忙，没有做事先准备。

刘、邓大军为什么要走得这么匆忙？

因为是提前行动。

刘、邓大军为什么提前行动？

在回答这个问题之前，要先搞清楚刘、邓为什么要千里跃进大别山。

毫无疑问，刘、邓大军千里跃进大别山是外线作战，不是内线作战，是到敌占区作战，而不是在自己的根据地作战。

一般地说，在根据地作战，能够得到人民群众的支持，在情报、战场和后勤补给方面会得到充分的保证。苏中七战七捷、莱芜战役和陕北三战三捷，都说明了这一点。而到敌占区作战，在群众发动之前，因为得不到人民的支持，无论是在战场设置、情报、保密和后勤补给等方面都会遇到许多困难。这么说，是不是在自己的根据地作战就没有弊病呢？也不是。如果长久地、频繁地在根据地作战，也会出现许多问题。

对此，晋冀鲁豫野战军第二纵队司令员陈再道有切身感受。他回忆说："中央军委决定中央突破，将战争引向蒋管区，真是英明决策。战争，不能继续在内线打了，再像前几个月那样打下去，不仅不能粉碎敌人的重点进攻，我们解放区也负担不起。前几个月在冀鲁豫地区拉锯式的战斗，打过来，打过去，有些地方，老百姓的耕牛、猪、羊、鸡、鸭几乎全打光了。地里种不上粮食，部队没饭吃，怎么能打仗。当时晋冀鲁豫边区政府的财政收入，绝大部分都用于军费开支。一个战士一年平均要用三千多斤小米，包括吃穿用及装具等。野战军、地方军加起来四十多万人，长期下去实在养不起。我们早一点打出去，就可以早一点减轻解放区人民的负担。战争，是军事、政治、经济的总体战。再强的军队,没饭吃是打不了仗的。此外,更重要的是,只有把战争从内线引向外线,即从解放区打到蒋管区,我们才能最终取得战略上的主动权,从而使解放战争发生根本变化。"①

陈再道在自己的回忆录中赞扬了中央的英明决策,而在当时的中央领导人中,对外线作战最情有独钟的当属毛泽东。

毛泽东在红军时代就非常重视外线作战,在抗日战争期间毛泽东非常欣赏山东军区司令员兼政治委员罗荣桓提出的"翻边战术"。1943年3月13日,罗荣桓在《分散性游击战争与对敌政治攻势》一文中提出:当日寇对抗日根据地进行"蚕食"和"扫荡"时,

> 在军事上就必须提出"翻边战术",即敌打进我这里来,我打到敌那里去。②

罗荣桓逝世后,毛泽东曾对他提出的"翻边战术"做出高度评价:

> 敌人蚕食了,是面向根据地,还是背向根据地?罗荣桓的翻边战术不是战术,是战略。他掌握山东局面以后,敌人越蚕食,根据地越扩大。③

翻边战术给国民党方面也留下深刻印象。他们直截了当地把它概括为:"你到我家来,我到你家去。"④

刘伯承把翻边战术称为"敌进我进"。1943年7月,他在《敌后抗战的战术问题》中指出:"'敌进我进'就是我军敢于脱离自己的后方,进入敌人的后方。"⑤

抗日战争胜利后,"翻边战术""敌进我进"已成为我军将领的共识,因此时任晋冀鲁豫野战军司令员刘伯承、政委邓小平,对毛泽东千里跃进大别山的战略意图能够深刻理解。

---

① 《陈再道回忆录》下册第122页,解放军出版社1991年版。
② 《罗荣桓军事文选》第178页,解放军出版社1997年版。
③ 《罗荣桓年谱》第864~865页,人民出版社2002年版。
④ 参看《郝柏村解读蒋公日记(1945—1949)》第258页,台北天下远见出版有限公司2011年版。郝柏村将其说成是刘伯承提出的,刘伯承提出"敌进我进",其含义与"翻边战术"相同。
⑤ 《刘伯承军事文选》第一卷,第541页,军事科学出版社2012年版。

1948年4月25日,邓小平在河南鲁山召开的豫陕鄂前委和后委联席会议上说:"因为蒋介石的反革命战略方针是要把战争扭在解放区打,这是他从长期反人民战争中得到的经验。如果有同志参加过十年苏维埃时期的内战,就会懂得这一点。那时不管在中央苏区,还是鄂豫皖苏区或湘鄂西苏区,都是处于敌人四面包围中作战。敌人的方针就是要扭在苏区边沿和苏区里面打,尽情地消耗我苏区的人力、物力、财力,使我们陷于枯竭,即使取得军事上若干胜利,也不能持久。在反对敌人的第五次'围剿'时,要是按照毛主席的方针,由内线转到外线,将敌人拖出苏区之外去打就好了,那样苏区还是能够保持,红军也不致被迫长征。"①

1948年上半年,陈毅曾同毛泽东有两次直接对话。第一次是1月间在陕北米脂县杨家沟,第二次是4月底在河北阜平县城南庄。他在同毛泽东长谈后对此也有深刻理解。在1948年8月17—21日中原野战军第二、六纵队团以上干部和机关干部参加的整军会议上,他做报告说:

> 蒋介石这个人懂得战略。毛主席讲,蒋介石不是完全不懂战略的,多少懂得一点。蒋介石的方针是无论如何把战争摆到解放区,保证吃饭、筹草、抓壮丁、搞鹿砦一切都出在解放区。毛主席讲,蒋介石的反革命战略方针是使他的管区不受战争影响,或付出的很少,这样支持三五年,则不愁解放区不垮。小米没有了,壮丁没有了,到那时党性再强也要受影响,只能去打游击。我们一百多万军队,蒋介石二三百万军队,一起堆到解放区,吃他三年五载,双方五六百万人,光屙屎一天也要五六百万堆。你能俘虏,可是俘虏也要吃,俘虏过来的第一天马上就要解决伙食问题。所以去年我们这一反攻,带决定性的胜利就是把蒋介石的战略方针破坏了,把战争包袱放到"蒋委员长"头上。②

有读者也许要问,既然如此,为什么不早一点,比如1946年就将战争引向蒋管区呢?回答是当时还没有可能,还不具备一定的条件。

对此,邓小平说:"因为在战争初期,我们的装备还不够优良,作战经验还不丰富,内线便于消灭敌人,便于组织和发展我们的力量,便于积累经验,所以

---

① 《邓小平文选》第一卷第97页,人民出版社1994年第二版。
② 《陈毅军事文选》第467~468页,解放军出版社1996年版。

先在内线打是完全必要的,也是取得了胜利的。从一九四六年七月到一九四七年六月,我们全国各个战场在第一年的自卫战争中,消灭了一百一十二万敌人。我们把分散的游击部队组成了野战军,积累了丰富的作战经验。这时时机成熟了,就应该转到外线,否则就要吃亏。"①

那么,党中央和刘、邓大军最早是什么时候开始筹划千里跃进大别山的呢?这要从鲁西南战役说起。

自从1947年3月,胡宗南进攻延安以来,国民党军集中在陕北和山东。而在这两个战场之间的晋冀鲁豫战场兵力则非常薄弱。蒋介石企图利用复故的黄河②阻止解放军南进。在从山东东阿到河南开封这250公里的黄河防线上,只有第四绥靖区司令官刘汝明部所辖整编第五十五、六十八师担任防守。

对此,毛泽东生动地说:"蒋介石两个拳头(指陕北和山东)这么一伸,他的胸膛(指中原)就露出来了。所以,我们的战略就是要把这两个拳头紧紧拖住,对准他的胸膛插上一刀!这一刀就是刘邓大军挺进中原。"③

6月30日,刘、邓大军4个纵队12万余人,按照中央军委关于向中原出动、转入外线作战的方针,从山东阳谷县张秋镇至郓城县临濮集150公里地段上,一举强渡黄河,在冀鲁豫军区部队配合下,发起鲁西南战役,不仅揭开了千里跃进大别山的序幕,也揭开了我军在解放战争中战略进攻的序幕。

7月8日,刘、邓大军攻克郓城,歼灭整编第五十五师;10日,攻克定陶,全歼第一五三旅。

7月14日,在六营集歼灭整编第三十二师和第七十师;同时将整编第六十六师包围于羊山集。

7月22日,在大雨中全歼增援羊山集的第一九九旅。

7月23日,毛泽东为中央军委起草致刘、邓、陈毅、粟裕、谭震林和华东局电:

---

① 《邓小平文选》第一卷第97~98页,人民出版社1994年第二版。
② 1938年6月9日,国民党军队为阻止日军由津浦路西侵,炸毁了黄河花园口大堤,使黄河水改道南流,形成长400余公里、宽50至80公里的黄泛区。这一措施仅仅暂时地遏制了日军一个支队的进攻,却给黄泛区人民造成深重的灾难。抗战胜利后,国民党政府决定在花园口实施堵口工程,让黄河复归故道。由于黄河故道下游大部分为解放区,河堤已年久失修,部分河道已经变成农田。中共提出应先修堤,后合龙。经过谈判,达成部分协议。1946年6月15日,堵口工程开工。不久全面内战爆发,国民党政府不顾黄河下游人民的死活,于1947年3月15日,使花园口合龙,黄河复归故道。
③ 《胡乔木回忆毛泽东》第483页,人民出版社1994年版。

> 刘邓对羊山集、济宁两点之敌,判断确有攻歼把握则攻歼之,否则,立即集中全军休整十天左右,除扫清过路小敌及民团外,不打陇海,不打新黄河以东,亦不打平汉路,下决心不要后方,以半个月行程,直出大别山,占领大别山为中心的数十县,肃清民团,发动群众,建立根据地,吸引敌人向我进攻打运动战。①

刘伯承看完电报说:"蒋介石送来的肥肉我们不能放下筷子。"刘、邓决定继续围歼羊山集之敌。至 28 日,在羊山集全歼整编第六十六师。至此,鲁西南战役结束,历时 28 天,共歼敌 9 个半旅,4 个整编师师部,5.6 万人。②

就在这时,刘、邓收到了毛泽东亲自起草的一个三个 A 级(最急的)的极秘密的电报。

邓小平的女儿毛毛在《我的父亲邓小平》一书中写道:

> 父亲告诉我们:"毛主席的电报很简单,就是'陕北情况甚为困难'。只有我和刘伯伯看了这份电报,看完后立即就烧毁了。当时,我们真是困难哪,但是,我们二话没说,立即复电中央,说十天后行动。用十天作千里跃进的准备,时间已经很短了,但我们不到十天就开始行动了。"③

这一封电报《陈毅传》也提到了:"陈毅记得毛泽东曾在上个月(即 7 月)底发过一份极秘密的电报给刘、邓并华东,说明'陕北甚困难',已经反映了中共中央领导人的严重处境。"④

邓小平、陈毅对这一封电报印象深刻,但已记不清全部具体内容。现在,《毛泽东年谱(1893—1949)》已将其披露。

这一封电报起草于 7 月 29 日,电报说:

> 现陕北情况甚为困难(已面告陈赓),如陈、谢及刘、邓不能在两个月内以自己有效行动调动胡军一部,协助陕北打开局面,致陕北不

---

① 中共中央文献研究室编:《毛泽东年谱(1893—1949)》(修订本)下卷第 208 页,中央文献出版社 2013 年版。
② 毛毛:《我的父亲邓小平》上卷第 556 页,中央文献出版社 1993 年版。
③ 同上,第 560 页。
④ 《陈毅传》编写组:《陈毅传》第 385 页,当代中国出版社 1991 年版。

能支持,则两个月后胡军主力可能东调,你们困难亦将增加。①

怎么办?

7月30日,刘、邓复电中央军委:"连日我们再三考虑军委方针……决心于休整半月后出动,以适应全局之需。照现在情况,我们当面有敌十九个旅,至少有十个旅会尾我行动,故我不宜仍在豫皖苏,而以直趋大别山,先与陈、谢集团成犄角势,实行宽大机动为适宜……"②

部队经过将近一个月的战斗,十分疲劳,亟待整补。按照这一封电报,刘、邓大军应当在8月中旬出动。但是,这时,国民党军蜂拥而来,企图迫使刘、邓背河决战。当时,连降暴雨,河水猛涨。黄河南岸的老堤由于敌人破坏未加修复,随时可能决口。蒋介石还有可能故技重演,炸开河堤。黄河下游是悬河,头上顶着滔滔黄河水,刘伯承在作战室对参谋们说:"忧心如焚啊!"邓小平40多年后对他的孩子们说:"我这一生,这一个时候最紧张。听到黄河的水要来,我自己都听得到自己的心脏在怦怦地跳。"③

刘、邓二话不说,决定提前一周,于8月7日,率晋冀鲁豫野战军主力四个纵队兵分三路,义无反顾,踏上了千里跃进大别山的征程,同时,向中央军委报告。

8月9日,毛泽东为中央军委起草致刘、邓复电:"情况紧急不及请示时,一切由你们机断处理。"

10日,毛泽东为中央军委起草致刘、邓,陈、粟电:"在敌主力东迫郓城西迫鄄城情况下,我在郓(城)巨(野)作战已不适宜,只有南进才利机动。刘、邓决心完全正确。"④

现在回到本文开始提到的问题。

刘、邓到大别山,为什么要埋掉重装备?

回答是,刘、邓到大别山,要经过黄泛区,携带重装备会成为急行军的累

---

① 中共中央文献研究室编:《毛泽东年谱(1893—1949)》(修订本)下卷第212页,中央文献出版社2013年版。

② 中国人民解放军历史资料丛书编审委员会编:《解放战争战略进攻·文献(上)》第210页,星球地图出版社2015年版。

③ 毛毛:《我的父亲邓小平》上卷第560页,中央文献出版社1993年版。

④ 中共中央文献研究室编:《毛泽东年谱(1893—1949)》(修订本)下卷第216页,中央文献出版社2013年版。

赘。重装备即使能携带,也是无法使用的。就在黄河涨水、刘伯承"忧心如焚"的8月3日,刘、邓致电中央军委,陈毅、粟裕、谭震林和晋冀鲁豫军区第二副司令员滕代远:"桂系两师调兰封,特别是黄河近几天有极大的决口危险(因临濮集东明段为敌控制)。在战略上我已处于较困难地位,如三五日内黄河决口,我将被迫早日出动。而我手中既无炮弹,又无医院,(陈士)榘唐(亮)配合又困难,敌大军尾我前进,则我将被迫作一时期的宽大机动……"[1]没有炮弹,重炮即使带了也没有用。

既然无法携带重装备,为什么不将其交给兄弟部队?

回答是,当时敌我在鲁西南处于犬牙交错的战争状态,怎么会有时间和安全的环境办交接?

为什么事先不派侦察部队到淮河而要刘伯承亲自在河上测量水深?

回答是,淮河水深在雨季是不断变化的。侦察部队测量时,淮河水深和流速是不适宜架桥和徒涉的。为争取能够架桥或徒涉,刘伯承在渡河时又亲自测量了水深。这时,淮河水位下降,不仅找到了可以架桥的地段,而且找到了可以徒涉的地段。

随刘、邓挺进大别山之后,8月22日,陈赓、谢富治率晋冀鲁豫野战军第四、第九纵队以及孔从周率领的第三十八军共8万余人,当晚在山西、河南交界的垣曲、济源间的茅津渡以东地段南渡黄河,向陇海路进击,至31日,攻克新安、渑池、宜阳、洛宁等县城,歼灭国民党军4800余人。9月2日,陈毅、粟裕率华野指挥机关及第六纵队、第十纵队和特种兵纵队,在山东寿张、阳谷地区南渡黄河,3日同陈士榘、唐亮、叶飞、陶勇率领的5个纵队会合,7日发起沙土集战役,至9日晨胜利结束,全歼国民党军整编第五十七师。刘、邓大军和华东野战军18万人的外线兵团,陈(赓)谢(富治)集团8万余人呈倒品字形的战略展开,使中原地区由国民党军进攻解放区的后方转变为解放军进行战略进攻的前进基地。

对于我军这一战略部署,蒋介石感到震惊。他把三路大军南下,转入外线作战称为"空心战术"。9月10日,他主持检讨战局,据《蒋中正总统档案·事略稿本》记载,这次检讨会的纪要是:"我军进剿胶东,正乘胜冒雨涉胶沽两河,平度、掖县指日可克之际,匪乃以黄河北岸地区兵力,倾巢南犯,此即其所谓'空心战

---

[1] 中国人民解放军历史资料丛书编审委员会编:《解放战争战略进攻·文献(上)》第216页,星球地图出版社2015年版。

术'者是也。于是鲁北、鲁中陈毅匪股亦率其第二、第六、第十各纵队,向鲁西进犯。晋南之陈赓匪部由狂口等处渡河,向豫西、陕东威胁,而豫南之刘伯承残匪,则分窜鄂东、皖中,并陷庐江、桐城、舒城,进逼合肥、巢县,威胁南京、芜湖,规模之大,叹为前所未有。公(指蒋介石)认为剿匪已入一新阶段矣。"

什么是新阶段？就是解放军转入了战略进攻。

面对这一新阶段,蒋介石内心恐慌,却强作镇静,对其部属掩盖实情,以图稳定军心。请看他是如何忽悠的。10月6日,他在北平军事会议上说:"刘伯承所部匪军为策应陈毅作战,大部渡过了黄河;但他过河以后,首先在军(羊)山集遭受六十六师坚强的抵抗,死伤惨重,继而遇到国军的反攻,无法抵抗,本想退回黄河北岸,又因当时河水大涨,加以受国军空军的监视,不能达到目的,乃不得不回过头来,向我后方作无目的的流窜。实际上这时候匪军已陷于整个崩溃的状态,如果当时国军能实行大胆的追击,则匪军一定要被我们逐一消灭！"[①]

11月3日,蒋介石在南京国防部作战会议上说:"我可以断言,刘匪这次窜入大别山,完全是被迫地临时决定的,是九月十二日以后,他窜到了淮河南岸,将错就错,才决定到大别山来重建根据地的。九月十二日以前,匪军不仅没有这种宣传,而且就我们所虏获的各种文件来研究,他根本没有这种企图。"[②]

蒋介石的评价是:"现在陈毅、刘伯承、陈赓所部匪军,大多窜过了黄河,聂荣臻一股最近在冀中又遭受了惨重的打击,所以河北、鲁北、晋南、豫北太行山各地区,可以说已经没有正规的匪军了。"[③]

蒋介石所谓"聂荣臻一股最近在冀中又遭受了惨重的打击"指的是10月20日至22日晋察冀野战军歼灭国民党军第三军大部,俘虏第三军军长罗历戎的清风店战役。过去,蒋介石对于国民党军打的败仗,比如莱芜战役、孟良崮战役,还承认是败仗的;但对清风店战役的叙述却到了颠倒黑白的程度。

蒋介石认为黄河以北已经没有正规的解放军,那黄河以南的刘、邓、陈粟和陈谢呢？蒋介石说:"实际上他现在既无根据地,也无目的地,只是窜到哪里就算哪里,已经完全陷于被动的地位了。"[④]

---

① 秦孝仪主编:《先总统蒋公思想言论总集》卷二十二第271页,台北中国国民党中央委员会党史委员会1984年版。
② 同上,第315页。
③ 同上,第272页。
④ 同上,第273页。

蒋介石讲完上述一番话后的第 36 天,1947 年 11 月 12 日,石家庄解放。

1948 年 3 月初,西北野战军取得宜川、瓦子街大捷,刘戡自杀。3 月 12 日,洛阳解放,国民党军青年军第二〇六师等部被歼,师长邱行湘被俘。4 月 22 日,我军收复延安。5 月,许昌、光化、老河口等地解放,中原解放区进一步扩大;临汾解放,太原已成孤城。6 月,襄阳解放,国民党军 2.1 万人被歼,康泽被俘。7 月,泰安、曲阜、兖州、济宁解放,济南被围。

国民党统治覆灭的丧钟已经敲响。

20. 为什么刘伯承说"慈不掌兵"反映的是国共军队的性质？

要回答这个问题，可以讲一下刘、邓大军的两件事。

第一件是，1947年秋天，挺进大别山的刘、邓大军枪毙了两个干部，一个是司令部的管理员，一个是立过战功的副连长。此事当时对部队、对当地老乡震动很大。

为什么要枪毙这两个干部？

这要从大别山的环境和我军的性质说起。

大别山曾经是老根据地，当刘、邓大军进入大别山时，还可以看到一些村庄的墙壁上有红军书写的标语。陈锡联的母亲还到部队看望自己的儿子。但是，红军在这里曾经四进四出。每一次红军一走，国民党军就会对曾经接待过红军的人进行残酷迫害。红军长征走后，这里成了白崇禧的地盘，白崇禧在这里建立了周密的保甲联防制度，培植了大量地主民团武装。有一些桂系的军官已在当地安家落户，结婚生子。

这一次刘、邓大军来，老百姓依据自己的经验，认为还会走，因此，不敢接近。

此时，刘、邓大军虽然有一些营以上干部故乡是大别山区，但战士和基层干部都是北方人，大家习惯于北方的生活，到大别山后走不了水稻田的田埂，行军时常常落水，老乡讲话听不懂，同老乡难以沟通。当指战员看到老乡见到自己就躲避时便产生了急躁情绪。有些连队有了病号，没有车，就要借老乡的牛把病号送往卫生队。老乡就赶着牛躲进深山。一些指战员就埋怨老乡思想落后甚至发生打骂群众、吓唬群众、拿群众的东西等违反纪律的情况。

针对这些不良倾向，9月2日，刘、邓在野战军直属队召开了干部会。

在会上，刘伯承说："部队纪律这样坏，如不迅速纠正，我们肯定站不住脚。"

邓小平说："部队纪律这样坏，是我们政治危机的开始。"

刘、邓在会上宣布了三条：

用枪打老百姓者枪毙；

抢掠民财者枪毙；

强奸妇女者枪毙。

　　这个会议的精神传达到部队后，引起极大的震动。有的团听了传达后，立即下令各连把所有留在部队的向导全部放回家，需要时再临时找。

　　但是，也有顶风作案的。前面说的两个干部就是如此。司令部机关那一个管理员为解决办公和生活的困难，竟趁店主逃走的机会，私自撬开一个南货店的门，拿了一刀有光纸、几支毛笔、几斤粉条和白糖。事情反映到了刘、邓那里。他们认为这个事情的性质是严重的。如果司令部的人触犯了军纪就不追究，那会对部队造成什么影响？整顿部队纪律的命令岂不成为一纸空文？刘、邓终于痛下决心，对这个管理员执行了枪毙。

　　他们同时召开大会，以此教育部队。刘伯承在会上说："我们是人民的军队，是保护人民的，是为了人民而打仗的，绝不容许侵犯人民利益的行动，哪怕是丝毫！特别是在现在这样困难的关头，谁违反纪律，谁就损害了我们这支部队！在我们再三强调纪律的时候，司令部发生这样严重的事件，我是非常痛心的，更为这位同志惋惜。这件事等于给敌人帮忙，不严办，部队要垮台！今后大家要接受这个教训。"

　　以这次大会为转机，刘、邓大军全面展开了整顿纪律的工作。前面提到的那位副连长因公开抢夺商贩的粉条和花布，在群众中造成了恶劣影响，许多老百姓吓得跑进山。刘、邓派出的纪律检查小组发现这一情况后，报告了刘、邓。尽管这位副连长立有战功，为严肃军纪，刘、邓还是批准把他枪毙了。

　　这一下，老乡都震动了，躲避到山上去的纷纷下山返回家园。他们说："要是知道解放军纪律这样严格，说什么也不上山。"

　　由于部队严格执行军纪，积极主动开展群众工作，做好事，逐渐消除了群众的顾虑，大大改善了军民关系。①

　　第二件事发生在1948年10月22日郑州解放以后，有两名高级干部受到处分：一个受到通报批评，一个被撤职。

　　受到通报批评的是第九纵队兼郑州警备司令员秦基伟。酷爱听豫剧的秦基伟有一天忙里偷闲，自己买了一张票到剧院看豫剧。当晚，邓小平打电话给秦，值班参谋如实报告："秦司令员看戏去了。"结果是秦基伟被通报中野全军

---

① 参看杨国宇、陈斐琴、李鞍明、王伟：《刘伯承军事生涯》第249～250页，中国青年出版社1982年版。

批评。

被撤职的是第九纵队后勤部部长杨以山。进郑州后,杨看到纵队几位首长外出除了骑马便是步行,在城市中不太方便,而驻地附近的铁路局有几辆小汽车,便去借来用。事情反映到邓小平那里,一个命令下来,杨以山被撤职。有人说,杨以山是跟人家借的。邓小平说:"什么借!郑州是你打下来的,你是胜利之师,他铁路局虽不是党政军机关,也是国民党的办事机构。那些人本来就对共产党心存疑惧,你明借暗要,不是抢也是抢,违反了我党我军的城市政策,就该撤职。"

对秦、杨的处理,秦基伟深有感触。后来他回忆道:"枪打出头鸟,小平同志这一手很厉害,矫枉必过正,敲山可震虎。在非常时期,尤其需要这样。所以,我和杨以山都心服口服。"①

说完解放军,再看看国民党。

抗战胜利后也是一个非常时期,国民党政府派出大批官员到收复区接收敌伪资产。那时规定:"在受降期间,全国陆军统归陆军总司令部指挥,凡收复区之党政亦同归陆军总司令部监督指挥接收。"②

但这是行不通的。原在沦陷区潜伏的国民党特务和同他们挂钩的伪军、汉奸、地痞流氓,首先钻出来,趁陆军总司令部人员还没有到达,便拣油水多的单位大肆抢劫,完成第一轮劫收。接着,拥有交通工具的航空司令部、海军部、联勤总部、战时运输局,利用有飞机、汽车、轮船的有利条件,抢先进入收复区,夺取现金、物资、住宅、仓库,完成第二轮劫收。陆军总司令部和各省市接收委员会人员进入收复区,开始"正式"接收,已经是第三轮了。当时,收复区的群众把这种接收称为"劫收",称接收大员为"五子登科",即抢占车子、房子、条子(金条)、票子、女子。据原国民党政府监察院监察委员何汉文回忆:"在接收工作进行的过程中,由于各军政部门都想趁机大捞一把,以致当时在京、沪、平、汉各大城市都出现了四五十个各不相属的接收机关,争先恐后,你抢我夺,闹得乌烟瘴气,不可开交。例如对一艘船舶的接收,当时参加争夺的单是中央机构便有联勤总部、海军部、交通部、战时生产局、战时运输局、航政局6个单位,各不相下,吵成一团。"③

---

① 《秦基伟回忆录》第243～244页,解放军出版社1996年版。
② 《文史资料选辑》第五十五辑第6页。
③ 何汉文:《大劫收见闻》,《文史资料选辑》第五十五辑第8页。

据当时任北平行营主任的李宗仁回忆：

> 当时在北平的所谓"接收"实在是"劫收"。这批接收人员吃尽了抗战八年之苦，一旦飞入纸醉金迷的平、津地区，直如饿虎扑羊，贪赃枉法的程度简直骇人听闻，他们金钱到手，便穷奢极欲，大肆挥霍，把一个民风原极淳朴的故都，旦夕之间便变成罪恶的渊薮。中央对于接收职权的划分也无明确规定，各机关择肥而噬，有时一个部门有几个机关同时派员接收，以致分赃不匀，大家拔刀相见，无法解决时便来行营申诉。我这身为最高长官的行营主任竟成了排难解纷的和事佬。
>
> 最令当时平、津居民不能忍受的，便是这批接收官员为便于敲诈人民故意制造恐怖气氛，随意加人以汉奸罪名而加以逮捕，一时汉奸帽子乱飞，自小商人以至大学教授，随时有被戴上汉奸帽子坐牢的可能，因而凡是抗战期间没有退入后方的人，都人人自危。①

1945年10月24日，蒋介石听取陈诚、张群汇报接收人员花天酒地、贪污受贿的种种不法行为，非常生气，电召京沪警备总司令汤恩伯到重庆，命令汤彻底查办。26日，蒋还密令南京、上海、北平、天津四市军政长官，要求严加惩处。蒋介石致何应钦（陆军总司令）、马超俊（南京市市长）、钱大钧（上海市市长）、汤恩伯（京沪卫戍区总司令）、李宗仁（北平行营主任）、孙连仲（第十一战区司令长官）、熊斌（北平市市长）、张廷谔（天津市市长）电全文如下：

> 据确报，京、沪、平、津各地军政党员穷奢狂嫖滥赌，并借党国军政各机关名义，占住人民高楼大厦，设立办事处，招摇勒索，无所不为，而以沪、平为最，不知就地文武主官所为何事，究有闻见否。收复之后，腐败堕落，不知自爱至此，其将何以对地方之人民，更何以对阵亡之先烈？中正闻此恶劣情形，中心愧惶，悲愤莫名。实无异遭亡国之痛，不知有何面目再立国际之林，生存于今日之世界耶！如各地文武主官再不及时纠正，实无以自赎，当视为我革命军之敌人，必杀无赦！希于电到之日，立刻分别饬属，严禁嫖赌，所有各种办事处之类

---

① 《李宗仁回忆录》（下册）第856~857页，中国人民政治协商会议广西壮族自治区委员会文史资料研究委员会1980年印刷。

机关名称,无论大小,一律取消封闭,凡有占住民房,招摇勒索情事,须由市政当局查明,一面取缔,一面直报本委员长,不得徇情隐匿。无论文武公教人员及士兵长警,一律不得犯禁,责成各级官长连带负责。倘再有发现而未经其主官检举者,其主官与所属同坐,决不宽待。特此严令遵行。①

这一电报虽然保密,"必杀无赦"还是传了出去。但是,干打雷,不下雨。对此,张东荪对记者说:"蒋主席的皇皇布告,虽然说杀无赦,而始终没有掉下一个头来。"②

到1946年3月,国民党召开六届三中全会,在《对于政治报告之决议案》中写道:"复员时期各种工作多无准备,而一部分接收人员败坏法纪,丧失民心,均为平素漠视主义,不知尊重国家制度之结果。此大会深表痛心,望政府力求改正者。"③

8月26日,蒋介石又制定《收复区人民约言》,规定"严惩贪污人员,不论党政军人员,凡贪污舞弊达一万元以上者枪毙,并准民众告密(设密告箱)"④。

9月8日,他在日记中写道:"党政军各级干部多幼稚无能,其间且真有贪污自私为中外人士大所侧目,尤其是京沪一带,强占民房,擅捕汉奸,借此拷作报复,直至受降年余之今日,关于此种非法行动犹在发展,以致怨声载道,外邦讥刺,诚使此心愧怍无地。"⑤

蒋介石坚持写日记,经常反省自己。但是他的部属贪腐却越来越凶。

慈不掌兵。蒋介石对那些在接收中违反军纪的高级将领仁慈,就是对人民的不仁,就丧失了民心。腐败腐败,军腐必败。

1948年7月,蒋介石反思内战节节败退的历程,曾痛心地说:"我们在军事力量上本来大过'共匪'数十倍,制空权、制海权完全掌握在政府手中,论形势较过去在江西'围剿'时还要有利。但由于接收时许多高级军官大发接收财,

---

① 秦孝仪总编纂:《总统蒋公大事长编初稿》卷五(下)第858~859页,台北1978年版。
② 《访问张东荪先生》,重庆《新民报晚刊》1945年11月29日,转引自汪朝光:《1945—1949:国共政争与中国命运》第23页,社会科学出版社2010年版。
③ 《中国国民党历次代表大会及中央全会资料》第1043页,光明日报出版社1985年版。
④ 《杂录》,《蒋介石日记》,1946年年末附录,转引自杨天石:《找寻真实的蒋介石:还原13个历史真相》第195页,九州出版社2014年版。
⑤ 转引自杨天石:《找寻真实的蒋介石:还原13个历史真相》第195~196页,九州出版社2014年版。

奢侈荒淫,沉溺于酒色之中,弄得将骄兵逸,纪律败坏,军无斗志。可以说,我们的失败,就是失败于接收。"①

然而,说了又有何用?

1948年10月7日,辽沈战役正在进行,东北人民解放军已经攻克锦州外围重镇义县等要点,即将进攻锦州。蒋介石则在北平召开军事会议苦思对策。这一天中午,蒋介石询问军令部部长徐永昌军队无斗志的原因,徐答:"在上者经商,其次吃空额,其下离心离德,如此军队尚何言哉!"②

蒋介石听完后告诉徐:"我上海还有事。"8日,蒋介石飞往上海。他在东北战事极度紧张的时刻到上海所为何事?答曰:"灭火。"

此时,蒋经国正在上海"打老虎"。迫于舆论压力,蒋经国于9月30日查封了扬子公司囤积的大量物资,货主是孔祥熙的儿子孔令侃。孔令侃看到自己的货物被查封,跑到南京去向姨妈宋美龄求救。宋美龄钟爱自己的这位宝贝外甥,立即电告蒋介石。于是蒋介石便离开指挥岗位,跑到上海来,把蒋经国痛骂一顿说:"你在上海怎么搞的,都搞到自己家里来了。"③孔令侃的货又物归原主。10月12日,徐永昌在日记中冷冷地写道:"闻蒋先生日前亟亟到沪,十之八九因孔大少不法囤集(积)等问题,蒋夫人速(促)其解围云云。"④

蒋经国的老虎打不下去了,11月6日,灰溜溜地离开上海。

又过了一年,1949年12月10日,蒋介石由成都灰溜溜地飞往台湾,从此离开中国大陆。

---

① 宋希濂:《回忆一九四八年蒋介石在南京召集的最后一次重要军事会议实况》,《文史资料选辑》第十三辑第15页。
② 《徐永昌日记》第九册第138页,台北"中研院近史所"1990年影印本。
③ 贾亦斌:《半生风雨录》第155~156页,中国文史出版社1996年版。
④ 《徐永昌日记》第九册第139页,台北"中研院近史所"1990年影印本。

21. 华野伤亡万人的南麻、临朐战役是因"七月分兵"导致的吗？

蒋介石在整编第七十四师被歼后，为挽救山东战局，起用日本战犯冈村宁次为顾问，提出"并进不如重叠，分进不如合进，以三四个师重叠交互前进"的作战方针，由陆军副总司令范汉杰赴鲁中统一指挥，将进攻主力9个整编师24个旅，调集在莱芜至蒙阴不足50公里的正面，对沂蒙山区发起新的进攻。

华野面对国民党军这一阵势，几次寻找歼敌机会都因敌人集中而无果。6月28日，陈、粟致电中央军委："敌重兵密集靠拢，进攻沂蒙山区，歼灭桂系不易，决以一个纵队攻占费县，以四个纵队控制临（沂）蒙（阴）线，其余主力集结待机。"①

29日，毛泽东为中央军委起草复电："蒋军毫无出路，被迫采取胡宗南在陕北之战术，集中六个师于不及百里之正面向我前进。此种战术除避免歼灭及骚扰居民外，毫无作用，而其缺点则是两翼及后路异常空虚，给我以放手歼敌之机会。你们应以两个至三个纵队出鲁南，先攻费县，再攻邹（县）、滕（县）、临（城）、枣（庄），纵横进击，完全机动，每次以歼敌一个旅为目的。""你们还要准备于适当时机，以两个纵队经吐丝口攻占泰安，扫荡泰安以西、以南各地，亦以往来机动歼敌有生力量为目的，正面留四个纵队监视该敌，使外出两路易于得手。"②

为策应晋冀鲁豫解放军即将出击的行动，袭击国民党军后方，打破敌人对山东的进攻，华野决定立即执行中央军委提出的三路分兵的方针，并向中央军委报告了具体部署：

（1）由陈士榘、唐亮率第三、八、十纵队由博山向鲁西挺进；

（2）由叶飞、陶勇率第一纵队和已经南下的第四纵队向鲁南挺进；

（3）野战军指挥部率第二、六、七、九纵队和特种兵纵队，集结于沂水至悦

---

① 中共中央文献研究室、中国人民解放军军事科学院编：《毛泽东军事文集》第四卷第114页，军事科学出版社、中央文献出版社1993年版。

② 同上，第113页。

庄的公路两侧,待机出击。

这就是"七月分兵"。

很快,叶、陶两个纵队攻占费县、峄县、枣庄。陈、唐三个纵队攻占津浦路大汶口至万德段,威胁国民党军后方基地兖州和徐州。国民党军急忙调整部署,抽调沂蒙山区的第五军等7个整编师(军)西援,在沂蒙山区还剩下整编第十一师等4个整编师。

此时,陈、粟和谭震林判断,这4个师也可能要撤,决定首先歼灭驻南麻的整编第十一师,得手后再和叶、陶的两个纵队协力歼灭整编第二十五、六十四师。

7月17日黄昏,南麻战役开始,陈、粟、谭发现对敌情估计有误。原来整编第十一师师长胡琏接受张灵甫被歼灭的教训,6月29日占领南麻后迅速在南麻周围大小山头和村庄构筑密密麻麻的子母堡2000余个,各个据点用交通壕连接,阵地前500米的树木、庄稼一律砍光,驻地村民统统赶走。因此,华野部队每攻克一座碉堡都需要经过激烈战斗,付出伤亡上百人的代价。加之时值雨季,大雨滂沱,部队行动受阻,弹药受潮,赖以攻坚的炸药包完全失效,丧失了进攻的重要手段。战至20日,进展缓慢。胡琏急电蒋介石要求速派援兵。蒋介石颁发手令,严令整编第九、二十五、六十四师等部增援。20日上午,增援部队距离南麻只有10公里,而粟裕手中已无预备队,乃于21日主动撤出战斗。此役歼灭整编第十一师少将旅长覃道善以下9000余人,华野自己伤亡4000余人,第七纵队司令员成钧负重伤。

22日,华野从南麻战场撤出的部队转移到临朐县城西南,获悉国民党军第八军占领临朐。陈、粟、谭决定趁第八军立足未稳,突然攻击临朐。24日,战役命令刚刚发出,天气由晴转为暴雨,临朐城外一片汪洋,弹药受潮失效。华野经两天恶战,攻进城内的7个连与敌人展开巷战。这时,南面敌人的援军已到临朐以南的三岔店并突破阻援部队阵地。30日,陈、粟、谭决定主动撤出战斗。此役歼灭国民党军5000余人,自己伤亡达1.2万人。

战后,粟裕起草了《南麻临朐战役初步总结》的电报,认为仗没有打好有战略指导、战术、时逢雨季三方面的原因。在战略指导方面是:

一、对整个反攻前途固可乐观,但对当前战局亦过分乐观。

二、七月分兵,失去重点。此间四个纵队,虽较(陈士)榘唐(亮)、叶陶两兵团为多,但占整个华野不及九分之四(兵力不如西兵团平均,二、七纵不充实)。西兵团虽有五个纵队,分为两路,亦非重点。因之既无足够打援部队,即不能取得充分的攻坚时间。于是南麻、临朐,滕县①诸役均因此被迫退出战斗。

三、东北及刘邓各军开始反攻,屡获伟大胜利,因而急于求战,致有错失。

四、过去9个纵队集中使用,每战只要求歼敌一个整师,但此次分兵之后,仍作歼敌一个师的打算,兵力与要求不相称,致不能取胜。

五、对敌人土工作业之迅速及守备能力认识不深刻。

六、过去敌人不敢增援,但近来在蒋(介石)顾(祝同)连坐法及所谓"总动员"和高价奖励下,增援攻击甚猛,而我军重心又置于攻坚方面,故南麻、临朐两役均因援敌逼近而撤退。②

8月4日,粟裕把这一份草稿给陈毅、谭震林审阅。陈毅、谭震林都不同意将七月分兵列为仗未打好的原因。谭震林还认为对战局就应该乐观。由于意见不统一,这一电报未发出。③粟裕另行以个人名义起草了一份检讨电报,全文如下:

中央军委并华东局:
　　自五月下旬以来,时逾两月无战绩可言,而南麻临朐等役均未打好,且遭巨大之消耗,影响战局甚大。言念及此,五内如焚。此外,除战略指导及其他原因我应负责外,而战役组织上当有不少缺点及错误,我应负全责,为此请求给予应得之处分。至整个作战之检讨,俟取得一致意见后再作详报。
　　　　　　　　　　　　　　　　　　　　　　粟八月四日午时④

粟裕在没有人追究的情况下,主动把所有的错都揽到自己身上。对此,8月6日,中央军委复电:"粟裕同志支(四日)午(时)电悉。几仗未打好并不要紧,整个形势仍是好的。请安心工作,鼓励士气,以利再战。"

华东局复电:"近月来伤亡均较大,主观上虽可能有些缺点,但也有客观原

---

① 指7月14日叶陶兵团围攻滕县,战至20日,因援军迫近而退出战斗。
② 《粟裕传》编写组:《粟裕传》第623~626页,当代中国出版社2000年版。
③ 粟裕保存了这一封电报的草稿,他逝世后从他的遗物中发现。
④ 《粟裕传》编写组:《粟裕传》第626页,当代中国出版社2000年版。

因。只要善于研究经验,定能取得更大胜利。自七十四师歼灭后,你头晕并久未痊愈,我们甚为怀念,望珍重。"①

对于粟裕的主动认错,陈毅感到不安,他觉得这事不能让粟裕独揽,便于中央军委中共中央华东局给粟裕复电的同日,致电中央军委和中共中央华东局:

  一、……最近粟、我共谈,粟态度可佩,昨夜长谈,对今后共同工作很有好处。

  二、我认为我党廿多年来创造杰出军事家并不多,最近粟裕、陈赓等先后脱颖而出,前程远大,将与彭(德怀)、刘(伯承)、林(彪)并肩迈进,这是我党与人民的伟大收获。两仗未全胜,彼此共同有责,不足为病……

  三、……我们对战役指导部署历来由粟负责,过去常胜者以此。最近几仗,事前我亦无预见,事中亦无匡救,事后应共同负责,故力求教训以便再战,军事上一二失利实难避免,虚心接受必为更大胜利之基础……②

陈毅在电报中不仅把错揽到自己身上,而且还为粟裕说了不少好话。对此,8月11日,毛泽东为中央军委起草致陈毅、粟裕和饶漱石的电报,认为陈毅8月6日电报"所见甚是,完全同意""七月几仗虽减员较大,并未妨碍战略任务,目前整个形势是有利的"③。

毛泽东并未认为粟裕受挫对战局有什么不利的影响。这是为什么呢?

后来陈毅的解释是:"一年来战争出现这样的规律:'此起彼落'。""先打几个胜仗,又碰了钉子,又打了几个胜仗。没有常胜的将军,没有一直打胜仗的军队,也没有一直打败仗的军队。""我党二十余年的历史也是胜败的反复,胜利了就轻敌,种下栽跟头的因素,失败又是胜利的因素。"④

轻敌致败是一般规律。至于南麻、临朐战斗失利,还应加上连发暴雨的客观原因。陈毅作为华野的第一把手,对此自然不宜强调。他不提客观原因是

---

① 《粟裕传》编写组:《粟裕传》第629页,当代中国出版社2000年版。
② 刘树发主编:《陈毅年谱》上册第499~500页,人民出版社1995年版。
③ 中共中央文献研究室、中国人民解放军军事科学院编:《毛泽东军事文集》第四卷第189页,军事科学出版社、中央文献出版社1993年版。
④ 《陈毅军事文选》第421~422页,解放军出版社1996年版。

可以理解的。轻敌、急性加上雨季连发暴雨，应是南麻、临朐战役受挫的主要原因。不过，当时也有些人怀疑"七月分兵"是否正确。粟裕晚年写回忆录认为："我们当年执行军委分兵的方针是必要的。如果我们把眼光局限于山东，在内线坚持几个月，当然是可以的。因为当时山东还有五十多个县城在我手中，而且连成一片，胶东、渤海、滨海三个地区还可以回旋，在内线歼敌的条件还是存在的。但是刘、邓大军在六月底将南渡黄河，军委已经告知我们，我们必须以战斗行动来策应刘、邓大军的战略行动。当然，策应刘、邓大军南渡可以有另外一种方式，如果我们在七月初能集中兵力打一个像孟良崮那样的大仗，将敌人牵制在鲁中，对刘、邓大军的配合将是有力的。无奈当时难以肯定数日内必有战机出现，而刘、邓大军按军委规定日期出动，我们不能以作战行动作有力的配合，这对全局是不利的。这就是我们立即执行军委分兵的指示的主要原因。同时，集中与分散是兵力运用上的一对矛盾。集中优势兵力、各个歼灭敌人是我军的作战原则，所以集中是这对矛盾的主要方面，但并不排除必要时的分散，分散也是对付敌人的一种手段。孟良崮战役发起前，1947年5月上旬，军委曾指示我们不要分兵，我们遵照军委指示改变了计划，但当时我们也不是绝对不分兵，而是留下六纵隐伏于鲁南，后来这一着在孟良崮战役时起了重要作用。我们分路出击就可以将敌人扯散，而我军则可以由分散转为集中，以歼灭孤立分散之敌，也就是先以分散对付集中，再以集中对付分散。"①

粟裕的回忆闪耀着辩证法的光芒，说明其晚年能够站在哲学的高度来审视当年的作为。他的回忆实际上回答了毛泽东及中央军委当时没有追究他的责任的原因。这就是，虽然当时分兵有种种不利条件，但毕竟牵制了大批国民党军，使其不能分身围剿正在千里跃进大别山的刘、邓大军，从而在战略上支援了刘、邓大军，减轻了刘、邓大军的部分压力。

---

① 《粟裕战争回忆录》第511～513页，解放军出版社1988年版。

22. 各解放区作战成绩排名末位的晋察冀野战军是如何打翻身仗的？

1947年7月21日,周恩来在陕西靖边县小河村召开的中共中央扩大会议上发言,对各解放区作战成绩排了一个名次,顺序为:华东、晋冀鲁豫、东北、晋绥、陕甘宁、晋察冀。晋察冀位居末位。①

在1947年上半年,晋察冀解放军开始由被动转为主动,已取得正太战役、青沧战役、保北战役三战三捷,歼灭国民党军5万余人,但正规部队不多,俘虏中高级军官只有少将6名。晋察冀要取得更大的战绩,还需继续努力。于是,晋察冀解放军指战员开始摩拳擦掌,寻找机会打大仗和硬仗,要争取改变晋察冀野战军在全国解放区作战成绩的排名。

正在这时,机会来了。9月间,为了应付东北野战军的秋季攻势,蒋介石挖肉补疮,从华北抽调三个师出关增援。晋察冀野战军乘敌人兵力减少之机,于10月11日派第二纵队围攻徐水,以相机打援。至13日,第二纵队攻占徐水南北两关,14日,第五旅一度攻入城内。国民党军从涿县、霸县方向来援。晋察冀野战军以第三、四纵队北上阻击,双方胶着于徐水、固城、容城之间。晋察冀野战军决定立即向西运动,诱敌西进,待敌分散,在运动中予以各个歼灭。

在此之前,10月6日,蒋介石在北平召开军事会议,7日召见参加会议的国民党军第三军军长罗历戎②。罗向蒋介石汇报完石家庄的情况后,蒋介石说:"石家庄应该固守,可将第三军抽调一师到保定,加强机动部队。"蒋介石问罗:"北调部队由谁率领?"罗历戎考虑石家庄已成孤城,守下去下场不好,便说:"由我带他们北开。"得到蒋介石的批准。③

不久,晋察冀野战军围攻徐水。10月12日,国民党军保定绥靖公署司令

---

① 中共中央文献研究室、中国人民解放军军事科学院编:《周恩来军事文选》第三卷第232~233页,人民出版社1987年版。
② 罗历戎(1901—1991),国民党陆军中将,四川渠县人。黄埔军校第二期毕业。1936年10月任第一军七十八师少将副师长,抗战爆发后参加淞沪会战、兰封战役,1945年1月任第三军中将军长。他是胡宗南系统的将领,抗战胜利后参加内战,1945年11月率第三军驻守交通枢纽石家庄。
③ 罗历戎:《胡宗南部入侵华北和清风店被歼经过》,《文史资料选辑》第二十辑第156页。

长官孙连仲命令罗历戎做好出发准备,以四日行程到达保定。10月15日,罗历戎率第三军军部、第七师和第二十二师一个团,开始北上。

17日,正在阜平史家寨出席边区土地会议的中共晋察冀中央局书记聂荣臻接到罗历戎率部北上、已过正定的情报,立即致电晋察冀野战军司令员杨得志、第二政委杨成武和参谋长耿飚:"石门敌七师并六十六团由罗历戎率领于昨晚渡(滹沱)河北进,当晚停止于正定东北之蒲城一带。今续向北进,上午在拐角铺一带休息。"①"南下打敌如时机仓促,可先派一个团急进至望都以南阻击,主力亦须急进,勿失良机。已令冀晋、冀中用一切努力滞阻该敌。"②

杨、杨、耿只商量了半小时就决定主力南下求歼罗历戎部。他们计算了双方行军的速度,考虑战场不宜离保定太近,因为保定驻有国民党军一个军,决定选在保定以南约35公里的清风店地区。此时,罗历戎部距清风店约45公里,而野战军还在徐水一带,距清风店120公里。野战军必须用敌人近两倍的速度赶往清风店。于是,野战军采用金蝉脱壳之计,一面以一部伪装主力继续围攻徐水,抗击援军,一面调集主力6个旅秘密兼程南下。

与此同时,聂荣臻命令出席土地会议的冀晋军区政委王平统一指挥冀晋军区和冀中军区的地方武装和民兵积极袭扰、死死拖住北进的第三军,迟滞其前进,为野战军到达清风店阵地赢得时间;还命令野战军南下途中各地方军民为野战军准备开水和热饭热菜,以节省野战军支锅造饭的时间。王平此时也在史家寨出席土地会议。17日下午,他接受了任务后,为赶路,连晚饭也没有吃,带着警卫员,一路策马扬鞭飞奔。从史家寨到定县有200里。他们一口气走了130里,到达唐县。王平心爱的战马已活活累死。他换了一匹马继续狂奔,终于在凌晨到达阻击阵地。③

于是,第三军北上时,道路遭到破坏,沿途军民坚壁清野,连水井都给填了,使第三军连喝水都难以解决。更要命的是沿途地雷、冷枪不断。地雷一炸,部队就停止前进,工兵排完雷,才继续走。冷枪打多了,摸不透虚实,有时候还得摆开阵势来应对。晋察冀野战军南下时情景完全相反。

杨得志回忆道:"大路上每隔五十米就有一口大缸,缸里分别装的是开水、带枣的小米稀饭、加了糖的玉米面粥。为了保温,有些大缸的外面包上了厚厚的棉被。想得多周到呀!缸与缸之间是临时架起的锅灶,锅里贴着当地老乡

---

① 周均伦主编:《聂荣臻年谱》(上册)第475页,人民出版社1999年版。
② 《聂荣臻军事文选》第266页,解放军出版社1992年版。
③ 《王平回忆录》第373~374页,解放军出版社1992年版。

爱吃的玉米面饼子。……守候在路两旁的大部分是妇女同志,她们提着篮子,端着簸箕,里面不仅有馒头、大饼、烧鸡、鸡蛋和大红枣、黄柿子,还有军鞋、毛巾、慰问袋和撕成绷带那么宽的新布条……"

17日晚,罗历戎在新乐宿营。而晋察冀野战军南下各纵队则连夜快速前进。19日下午,罗历戎已快到清风店,两次接到飞机空投的情报称:"发现共军大批密集南下,距离你们很近,请急急作战斗准备。"①

但再急也来不及了。晋察冀野战军已将这1万余人包围于清风店地区。20日,晋察冀野战军开始进攻。21日,野战军采取分割战术,把敌人切成若干小块,集中兵力攻击罗历戎及其主力第七师所在地西南合。这一天战斗最为激烈,多处展开白刃格斗。国民党军派来飞机对解放军轰炸、扫射。解放军用机枪对空射击,击落一架,击伤一架。22日凌晨,解放军对西南合发起总攻,至上午10时,将第三军全歼。

战役结束之后,在俘虏中遍找罗历戎无着。独八旅旅长徐德操曾当过军调部石家庄执行小组的中共代表,同当时任石家庄执行小组国民党代表的罗历戎打过交道。最后,徐终于把换上士兵服装的罗历戎认了出来。聂荣臻、罗瑞卿和萧克接见了被俘的罗历戎。罗历戎是黄埔第二期的学生。同曾在黄埔军校任教官的聂荣臻有师生之谊。罗瑞卿曾就读于武汉军校,同罗历戎也算是先后同学,而罗历戎还当过军调部石门(石家庄)执行小组的国民党代表,彼此也可以说久已闻名了。

此战晋察冀解放军歼灭国民党军半个军,抓住了一个中将军长,还有副军长杨光钰、军副参谋长吴铁铮、第七师师长李用章。10月23日,毛泽东为中央军委起草致杨得志、杨成武、耿飚并告各首长电:"你们领导野战军在保定以南歼灭敌第三军主力,俘虏军长罗历戎,创晋察冀歼灭战新纪录,极为欣慰,特向你们及全军指战员致庆贺之忱。"②

晋察冀野战军在清风店战役中第一次歼灭国民党军一个军的主力并俘虏其中将军长,故称"创晋察冀歼灭战新纪录"。然而,晋察冀野战军并不满足已有的战绩,他们又把目光瞄上了石家庄。

石家庄,原为获鹿县的一个村庄,由于是平汉路和正太路、德石路的交会处而成为煤炭、棉花的集散地,逐渐发展为繁荣的市镇,1925年与休门镇合设

---

① 罗历戎:《胡宗南部入侵华北和清风店被歼经过》,《文史资料选辑》第二十辑第157页。
② 中共中央文献研究室编:《毛泽东年谱(1893—1949)》(修订本)下卷第246页,中央文献出版社2013年版。

石门市政公所,1938年设石门市。

自从1947年春天晋察冀解放军发起正太战役扫清石家庄的外围后,石家庄就成为一座孤城。清风店一战,国民党第三军主力被歼,石家庄守敌只剩下第三十二师一个师。而且因主将罗历戎已经被俘,人心浮动。

10月22日,聂荣臻、萧克、刘澜涛、罗瑞卿致电中央军委和中央工委:"现石门仅有三个正规团及一部杂牌军。我拟乘胜夺取石门。军委是否批准此方针,请即复。"①

10月23日,毛泽东复电聂荣臻等,批准了乘胜夺取石家庄的计划,并指出:"清风店大歼灭战的胜利,对于你区战斗作风之进一步转变有巨大意义。"他要求:"完成打石门之一切准备,然后,不但集中主力九个旅,而且要集中几个地方旅,以攻打石门打援兵姿态实行打石门,将重点放在打援上面。"②

同日,朱德起草与刘少奇联名致中共中央军委电:"我们意见亦以打石门为有利,石门无城墙,守兵只有三个团,周围四十里长的战线,其主官被俘,内部动摇,情况亦易了解,乘胜进攻有可能打开,亦可能引起平、保敌人南援,在保、石之间寻求大规模的运动战的机会。"电报还提出:朱德拟即去晋察冀野战军司令部。朱德还起草与刘少奇联名致聂荣臻、罗瑞卿和晋察冀军区副政委刘澜涛、黄敬电:"我们同意乘胜打石门。有可能打开。即不能打开,亦可能引起李文(时任国民党军第三十四集团军总司令)、袁朴(时任国民党军第十六军军长)等南援。在石、保间可能寻求大规模的运动战,对我有利。"③

为了加强对石家庄战役的领导,参加土地会议的晋察冀野战军政委罗瑞卿迅即返回前线,参与了对石家庄战役的准备和指挥。

抗战时期,日军在石家庄开始修筑工事。日本投降后,国民党驻重兵于此,对城防工事不断加固,逐步形成周长60里的外市沟,作为第一道防线,周长30多里的内市沟,作为第二道防线。内、外市沟宽、深均在5至7米。沟外有铁丝网、布雷区;沟内有电网、暗堡。内市沟内还有以大石桥等地的坚固建筑群,作为第三道防线。市郊和市内各重要街巷口均设有钢筋水泥工事。全市共有明碉暗堡6000多个。各阵地间有交通壕和地道相连。石家庄这个"庄"并没有城墙。但有了内、外市沟等三道防线,国民党军便认为固若金汤,可以包守三年。

---

① 《聂荣臻军事文选》第267页,解放军出版社1992年版。
② 中共中央文献研究室编:《毛泽东年谱(1893—1949)》(修订本)下卷第246页,中央文献出版社2013年版。
③ 吴殿尧主编:《朱德年谱》中卷第1278页,中央文献出版社2006年版。

但是,自从罗历戎率第三军主力北上以后,守军只剩下第三十二师和一些保安部队,以及石家庄附近各县的地主武装,兵力并不强。石家庄虽然修了坚固和复杂的工事,但从罗历戎处已缴获了大量地图,包括《石家庄半永久防御工事、兵力部署及火力配系要图》。野战军有了这些地图加之在清风店还缴获了一些大炮,好比是如虎添翼。攻城中遇到的障碍是完全可以排除的。

10月27日,朱德来到设在安国县的野战军司令部。10月31日,野战司令部召开旅以上干部会议,朱德在会上讲话,针对有些部队当时不重视战术技术的倾向,提出了"勇敢加技术"的口号,罗瑞卿就战役的政治工作做了报告,会议确定了进攻石家庄的具体部署。对此,罗瑞卿回忆道:

> 我们遵照毛主席关于集中优势兵力的原则和朱总司令的具体指示,下决心集结了晋察冀野战军主力和冀中、冀晋地方部队共六万余人,超过敌人兵力三倍,不仅在战役部署上做到集中优势兵力,在战术部署上也做到集中优势兵力,决定以一个纵队在石家庄东北方向范谈村、吴家村地段进行主要突破。在火力使用上,我们也学会贯彻这一原则。当时我们有一个初建不久的炮兵旅,只有几十门大炮。
> 我们大胆地把大部分大炮集中使用在范谈村的几十米突破口上。为了增强火力,还把配属步兵的山炮、迫击炮集中起来,和野炮、榴弹炮组成强大的火力队。这样,在关系战役全局的关键地段,把装备处于劣势的炮兵变成了优势,有力地支援步兵突破了敌人前沿。[1]

石家庄战役即将开始,但朱德仍在前线。为了保证朱德的安全,杨得志、罗瑞卿等再三劝朱德离开前线到冀中军区所在地河间县去。在陕北佳县神泉堡的毛泽东得悉朱德在前线,于10月31日致电刘少奇:"朱总到杨、杨处帮助整训一时期很好。但杨、杨举行石门或他处作战时,请朱总回工委,不要亲临最前线。"[2]

同日,朱德到达驻河间的冀中军区司令部,但经常打电话到前线,询问战况。

11月5日晚,各攻城部队在夜幕下渡过滹沱河,向预定进攻阵地开进。罗

---

[1] 《罗瑞卿传》第201页,当代中国出版社1996年版。
[2] 中共中央文献研究室编:《毛泽东年谱(1893—1949)》(修订本)下卷第248页,中央文献出版社2013年版。

瑞卿和杨得志、耿飚乘坐一辆吉普车来到石家庄东南约 20 公里处的南高营，设立了野战军前线指挥所，并同各攻城部队取得了联系。

11月6日拂晓，各部队在炮火掩护下扫清石家庄外围。7日，急袭发电厂，使敌内外沟壕的电网全部失效；随后立即占领机场，断敌空中通道。8日凌晨，第四纵队在城东北主攻方向攻克云盘山制高点。下午，第三、四纵队分别从西南和东北方向突破外市沟，10日，又突破内市沟。朱德获悉后打电话到前线表示祝贺，并让部队注意城市政策，保护好几个大工厂。到11日晚，野战军已占领大部分街道，野司决定12日凌晨向国民党守军核心工事发起总攻。杨得志和杨成武到第四纵队，罗瑞卿和参谋长耿飚在野司掌握全面情况。当日中午，敌师长刘英被俘，守敌 2.4 万人被歼，石家庄全部解放，晋察冀和晋冀鲁豫两大解放区完全打成了一片。

原来，在陕北的毛泽东和在河北的朱德、刘少奇都考虑，当晋察冀野战军进攻石家庄时，国民党军有可能增援，便准备了围城打援。但是，在石家庄战役期间，国民党并未出动援军。可能，蒋介石早有放弃石家庄的意思，否则他不会不派兵援助石家庄的，因此攻打石家庄的机会又被晋察冀野战军抓了个正着。可见，战机不等人，就看能不能在最短的时间内迅速抓住战机。显然，在抓住战机上，解放军比国民党军更胜一筹。试想，如果国民党军罗历戎部17日不在新乐宿营而是连夜急进，19日不是快到清风店而是已经到达保定，那么晋察冀野战军可能就很难抓住清风店战役的战机了。所以说，兵贵神速真是世界上一切战争的永恒真理。

石家庄是解放军攻克的第一座较大的城市。1946年3月18日，东北民主联军攻占长春。但这还不能算是我军从国民党军手中夺取的第一座大城市，因为当时守长春的是被国民党收编的伪满军队。真正从国民党军手中夺取的第一座大城市应当说是1947年11月12日解放的石家庄。

11月13日，朱德致电聂荣臻转晋察冀军区全体指战员："仅经一周作战，解放石门，歼灭守敌，这是很大的胜利，也是夺取大城市之创例，特嘉奖全军。入市后，遵守纪律，迅速恢复秩序极为重要，军队要如此，其他方面亦需如此，要切实办好。"[①]

对于"夺取大城市之创例"，12月1日，朱德在晋察冀野战军干部会上又做了进一步解释："过去人家说我们打不下大城市。你们晋察冀部队曾经打下张家口，人家不承认，说是苏联红军帮助打下的。前一时间，国民党的新闻局局

---

① 《罗瑞卿传》第202页，当代中国出版社1996年版。

长董显光还说,共产党说全面反攻已经好久了,但还没打下一座大城市。不久,我们就打下了石家庄。因此,敌人动摇了防守大城市的信心。保定、北平的敌人怕得很厉害,我们自己却更有了打大城市的信心。以后可以打下第二座、第三座以及许多像石家庄这样的城市。"[1]

后来,罗瑞卿回忆道:"这两个战役(清风店战役和石家庄战役)才算是晋察冀军民打了一个翻身仗。"[2]也正因为如此,晋察冀野战军才得到了毛泽东和党中央的特别表扬,13日,中共中央发出由毛泽东起草的电报:

庆祝晋察冀我军攻克石家庄,歼敌二万余人之大胜利。[3]

---

[1]《朱德军事文选》第626页,解放军出版社1997年版。
[2]《罗瑞卿传》第205页,当代中国出版社1996年版。
[3] 中共中央文献研究室编:《毛泽东年谱(1893—1949)》(修订本)下卷第246页,中央文献出版社2013年版。

23. 林彪、李天佑三战四平，何以功亏一篑？

四平位于沈阳、长春之间，是中长铁路、(四)平齐(齐哈尔)铁路、四(平)梅(河口)铁路的交会点，处在东、西、南、北满的十字路口，是兵家必争的战略要地。在解放战争中，我军和国民党军曾在此地打了四仗：

1946年3月17日，一战四平是一次小仗，我军从国民党军收编的伪满军手中解放四平。

4月18日至5月18日，二战四平，即四平保卫战，我军扼守四平31天，迟滞了国民党军北进的行动，为巩固和建设北满根据地赢得了时间，消灭了国民党在东北的有生力量，摸到了对付美械装备军队的办法。

三战、四战四平，我军实施攻坚战。三战四平没有打好，而1948年3月进行的四战四平，整个战役如摧枯拉朽，仅24小时便占领全城，歼灭国民党军1.9万人，解放四平。四平，经过四次战役才最终取得和平。

三战四平为何功亏一篑？要说清楚这个问题，需要回顾整个战斗的过程。

经过"三下江南""四保临江"，东北战场形势已发生根本性变化。1947年5月19日，林彪接见新华社记者时把东北人民自卫战争划分为三个阶段。第一阶段为从国民党军进攻东北到民主联军主动撤出四平，是敌进我退。第二阶段为三下江南四保临江，是拉锯。而"现在我们已经由拉锯式的战争形势，走向了全面反攻的过渡阶段"[①]。

6月3日，南满和北满的民主联军在四平以南会师。此时，民主联军已肃清吉林、长春以南，四平以东广大地区的国民党军，歼灭近五个师，沟通了东、西、南、北满的联系。

国民党军在民主联军的严重打击下，迅速收缩兵力，坚守长春、四平、沈阳等战略要点。四平再一次成为国共两党必争之地。林彪决定拿下四平。他调一纵、辽吉纵队和六纵十七师，共7个师组成攻城兵团，由一纵司令员李天佑、政委万毅统一指挥。以二纵、三纵、四纵(缺第十一师)、六纵(缺第十七师)及

---

① 《群众》1947年第11期。

第一至第四独立师、东满独立师、西满骑兵第一、二师等部共17个师兵力放在四平以南、东南和以北地区,准备阻击援兵。

此时,守四平的国民党主将是陈明仁。陈明仁是黄埔一期的,抗战期间他带领第七十一军在滇西迭挫日军,被英美军队誉为"杰出的中国名将"。由于陈明仁屡屡抗上,曾几度丢官。1946年1月,陈明仁奉蒋介石之命率第七十一军进入东北。1947年5月,民主联军发动夏季攻势以后,杜聿明要求他守四平,他表示,要同四平共存亡。

日本帝国主义在侵占东北期间,对四平进行了多年经营,在市区建有不少钢筋水泥建筑。国民党军占领后在市内各交通路口、部队驻地、高大建筑物以及铁路以东的教堂,铁路以西的军部、火车站、天桥等重点地区又突击修筑了一系列钢筋混凝土的坚固工事。陈明仁的军部周围遍布铁丝网、拒马、鹿砦,明碉暗堡之间则有盖沟、交通壕相通。核心阵地内有发电机,储存了大量粮弹,足够数月之用。四平周围砌起又厚又高的城堡,城堡有外壕,壕内有木桩和绊索。交通要点和防守弱点均布有地雷和拉索手榴弹。陈明仁曾扬言:"共军装备低劣,一无飞机,二少大炮,对铜墙铁壁的四平,必将是一筹莫展。"[①]

由于四平是坚固设防的城市,林彪对此十分重视。6月10日,他和刚从苏联回国的罗荣桓致电参加攻打四平的部队,指出"四平战斗是一大攻坚战",提出了六条注意事项:

(一)须充分准备才可开始,以期必胜,不可仓促从事。

(二)主攻点须便于发挥黄色炸药与炮兵的作用的地方。

(三)必须集优势兵力火力于重点,采取纵深配置,准备在纵深内进行激烈战斗。

(四)须防敌集中一部兵力向我反冲锋,故一面进展,一面须巩固立脚点。

(五)须发扬部队最高度之坚决性与小部队猛烈迅速、死打硬拼的精神,动作越迟缓犹豫,伤亡就会越大;但每一阶段的前进,均须作必要准备,街市战斗应打通房屋前进,而不可挤在街上。

(六)须准备一方面在战斗中力求乘胜猛烈扩张战果,迅速解决战斗,但同时须有对付数天才能解决战斗的精神准备,并须决心较大

---

① 《万毅将军回忆录》第193页,中共党史出版社1998年版。

的伤亡。①

林彪虽然自己认为十分重视这一战斗,但是,他的侧重点仍在围城打援,因此攻城只用了7个师,打援则准备了17个师。

对于这一部署,辽吉纵队司令员邓华提出了不同意见。他提出,要攻占四平,必须集中优势兵力。他认为攻四平7个师太少,建议增加一个纵队,增加两个师也可以。但是这一建议没有完全被采纳。林彪只增加了一个师。后来的结果证明邓的意见是正确的。

6月11日,民主联军开始扫清四平外围。

13日晚,攻城各部冒雨接敌。二师四团二营攻克新立屯,从西面接近四平城区。西面是民主联军进攻的重点。

14日,民主联军的炮兵陆续进入阵地。国民党军出动18至20架飞机轮番轰炸、扫射民主联军炮兵阵地。民主联军炮兵一面对空射击,一面强行进入阵地。晚7时45分,敌机因天黑而离去,炮兵立即向敌阵地猛轰,8时17分,步兵开始冲锋。二师四团一营仅用28分钟就翻越城墙攻入了城内。

15日凌晨,一师一团也从屠宰场方向突破。但是,一纵三师和七纵的突击却未奏效,致使守军可以从内部调动兵力对攻入城内的民主联军实施反击。战斗空前激烈。一夜之中,民主联军攻入城内各部分别击退守军的反击10次至15次。民主联军伤亡很大,有些连只剩下七八个人。

四平战况的惨烈,使中外媒体十分震惊。

当时的香港《华侨日报》沈阳特讯写道:

> 四平街之争夺战愈演愈烈。16日上午共军以四个团兵力冲入市区,当与国军发生惨烈白刃战,战况之惨得未曾有,为东北历次战斗所仅见。②

在几天的战斗中,陈明仁集中火力,在飞机的助战下节节抗击。民主联军攻占的阵地,陈明仁即用火焰喷射器将其烧毁,使攻占这些阵地的民主联军无法立足。

---

① 《罗荣桓年谱》第493~494页,人民出版社2002年版。
② 梁必业:《第一纵队四战四平》,《辽沈决战》(续集)第76页,人民出版社1992年版。

为了避开空军骚扰,民主联军都在夜里进攻。但是夏天昼长夜短,凌晨3时多天就亮了。飞机从凌晨3时到晚上9时不停地在阵地上空轰炸、扫射,这一批刚走,那一批又到,两批之间的间隔不超过两分钟。民主联军攻城部队伤亡惨重。

17日,东北民主联军总部参谋处处长苏静建议调擅长巷战的六纵十七师参加攻城。当晚,十七师四十九团首先投入市区战斗,连克七座地堡。但随后进展不大。战斗双方呈胶着状态。

19日,林彪、罗荣桓致电各纵队:"四平战斗,意义重大,但敌抵抗亦极顽强,我军拟准备再用一星期的时间,共付出至少一万人左右的伤亡,以争取此一胜利。我南北满地区,决死力阻止敌之增援,且一定能阻止。望我各部以死打硬拼的精神克服困难,顽强进攻。但每次冲锋事先须有充分准备,奏效后,应冒险猛烈扩张,以加速解决战斗。"①

20日,林彪、罗荣桓致电各纵队:"我军须坚决打到底,准备以一万五千人的伤亡,换取胜利。但为了能减少敌抵抗决心,对四平敌东北方向,注意开放,让敌突围,然后在追击中求得歼灭。"②

林彪之所以下如此大的决心,是因为战争已经发展到必须攻坚的阶段。此时国民党军都聚集在坚固设防的城市中。他们害怕在运动中被消灭,轻易不出来。林彪很想通过进攻四平取得攻坚的经验。下午6时,十七师向核心守备区之敌发起进攻。四十九团二营从西南角突破,占领省政府、中山纪念堂、七十一军军部大楼,俘虏该军特务团团长、陈明仁的胞弟陈明义以下2000余人。

21日,民主联军全部占领四平的中长铁路以西部分。陈明仁带着直属队和卫队退守铁路以东。当日,林彪和罗荣桓致电各纵队并报中央军委:"四平战斗已八昼夜,敌顽强抗击,逐屋争夺。目前我已占领半个城市,我伤亡已逾八千,决以一星期的时间将此仗打到底,以达到完全消灭敌人和打垮敌守城信心。"③

同日,七纵向四平东部康德火磨坊地区进攻。四平东部和西部之间纵贯着中长路。陈明仁的部队在多条铁道上放置了横七竖八的机车、车皮和杂物,使之不能穿越。他们在东西部之间唯一通道——天桥上撒了一层黄豆,并配

---

① 1947年6月19日林彪、罗荣桓致东北民主联军各纵队电。
② 《罗荣桓年谱》第495页,人民出版社2002年版。
③ 同上,第495~496页。

以机枪火力。我军战士们从铁路上通不过,从天桥走时又屡屡被黄豆滑倒,而遭敌军射击。七纵虽一度突到路东,并占领一排房屋,但又被敌火力压回路西。独一师师长马兴仁不幸中弹牺牲。后来,东北行政委员会决定把四平的"共荣大街"改名"兴仁大街",以纪念这位年轻的师长。

24日,毛泽东复林彪、罗荣桓21日电:

> 八天作战占领四平一半,你们决心再以一星期时间歼灭四平之敌,占领此战略枢纽,极为正确。四平占领,不仅对我军建立攻坚信心关系甚大,而且对全国正在斗争的广大群众是一大鼓励。①

此时,在东北民主联军的猛烈攻击下,陈明仁已退至四平东北角。所幸尚有伪满时期埋设的电话线路能够同沈阳沟通。陈明仁就通过这条电话线不断向在沈阳的杜聿明求救。②

为了解救四平,杜聿明竭其所能,调集了他能抽出的全部机动兵力10个师,于29日从长春和沈阳两面向四平推进。

林彪决定留一部佯攻四平,集中9个师去迎击由沈阳北上之敌。但由于国民党军队形密集,啃不动,民主联军于莲花街消灭国民党援军一个团并于威远堡一带击溃一部后,林彪下令撤出战斗。

7月1日,林彪、罗荣桓致电毛泽东:

> 四平战斗,自十四日总攻开始,至二十六日,经十三日激战,我军俘毙伤敌三万余,我伤亡一万三千人。由于敌逐房逐堡顽抗,后数日敌进行地洞战,在我军进攻时,敌从地洞中逃跑,故战斗后,我伤亡大,而甚难俘获敌人。敌现以九个师向四平增援。我攻城部队已于前晚离开四平,我外围部队昨日已开始打援,但对于敌人具体位置与番号不明,我作战部队员额不充实,而又有轻敌情绪,昨今两日战斗成绩均甚小,但战斗尚在进行中。拟经此战后,即休整补充部队。③

---

① 中共中央文献研究室编:《毛泽东年谱(1893—1949)》(修订本)下卷198页,中央文献出版社2013年版。

② 参看熊新民:《一九四七年四平战役回忆》,《文史资料存稿选编·全面内战(上)》第805页,中国文史出版社2002年版。

③ 《罗荣桓年谱》第496~497页,人民出版社2002年版。

四平攻坚战虽然歼灭国民党军3万余人,但民主联军伤亡也有1万多,四平仍然没有攻下来。陈明仁因为这一仗,得了一枚青天白日勋章,升为兵团司令。

四平之所以未打开主要是因为事先对敌情侦察不够,以为守军只有1.8万人,打到后来才知道是3.4万。由于对敌情估计不足,攻城兵力一开始不够集中,一面打一面添油,终于未能打下。

为了吸取攻四平失利的教训,7月2日,林(彪)、罗(荣桓)和东北民主联军参谋长刘亚楼致电各纵队并报中央军委:"四平战斗及此次威远堡以北以东的作战均未打好,有的系因对能否胜利的具体条件缺乏冷静的估计,轻浮急躁求战与仓促急进攻击,表现有唯心的精神和轻敌的冲动性,且缺乏老练的思考和实事求是的精神,有的系因战斗组织的浮躁潦草,未等待兵力集结,未注意迂回切断,致形成击溃战,缴获不多。有的系因分散兵力同时进攻几处敌人,以致对欲攻击之目标,不能形成绝对的优势兵力,因而也就不能对该目标形成包围迂回和充分的重点突破,结果打成得不偿失的击溃战,或成为相持不决消耗力量的不利的战斗。"①

林彪也进行了自我批评。据打四平时的第一纵队副政委周赤萍回忆,在战后总部召开的干部会议上,林彪曾先后三次站起来说:"四平没有打下来,不要你们负责,完全由我负责。主要是我情况了解得不够,决心下得太快。不马上攻,以围城打援为最好。先消灭敌人的援兵再攻城,就肯定攻下来。另外,这次攻城还暴露了我们攻坚的战术差,这也主要是我平时研究得不够。"②

周赤萍的回忆录写于20世纪60年代,笔端对林彪有所渲染。笔者又问了当时总部的参谋阎仲川。据他回忆,林彪确有自我批评,但站起来讲三次却也未必。不管怎么说,能讲出这么一篇自我批评的话来,对爱惜羽毛的林彪来说,是十分不容易的。这说明此战失利对林彪刺激很大。从此以后,四平的阴影一直笼罩着他,使他怯于攻坚,或者说对攻坚战特别谨慎,以致影响到后来的打长春、攻锦州。直到打下锦州,这一阴影才从他的头顶移开。

但毛泽东对此次四平攻坚失利,并未提出批评,因为这是民主联军,也是中国人民解放军队第一次进攻国民党军坚固设防的城市,需要积累经验。

---

① 《罗荣桓年谱》第497页,人民出版社2002年版。
② 周赤萍:《东北解放战争时期的林彪同志》,《中国青年》1960年第4期。

20世纪80年代,由韩先楚上将牵头并署名撰写的《东北战场与辽沈战役》①对这次战役进行了总结,文中写道:

> 这次四平攻坚战是个不成功的战例。首先在敌情判断上,低估了敌人的战斗能力。我在夏季攻势胜利形势下,主要指挥员产生了轻敌急躁情绪,认为七十一军是败兵,人数不过二万,好打,没看到敌人虽然有两个师被大部分歼灭不久,但敌人恢复建制和补充之后,依托工事仍有相当战斗能力。而且,敌人人数经查明为三万四千人。由于轻敌,战术上、物质上都缺乏认真准备,也没有认真集中兵力,攻城部队七个师(后来六纵代替一纵进入攻城),加炮兵约两倍于敌,但优势不大,在兵力使用上又是逐次投入战斗,形成添油战术。加之,多数部队尚缺乏对设防大城市攻坚战的经验,纵深战斗伤亡较大,发展缓慢,又变更部署,在战场指挥上,突破点选择不当,主攻方向既不是敌人弱点,也不是敌人要害,临战时影响了攻坚准备。更由于兵力优势不大,不能多方钳制分散敌人兵力,城北、城东没有任何配合,主要突破地段虽然突破很快,但另一突破地段延迟了四天才突破,形成一面平推,致使敌人兵力火力更加集中,打成胶着状态。在敌人飞机集中轰炸下我伤亡较大。②

当时率领国民党军从沈阳、铁岭增援四平的郑洞国后来回忆:"当然,今天回顾起来,解放军在那次夏季攻势中,也曾出现过一些失误。例如,解放军5月19日在大黑林子地区歼灭第七十一军第八十八师之后,倘乘胜向四平街攻击,当时国民党军在混乱的情况下,不仅四平街守不住,就是第七十一军也有全部被歼的可能。由于解放军忙于分兵略地,攻取东丰、西丰、昌图、开原等地,使陈明仁将军得到将近一个月的装备时间,整顿部队,安定人心,加强防御工事,解放军因而失去了一个重大胜利的机会。此后在四平街攻坚战中,解放军又犯了轻敌急躁、战术运用失当的错误,致使师久无功,兵员亦受到较大损失,最后不得不实行战略退却。"③

---

① 为纪念辽沈战役40周年,由韩先楚组织力量收集档案资料,对在东北参加过解放战争的将领和老干部进行采访,撰写了《东北战场与辽沈战役》,初稿写成后分发给原在东北工作的老同志征求意见,又邀集部分当时纵队一级干部座谈,修改定稿。这一篇文章虽由韩先楚署名,实为集体创作。
② 《辽沈战役》上册第100页,人民出版社1988年版。
③ 《我的戎马生涯:郑洞国回忆录》第316~317页,东方出版社2012年版。

俗话说:"机不可失,时不再来。"郑洞国所说的是林彪决定打四平晚了。我们可以联想到濉杞战役。粟裕为抓住战机,不等查明区寿年兵团的情况就将其合围,结果是将区兵团歼灭。林彪没有及时抓住打四平的战机,也确实是四平战斗失利的原因之一。

24. 毛泽东与林彪在打长春的问题上有什么纠结？

自从1948年2月7日毛泽东在致林、罗、刘的电报中提出"对我军战略利益来说，是以封闭蒋军在东北加以各个歼灭为有利"①以来，辽沈战役的决策就开始酝酿。在长期酝酿的过程中，长春是一个经常提到的词。林彪曾经围绕是否打长春、如何打长春产生过纠结。

3月15日，冬季攻势结束。东北人民解放军共歼灭国民党军8个师并争取了1个师起义，总计15.6万人，把在东北的国民党军压缩在长春、沈阳、锦州这三个孤立的地区。此时，东北民主联军已有12个纵队，加上炮兵纵队、铁道兵纵队和15个独立师、3个骑兵师，总兵力达70万人，数量上已超过在东北的国民党军，已具备了同国民党军进行战略决战的条件。但是，决战究竟应该在哪里打，怎么打？颇受攻四平受挫阴影困扰的林彪在双城那间挂满军用地图的房间里，苦苦思索。

此时，他的对手卫立煌是国民党军中一个老资格的名将，抗战中曾指挥过忻口战役。1938年4月，卫立煌路过延安时，还专程去看望正在治疗枪伤的林彪，同林彪是老相识。卫立煌到东北时，手中还有55万人马。他决定采取"集中兵力，重点守备，确保沈阳、锦州、长春，相机打通北宁线"的方针，使长春、沈阳、锦州都集中了重兵。长春：10万人，由东北"剿总"副总司令兼第一兵团司令官郑洞国率领；沈阳及其周围本溪、抚顺、铁岭、新民地区：30万人，由卫立煌直接指挥；锦州、锦西：15万人，由东北"剿总"副总司令兼锦州指挥所主任范汉杰率领。

究竟应该怎么打？

按林彪惯常的打法，可以围城打援。但卫立煌却是你有你的千条计，我有我的焉主意。你怎么围城，他也只是缩着头不出来。因此，要打只能是使用大

---

① 中共中央文献研究室编：《毛泽东年谱（1893—1949）》（修订本）下卷第279页，中央文献出版社2013年版。

兵团进行攻坚战。对此,林彪3月间在野战军参谋会议上解释这次会议的主题是"大兵团、正规化、攻坚战"时说:"大兵团是客观的变化,攻坚战也是客观的变化,不攻坚则无仗可打,因为敌人不来增援。"①

攻坚,在东北就是长春、沈阳、两锦(锦州、锦西)这三块。这三块哪一块都是比四平更硬的骨头,都更加难啃。其中沈阳是硬中之硬,林彪暂时还不考虑它。剩下的就是北面的长春和南面的两锦(锦州、锦西)。林彪对这两块掂量来掂量去,就是下不了决心。

长春,离北满最近,后方补给不成问题。敌人守军有10万,在这三块中不是最难打的。但是打长春可能迫使敌人向南撤,增加以后打沈阳、两锦乃至入关作战的困难。

攻两锦符合毛泽东"封闭蒋军在东北加以各个歼灭"的设想。但是补给线太长,粮食、油料供应困难,大军南下,万一锦州攻不下来怎么办?1947年6月打四平,我军兵力两倍于敌,血战半个月,伤亡8000人,好不容易拿下了大半个四平,眼看就剩下东北角了,可杜聿明一增援,由于援军太集中,我军打援不成,结果是功亏一篑,不得不撤出战斗。打两锦会不会重蹈打四平的覆辙?万一打不下来,华北的傅作义几十万人北上,沈阳的卫立煌又断了后路,怎么办?即使部队能够撤出去,但汽车呢,大炮呢?没有回程的汽油……要按作用说,自然是攻两锦好,但从哪个好打说,还是打长春的风险要小一些。

4月18日,林彪同罗荣桓、高岗、陈云、李富春、刘亚楼、谭政等经过反复讨论,致电中央军委,提出:"东北我军在目前进行的政治、军事训练结束后,拟于5月中下旬,集结九个纵队攻打长春和阻击援敌,力求在半个月左右时间内打下长春,结束战斗。目前只有打长春的办法好。其他意见,如打铁岭、抚顺、本溪、新民,如打义县、攻锦州,如向锦州、唐山之线进击,所遇敌军甚强,我军粮弹衣服不济,困难比较多,故均不适应。"②

这封电报中所说"打义县、攻锦州"和"向锦州、唐山之线出击"可以"封闭蒋军在东北加以各个歼灭",对此林彪很难否定,因此,他不想正面提出异议,要予以淡化,所以要将其归于"其他意见",轻描淡写地予以处理。

林彪等此时之所以在作战方向上同毛泽东意见不一致,是因为他们和毛泽东考虑问题的角度有些差别。毛泽东是总揽全局,而林彪等处于东北这个局部,对这个局部的困难就要想得多一些。

---

① 《林彪军事论文选集》第283页,北京军区司令部1971年10月编印。
② 《罗荣桓年谱》第540~542页,人民出版社2002年版。

此时,我军还没有攻占过10万国民党军防守的省会以上的城市。攻长春正可以取得这一方面的经验。

4月22日,毛泽东复电表示"同意你们先打长春的意见",但指出:"我们同意你们先打长春的理由是先打长春比较先打他处要有利一些,不是因为先打他处特别不利,或有不可克服之困难。你们所说打沈阳附近之困难,打锦州附近之困难,打榆锦段之困难,以及入关作战之困难等,有些只是设想的困难,事实上不一定有的。有些是实际的困难,在你们打开长春南下作战时会要遇着的。特别在万一长春不能攻克的情况之下要遇着的。因此,你们自己,特别在干部中,只应当说在目前情况下先打长春比较有利,不应当强调南下作战之困难,以免你们自己及干部在精神上处于被动地位。"①

5月24日,东北人民解放军一部奔袭在郊区抢粮的守长春的国民党军,准备乘虚攻入长春。国民党军两个团被歼后缩回长春,战斗未能继续发展。经过这一战斗,林彪发现部队对进攻坚固设防的大城市,在战术、技术上均准备不足。

5月29日,林彪、罗荣桓、刘亚楼致电中央军委,报告了24日战斗情况,并提出,长春守军有10万人以上,防守工事甚为坚固,"除城周围布有强固工事外,城内则密布纵深抵抗的巷战坚固工事","依据敌之战力、兵力、工事,综合来看,则我军攻长春即会付出最重大的伤亡,最后仍可能无法解决战斗。此种战斗非一个猛攻所能拿下,而必须逐屋逐堡夺取,费时须长,在敌炮火与飞机轰击下,每日人力消耗甚大甚快,有可能打到我最大部分部队每连只剩一二十人或二三十人,无力继续维持攻击,而敌仍能保留半个城市,使我无法啃下。那时在城内敌火力下拼消耗,必致形成自然的停止攻击与退出战斗,使部队实力与士气遭受重大的损伤。此种结果对我甚为不利"。

这一段电文,是林彪在表述他想象中打长春的过程,但实际上几乎是在复述第三次战四平的过程,可见四平阴影在他心头之深。

林彪接着写道:"二十四日战斗结束以来,我们连日反复考虑,并经东北局常委会开会讨论,又照顾各纵、师首长对攻长春所表示的信心并不甚高,因此我们建议改变硬攻长春的决心,改为对长春以一部分兵力久困长围,准备乘其撤退时在途中追歼该敌,而使我主力转至热南承德、古北口之线一带作战的方针。"②

6月5日就东北部队行动问题,林彪和罗荣桓致电中央军委,提出了三个

---

① 中共中央文献研究室编:《毛泽东年谱(1893—1949)》(修订本)下卷第304页,中央文献出版社2013年版。
② 《罗荣桓年谱》第546页,人民出版社2002年版。

方案：

（1）目前即正式进攻长春；

（2）以少数兵力围困长春，封锁粮食，主力到北宁线、热河、冀东一带作战；

（3）对长春采取较长期的围城打援，然后攻城的办法，时间准备两个月到四个月。在此期间力求争取打援，同时进行练兵。

在这封电报中，林彪又采用他惯用的比较法来进行论证。为了说明第三个方案可行，他首先论证第一、第二方案的不可行。电报说："如采取第一个方案，目前即正式攻长春，则又是一个无把握的仗，成功可能较少，不能成功的可能则较多。我攻城新老兵力与敌对比还不到三与一之比，而打援兵力只有两个新成立的纵队。在此种力量对比的条件下，我攻城部队在战斗过程中力量的消耗，没有把握能维持到最后取得胜利，而有可能歼敌和占城一半后，因我各连队所剩人数太少，出现僵持状况，日夜在敌飞机大炮下，遭受杀伤消耗。敌见我力量消耗甚大，必北上增援，我又因阻援兵力不够，攻城兵力已被消耗，则援敌可能与长敌会合，使我军不得不退出战斗。"

在这里，林彪脑海里出现的仍然是四平战斗。他害怕打长春像打四平一样，占了半个城，伤亡很多，对援敌攻不动，最后"不得不退出战斗"。

如果执行第二方案呢？"则南下主力仍可能到处打空，或遇着（同长春）同样力量集中不便我打的敌人，结果也只能围困敌人，但这种行动又增加一个粮食补给的条件。"

换句话说，南下将要围困另一个长春，围困还会遇到粮食不足的困难。结果便是"长春之敌无疑的会在沈阳之敌接应下退回沈阳"，"造成两头失利"。

电报说："目前以采取第三个方案为好，即对长春采取较长期的围城打援，并最后攻城的方法。估计敌被困饿到极点时，沈阳敌可能被迫增援，因而我们以长春为钓钩就可能求得打运动战的机会。如能求得运动战，则对我最有利。如万一无运动战可得，则我军经过了数个月的训练，战术技术必大大提高，而敌人经过数月困饿，战力必大大降低，我军那时发动对长春的总攻击，则必能迅速解决战斗，在敌增援部队未到以前结束战斗，而求得攻长春的完全胜利。""这一行动除多费几个月的时间外，没有其他坏处。"

电报随后又不怕重复，反复说明，立即攻长春，会变成另一个四平战斗，南下则可能出现两个四平战斗，唯有对长春久困长围为最佳选择。[①]

[①]《罗荣桓年谱》，第 547～548 页，人民出版社 2002 年版。

毛泽东在同朱德等磋商后,同意了林彪等提出的对长春实行长围久困然后攻城的第三个方案。6月7日,毛泽东以军委名义致电林、罗、刘,在基本同意第三个方案的同时,指出:"在攻长春的三个月至四个月时间内,你们必须同时完成下一步在承德、张家口、大同区域作战或在冀东、锦州区域作战所必须的粮食、弹药、被服、新兵等项补给的道路运输工作。"①

林彪虽然希望卫立煌对长春守军出手援救,但卫立煌就是不动。打援不成,攻城也不成,东北野战军主力长期停留在长春至四平地区,实非长久之计。

一个月之后,东北局再次讨论作战问题。7月20日,林、罗、刘致电中央军委,提出:"最近东北局重新讨论了行动问题,大家均认为我军仍以南下作战为好,不宜勉强和被动地攻长春。我们意见东北主力待热河秋收前后和东北雨季结束后,即是再等一个月到八月中旬时,我军即以最大主力开始南下作战,首先以奔袭手段分别歼灭义县、锦西、兴城、绥中、山海关诸地之敌,然后迅速进行夺取承德和打援的战斗。我军南下最大的困难是粮食的接济,但可以解决。在平绥线作战,则须要晋察冀配合作战。"②

22日,毛泽东复电林、罗、刘并告东北局:"向南作战具有各种有利条件,我军愈向敌人后方前进,愈能使敌方孤悬在我侧后之据点被迫减弱或撤退,这个真理已被整个南线作战所证明,亦为你们的作战所证明。攻击长春,既然没有把握,当然可以和应当停止这个计划,改为提出向南作战的计划。"毛泽东又重提他在4月22日电报中的观点说:"在你们准备攻长春期间,我们即告诉你们,不要将南进作战的困难条件说得太多太死,以致在精神上将自己限制起来,失去主动性。现在你们已经将注意力移到向南作战方面,研究南面的敌情、地形、粮食等情况,看出其种种有利的条件,这是很好的和很有必要的。""现在距八月中旬还不足一个月,你们的政治动员和准备粮食等项工作,必须加紧进行,否则八月间还不能在北宁、平承(德)、平张(家口)等线打响。"毛泽东还接受了林彪的建议,命令华北军区组成西进兵团,以杨成武为司令员,进军绥远,以便分散傅作义的兵力,便于东北野战军在北宁线作战。③

至此,林彪终于下了南下北宁路作战的决心,但是对长春的纠结还没有完。10月2日,东北人民解放军前线指挥部的列车已经南下,到达郑家屯时,

---

① 中共中央文献研究室、中国人民解放军军事科学院编:《毛泽东军事文集》第四卷第479~481页,军事科学出版社、中央文献出版社1993年版。
② 《罗荣桓年谱》第555页,人民出版社2002年版。
③ 中共中央文献研究室编:《毛泽东年谱(1893—1949)》(修订本)下卷第326~327页,中央文献出版社2013年版。

林彪获悉国民党军新五军和第九十五师已经海运到葫芦岛。他认为只准备了一桌菜,可来了两桌客人,怕锦州打不下来,于当日晚10时致电中央军委,又想回师打长春。幸而次日凌晨罗荣桓和刘亚楼劝说他应坚持打锦州,又重新向中央表示了攻锦的决心,对长春的纠结才结束。

25. 粟裕怎样"斗胆直呈"，建议军委推迟要其渡江南下的决策？

粟裕向中央军委提出关于在中原地区打大歼灭战的建议共三次，即 1948 年 1 月 22 日、1 月 31 日和 4 月 18 日。其中只有第三次可以称作建议中央军委推迟关于派遣东南野战军渡江南下的决策。

我们要回顾粟裕提出这三次建议的情况，先说一说当时战场的形势。

1947 年 7 月以来，刘邓、陈（赓）谢（富治）和陈粟三路大军呈品字形在江淮河汉之间的中原地区纵横驰骋，完成了开创中原解放区的战略任务。但此时在中原地区，虽然解放军在战略上和政治上已占优势，但国民党军在人数和装备上仍占优势。大别山区的刘、邓大军在国民党军重兵围困下，处境困难；陈、粟和陈、谢大军也难以寻找到打大歼灭战的战机。

粟裕对如何在中原发展战略进攻进行了认真、反复的思考，于 1948 年 1 月 22 日发出了致中央军委和刘、邓的电报，提出他的战略构想和相应的建议。[①]

粟裕说：

> 目前敌人虽已被迫作全面防御，但尚有一定兵力，作为其攻势防御之机动使用。……因此，目前江北（中原、鄂豫陕及豫皖苏）敌我是处在反复的拉锯形势中。这种形势，本给我们以有利而且多的运动战机会，但由于新区反动势力未完全打倒，反动武装未肃清和新区群众尚未完全发动，故使我们难以保留和及时捕捉战机。而敌人多采取避实击虚的战法，我兵力分散时则进犯，我集中兵力时则后缩，敌我兵力相等则与我纠缠，不让我安定休整。在上述情况下，我一个战略区之兵力对当面之敌作战，则难取全胜；如待三个战略区兵力集中，则又失去战机。而敌人则利用其较我优良的运输条件和建制的临机变动，以集中或分散对付我军。但我军则因缺乏固定补给来源和足够的运输能力，又不便长期集中强大的兵团于一个地区（或方向）作战。因此，建议三军

[①] 由于 1 月的电报代码是"子"字，22 日的电报代码是"养"字，这一封电报亦称"子养电"。

(刘、邓、陈谢和我们)在今后一个时期,采取忽集忽分的作战方式,以求较彻底地歼灭敌人一路(我们一军如不担负打援,兵力是够用的)。只要邻区能及时协同打援或钳制援敌迟进,歼敌一路是很可能的。在此区歼灭战结束,敌向此区集中,则我又分散或转至邻区,总以何区便于歼敌,即向何区集中。如此能有两三次歼灭战,则形势可能变化。管见是否有当,请示知。如认为可行,则请刘邓统一指挥。管见所及,斗胆直陈。是否有当,尚盼裁示。①

粟裕这一封电报的主旨是建议刘邓、陈谢、陈粟三路大军互相配合,在中原打歼灭战。当粟裕起草这一封电报时,中央军委已经搁置了1947年7月制订的派遣野战军跃进江南的方案,②而军委新的跃进江南的计划尚在酝酿之中。对此,粟裕并不知情。因此这一封电报不存在改变中央军委决策的问题。粟裕用"斗胆直陈"这样的词语表现的是谨慎和小心。

毛泽东接到子养电时正在对中原战局进行筹划。为此,他电召陈毅到达中共中央驻地陕北米脂县杨家沟,于1月19日至21日听取了陈毅关于华东野战军情况的汇报。

毛泽东逐句圈点了子养电,在送周恩来、任弼时和陈毅传阅时,特别标注"再送毛"。他尽管反复阅读了粟裕的电报,但并没有采纳粟的建议。27日,他为中央军委起草致粟裕电:"关于由你统率叶、王、陶三纵在宜昌上下渡江南进,执行宽大机动任务问题,我们与陈毅同志研究有三个方案。"电报在叙述和分析了这三个方案的渡江时间及其利弊后说:"以上三案各有优劣,请你熟筹见复。"③

---

① 《粟裕文选》第二卷第432页,军事科学出版社2005年版。
② 1947年7月23日,毛泽东为中央军委起草的命令刘、邓立即南下建立大别山根据地的电报中曾提出由叶飞、陶勇两纵队出闽浙赣的战略设想。(《毛泽东年谱(1893—1949)》(修订本)下卷第208页,中央文献出版社2013年版)9月17日,陈、粟在向中央军委报告华野西兵团情况的电报中说:"如中央最近期内,准备以一、四、六纵向长江以南出动时,则拟将一、四纵开(黄)河北整补一个月,待南下,执行新任务。"(《粟裕文选》第二卷第370页,军事科学出版社2004年版)22日,周恩来为中央军委起草复电:"半年内,不拟派一、四纵去江南。"(《粟裕文选》第二卷第371页,军事科学出版社2004年版)10月15日,毛泽东致电陈毅、粟裕:"战局可能发展很快,六个月内(十月至三月),你们各纵在河淮之间作战……六个月后(约在明年四月,你们须准备以一个或两个纵队出皖浙赣(不是闽浙赣)边区。"(《毛泽东年谱(1893—1949)》(修订本)下卷第244页,中央文献出版社2013年版)11月28日,毛泽东为中共中央起草致粟裕电:"在明年八月以前不准备派主力部队渡江,各部均要在现地安心工作与作战。"(《毛泽东年谱(1893—1949)》(修订本)下卷第254页,中央文献出版社2013年版)。
③ 中共中央文献研究室编:《毛泽东年谱(1893—1949)》(修订本)下卷第271~272页,中央文献出版社2013年版。

陈毅热烈主张跃进江南。他赋诗道："五年胜利今可卜[1]，稳渡长江遣粟郎。"[2]

1月31日午时，粟裕再次复电，提出了渡江南进时间和路线的两个方案，同时复述了他1月22日电报的意见。

粟裕写道："职对于中原战局的认识，除已于子养电呈外，认为我军以原有的政治优势，于反攻中又取得了战略优势，但在数量上及技术上并非优势。加以土改又为反攻中最主要政治内容，故进展较慢。在军事上，如能于最近打几个歼灭战，敌情当有变化。因此于最近时期，将三个野战军由刘、邓统一指挥，采取忽集忽分（要有突然性）的战法，于三个地区辗转寻机歼敌（华野除叶、王、陶外可以三至四个纵队参战），是可能于短期内取得较大胜利的。如是则使敌人机动兵力大为减少，而我军在机动兵力的数量上，则将逐渐走向优势；同时也可因战役的胜利，取得较多的休整与提高技术的时间。如果我军再能在数量上及技术上取得优势，则战局的发展可能急转直下，也将推进政治局势的迅速变化。"[3]

粟裕这一封电报是在执行中央军委关于渡江南进决策的前提下，提出在中原地区，由三个野战军配合寻机歼敌。电报特别指出，"除叶、王、陶外"，因为他们要准备执行渡江南进的任务。因此，这一封电报也不存在建议推迟中央军委决策的问题。

2月1日，毛泽东为中央军委起草复电，表示完全同意粟裕提出的渡江作战方案，并指令3月下旬出动。

2月4日，陈毅离开杨家沟东返。他带了毛泽东手书的组建东南野战军的决定，由陈毅任东南野战军司令员兼政委，粟裕任副司令员，邓子恢任副政委。东南野战军第一兵团由华野第一、四、六纵队组成，由粟裕兼任司令员及政委，叶飞任副司令员，张震任参谋长，钟期光任政治部主任。成立中共中央东南分局，由粟裕任书记，叶飞、金明任副书记。[4]

从2月下旬起，粟裕率华野第一、四、六纵队、两广纵队和特种兵纵队到濮阳整训，进行渡江准备工作。开展新式整军运动，为渡江作战打下良好的思想

---

[1] 1948年1月11日，周恩来在西北野战军前委扩大会议上做全国战争形势报告时指出："我们可以这样看，三五年消灭蒋介石，夺取全国胜利，我们要有这个信心。"
[2] 《粟裕传》编写组：《粟裕传》第667页，当代中国出版社2000年版。
[3] 《粟裕文选》第二卷第443页，军事科学出版社2005年版。
[4] 《粟裕传》编写组：《粟裕传》第667页，当代中国出版社2000年版。

基础;针对江南地理条件进行行军、作战训练;派遣一个营到沿江地区侦察地形、敌情;调集准备随军南下的干部学习和研究新区政策;印制了供新区使用的货币——东南流通卷。用张震的话说,当时已经是"万事俱备,只欠渡江"了。①

在准备渡江的时候,粟裕仍继续思考渡江作战的利弊。

1944年年底,他曾经率新四军第一师渡江南下作战,一直到1945年10月才返回苏北,对于无后方作战的难处深有体会。他反复权衡,认为留在中原歼敌比远出江南更有利。4月16日,粟裕向4月2日来到濮阳的陈毅提出这一想法。陈毅鼓励其分别向刘、邓和中央军委、中央工委反映。当日,粟裕致电刘、邓,提出华野三个纵队暂不渡江南进,集中兵力在中原打大仗的建议。

18日,刘、邓致电中央军委和陈、粟,认为:"从中原形势而论,粟部过江迫使敌人抽走几个师,将发生很有利的变化,于全国战局的发展亦极有利。这个问题,决定于自身的准备、过江条件。""如果粟部迟出,加入中原作战,争取在半后方作战情况下多歼灭些敌人,而后再出,亦属稳妥,亦可打开中原战局。"②

同日,粟裕致电中共中央、中央军委并华东局:"职对目前战局,虽经月余之考虑,但不成熟,恐有不周,致未敢轻率呈述。"

这一封电报约3000字,共8个部分,大意是:我大兵团远离后方作战,得不到群众较好配合,行动不易保密,伤病员难以安置,补给困难;重装备不能发挥其作战能力,变成了拖累;大兵团在新区运动,最严重的事为粮食问题,回忆1945年我军在天目山时不足两万人,控制纵横500里地区,仅3个月之久,已弄得民穷财尽,至今在该地人民中尚留下极深刻之不良影响;桂顽之七师、四十八师,蒋不致放虎归山,仍可能留于大别山,五军及十一师则因系美械重装备,亦可能留于中原,如我军南进仍未能调动这4个整编师,中原局势将呈较长期的僵持局面。根据上述理由,粟裕建议刘邓、陈谢和陈粟三军主力在中原黄淮地区打几个较大的歼灭战;对敌人近后方(淮河以南至长江边)派出数路强有力的游击兵团配合正面主力作战;对敌人深远后方(长江以南)派出多路游击队在广大范围辗转游击。如中央认为上述意见可行,他则建议集中华野之大部佯攻(或真攻)济南,以吸引五军北援而歼灭之。而后除以一部相机攻占济南外,主力则可进逼徐州,与刘、邓会师,寻求第二个歼灭战。

电报最后说:"以上是我个人不成熟的意见,加以对政局方面的情况了解

---

① 《粟裕传》编写组:《粟裕传》第671页,当代中国出版社2000年版。
② 中共江苏省委党史工作办公室编:《粟裕年谱》第312页,当代中国出版社2006年版。

太少,斗胆直呈,是否正确尚待指示。我们对南渡准备仍积极进行,决不松懈。"①

这一封电报的内容可以说是名副其实地建议中央军委推迟关于派遣东南野战军渡江南下的决策。

粟裕这一建议受到毛泽东等中共中央领导人的高度重视。4月21日,毛泽东为中央军委起草致陈毅、粟裕电:"为商量行动问题,请陈毅、粟裕两同志于卯有(4月25日)至卯世(4月30日)数日同来平山中工委开会为盼。"②

25日,陈毅、粟裕从濮阳出发,昼夜兼程,于30日到达阜平县城南庄,列席了于4月30日至5月7日召开的中共中央书记处扩大会议。会议第一天就听取了粟裕的汇报。粟裕汇报了华野三个纵队暂不渡江、集中兵力在中原地区打歼灭战的方案,并详细说明提出这一方案的根据。五位书记表示同意粟裕的意见,决定在既定战略方针不变的前提下,同意华野三个纵队暂缓渡江南进,先集中兵力尽多地歼敌于长江以北,然后再南渡长江。

对此,粟裕在他的回忆录中写道:"党中央领导同志这种处处从实际情况出发、十分重视前线指挥员意见的领导作风,使我深受教育和感动。"③

这一改变看起来并不大,但影响巨大而深远,它加速了解放战争南线的进程。

说它看起来并不大,是因为以下两点。

一、这一改变是在肯定渡江南进的方针的前提下做出的,渡江南进只不过是推迟而已。5月5日,毛泽东为中央军委起草致刘、邓并华东局的电报指出:"将战争引向长江以南,使江淮河汉地区之敌容易被我军逐一解决,正如去年秋季以后将战争引向江淮河汉,使山东、苏北、豫北、晋南、陕北地区之敌容易被我军解决一样,这是正确的坚定不移的方针。惟目前渡江尚有困难。目前粟裕兵团(一、四、六纵)的任务,尚不是立即渡江,而是开辟渡江的道路,即在少则四个月多则八个月内,该兵团加上其他三个纵队在沪徐线南北地区,以歼灭五军等部五六个至十一二个正规旅为目标,完成准备渡江之任务。"④

----

① 《粟裕文集》第二卷第458~462页,军事科学出版社2004年版。
② 中共中央文献研究室编:《毛泽东年谱(1893—1949)》(修订本)下卷第303页,中央文献出版社2013年版。
③ 《粟裕战争回忆录》第542页,解放军出版社1988年版。
④ 中共中央文献研究室编:《毛泽东年谱(1893—1949)》(修订本)下卷第308页,中央文献出版社2013年版。

二、毛泽东也曾考虑过推迟南渡长江。在1947年11月28日,毛泽东为中共中央起草致粟裕的电报就曾指出:"在明年八月以前不准备派主力部队渡江,各部均要在现地安心工作与作战。"[①]但是毛泽东后来又改变了这一设想。

说它影响巨大而深远是因为后来战争形势快速发展,华野打完豫东战役紧接着就是进行济南战役和淮海战役。实践表明,派遣一个或两个兵团渡江并非必要的措施。粟裕的建议为加速解放战争的进程做出了杰出贡献。

[①] 中共中央文献研究室编:《毛泽东年谱(1893—1949)》(修订本)下卷第254页,中央文献出版社2013年版。

26. 江青在八届十二中全会上就城南庄事件诬陷聂荣臻，真相究竟如何？

1968年12月2日，聂荣臻患肺炎，体温达39.6摄氏度，住进301医院。几天后，陈毅也住进医院。一天，陈毅来到聂荣臻的病房，对聂说："聂老总啊，我看到那个简报，毛发悚然，心都冷了。真为你捏一把冷汗哟！"聂荣臻听了不知是怎么回事，陈毅把大致情形告诉了聂。过了两天，聂荣臻也看到家里送来的这一份简报，是八届十二中全会会后补发的，上面登了江青的一份发言，大意是：1948年，毛主席刚到阜平县城南庄，不几天就遭到敌机轰炸，炸死了许多人，毛主席险些遇害，事后查明，这是有人阴谋暗害毛主席，指挥敌机轰炸的特务电台就设在军区司令部，后来又把与此事有关的特务分子处决灭口。

江青这一番话阴险恶毒，无怪乎陈毅看了感到毛发悚然。但是，聂荣臻却很坦然。他对陈毅说："你放心吧！这件事毛主席最清楚。那次敌机轰炸城南庄，包括当地人民群众在内，没有伤亡一个人。"①

粉碎"四人帮"后，聂荣臻在回忆录中披露了毛泽东在城南庄遭空袭的详情：

> 敌机轰炸城南庄的准确时间，我已经记不清了，大约是在一九四八年五月初。
>
> ……
>
> 那天早晨，收听完广播，我正在吃早饭，听到有机群的轰鸣声，这时我思想上特别警惕，因为毛泽东同志住在这里，必须对他的安全绝对负责。
>
> 我急忙走到院里，飞机的隆隆声越来越大了。
>
> 我循着声音望去，有一架敌机已经飞来了，在城南庄上空盘旋侦察。接着，后面传来一阵轰鸣。声音很沉重，不多时又飞来两架敌机，这时已经可以看清是B-25轰炸机。于是，我快步向毛泽东同志

---

① 《聂荣臻回忆录》下册第677页，解放军出版社1984年版。

的房间走去。

由于毛泽东同志通宵都在工作,我走到他屋内的时候,见他身穿蓝条毛巾睡衣,正躺在床上休息。我以很轻而又很急切的声音说:"主席,敌人飞机要来轰炸,请你快到防空洞去!"毛泽东同志坐起来,若无其事,非常镇静,很风趣地对我说:"不要紧,没什么了不起!无非是投下一点钢铁,正好打几把锄头开荒。"

不知什么时候,赵尔陆同志也来了,他站在我的身后。我看毛泽东同志不想进防空洞,心里急了,一连声地说:"主席,敌人的飞机来了,你必须立刻离开这里,我要对你的安全负责。"

可是,毛泽东同志坐在床上,还是不愿意走。

我想,不能再迟延了,就当机立断,让警卫人员去取担架。取来担架以后,我向赵尔陆同志递了个眼色,便把毛泽东同志扶上了担架。我们两人抬起担架就走,在场的秘书和警卫人员,七手八脚地接过了担架,一溜小跑奔向房后的防空洞。

江青害怕,一听到飞机声,早就跑了,等我们抬着毛泽东同志走进防空洞时,她已经在防空洞里了。

我和毛泽东同志刚走进防空洞,敌人的飞机就投下了炸弹,只听轰轰几声巨响,我们驻地的小院附近,升起了一团团浓烟。

这次敌机轰炸城南庄,一共投了五枚炸弹,一枚落到驻地的东南,一枚落到房后山坡上没有爆炸,一枚正落到小院里爆炸了。其余的两枚炸弹落到了离驻地较远的地方。

……我们小院里,别的房子完好无损。但是,毛泽东同志住的那两间房子,门窗的玻璃震碎了;还有买来的一些鸡蛋,也被弹片崩了个稀烂。看到这些,我心里未免后怕起来,如果不是当时当机立断,事情的后果是不堪设想的。①

由这件事,聂荣臻怀疑内部有奸细。他回忆道:

敌机轰炸城南庄这件事,保卫部门查了许久,一直没有解开这个谜,有几个被怀疑的对象,也缺乏应有的真凭实据,只好把这件事搁了下来。直到解放了大同、保定,通过查阅敌伪档案,才把这个案子

---

① 《聂荣臻回忆录》第 677~679 页,解放军出版社 1984 年版。

搞清楚。

原来，当时军区司令部管理处，在王快镇开设了一个烟厂，这个厂的经理孟宪德①，不知是在什么时候，被国民党特务收买了，暗中加入了特务组织。以后，他又把军区司令部小伙房的司务长刘从文拉了进去。这两个家伙被任命为上尉谍报员。他们除了向敌人提供情报外，在毛泽东同志来以前，孟宪德还曾经把几包毒药亲手交给了刘从文，命令他寻找适当时机，把毒药放在我和别的领导同志的饭菜里，企图毒害我们。但他由于害怕被发现，没敢下手，这个阴谋没有得逞。毛泽东同志来到城南庄之后，我指派专人给毛泽东同志单独做饭，采取了比较严密的防范措施，其他人员无法接触，这就保证了毛泽东同志的安全。

这个案子查清楚了。敌机轰炸城南庄，是孟宪德、刘从文送的情报。②

《聂荣臻回忆录》比较完整地叙述了城南庄事件的来龙去脉，驳斥了江青恶毒的谰言。随后，当时聂荣臻的秘书范济生、毛泽东的警卫排长阎长林、华北军区政治部保卫部预审科长张鼎中等也纷纷就此事或写书，或发表文章，或接受采访，补充了许多细节，使此事的真相比较完整地呈现了出来。

（1）毛泽东到防空洞没有坐担架。

据阎长林的回忆，当国民党军的侦察机飞走后，经同聂司令员派来的范秘书商量，"决定暂不叫醒毛主席起床防空，先做好一切防空的准备工作，把人员组织好，把担架放在主席门口，如果敌机来轰炸，就抬上主席往防空洞跑"。"八点多钟，北山上的防空警报又拉响了。这时，我们就采取了果断的措施，……我们把门推开，急忙走到了毛主席的床前，大声把他喊醒后，就扶他坐了起来。""我说：'主席，敌机要来轰炸了。刚才已经来过三架侦察机，现在防空警报又响了，肯定来的是轰炸机，请主席赶快到防空洞里去防空。'"这时，毛泽东要吸烟。阎长林回忆："那时的情况万分紧急，顾不上叫毛主席吸烟了，我们也来不及和毛主席商量了，我和石国瑞、孙振国、李银桥，一边说着'快！快！'顺手往毛主席身上披了一件棉衣，搀扶着毛主席就往屋门外跑。""本来，我们是想叫毛主席躺在担架上。因为出了屋已经听见飞机的吼叫声了，也就

---

① 据当时任华北军区政治部保卫部预审科科长张鼎中所著《开国秘密战》，似应为孟建德。
② 《聂荣臻回忆录》第680页，解放军出版社1984年版。

来不及叫毛主席躺在担架上面抬着跑了。于是,我们几个人搀扶着毛主席,便一直往防空洞的方向跑去。在路上,毛主席披的那件棉袄也披不住了,跟在我们后边的同志只好拿着毛主席的棉袄在后边跟着跑。当刚刚跑出军区大院后门不远的时候,轰轰的几声巨响,敌机丢下的炸弹在大院爆炸了。我们回头一看,院里升起了滚滚的浓烟。一见敌机丢了炸弹,我们跑得就更快了。毛主席不想跑,他风趣地说:'不着急,它轰炸的目标是房子,我们出了院子就安全了。'当我们快跑到防空洞的洞口时,又听到一声巨响,敌机又丢下了炸弹。"①

阎长林所说的范秘书名叫范济生。1994年出版的《聂荣臻传》中对此事的记载采用了他的回忆:

> 一天早饭时,冀晋军区电话报告,有6架国民党飞机,沿阜平西大道飞往阜平城上空,现拐向史家寨。我接完电话马上报告了聂总。聂总要我保持与冀晋军区的联系。我刚回到房间,冀晋军区又电告,6架飞机转向南飞。再报聂总后时间不长,就听到飞机声。一架野马式战斗机飞临我们驻地城南庄上空,对着城南庄到易家庄之间几个驴驮子扫射。聂总得知敌机转向我们驻地方向飞来,随即到院中观察。敌机一到,聂总就去动员毛主席进防空洞。毛主席工作了一夜,刚刚上床休息,不肯去。敌机对驴驮子一扫射,聂总急了,要我搬来行军床,要几个人用担架把毛主席抬到防空洞去。毛主席见此情景,说"自己走,自己走"。这时,先来的那架战斗机刚走,又来了一架B-25轻型轰炸机。聂总等人陪同毛主席刚到防空洞时,敌机就投下了第一枚炸弹。我到防空洞时,到聂总、赵尔陆用身体挡着毛主席,毛主席从他们两人之间向外看。听不到敌机声了,聂总要我向冀晋军区了解敌机活动情况,得知敌机确已全部飞走,聂总才请毛主席回房休息。②

《聂荣臻回忆录》是魏巍帮助整理的,《聂荣臻传》编写组的组长也是魏巍。前者说是抬,后者说是走,为什么《聂荣臻传》不沿用《聂荣臻回忆录》的说法?

笔者以为,因为当时飞机已快到头顶,炸弹随时可以落下,容不得动员毛泽东上担架。

---

① 阎长林:《在大决战的日子里》第87~91页,中国青年出版社1986年版。
② 《聂荣臻传》第441~442页,当代中国出版社1994年版。

魏巍对此事做了考证和辨析，因此在《聂荣臻传》中采用了范济生的说法。

范济生还回忆："这次敌机共投了4枚杀伤弹，其中1枚落在聂总住房前面（毛主席曾在此房住了几天），1枚落在营门前没有爆炸。聂总曾要工兵来把炸弹拆走。饭后，毛主席出去散步，见到没响的炸弹，蹲在旁边观看。聂总在院中见此情况，急步跑到毛主席跟前，拉起毛主席就走，一边走，一边说：'不能在这里看！'我从未见过聂总急成那个样子。聂总扯得快，毛主席也没争，但莫名其妙。毛主席走后，聂总要我再催工兵来拆走。炸弹拆走后，聂总才放心了。"①

（2）内鬼是怎么查出来的？

当时从华北军区司令员聂荣臻、政委薄一波到保卫部门干部都认为有内鬼，但一直没有查出来。

保定解放后，从国民党的档案中查出国民党保密局的一封与城南庄有关的电报，其中写道："职组组员刘从文自参加工作以来，对工作尚称努力，每次情报，颇有价值，职挺对其按中尉待遇，正式任用。"②

经排查，刘从文是华北军区司令部小灶司务长，河北阜平县王快镇人，1939年参军，当炊事员，1940年调入军区司令部小伙房，为军区首长做饭，1943年提升为上士，1945年任司务长。这个土生土长的司务长怎么会成为国民党保密局的中尉呢？这就牵涉到军区烟厂副经理孟建德。孟建德也是土生土长的王快人，他的妹妹孟英是军区司令部的医生，嫁给了军区司令部管理处处长于光文。在于光文的支持下，孟建德在阜平县王快镇开办了一个烟厂。为购买烟草、纸张和手工卷烟机，孟建德要去国民党统治的保定。此时，曾在华北野战军第四纵队当兵而持枪开了小差的刘进昌听说老乡孟建德当了烟厂副经理，就去找孟，说他有个叔伯兄弟刘建昌在保定混得不错，可以帮忙。于是，孟建德和刘进昌就到保定去找刘建昌。这刘建昌是国民党保密局保定站原站长。孟要进货，刘要收集情报，二人一拍即合。刘建昌给孟以好吃好喝，还给以女招待陪伴。经刘建昌介绍，孟又认识了保密局保定站的站长刘从志。刘从志逐渐将刘进昌和孟建德拉下水，任命刘进昌为阜平小组组长，孟建德为副组长。此后，刘进昌便把老婆、孩子接到保定常住，孟建德则经常到保定来。

孟建德经常到司令部去，利用妹夫于文光的关系，常在小灶吃饭，因而结识了刘从文，给刘从文施以小恩小惠。刘从文被收买后，成为阜平小组的

---

① 《聂荣臻传》第442页，当代中国出版社1994年版。
② 张鼎中：《开国秘密战》第5页，解放军文艺出版社2013年版。

成员。

1948年4月13日,于光文处长说有重要的客人要来,要求大家保密,做好招待工作。为此,大灶杀了一头猪和一只狗,小灶杀了两只鸡。下午,聂荣臻把乘坐中吉普的客人接到城南庄。不久,刘从文便知道客人是毛主席。刘从文还知道毛泽东夜里工作,白天睡觉。他将此情报告诉孟建德,孟又告诉刘从志。这就是飞机空袭城南庄的由来。

(3)关于国民党特务投毒问题。

刘从志得知刘从文在小伙房当司务长后即曾设想过投毒。孟建德也交代曾经就此同刘从文谈过,并给刘从文拿去两包毒药,说是砒霜。后来孟又翻供。刘从文有时也承认孟给过他两包毒药。因为保卫工作严密,伙房人很多,没有投放机会。他也不敢投放,怕自己误吃,就把毒药扔了。由于孟、刘有时承认,有时又翻供,也未查到毒药的下落,负责审讯的张鼎中在回忆录中说:"最终,根据掌握的实际情况,经请示首长,结案时未做结论处理。"①

(4)刘从文是否曾在毛泽东住处周围放置碎玻璃,利用其反光为敌机指示目标。

在《聂荣臻回忆录》和负责审理此案的张鼎中的回忆录中都没有这一情节。笔者看到描述这一情节的书是中央党校出版社1998年出版的《毛泽东在城南庄》。这是一本报告文学体裁的作品,其中有虚构成分。

据该书说,想出这一个点子并向保密局局长毛人凤提出的是国民党军华北"剿总"空军司令徐良康。毛人凤采纳了他的建议。于是,由毛人凤到刘从志到刘进昌到孟建德再到刘从文,一级一级下达任务。刘从文就拿着一个旧麻袋到卫生队去捡废弃的玻璃瓶子,为遮人耳目,也连带捡了脏兮兮的纱布、棉花,对护士们说要拿到镇上去卖钱。随后悄悄将碎玻璃放置在毛泽东住处周围。临轰炸前,刘从文怕炸着自己,便赶着马车溜之乎也。

这一说法看来很有道理,但经不起推敲。

据张鼎中回忆,在审讯刘从文时,审讯者问:"飞机炸城南庄时,你在什么地方?"刘从文哭答:"那天我正在小伙房给首长开早饭。突然飞机在头上转,吓得我们趴在地上、桌子底下,差点掉了脑袋,可吓死了,我恨死了孟建德,就是他干的,可我也不敢说……"张鼎中对刘的供词评论:"'我们趴在地上、桌子底下'这情节的询问属实,排除了刘从文在现场指示轰炸目标的推测。"②

---

① 张鼎中:《开国秘密战》第27页,解放军出版社2013年版。
② 同上,第13~14页。

再者，如果刘从文在毛泽东住处周围撒了玻璃碎片，再事后去消除罪证，在严查内鬼的气氛中会被人发现；不去消除罪证，这些在当时农村很少见的玻璃碎片会被发现和追查，并不难查出是医药用品，就会查到卫生队，破案就不会拖到新中国成立以后。其实，因为毛泽东的住房紧靠军区大院。军区大院一排排整齐的营房本身就显示了目标，放置玻璃碎片并非必要。

因此，撒玻璃碎片说其实同《三国演义》中诸葛亮三气周瑜一样，是七实三虚中的"虚"，并非历史事实。

1950年5月，经过八个月的侦察、审讯，北京军区政治部保卫部建议：1. 对刘从文等七名罪犯的判决是：判处军统谍报分子刘进昌、孟建德、刘从文死刑，由我军法处立即执行枪决。军统特务刘建昌、刘从志等属地方管辖，遵照公安部批示处理该犯人时，交地方政府判决执行。2. 对在刘从文案件中有关犯错误人员，建议由党纪委开会，给予一定党纪处分。聂荣臻、薄一波等华北军区首长都批示同意。1950年9月28日，北京军区政治部公布了由副主任兼军法处处长张南生签署的对刘进昌、孟建德、刘从文死刑的判决书，并于当日执行。军统特务刘建昌、刘从志等属地方管理，移交地方判处。河北省政府判处刘建昌死刑，刘从志等也受到应有的惩罚。华北军区政治部对在刘从文案中犯错误的于光文以留党察看、行政撤职处分，给予孟英开除党籍处分。

27. 国共双方将帅在济南战役中有何令人感慨的表现？

共产党如何运筹济南战役

在回答这一问题前，先说一说 1948 年夏季的形势。

战争进行到 1948 年夏季，国民党军转入点或线形防御，在东北龟缩于长春、沈阳和锦州三个不连续的点，在华北据守从山海关经天津、北平到张家口、大同至绥远的一字长蛇阵，太原已成孤岛。在华东，国民党军重兵集结于以徐州为中心的由陇海和津浦铁路交叉形成的十字架上。7 月中旬，山东兵团攻克泰安、曲阜、兖州、济宁，济南与徐州的交通已被隔断。此时，国民党军都龟缩到城市内，以运动战方式在野战中歼灭敌军的战机很少，要歼灭国民党军的有生力量，有两个办法。一是设法把它从城市中引出来，在野战中消灭它，而把它引出来的主要办法是进攻其必救的点，围城打援。这是解放战争初期我军常用的战法。1946 年 10 月 24 日，毛泽东为中央军委起草致冀东军区首长的电报中说："你们作战方针应着重歼灭敌有生力量，然后敌占各据点自然容易为我收复。为实行此方针应采取围城打援办法。围城之目的不在得城，而在打援。"① 二是攻破城市，歼灭龟缩于城市中的国民党军。为此必须阻击国民党的援军，阻援攻城。

随着国民党军的机动兵力不断被歼灭，国民党军派出援军越来越谨慎，解放军围城打援的战机就越来越少，直接攻城就日益成为主要的战法。如果把坚固设防的大城市比作一个核桃，把坚固的城防工事比作核桃壳，把龟缩在其中的国民党军有生力量比作核桃肉，要吃核桃肉，必须砸掉核桃壳。攻占大城市已由歼灭敌人有生力量的结果转变为歼灭敌人的有生力量的途径。战争已经由不拘泥于一城一地的得失发展到最后夺取大城市并永远占有的阶段。

于是，攻取由国民党军 10 万人防守的省会城市提上了日程。而长春、太原和济南这三个孤立的点是首选的目标。攻取这样的大城市对解放军来说，还是

---

① 中共中央文献研究室、中国人民解放军军事科学院编：《毛泽东军事文集》第三卷第 527 页，军事科学出版社、中央文献出版社 1993 年版。

全新的课题。毛泽东亟须取得经验。第一个目标是长春。毛泽东同林彪反复磋商,林彪认为攻取难度很大,建议采取长围久困的方针。毛泽东采纳了他的意见。7月16日,毛泽东就华北第一兵团攻打太原和山东兵团攻打济南的问题分别征求粟裕、陈士榘、唐亮、许世友、谭震林和徐向前、周士第的意见。同日,粟裕、陈士榘、唐亮致电中央军委,认为以山东兵团现有兵力攻济和打援均难得手,建议外线兵团和山东兵团争取在雨季休整一个月,而后协力攻打济南,同时打援。① 徐向前、周士第21日复电提出部队"最大问题为兵员不充实","在攻取太原作战以前,必须经过一个适当休整阶段"②。毛泽东23日为中央军委分别起草致华野和山东兵团首长、华北第一兵团首长的复电,表示同意。

至此,在长春、济南、太原三城中,攻取济南提上日程。作为战略决战的序幕,毛泽东首先考虑发起济南战役。

为发动济南战役,华东野战军根据中央军委指示,决定组成攻城、打援两个兵团。打援兵团由八个半纵队和特种兵纵队一部及地方部队约18万人组成,由华东野战军指挥员粟裕直接指挥。攻城部队以六个半纵队和特种兵纵队大部以及地方部队共14万人组成。

8月25日,中央军委致电华东野战军代司令员兼代政委粟裕和华东野战军第一副政委谭震林:"此次攻济是一次严重作战,请考虑在许世友同志身体许可情况下,请他回来担任攻城主要指挥员,王建安同志辅之。因王初到东兵团③,不如许之熟悉情况,据饶漱石同志说,许休息若干天是可以回部工作的。攻济任务完成,他仍可去休息。"④

遵照军委指示,9月9日,许世友从华东局驻地益都连夜到山东兵团指挥部驻地泰安。在听取了谭震林、王建安介绍敌我情况后,感到兵力部署还不够集中,用在攻济方面的兵力较少。11日,他致电华东局并报中共中央:"我已到前方。这次大战,关系很大。以现在情况打下济南是有把握的。但在部署上来看,我们兵力不集中,没有重点的使用。这样,很容易造成对我不利,尤其是对济南。我们攻击兵力现已布置好了,我也不能变动。第一步就是这样。但

---

① 中共中央文献研究室编:《毛泽东年谱(1893—1949)》(修订本)下卷第323页,中央文献出版社2013年版。
② 乔希章:《三晋逐鹿》第156~159页,知识出版社2001年版。
③ 王建安原为鲁中军区司令员兼第八纵队司令员,1947年7月率第八纵队随陈士榘、唐亮兵团西进,洛阳战役结束后奉调华北第一兵团,到西柏坡后,中央决定让王回山东,任山东兵团副司令员。
④ 中国人民解放军历史资料丛书编审委员会编:《济南战役》第114页,解放军出版社2004年版。

第二步时,我一定集中使用兵力。"①

11日晚10时左右,毛泽东亲自为中央军委起草致许世友,并告粟陈谭、华东局、中原局的复电,就济南战役的目的和兵力部署、攻城和打援的辩证关系,做了说明。复电说:"你已到前方,甚慰。你所说的有重点地使用兵力,是正确的。此次作战部署是根据军委指示决定的,即目的与手段应当联系而又区别。此次作战目的,主要是夺取济南,其次才是歼灭一部分援敌。但在手段上即在兵力部署上,却不应以多数兵力打济南。如果以多数兵力打济南,以少数兵力打援敌,则因援敌甚多,势必阻不住,不能歼其一部,因而不能取得攻济的必要时间,则攻济必不成功。"②

由于许世友没有参加济南战役战前的酝酿和策划,感到攻济兵力不够。毛泽东在这一封电报中阐述了他和粟裕、谭震林等反复酝酿而形成的攻济打援的战略方针,说服许世友按照原计划指挥攻打济南。

让我们再回顾一下这一战略方针的形成过程。

8月10日,粟裕、陈士榘、唐亮、张震和华东野战军政治部副主任钟期光致电中央军委,提出了下一阶段作战的三个方案。

第一个方案是:"集中全力转到豫皖苏及淮北(津浦)路东地区作战。"

第二个方案是:"集中主力首先攻占济南,对可能北援之敌,仅以必要的兵力阻击之。"

第三个方案是:"攻占济南与打援同时进行,但应有重点配备与使用兵力。"其中,第一阶段以两个纵队抢占济南机场,同时以其余11个纵队打援,第二阶段于歼灭敌人援军主要一路后,以一部继续阻击援军,而将主力转到攻济南方面。他们认为,这样做"守敌及援敌在遭受惨败后,均易为我歼击,攻济南亦将更有保证"③。

11日,谭震林致电粟、陈、张并报中央军委、华东局,建议下一步作战围城打援,佯攻济南,吸引邱清泉兵团到兖州一线,予以歼灭。④

12日晚7时,毛泽东以中央军委名义复电粟、陈、唐、张,并告许、王、谭、华东局、中原局:"你们所提三个方案我们正考虑中,待你们和许王谭会商提出更

---

① 中国人民解放军历史资料丛书编审委员会编:《济南战役》第214页,解放军出版社2004年版。
② 中共中央文献研究室、中国人民解放军军事科学院编:《毛泽东军事文集》第五卷第6~7页,军事科学出版社、中央文献出版社1993年版。
③ 中国人民解放军历史资料丛书编审委员会编:《济南战役》第87~88页,解放军出版社2004年版。
④ 中共江苏省委党史工作办公室编:《粟裕年谱》第345页,当代中国出版社2006年版。

接近实际的意见以后,再正式答复你们。现我们只提出一些初步感想,作为你们会商时的参考材料:(一)九月作战,预计结果有三种可能。第一,打一个极大的歼灭战。这即是你们所说既攻克济南,又歼灭五军等部大部分援敌。第二,打一个大的但不是极大的歼灭战。这即是攻克济南,又歼灭一部分但不是大部分援敌。第三,济南既未攻克,援敌亦不好打,形成僵局,只好另寻战机。(二)你们第三方案之目的,是为了争取第一种结果。其弱点是只以两纵占领飞机场,对于济南既不真打,而集中十一个纵队打援,则援敌势必谨慎集结缓缓推进,并不真援。邱区兵团之所以真援开封,是因为我们真打开封,敌明确知道我是阻援,不是打援,故以十天时间到达了开封。如果你们此次计划不是真打济南,而是置重点于打援,则在区兵团被歼,邱黄两兵团重创之后,援敌必然会采取(不会不采取)这种谨慎集结缓缓推进方法。到了那时,我军势必中途改变计划,将重点放在真打济南。这种中途改变计划,虽然没有什么很大的不好,但丧失了一部分时间,并让敌人推进了一段路程,可能给予战局以影响。(三)在一个条件即是在使用许谭全力而不要其余各纵参加,或者即使参加也只是个别的师,至多不超过一个纵队的条件下,我们目前倾向于攻城打援分工协作,以达既攻克济南,又歼灭一部援敌之目的,即采取你们第二方案,争取上述第二项结果。我们觉得这样做比较稳当,比较能获结果。因为此次作战,是在区兵团主力被歼,邱黄又受重创,二十五师后撤的情况之下,虽然新来了八师、六十四师,至多只能顶上区兵团主力之被歼及二十五师之后撤;你们集中六至七个纵队,不但能阻住援敌于适当地区,而且能歼灭其一部分,至少能保障攻克济南。这就是我们所想的攻城打援分工协作计划。"[1]

毛泽东在这一封重要电报中,以商榷的口吻讨论粟、陈、唐、张提出的方案,指出他们的第三方案的"弱点是只以两纵占领飞机场,对于济南既不真打,而集中十一个纵队打援,则援敌势必谨慎集结缓缓推进,并不真援",结果可能是攻城不成,打援也不成。

粟裕读了这封电报深感钦佩,他在自己的回忆录中称毛泽东上述指示为"高瞻远瞩"。

毛泽东这封电报提出了阻援、打援和攻城打援这三个不同的范畴。粟裕在1986年7月所写的《回忆济南战役》中对这三个范畴做了精辟的论述:

阻援,就是攻城阻援,"即以攻城为目的,大部兵力用于攻城,小部兵力用

---

[1] 中共中央文献研究室、中国人民解放军军事科学院编:《毛泽东军事文集》第四卷第 567~568 页,军事科学出版社、中央文献出版社 1993 年版。

于阻援,阻援是攻城的手段"。

打援,就是围城打援,"即以小部兵力围城,这是诱敌来援的手段,而以大部兵力用于歼灭来援之敌,这是目的"。

以上两种战法在解放军的历史上都曾经运用过。

毛泽东在这封电报中提出的"济南战役'攻城打援'的作战方针,则是在新的条件下的崭新战法,其特点是在保证有足够的兵力攻下济南的前提下,以大部分的兵力用于打援,求得在攻济南的同时,歼敌军一部,这是达到攻济目的的必要手段"[①]。

毛泽东在复电中认为,当敌人判断解放军对济南并不真打,目的是打援时,为避免被歼,则以"并不真援"应之。敌人只有在解放军真攻城的情况下,才会真增援。毛泽东举了开封战役的战例。当国民党军重兵麇集于鲁西南、开封空虚之际,粟裕机敏地抓住战机,于1948年6月15日命令距离开封只有一日行程的第三、八纵队突袭开封。蒋介石看到华野真攻开封,开封吃紧,忙命令邱清泉兵团、区寿年兵团增援开封。华野迅速撤出开封,又利用邱清泉兵团和区寿年兵团之间有40公里的间隙,围歼了向开封增援的区寿年兵团和增援区寿年兵团的黄百韬兵团一部。但是,粟裕说:"由我指挥的豫东战役虽是既攻城又打援,但那是先攻城后打援,战役分为两个阶段,可伺机行事。"[②]也就是说,那还不是在攻城的同时打援。而筹划中的济南战役则是攻城打援分工协作,既要攻城,同时也要打援。显然,这是一种崭新的战法,这一次战役乃是一次前所未有的大规模的战役。

27日,粟裕致电中央军委,说明了他提出攻占济南要分两阶段进行的理由是:

"1.敌五七旅及十九旅确已空运济南。如是济敌总数已达到十二万人,战斗部队约九万人,其中有七个正规旅。该敌虽大部被歼灭过,但数量不少,且济南为反动巢穴,反动头子聚集济南,可能作困兽之斗。

"2.济城防虽宽,但兵力不少,非潍县(敌指挥不统一)、兖州(敌指挥官腐朽,战术落后)可比,亦非洛阳、开封(该两城为偷袭性质)可比。有大小据点百余处(每处有堡垒数个至数十个不等),非短期所能攻克(至少应准备二十天至一个月)。其工事构筑于日寇时代,继于去秋以来加修(有钢骨水泥工事),今

---

① 中国人民解放军历史资料丛书编审委员会编:《济南战役》第377~378页,解放军出版社2004年版。

② 粟裕:《回忆济南战役》,《济南战役》第378页,解放军出版社2004年版。

春以来则更加强,水壕亦多,且依有近代建筑之城市设防,每洋房即成为一立体据点,可能发生逐屋逐楼争夺,如是则时间将更延长。

"3. 王耀武之指挥,经一年多了解,是蒋军中指挥较有才干者,则在其部队中颇有信仰,可能适当增加其抵抗力。

"4. 有人认为,济敌甚动摇,且有些内线关系。但职以为只能作研究材料,不能当力量计算。

"5. 援敌邱兵团已有十个旅,黄兵团及第八军亦十个旅,并可能有两至三个快纵参战。敌当视保有济南即使徐州多一层屏障,且鉴于洛阳、开封之迅速失去,其援济可能较迅速。在战役末期,孙元良兵团及刘汝明兵团甚至十八军亦可能加上来。

"6. 西兵团七个纵队,自开封、睢杞两战役后,所补俘虏不够补偿伤亡,部队极不充实(每连只四至六个步枪班)。尤其干部伤亡太大,至今无法补充。许多营、连有政干无军干,有军干无政干,而营连排干部太新太弱(五月中补充之新兵已当副连长),班排干部俘虏成分不少。

"因此,团级(老的多)与营以下脱节现象甚严重。团以下各级对个人前途悲观的倾向亦较普遍(因前方战斗剧烈,伤亡甚大,而见到后方环境安全舒适,革命又快要胜利,极想保存自己,以过最后之快乐生活。但不知其自己何日'报销',故团以下干部保命思想较普遍)。依部队军政情况,东兵团打一个月至二个月进攻无问题,但西兵团担负一个月阻援则很难完成任务。"[①]

毛泽东对粟裕此电非常重视。

28日凌晨4时左右,毛泽东以中央军委名义复电粟裕:"此役关系甚大,根据敌我两方情况,你的顾虑是有理由的。战役计划应以能对付最坏情况……为根本出发点。""我们不是要求你们集中最大兵力,不顾一切硬攻济南,这样部署是非常危险的。我们要求你们的是以一部兵力真攻济南(不是佯攻,也不是只占飞机场),而集中最大兵力于阻援与打援。济南是否攻克,决定于时间,而取得时间则决定于是否能阻援与打援。故我们于十二日十九时电要你们只用东兵团攻城,至多再加个别的师或一个纵队,而用其余全力阻援及打援,二十六日三时电则要你们不但在阻援打援方面留出强大后备兵力,就在攻城方面亦须如此,以便在必要时机集中全力先歼援敌,因不真攻济南,则援敌必不来。攻城使用兵力太大,则打援又无力量。在此种形势下同意你的意见,第一

[①] 中国人民解放军历史资料丛书编审委员会编:《济南战役》第116~117页,解放军出版社2004年版。

丧失了作战的信心。济南守不住,已是他确定的看法。①

1948年6—7月间,华东野战军外线兵团在中原野战军配合下,发起豫东战役,歼灭国民党军10万人,俘虏兵团司令官区寿年。山东兵团发起津浦路中段战役,歼灭国民党军6.3万人,俘虏国民党军第十二军军长霍守义,收复和解放泰安、曲阜、邹县、兖州等12座县城及其周围大片地区。解放军无坚不摧的战斗力震撼了国民党军,使其坚守大城市的信心进一步动摇。

在这一形势下,美军顾问巴大维少将也向蒋介石提出从济南撤退的建议。

巴大维在给美国国务院的报告中说:"在6月20日到30日间,我的随员在与国防部第二和第三厅的私人会谈中获悉下列事实:……蒋委员长作出保卫济南到底的决定(这类决定在军队与供给上对国军都曾经是耗费巨大的)。我又向蒋委员长和参谋总部指出,以单纯防御的办法对付优势敌军,而希图在有限的范围内坚守城市是徒劳无功的。"

巴大维认为当时华东野战军的主力(西线兵团)"仍在开封东南的河南平原上",还没有和东线兵团会合,应当趁这个机会"从徐州向北和从济南向南进行攻势,国军就能够击溃共军并重开徐州—济南间的走廊。国军并可在此时撤出济南退至徐州"。"在济南守军克复潍县的企图没有实现,而对他们的斗志失掉了信心,并听到关于某些高级指挥官效忠已成问题的报告后,我便建议退出济南,把军队撤至徐州。又像长春的情形一样,中国当局说,由于政治上的理由,济南是山东的省会,必须防守。"②

8月,华野外线兵团已经回师山东。王耀武向南京报告济南情况紧张。8月10日,已经上了庐山的蒋介石打电话给国防部,命令空运第八十三师到济南以加强守军力量,同时迅速空运武器补充吴化文的第八十四师。但是,由于刘峙害怕削弱徐州守军力量,不同意空运第八十三师到济南。结果,只运了第十九旅一个旅,此次空运便停止。

18日,蒋介石返回南京。25日上午,他召集作战人员到北极阁宋子文公馆研究战局。蒋介石听完汇报后决定再准备一个师,必要时空运济南。统帅部制定防守济南的指示,要点是:"增强守备力量,确保济南,控制强有力的预备队,采取机动防御,加大围攻济南的共军的伤亡,削弱其力量,尔后再配合进

---

① 王耀武:《济南战役回忆》,《济南战役》第540页,山东人民出版社1988年版。
② 《中美关系资料汇编》第一辑第371页,世界知识出版社1957年版。

剿兵团内外夹击,打败共军。"①

会后,参谋总长顾祝同命令第三厅厅长郭汝瑰和陆军总司令部第三署署长徐志勖去徐州和济南传达蒋介石的旨意。26日,郭、徐到徐州向刘峙、黄百韬等传达后又飞往济南向王耀武传达。他们告诉王,蒋介石认为,济南周围阵地长达130余里,共军一处突破就会全盘皆乱,要王尽量缩短防线,集中兵力。27日,他们在牟中珩陪同下视察了济南的城防工事。据郭汝瑰回忆,在济南周围已修筑了大量明碉暗堡,五里山、茂岭山等均已被掏空。②

此时,由第二绥靖区管辖的济南守军共有11万余人,编成为:整编第九十六军,军长吴化文;整编第二师,师长晏子风;整编第七十三师,师长曹振铎。

还有整编第八十三师第十九旅,整编第五十七旅,第二绥靖区特务旅,第二绥靖区青年教导总队,整编第七十四师第五十八旅第一七二团,保安第四、六、八旅,人民先锋总团,绥靖区特务团。

以上正规军大部分是被解放军歼灭后重建的,地方保安部队战斗力更差。

为了守济南,国民党军到处征工征料,大量砍伐树木,加强城防工事。泺口、飞机场、辛庄营房、东西白马山、四里山、千佛山、砚池山、茂岭山、洪家楼子、黄台山等处重要据点都筑有钢筋水泥工事,并挖有外壕、陷阱,架设了铁丝网、鹿砦。在内城利用护城河,在外城和商埠挖有8米宽、4米深的壕沟。据国民党《中央日报》记者锋迟1948年10月18日报道:"在过去两年间,济市南郊佛山区域漏夜开山凿洞,构筑工事。每一山巅均修建石砌堡垒,并于山腰凿空,从内向外开凿各种枪炮射击孔。修筑完成,守军先以重炮自行轰击,倘被轰毁,即认为不合,重新再修。如此修建工事之各山山岭相互呼应,绵延十数里,巍然雄峙,军民一致推崇为拱卫济南之万全设施。"③

王耀武视察完这些工事对整编七十三师师长曹振铎说:"这样坚固的工事,共军想攻下一个据点是极不容易的事。如果我们再守不住,那真太无用了。"曹振铎也说:"我在抗战时也没有做过这样好的工事。就怕共军不敢来。如果来了,一定会把他们击败。"④

9月16日,解放军对济南发起总攻。指挥国民党军增援的杜聿明企图等待攻城的解放军疲惫后再北上,同时耍了一个声东击西的花招。他扬言要沿

---

① 《郭汝瑰回忆录》第244~245页,中共党史出版社2009年版。
② 《郭汝瑰回忆录》第298~300页,四川人民出版社1987年版。
③ 转引自中国人民解放军历史资料丛书编审委员会编:《济南战役》第654页,解放军出版社2004年版。
④ 王耀武:《济南战役的回忆》,《济南战役》第638页,解放军出版社2004年版。

军队无法继续实施,情势危急,有岌岌不可终日之势,此乃增兵济南原有之主张,为国防部高级人员所转移,未能事先空运,以致临渴掘井,竟遭此危也。"①

蒋介石认为如果增兵到位,济南就可以转危为安了。对此,曾担任蒋介石侍卫长的郝柏村不敢苟同,写道:"以济南为核心固守,求决战,则必须有能力,打通津浦路或胶济路。""仅增强济南一个整编师,且依空运到济南,王耀武仍不能对抗共军八个纵队的围攻。最后失陷,徒增一个整编师的损失。""蒋公决定固守济南,政略目的固然必要,但军事战略已无把握。蒋公勉王耀武死守,不可突围,期其成仁,亦如对康泽。"②

郝柏村此处所说的"政略"即指济南乃省会,蒋介石认为如果丢了,面子不好看。郝所说的康泽,同王耀武一样,也是黄埔第三期的,曾任复兴社总社长、三青团中央常务干事、国民党中常委、国民党军第十五绥靖区司令官。蒋介石曾命令康泽死守襄樊,不成功便成仁。但是,在1948年7月襄樊战役中康泽被俘。

王耀武在国民党军将领中也算是出类拔萃的。但是,他对守济南完全没有信心。蒋介石命令他死守,他只得硬着头皮干。由于他心里没底,济南战役刚刚开始,就命令两个旅在市内来了一个武装大游行,受到人们的嘲笑。济南战役中王耀武和他的同学康泽一样,也当了解放军的俘虏。

19日,吴化文被迫起义,解放军西集团立即乘势东进;与此同时,解放军东集团猛烈攻击西进。同日,王耀武致电蒋介石告急。蒋介石复电:"告以已严令陆空军全力增援,并告以此次济南得失,实为国家存亡所关,凡我将士,必须抱定与城共存亡之决心。望严督所部,抱定必胜信念,坚韧不拔,决斗到底。"③

在解放军东西两集团一刻不停的猛烈夹击下,24日,济南解放。王耀武化装潜逃。④

而此刻,准备沿津浦路北上增援的黄百韬兵团和李弥兵团还没有集结完毕,邱清泉立即后退。国民党军增援济南的企图遂成泡影。

---

① 秦孝仪总编纂:《总统蒋公大事长编初稿》卷七(上)第136页,台北,1978年版。
② 《郝柏村解读蒋公日记(1945—1949)》第362页,台北天下远见出版有限公司2011年版。
③ 秦孝仪总编纂:《总统蒋公大事长编初稿》卷七(上)第136页,台北,1978年版。
④ 9月24日上午9时许,王耀武带着卫士乔玉培(泰安人,王耀武同乡)从济南北门流水沟爬出城,换上便衣,谎称叔侄,王化名乔坤,携黄金2两、银圆10枚、北海币10万余元,雇了一辆大车,买了简单的铺盖。王头裹白毛巾,说是在济南商埠开小馆子,房屋被炮火击毁,他腿部负伤,去青岛投亲求医。他还搞了一张路条。到寿光县张建桥时,王到桥下出恭,用的是白手纸(当地老乡当时都是用土疙瘩或柴火棍),被守桥战士发现,将他扣留盘问,押送到县公安局,在局长亲自审问下,王承认自己就是王耀武。吴鸢:《王耀武被俘前后》,《文史资料存稿选编》下册第361页,中国文史出版社2002年版。

有人要问,既然国民党军不来增援,为什么攻城部队使用14万,而阻援、打援部队要用18万?是不是把敌情估计得过于严重了?

粟裕的回答是:"虽然,在豫东战役中,我军一度攻克当时河南省会开封,但是,济南守城的兵力和构筑的工事,都比开封为强。打这样坚固设防的省会,我们还是第一次。毛泽东同志以攻打临汾费去七十二天的事实,告诉我们谨慎从事,这是正确的,必要的。尤其是战略决战即将到来的关键时刻,攻济能否成功,与战略决战关系很大。从一定意义上来说,这次是战略决战阶段的序幕,必须谨慎从事。在以往攻城失败战例中,有些是正当守敌已经筋疲力竭,再经受不住最后一击之际,可是各路援军已经蜂拥而至,我军背后受敌,以致只得被迫撤围,这种'为山九仞,功亏一篑'的事情,决不允许在战略决战即将到来的时刻重演。"[①]

1947年6月东北野战军攻四平未克就是"为山九仞,功亏一篑"的战例。拿四平和济南比较,四平的守将是陈明仁,济南的守将是王耀武。王的指挥能力比陈有过之而无不及。四平守军有3.5万人,而济南守军有10万。指挥增援四平国民党军的主将是杜聿明,前线指挥官是郑洞国;指挥增援济南国民党军的主将恰恰也是杜聿明,而援军中有国民党军的王牌第五军,其指挥官邱清泉也非无能之辈。徐州距离济南320余公里,沈阳距离四平约200公里。在四平之战中,东北野战军真攻四平,国民党军对四平就真增援。林彪随即将攻城阻援改变为围城打援。但是援军太集中,结果是四平既未攻克,援军也不好打,只能撤兵。在进攻济南时,由于是真攻济南,国民党军有可能真增援;如果打援兵力不足,就可能如毛泽东所预计,"济南既未攻克,援敌亦不好打,形成僵局,只好另寻战机"。这就是此战目的主要是攻取济南,但打援兵力要多于攻城兵力的缘故。

正因为有18万大军夹运河而阵,国民党军的援军才不敢北上。孙子曰:"用兵之法,无恃其不来,恃吾有以待之;无恃其不攻,恃吾有所不可攻也。"又曰:"不战而屈人之兵,善之善者也。"如果他们不"屈"而北上来攻呢?淮海战役或许会提前举行。

济南战役的意义和影响

济南战役共歼灭国民党军10.4万多人,其中包括起义的吴化文部2万人。

[①] 《粟裕战争回忆录》第580~581页,解放军出版社1988年版。

缴获各种火炮803门、机枪3794挺、长短枪49525支、火箭筒63具、掷弹筒304具、坦克、装甲车20辆，各种枪炮弹、手榴弹1175万余发，炸药130吨，汽车500余辆；击落击伤敌机3架。①

在上述多少有些枯燥的数字中，应该提到的是缴获的各种火炮中包括高射炮10门，在机枪中有高射机枪3挺。国民党军这些武器都是美国提供的。国民党军把高射炮和高射机枪部署在济南所为何来？当时的解放军并无任何飞行器，把高射炮和高射机枪运到前线，除了被解放军缴获后用以打国民党军的飞机外，难道还能有别的用场吗？仅此一例就说明当时国民党军上上下下是多么的颟顸。

济南解放，轰动全国。
9月29日，周恩来为中共中央起草祝贺济南大捷的电报说：

> 庆祝你们解放济南、歼敌十万的伟大胜利。你们这一勇猛、果敢、敏捷的行动，并争取了吴化文将军所率九十六军的起义，证明人民解放军的攻坚能力已大大提高，胜利影响已动摇了蒋介石反动军队的内部，这是两年多革命战争发展中给予敌人的最严重的打击之一。尚望继续努力，为歼灭更多蒋军、解放全华东人民而战！解放济南战役中的烈士们永垂不朽！②

10月2日，新华社发表经过刘少奇和周恩来修改，由毛泽东最后修改审定的题为《庆祝济南解放的伟大胜利》的社论。社论回顾了蒋介石发动内战以来的华东战局，指出：

> 济南是国民党长期困守的孤立据点之一。与济南处于同样情形的，仅就目前而论，就还有长春、沈阳、锦州、承德、保定、太原、安阳、南阳、榆林等城市。这些城市中的人民和国民党军队，从济南的解放中，应该得到一些什么教训呢？虽然济南有十万国民党守军，虽然他们有美国的装备，有永久性的层层工事构筑，有准备长期固守的物资，有美国所供给的空军的接济和配合，又有蒋介石所允许的大量援

---

① 中国人民解放军历史资料丛书编审委员会编：《济南战役》第334~335页，解放军出版社2004年版。
② 同上，第313页。

军集结在徐州附近,还有国民党的有名将领王耀武指挥,但是在人民解放军进攻之下,只在八天里就全军覆没。这是证明人民解放军强大的攻击能力,已经是国民党军无法抵御的了,任何一个国民党城市都无法抵御人民解放军的攻击了。①

济南解放使得国民党军的高层陷入一片沮丧。当时正在医院治疗胃病、卸任不久的原国民党军参谋总长陈诚后来写道:"戡乱时期的剿共军事,以(民国)三十七年九月下旬济南的失陷,作为一个转捩点。"陈诚所谓的"戡乱时期"就是解放战争时期,所谓的"三十七年"就是1948年。陈诚接着写道:"在此以前,可以说胜败之机犹未大定,国军努力的机会,还有争取的可能。但在此以后,显然已成江河日下之势,狂澜既倒,无可挽回矣。"②

济南解放也引起国际各媒体的关注。

美联社1948年9月26日就济南之战评论道:"自今而后,共产党要到何处,就到何处,要攻何城,就攻何城,再没有什么阻挡了。"③28日,该社南京电指出:"济南的强攻战,显示共军已不再惧怕直接攻击政府据有的阵地了。""共军已变得强大到足可攻击并可能攻克长江以北任何城市。"

美联社认为,解放军攻克济南是"动摇蒋介石政权根基"的胜利,这一胜利已经使得国民党军南京统帅部的官员们"惊慌得目瞪口呆"。国民党政府拖到9月25日"还不愿意正式承认其完全失陷,企图缓和其对中国政治、经济结构的致命打击"。

日本《朝日新闻》发表评论说:"济南陷落于人民解放军后,中国的内战进入了一个极重要的新阶段","大城济南的攻占,已大大改善了中共的经济形势及加强了他们的军事地位。"该报预言:"由中国共产党领导的全国政府不久将要成立。"④

济南战役的胜利,拉开了战略决战的序幕,开创了人民解放军夺取国民党军重兵防守的大城市的先例,并使华东、华北两大解放区连成一片,为华东野战军和中原野战军南下陇海线举行更大规模的歼灭战创造了条件。

---

① 中国人民解放军历史资料丛书编审委员会编:《济南战役》第318~319页,解放军出版社2004年版。
② 《陈诚先生回忆录》第107页,台北"国史馆"1994年版。
③ 转引自王道平、周宏雁、姜铁军:《震撼世界的大决战》第55页,解放军出版社1990年版。
④ 转引自《全国解放战争史》第五卷第87页,军事科学出版社1997年版。

第四部分：
震惊世界的战略决战

28. 林彪有没有让罗荣桓看过回师打长春的电报？

这一问题，有两种说法。一种是说没有；另一种是说是给罗荣桓看过。

张聿温在《真相："九一三"事件考证》中说："一向独断专行的林彪，在没有同政委罗荣桓、参谋长刘亚楼商量的情况下，就以林、罗、刘名义向军委发电，准备停止南下，再回头打长春。罗荣桓听说后，为林彪的动摇和在重大的问题上的擅自做主十分生气，两人发生了争论。"①张的说法也是其来有自。为弄清这一问题，这里再简述一下事件的经过。

1948年9月30日，林彪、罗荣桓、刘亚楼、谭政以及由东北野战军司令部和政治部组成的前线指挥所乘火车由双城南下，夜行昼停，10月2日清晨到达郑家屯（今吉林省双辽县）以西，停车进行防空隐蔽。下午，林彪得悉，国民党海运四个师到达葫芦岛，乃于晚10时，以林、罗、刘名义起草致中央军委的特急电报，内容如下：

> 得到新五军及九十五师海运葫芦岛的消息后，本晚我们在研究情况和考虑行动问题。估计攻锦州时，守敌八个师虽战力不强，但亦须相当时间才能完全解决战斗。在战斗未解决以前，敌必在锦西葫芦岛地区留下一两个师守备，抽出五十四军、九十五师等五六个师的兵力，采取集团行动向锦州推进。我阻援部队不一定能堵住该敌，则该敌可能与守敌会合。在两锦间敌阵地间隙不过五六十里，无隙可图。锦州如能迅速攻下，则仍以攻锦州为好，省得部队往返拖延时间。长春之敌数月来经我围困，我已收容逃兵一万八千人左右，外围歼敌五千余。估计长春守敌现约八万人，士气必甚低。我军经数月整补，数量质量均大大加强，故目前如攻长春，则较六月间准备攻长春时的把握大为增加。但须多拖延半月到二十天时间。以上两个行动方案，我们正在考虑中，并请军委同时考虑与指示。②

---

① 张聿温：《真相："九一三"事件考证》第55~56页，中国青年出版社2012年版。
② 《罗荣桓年谱》第588页，人民出版社2002年版。

第二天，即 3 日凌晨，当列车到达彰武以北的冯家窝棚时，罗荣桓和刘亚楼一同去见林彪，建议仍然执行打锦州的决定。林彪决定停发上一封电报，但电报已经发出。罗荣桓便建议不等军委复电，立即给军委发电报，说明我们仍坚持攻锦。林彪同意。于是又于当日上午 9 时致电军委，表示"我们拟仍攻锦州，只要我军经过充分准备，然后发起总攻，仍有歼灭锦敌的可能，至少能歼灭敌之一部或大部"①。

毛泽东在看到这封电报之前，曾两次来电批评回师打长春的错误想法。看到这份重申坚持攻锦的电报后，于 4 日早晨 6 时复电，表示："你们决心攻锦州，甚好甚慰。""在此以前我们和你们之间的一切不同意见，现在都没有了。"他在肯定林、罗、刘的部署，并指出"回头打长春""是绝大的错误想法"后又说："因为你们很快就放弃了此项想法，故在事实上未产生影响。"②

经过比对当时的往返电报、东北野战军的《阵中日记》和参谋处处长苏静、作战科科长尹健、林彪的秘书谭云鹤、参谋阎仲川、罗荣桓的秘书李新阶等当事人的回忆，上面的经过是准确的，也是大家看法一致的。但在个别细节上，即林彪起草完 2 日晚 10 时的电报，在发出以前，罗荣桓是否看过，说法又有差异。

尹健说：

"到了（10 月 2 日）晚上 10 点多钟，我以为天黑可以行动了，又去请示刘亚楼同志。他说：'有新的情况，要等军委回电后再说。'接着他又补充了一句，'告诉电台，注意收听军委的来电。'有什么情况指挥机关不能前进呢？我当时有些纳闷。后来才知道，我们在防空时，收到一份情况报告说，葫芦岛敌人增加了 4 个师，林彪早就顾虑攻打锦州时，有被沈阳和锦西、葫芦岛之敌两面夹击的危险。出现这一敌情变化又引起他的重重忧虑，决心发生动摇。他未与任何人商量，在 10 月 2 日晚 10 时，以林、罗、刘名义，向军委发了个特级（急）电报……

"据后来刘亚楼同志说，他一清早（指 3 日清晨，笔者注）就到了罗荣桓同志的驻地，罗刚起来，还未洗脸，他就把林彪向军委发电报的事，告诉了罗荣桓同志。罗荣桓同志听说后心情有些沉重，没有来得及吃早饭，就同刘亚楼同志一起到了林彪住处……"③

---

① 《罗荣桓年谱》第 588~589 页，人民出版社 2002 年版。
② 中共中央文献研究室编：《毛泽东年谱（1893—1949）》（修订本）下卷第 354 页，中央文献出版社 2013 年版。
③ 《罗荣桓传》编写组编：《回忆罗荣桓》第 523~524 页，解放军出版社 1987 年版。

按照这一说法,林彪起草了晚10时电报后,未给罗荣桓看过。罗荣桓是第二天清晨听刘亚楼说才知道的,随后他便去找林彪提出坚持打锦州的意见。

这同张耀温的说法也有差别。张耀温说电报不仅未给罗荣桓看,也未给刘亚楼看。这就出来一个疑问:罗荣桓和刘亚楼是从何得知林彪发了这封电报的?张耀温未做说明。

但是,当时任林彪秘书的谭云鹤说:

"……当我们的专列开到郑家屯车站时,收到了一份中央军委的'敌情通报',里面说到傅作义所部新5军及94师共4个师经海路到葫芦岛登陆。……我把这份电报送给林彪以后,我看他就有些紧张,不一会儿,他就向我口授了一份给中央军委的电报,大意是:由于傅作义部增援锦西、葫芦岛,我军是继续攻打锦州,还是回师去打长春,'以上两个方案,我们正在考虑中,请中央军委同时考虑并指示'。一句话,打锦州的决心又动摇起来。我记录整理之后,照例送罗荣桓、刘亚楼圈阅后,以特急绝密电发出了。这是10月2日22时的事。

"第二天上午,我们刚吃过早饭,罗荣桓和刘亚楼一同到林彪这里来,我正在场。

"罗荣桓比较婉转地提议说:'打锦州的问题,这是主席、军委坚持的意见。葫芦岛敌人虽然增援了4个师,但我们还是有办法阻击敌人的。估计锦西方面我们再增加一个纵队或再加一两个独立师即可,是不是打锦州的决心还是不改的好。'刘亚楼也表示了类似的意见。这时我才知道,虽然昨晚那份电报他们画了圈,实际上很勉强,今天一早他们两个才一道向林彪提出来。

"林彪一听,也有些后悔,马上让我亲自到机要处去查一下,昨晚拟的那份电报如尚未发出,就扣下不发;如已发出,是否向中央机要局申明作废。"①

随后,谭云鹤叙述了他到机要处,得知电报早已发出,已不可能申明作废,他回来向林、罗、刘汇报之后的情况。他回忆说:

"当时林彪解释说,他之所以昨晚起草那份电报,是因为'准备了一桌菜,却来了两桌客人',才犹豫了一下。

"这时罗荣桓说:'为了补救,是否重新给中央发个电报,还是继续打锦州。好在上次电报也没有说死,只是说正考虑是继续打锦州还是回师打长春,并请中央指示。'

"林彪同意发个电报,还是打锦州,并对罗荣桓说:'是不是请你执笔?'罗

---

① 谭云鹤:《见证历史》第155~156页,中国工人出版社2002年版。

荣桓说:'还是你说吧!'林彪说:'还是请你执笔吧,反正我们三个都在,好办。'罗荣桓说:'那好吧,大家凑。'他就掏出自己的笔来,我连忙给他拿出几张电报纸,由罗荣桓起头,你一句,我一句,很快就起草完了。最后,由罗荣桓又念了一遍,大家都没有意见了。罗荣桓对林彪说:'既然没有不同意见,是否请你签发,争取早点发出,'林彪说:'你拿着笔呢,你就签发一下不就行了吗?反正是我们三个人的名义。'罗荣桓签发后,当即交给我于10月3日上午9时送机要处发出了。"①

经过同当时电报以及《阵中日记》仔细辨析,笔者以为谭说更加准确。理由有二。

(1)尹健是间接听说,谭云鹤却直接经历了两份电报起草的全过程。

(2)当时收发电报都有一定程序。谭云鹤回忆:"林彪发电报,不论对上对下,都是他到我办公室里来口授。重要的、长一些的电报,或者我记录后念给他听,或整理后送他再看一遍,然后就由我代他在电报稿表页上批上'请罗(荣桓)、刘(亚楼)核后发'的字样,把电稿装进牛皮电文包里,锁上派警卫员送去。退回来以后,当然我还得看看,罗、刘是否有修改、补充意见。如有,当然我还得请示林彪定夺(这种情况,在我给林彪当秘书这一段中还没有发生过)。如果没有不同意见,就由我视电文内容代林彪批上'发'和'急''加急''特急'和'机密''绝密'字样,加锁派人送机要处发出。"②如果没有林彪交代,工作人员是不会擅自改变这种程序,不等罗荣桓阅后就发出这样重要的电报的。而林彪没有也不可能做出"这封电报不给罗荣桓看"的嘱咐。

笔者认为,罗荣桓于2日深夜圈阅这份电报是合乎情理的。因为这份电报并非决定改变部署去打长春,而只是考虑回师打长春。在林彪考虑的过程中,部队攻锦的行动并没有受到影响。这可以以下列两条史料为证。

(1)10月2日,"各部队仍继续前进。令十一纵及炮纵除留一个连随独立师行动,余进到锦州附近"③。

(2)野司的专列于2日深夜由郑家屯以西出发,于3日上午8时到达彰武以北的冯家窝棚。④

当时如果决定要打长春,野司专列应当由郑家屯向东开,到四平后再往北

---

① 谭云鹤:《见证历史》第156~157页,中国工人出版社2002年版。
② 同上,第151页。
③ 中共中央党史资料征集委员会、中国人民解放军档案馆编:《阵中日记》第1013页,中共党史资料出版社1987年版。
④ 同上,第1015页。

至长春前线。现在专列是往西,到通辽后南下,这是前往锦州前线的路线。

林彪回师打长春的想法无疑是动摇或犹豫,是错误的,但他将这种想法向军委报告,从组织原则上说并没有错。林彪没有必要不让罗荣桓、刘亚楼看这封电报。罗荣桓可以不同意他的想法,却没有理由阻止他向军委报告自己的想法。况且罗看到这份电报时已经是深夜,不便于立即就向林彪提出异议。既然林彪因敌人增兵又提出了回师打长春的想法,罗也需要一个考虑的过程。经过几小时的考虑,他肯定林彪的想法不妥,便于第二天清晨同刘亚楼去找林彪,提出了重申坚持打锦州的建议。应当说,他提出这一建议是及时的。因此,毛泽东在复电中才说:"因为你们很快就放弃了此项(指回师打长春)想法,故在事实上未产生影响。"

29.解放战争中哪一次战役被美国西点军校写进了教科书？

塔山既没塔也没山，是一块无险可守的方寸之地，当年国民党的11个师在海空军强大火力的配合下，苦战数日竟在我军8个师的坚韧防守下寸步难行。以至多年后，研究国共两党战史的美国西点军校某将官专程赴塔山实地考察，不看还好说，看后更费解，人数占优、火力强大的国民党军在如此狭窄的平坦之地居然被死死拦住，这从纯军事角度讲是无法解释的，只能说是共产党领导的军队创造了人类战争史上的奇迹！

那么，这个奇迹是怎样发生的呢？

辽沈战役的目的是把国民党军封闭在东北，予以全歼。要达到这一目的，关键一仗是打锦州。9月12日，东北野战军开始在北宁路作战，辽沈战役开始。至10月初，蒋介石发现解放军要打锦州，深感局势严重，于10月2日到沈阳做如下部署：从关内急调第六十二、三十九军两个师，第九十二军一个师和独立第九十五师海运葫芦岛，连同原在锦西地区的4个师，共11个师，组成东进兵团，由第十七兵团司令官侯镜如指挥，增援锦州；由沈阳地区的11个师加3个骑兵旅组成西进兵团，由第九兵团司令官廖耀湘指挥，协同东进兵团对进攻锦州的东北野战军实施夹击，为东北危局解套。

林彪考虑，在东西两个方向的援敌中，沈阳方向的距离尚远，对攻打锦州威胁最大的是锦西、葫芦岛方向的援敌。10月5日，林、罗、刘致电四纵，指出："两锦敌人相距只三十余里，故我军绝对不能采取运动防御方法，而必须在塔山、高桥及其以西以北部署顽强勇敢的攻势防线，以四纵一两个师兵力构筑工事，准备在此线死守不退，在阵地前近距开火，大量消耗敌有生力量，准备抵抗数十次猛烈进攻，待敌消耗疲劳进退两难之时，再集中十一纵全部及四纵一两个师兵力组织反突击，将敌大量歼灭于我阵地之外。""你们必须利用东自海边西至虹螺山下一线二十余里的地区，作英勇顽强的攻势防御，利用工事大量杀伤敌人，使敌人在我阵地前横尸遍野……使我军创造震动全国的光荣的防御战。"[①]

---

① 《罗荣桓年谱》第593~594页，人民出版社2002年版。

此时,四纵正在兴城附近召开第二届士兵代表大会,接到这一封急电,立即召开纵队党委常委会进行研究。纵队政治委员莫文骅、司令员吴克华、副司令员胡奇才、副政治委员兼政治部主任欧阳文、参谋长李福泽参加。参谋人员摆开地图,吴克华在塔山到高桥一带用红铅笔重重地画了一个圈。大家一看,这里就在锦州、锦西之间,锦西通锦州的公路、铁路贯穿其中。假如把锦州比作人的身体,锦西就是头,而塔山就是人的咽喉,贯穿其间的铁路、公路就好比人的气管和食道。大家明白,守住塔山,挡住锦西援敌,锦州之敌就成为瓮中之鳖。

四纵和东北野战军其他纵队一样,擅长打运动战,但缺乏打阻击战的经验。大家当时正准备从兴城南下,经绥中直逼山海关,如今却要担负阻击的任务,这个弯子可不小。纵队立即召开党委常委会议,研究如何执行。会议认为,只要把塔山阻击战的重要性和艰巨性讲清楚,这个弯子还是不难转的。为了抢时间,他们要求部队边行动边动员,命令十二师连夜出发,占领塔山至白台山一线,掩护纵队主力进入防御地区。6日至7日,四纵各部全部进入指定位置,随即从铁路上拆下枕木、铁轨抢修工事。许多指战员了解了塔山阻击战的重要性和艰巨性,纷纷表示人在阵地在。大家都把自己的姓名、籍贯、家庭地址写在军衣里面,以视死如归的精神,决心宁可战死,也不让敌人越过阵地半步。

8日晨,吴克华、莫文骅率领师团干部到前沿察看地形。四纵的阵地东临渤海,西依红螺山,正面宽12公里。阵地前沿距离锦西敌人阵地前沿最远的地方不超过1000米,最近的只有几十米。在四纵阵地对面的大小东山、影壁山一带,国民党军筑有坚固工事,配备各种火炮,居高临下,俯视塔山。塔山既无塔,也无山。从这里向东北到高桥是一马平川,无险可守,只能依托村落、小高地和隘口进行阻击。

蒋介石也非常重视塔山,因为他急切盼望能越过塔山,打通援锦道路,为东北危局解套。

10月5日,也就是林、罗、刘部署第二兵团和第四纵队、第十一纵队阻击锦西援敌的第二天,蒋介石由北平西郊机场乘飞机到天津,换乘汽车至塘沽,再乘二〇三号炮艇(由扫雷艇改装)出海,登上"重庆号"巡洋舰。此舰7600吨,是当时中国最大、最新的军舰。随行的有陆军大学校长徐永昌、第十七兵团司令官侯镜如、联勤总部参谋长吕文贞、运输署署长赵桂森以及罗泽闿、郭汝瑰、许朗轩、俞济时等。海军总司令官桂永清的指挥舰随行。6日11时,蒋介石一行到达葫芦岛。他首先将冀热辽边区副司令官唐云山、总统特派华北督察组长罗奇、东北"剿总"副总司令陈铁等召到舰上，面授机宜。蒋介石说必须抓紧战机进攻，立即以5个师打通锦西到锦州的交通，不必等第三十九军和第九十二军到达了。经研究，他决定以第六十二军两个师、暂编第六十二师、第八师、第九十五师为攻击部队，进攻到高桥以北的东清堡、大清堡、杏山等地，与从锦州南下的守军夹击共军并会合。

蒋介石和他的幕僚们眼睛都盯着高桥以北，对塔山不屑一顾。因为塔山地区东西两头高，中间低洼，无险可守，他们认为拿下塔山是有把握的。[1] 他们似乎忽略了这几个师要进攻到高桥以北必须经过塔山和高桥，而解放军第四纵队正在塔山严阵以待。

蒋介石嫌军舰上不够整洁，在骂了一通海军腐败以后便登岸到驻葫芦岛茨儿山的第五十四军军部用餐，随后召集团以上军官开会。蒋介石首先给大家介绍侯镜如说："这是十七兵团司令官侯镜如，我这次带他来，要他在葫芦岛负责指挥。你们要绝对服从命令。这一次战争的胜败，关系到整个东北的存亡，几十万人的生命，都由你们负责。你们要有杀身成仁的决心。"随后他给下属打气说："我们此次集中美械装备优势部队，兼有大量空军助战和海军协同，所有弹药粮食能海运空运补给，你们在前方安心打仗，后方我负责。各位官长要亲临前线指挥。"他最后说："在侯司令带部队来到之前，你们暂归第五十四军军长阙汉骞指挥，向塔山、锦州进攻。"[2]蒋训话后同营以上军官合影，又坐在一张藤椅上让一部分军官逐一站在他后面同他合照。当晚又在"重庆号"军舰上请师长以上军官吃饭，表示对这些进攻塔山的部队的关怀。[3]

据徐永昌日记，蒋介石回军舰已近下午5时，"晚饭又召集师长以上到舰上聚餐，并说明此次希望胜利之重大，谓不仅解锦围，并须会沈阳之师，聚歼顽匪。中有要知我不惜撤守烟台，调来新八师并天津一带之九十二军、六十二军及九十五师等六个师，悉集此一地带，即为成功此一攻势。语多兴奋与勖勉。"[4]

随后，蒋介石乘"重庆号"返回天津。7日下午到达塘沽，4时改乘火车返回北平。

---

[1] 侯镜如：《第十七兵团援锦失败经过》，《辽沈战役亲历记》第245～246页，文史资料出版社1985年版。

[2] 同上，第244页。

[3] 林伟俦：《塔山战役纪要》，《辽沈战役亲历记》第255页，文史资料出版社1985年版。

[4] 《徐永昌日记》第九册第131页，台北"中研院近史所"1990年影印本。

10月8日，沈阳的国民党军西进兵团在蒋介石的催促下开始出动。

10日凌晨3时30分，国民党军东进兵团在第五十八军军长阙汉骞指挥下，乘落潮之机偷涉海滩，于4时袭击并占领了打鱼山阵地。防守这个阵地的是第十二师第三十四团警卫连的一个排。他们还没有修好工事，国民党军就扑上来占领了打鱼山，直接威胁到解放军西海口和塔山阵地侧翼的安全，情况十分紧急。林彪打电话来询问情况。吴克华向林彪说："此时已经涨潮，无法实施反击，国民党军在岛上也困住了。"他向林彪表示：天黑前落潮，一定把阵地夺回。

打鱼山争夺战便成为塔山阻击战的序曲。

天蒙蒙亮，国民党军集中所有炮火，包括40余门山炮、野炮、加农炮、榴弹炮和两艘军舰上的炮，向狭小的塔山阵地猛轰，再加上7架飞机轮番俯冲轰炸。这种海陆空一起上的立体攻势在国民党军中是空前的，它毁坏了解放军不少刚刚修好的工事。国民党军随即集中了暂编六十二、八、一五一师3个师的兵力，向四纵塔山阵地发动波浪式的全面进攻。国民党军一波一波的冲锋被解放军击退，打到上午11时，国民党军同解放军有的地方相距不过几十米，但就是前进不得，只好停下来。下午，总统府战地督察组长罗奇亲自到前线督战。国民党军又一次一次地冲锋。每一次冲锋前都要进行炮火准备。在白台山阵地，国民党军发动第6次冲锋时，守卫在阵地上的警卫连二排干部全部伤亡，只剩下9名战士。当国民党军的猛烈炮火又一次袭来时，这9名战士全部震昏在阵地上的壕沟里，而此时已有20余名国民党军士兵爬了上来，悄悄接近壕沟。友邻阵地的一排长萧殿盛不待连里下命令便组织三班的战士迅速实施反击，一顿手榴弹使爬上来的国民党军留下几具尸体便逃回去了。一排的指战员把昏倒在壕沟里的战友唤醒，然后共同扼守阵地，直到天黑。

第三十四团扼守塔山堡车站以东高家滩阵地，激战至下午4时，击退国民党军9次冲锋。这时又一个营的国民党军冲了上来，但在守军阵地前遭遇猛烈火力，冲不上来，后路又被解放军的炮火封锁，退不回去。解放军迅速迂回到这股国民党军的侧后，经30分钟激战，将其全部歼灭，俘虏280余人。

黄昏时分，海潮退落，第二十九团一营和第三十四团一部迅速冲上打鱼山阵地，歼敌一部，余敌下海逃命，被海涛吞没。

这一天，四纵共击毙国民党军1174名，初战获胜，振奋了军心，坚定了守住塔山的信念。

11日，为加强塔山的防御，林、罗、刘指定四纵副司令员胡奇才到第十二师参与指挥。

　　这一天拂晓,阙汉骞和第六十二军军长林伟俦来到鸡笼山阵地督战,以暂编六十二师、第八师、第一五七师、第一五一师4个师,在海空军配合下,改用中央突破的方式,在两翼策应下,全力向四纵的核心阵地塔山堡,发起更大规模的进攻。国民党军首先集中所有大炮对塔山阵地从前沿到纵深,再从纵深到前沿,进行毁灭性的轰击。随后国民党军第八师从正面和左右两翼对塔山堡发起多次进攻。守卫塔山堡的第十二师第三十四团一营同国民党军在阵地前展开争夺战。在战斗中,解放军用更加猛烈的炮火对国民党军实施阻击。据国民党军第八师副师长施有仁回忆:国民党军的进攻开始后,"由于解放军集中优势炮兵火力,实行奇袭阻击,我方炮兵受到很大威胁和压制,其炮火之猛烈,是我们部队对共产党部队作战以来所仅见。我们作战,从来都是靠空军压制敌人,以绝对优势炮火开辟前进道路。而现在,初次遇到我方炮火处于劣势状态,部队士气受到很大震动"①。扼守塔山堡的一营,在巧妙设置的炮火支持下,击退了国民党军的进攻。随后,国民党军又集中约30门野炮、榴弹炮和两艘军舰上的大炮,并以5架飞机轮番投掷重型炸弹,对塔山堡一营阵地进行了半小时的狂轰滥炸,有大约3000发炮弹和炸弹落在一营阵地上,使前沿工事大部被毁,战士伤亡较大。国民党军乘势发起整营、整团的集团冲锋四五次,迅速靠近一营前沿。一营一连死守不退,顽强抗击。但是,国民党军还是占领了塔山堡村边的3处民房。在阵地东面观察前沿战斗的一营副营长鲍仁山,躲过敌人的火力封锁,冲进村内,组织一营还剩下的战士阻住国民党军;同时二梯队赶上来,与国民党军展开搏斗,20分钟后,恢复了原有阵地。

　　进攻塔山的第五十四军毫无进展,而第六十二军拂晓时以夜袭手段夺取的207高地,不到半小时被解放军夺回。到上午10时,该军进攻白台山的官兵已经气衰力竭。解放军一反击,他们就一直退到鸡笼山下。

　　11日下午,国民党军第十七兵团司令官侯镜如率第九十二军第二十一师由塘沽到达葫芦岛,随即在锦西中学召开军事会议,研究进攻塔山方案。决定12日准备一天,13日发起总攻。

　　在进攻塔山的国民党军准备期间,第四纵队抓紧时间调整部署,缩短连日伤亡较大的第十二师的防御正面,从预备队第十师抽出二十八团接替第十二师第三十四团塔山以东的防御阵地。此外,经兵团批准,将第十一师第三十一团的前沿阵地移交给第十一纵队,第三十一团转移到第十二师侧后,加强防御

---

① 施有仁:《第五十四军在塔山作战经过》,《辽沈战役亲历记》第274页,文史资料出版社1985年版。

阵地的纵深配置。与此同时,抢修、加固并扩大工事。大大小小的地堡从内部得到加固,扩大了射界,加深、加长,交通壕、堑壕都连通起来。有的地方还挖了又深又宽的防坦克壕,前沿增加了各式各样的铁丝网和鹿砦,有些地方埋上了地雷。

13日拂晓4时30分,国民党军的数十门重炮和"重庆号"巡洋舰的舰炮向塔山阵地猛烈轰击,解放军的塔山阵地顷刻之间被烈火与浓烟所覆盖。随后,国民党军开始对塔山发起总攻。第八师和刚从华北调来的独立第九十五师进攻塔山及其以东的铁路桥头堡,第一五一师、第一五七师进攻白台山东南的解放军阵地。主攻方向在塔山,主攻部队是号称"赵子龙师"的独立第九十五师,清一色的美械装备。师长是总统府战地督察组长罗奇,此人狂妄自傲。因为在明代常用太监监军,而大太监魏忠贤曾被称为九千岁,因此国民党军中私下里给他起了一个外号:罗千岁。这位罗千岁,在独立第九十五师以重金收买,组织了敢死队。在炮火准备以后,该师以敢死队为前锋,整团、整营地往前冲。连续冲了9次,突入四纵阵地1次。扼守阵地的第二十八团一连打得只剩下30余人。在身负重伤的指导员程远茂指挥下,仍然坚守着阵地。这一天,四纵伤亡1048人,国民党军伤亡1245人。对这一天的战斗,莫文骅回忆道:"这一天,是敌人投入兵力最多,火力最猛,进攻最凶的一天,也是对塔山阵地存亡有决定意义的惊天动地的一天。敌人输得很惨,那个号称常胜不败的'赵子龙师',在我英雄阵地面前碰得头破血流。"[1]

13日,蒋介石严令东进兵团于14日"拂晓攻下塔山,12时进占高桥,黄昏到达锦州"。侯镜如立即召开军事会议,决定于14日晨7时,陆海空军一起行动,迅速攻占塔山。

14日清晨5时30分,国民党军各军、各师和"重庆号"军舰上的重炮一齐向塔山轰击。侦察机、战斗机、轰炸机也飞临塔山上空,投弹的投弹,扫射的扫射。顷刻间,塔山成为一片火海。有一架轰炸机把炸弹扔到了独立第九十五师的阵地旁,伤亡连长以下官兵20余人,惹得该师官兵跳着脚对空大骂。

炮火准备后,独立第九十五师兵分三路向第四纵队铁路以东阵地突击。接替第二十八团防务的第三十团,以第二十八团为榜样,同国民党军展开激战。有一股国民党军爬上了第四纵队4号阵地的铁路桥头堡,四连一个反冲击,又把阵地夺了回来。不久,国民党军再度进入四连的工事。伤亡过大的四连剩余的指战员在阵地内同国民党军拼刺刀。五连三排迅速反击上来,重新

---

[1] 《莫文骅回忆录》第508页,解放军出版社1996年版。

占领铁路桥头堡。因负伤住院治愈后刚刚归队的战士刘殿哲冲在最前面。在反复争夺的战斗中,他三次负伤不下火线,一直战斗到流尽最后一滴血。

正激战中,总预备队一纵司令员李天佑打电话给吴克华:"我们奉命做你们的预备队,已经到达高桥。我代表一纵指战员向你们致敬。我们做好了准备,随时听候你们调用。"吴克华回答:"有一纵老大哥做预备队,我们就放心了。"①

有一纵做后盾,四纵坚守阵地的信心更足了。相反,国民党军的进攻已成强弩之末。独九十五师伤亡巨大,每一个团只能缩编为一个营。

14日上午10时,从锦州方向传来隆隆炮声。四纵的指战员们都知道,总攻锦州开始了。他们更坚定了守住塔山的决心。国民党军也听到了炮声。他们见强攻无望,在四纵阵地当面距离约200米的地方修筑临时工事,与四纵对峙起来。这一天,国民党军被击毙、击伤和俘虏1260名,解放军伤亡745名。

同日,林、罗、刘、谭致电胡奇才和十二师师长江燮元、政治委员潘寿才并十二师全体指战员,指出:"你师在友军配合下,5天来英勇作战,顽强抗击,打退了九十五师、八师、一九八师、一九七师、一五一师、暂六十师在海空掩护下之连续猛烈进攻,大量杀伤了敌人,并全部歼灭了大鱼山岛之敌,保障了我攻锦部队充分准备,因而取得了对锦州的顺利突破。你们这种英勇顽强的防御战,是模范的,值得赞扬的,盼你们继续努力,顽强迎击敌人,保证锦州战役的全部胜利,为下一次战役造成有利条件。"②

15日上午,就在锦州巷战方酣之际,进攻塔山的国民党军又攻击了一上午,企图做援助锦州的最后一搏,但仍然是碰了一鼻子灰。

至此,四纵扼守塔山已经整整6个昼夜。这是惨烈的6个昼夜,惊天地、泣鬼神的6个昼夜。在不足11平方公里的战场上,国民党军用9个师中的5个师的兵力,在海军和空军的支援下,集中进攻防守塔山的四纵。国民党军无论是装备还是人数都占绝对优势,但付出了6000余人的伤亡代价,就是拿不下塔山这一弹丸之地。原因何在? 主要原因就是守塔山的四纵的指战员有高度的战斗自觉,有顽强、勇猛的战斗作风,有不怕死的精神,为守住阵地,勇于相互协作,相互支援。战后,纵队党委授予三十四团"塔山英雄团"、二十八团"守备英雄团"、三十六团"白台山英雄团"、纵队炮兵团"威震敌胆"的光荣称号。

---

① 莫文骅:《坚守英雄的塔山》,中国人民解放军历史资料丛书编审委员会编:《辽沈战役》第470页,解放军出版社1993年版。

② 《罗荣桓年谱》第603页,人民出版社2002年版。

16日,锦州解放。蒋介石又一次乘飞机来到葫芦岛督战。侯镜如和罗奇向蒋汇报了锦州失守,而塔山仍未攻下来的情况。罗奇对蒋介石说:"塔山碉堡工事非常坚固,铁丝网、鹿砦又多又深。几天来集中力量攻,就是攻不下来。"蒋介石让把地图拿来。他敲打着桌上的地图,生气地说:"塔山这么近,敌人怎么可能那么快就修了那么坚固的工事呢?阙汉骞军长长驻葫芦岛,早就应该发现,为什么不阻挠他们修工事?"蒋介石越说越气,不禁破口大骂,"你哪里是黄埔生,是蝗虫,是蝗虫!"[1]

这位阙汉骞在抗战时期可是一位猛将。美籍历史学家黄仁宇曾经当过他的部属。黄仁宇说,称阙为猛将是国歌的词作者田汉在写给他儿子田海男的家书中的话。那时,黄仁宇同田海男是在成都的国民党军中央军校的同学。抗战时期阙汉骞一直在第五十四军第十四师,1939年任师长。据黄仁宇说:"十四师自抗战以来还没有打过一次败仗。第一次淞沪之役,当然是前赴后继,寸土不丢,至于后来全面后撤,也是奉统帅部命令而行,并非本师过失。第二次江西阳新之役,十四师坚持到和敌人拼刺刀,也终于把敌人打退。第三次粤北翁源之役,其情形可在辩论之中,看样子敌人原来不打算深入,只是第十四师刚一展开,敌军就全面退却,这一来更增加了本师威望,迄至我们在师部报到的时候,师里的官兵还是坚持日本人听说迎头的乃十四师,才立即仓皇的后撤。"[2]

曾几何时,猛将变成了蝗虫。为什么变得如此之快?因为抗日是民族战争,官兵用命,所以是猛将。攻塔山是内战,官兵被迫上战场,所以成为蝗虫。

此时蒋介石仍不相信锦州已失守。不久,飞行侦察报告:锦州已无炮声。蒋介石面对事实,无话可说。但他还想挣扎一番,于是严令攻下塔山,夺回锦州。随后气得连五十四军准备好的饭也没有吃,就又飞走了。

塔山阻击战打胜了,但四纵也遭受到重大损失。四纵的军政首长吴克华、莫文骅、胡奇才、欧阳文、李福泽和塔山英雄团团长焦玉山都是老红军,江民风也是1939年参加山东抗日武装的老八路,他们都身经百战,但是都感到塔山阻击战是他们经历过的最壮烈的战斗。他们在战场上亲眼看到许多亲密的战友在这里流尽了鲜血。新中国成立后,他们相约,逝世后要把骨灰埋葬在塔山。

1949年3月25日,毛泽东率领党中央机关和解放军总部,由西柏坡到达

---

[1] 林伟俦:《塔山战役纪要》,《辽沈战役亲历记》第262页,文史资料出版社1985年版。
[2] 黄仁宇:《地北天南叙古今》第103~104页,三联书店2007年版。

了北平。就在这一天的下午3时整,毛泽东在第四野战军参谋长刘亚楼的同车陪同下,乘美式吉普车检阅入城部队。当检阅车驶向飘扬着塔山英雄团的大旗时,毛泽东慢慢举起他的一只大手行了一个举手礼,这一历史性的镜头永远地定格在了塔山英雄团将士们的记忆里。

西苑机场阅兵之后,凡是参加过塔山阻击战的将士们,一提起毛主席当年的行举手礼,脸上无不表露出自豪和喜悦,他们说这是毛主席对塔山英雄团事迹的肯定,是对壮烈牺牲的英灵的安慰,也是对活着的受检人员的鼓舞。今天,这场据说被写进美国西点军校教科书的战役,一直被视为阻击战当中以少胜多的典范。①

如今,吴克华等将军都已达成自己的夙愿。今天,在辽宁省葫芦岛市连山区塔山村附近矗立着一座12.5米高的纪念碑,上面镌刻着陈云的题词:"塔山阻击战革命烈士永垂不朽"。石碑后面有个较大的圆形坟冢,葬有阻击战中牺牲的743位烈士的遗骨。在塔山纪念碑和烈士墓中间,分布着1998年以来陆续增建的8位将军的骨灰墓,由西向东,一字排开,依次是第四纵队副政治委员欧阳文、政治委员莫文骅、第四纵队司令员吴克华、副司令员胡奇才、参谋长李福泽、第十二师师长江燮元。第二排是塔山英雄团政委江民风和团长焦玉山。

---

① 参看高峰:《硝烟散尽谒塔山》,《党史纵横》2015年第4期。

30. 什么原因导致装备精良的廖耀湘兵团 60 小时内即被装备简陋的东野全歼？

廖耀湘兵团即东进兵团，包括第九兵团部、新一军、新三军、新六军和第七十一军、第四十九军主力共 11 个师另有 3 个骑兵旅，共 10 万余人。其中新一军、新六军是国民党军中的全副美械装备的王牌部队。这个兵团的指挥官廖耀湘 1941 年入缅甸作战，1943 年 8 月攻克密支那后升任新六军军长，获青天白日勋章以及英国与美国分别授予的自由勋章和十字勋章。抗战胜利后，廖耀湘率新六军到东北参加内战，攻占本溪后又包抄四平后路，迫使林彪撤退，曾经是不可一世。但是，在 1948 年 10 月 26 日至 28 日短短 60 小时内却被东北野战军全歼。今昔对比，令人难以置信。原因何在？

先回顾一下廖兵团由沈阳出动的过程。

辽沈战役开始后，蒋介石决定将新一军、新六军撤出东北，调到南京去保卫首都。撤出的办法是组建东进兵团和西进兵团，东西对进，夹击在北宁路作战的东北野战军，随后撤出东北。

由于卫立煌、廖耀湘不愿意直出辽西，蒋介石 10 月 2 日飞到沈阳，亲自督促。

10 月 8 日，国民党军西进兵团出发，11 日占领彰武。由于东进兵团进攻塔山毫无进展，而解放军正迅速扫清国民党军锦州外围据点，向锦州步步进逼。廖耀湘在彰武停了下来。蒋介石获悉后催促廖耀湘亲自率部星夜渡过新开河，占领新立屯。"如再延误，将以军法从事。" 14 日清晨，廖率西进兵团渡新开河西进，向新立屯进攻。15 日，占领新立屯，一部到达黑山外围。16 日凌晨，廖耀湘获悉锦州已经失守，决定让部队在原地待命，随即返回沈阳与卫立煌商量对策。他认为西进兵团已成为无根的浮萍，建议向营口撤退。

19 日，蒋介石在北平召见卫立煌和杜聿明。蒋介石仍要求东进兵团和西进兵团东西对进，夹击共军，收复锦州。他认为，解放军打锦州后伤亡必大，没有一个月休整就不能再战。而这正是"规复锦州"的良机。

20 日晚，卫立煌和杜聿明返回沈阳，向廖耀湘等传达蒋介石的口头命令，要廖耀湘以全力攻锦州，同时葫芦岛、锦西部队亦向锦州攻击。命令指示，廖兵团除现有兵力（新编第一军、新编第三军、新编第六军、第七十一军、第四十九军)外,增加第六军第二〇七师,沿北宁路向黑山、打虎山之解放军攻击前进,并确保营口后方交通补给线;如黑山解放军被击退,即向锦州攻击前进,协助葫、锦部队收复锦州;如黑山、打虎山解放军顽强抵抗,并有增援模样,即向营口逐次抵抗撤退。

蒋介石终于同意廖兵团在攻击黑山、打虎山不能得手的条件下可以向营口撤退,然而已经为时晚矣。

在攻克锦州之后,中央军委鉴于廖耀湘兵团在彰武地区停滞不前,17日建议先打锦西、葫芦岛之敌,引诱廖耀湘兵团南下援救,再歼灭之。18日,林、罗、刘复电也认为,下一步"只有攻锦葫为好"①。

到19日,林、罗、刘得知廖兵团一部占领了新立屯并有继续南下的模样,下午2时,林、罗、刘向中央军委建议,不打锦西、葫芦岛,采取诱敌深入方针,在新立屯、黑山地区歼灭廖耀湘兵团。

当日晚10时,毛泽东同意这一建议。

至此,可以将交战双方的决策过程做一番比较。在国民党军方面,16日凌晨,廖耀湘得知锦州失守,建议从营口撤退,但蒋介石仍要"规复锦州",直到20日晚间,廖耀湘的建议才得到蒋介石有条件的批准。廖耀湘兵团在新立屯、彰武不进不退,整整5天时间白白浪费,丧失了撤回关内的最后机会,结果是被全部歼灭。

在解放军方面,中央军委为全歼在东北的国民党军,锦州解放后,提出先打在锦西、葫芦岛的国民党军东进兵团。从19日下午2时林、罗、刘提出"先歼灭由沈阳向锦州前进之敌"到晚10时毛泽东批准,只用了8小时,结果是赢得围歼廖耀湘兵团的宝贵时间。

20日上午10时,林、罗、刘做出围歼廖耀湘兵团的部署,号召:"目前各部应忍受疲劳,奋发精神,坚决歼灭廖兵团之五个军,并继续歼灭沈阳周围之敌,解放全东北。我十纵、五纵、六纵及第三师的行动,切不可稍有疏忽与犹豫,切不可让新立屯、彰武之敌逃走,否则会放过伟大胜利的机会。故该三纵须时时准备大胆冒险坚决行动,我锦州东北各纵皆能迅速策应作战。"②

在辽沈战役中,打锦州是攻坚战,塔山战斗是阻击战,这些都不是林彪惯用和擅长的战法。但是,战争发展到1948年,这些战斗都是绕不过去的。现在,锦州攻克了,在塔山把敌人顶住了。这两个坎儿都迈过去了,剩下的就是

---

① 《罗荣桓年谱》第608页,人民出版社2002年版。
② 同上,第613~614页。

对付廖耀湘,这可是运动战,是林彪得心应手的战法。林彪面对此战,十分兴奋,但又十分冷静。他知道,要抓住这条大鱼,首先是不要让它脱了钩。他立即授意新华社发出报道,详细介绍攻锦部队已转入休整,正在总结经验,评选战斗英雄,补充兵员弹药,如此等等,以麻痹廖耀湘,以免惊动了他。

与此同时,林、罗、刘又在21日急电在沟帮子监视廖耀湘兵团的第十纵队司令员梁兴初、政治委员周赤萍:"廖耀湘兵团有企图向锦州突围,与锦西北上之敌会合,妄图夺路逃回关内。令你们即返黑山、打虎山,选择阵地,构筑工事,顽强死守,阻击敌人,掩护主力到达后,聚歼前进之敌。"①

黑山、打虎山的西北面是医巫闾山,东南面是大片沼泽,均不便于大兵团行动。唯有黑山至打虎山这宽达20公里的狭窄地区是沈阳通锦州的唯一通道,北宁路即从此南下。黑山、打虎山宛如辽西走廊的两扇大门,开则南北畅通,闭则人堵车塞。

22日拂晓,十纵赶到黑山,早晨7时,各师进入西起水泉子、东至高家屯、南到四台子的约宽25公里的弧形阵地,边动员边修筑工事。

23日,廖耀湘命令其先头部队青年军第二〇七师由东向西正面攻击黑山;第七十一军两个师由北向南攻击黑山侧面,整个攻击行动由第七十一军军长向凤武指挥。廖耀湘以为东北野战军在黑山兵力不多,攻击容易得手。但是攻了一天,毫无进展。

24日,廖耀湘又临阵换将,命令新一军军长潘裕昆为进攻黑山的指挥,以第七十一军两个师、新一军一个师、新六军一个师和第二〇七师第三旅共5个师继续对黑山猛烈进攻,在第一次冲锋失败后,再次进行炮火准备,并配合四五架野马式飞机的狂轰滥炸。坚守101高地的第八十四团第二营抵御国民党军一个旅的进攻10多小时,最后只剩下20余人,仍顽强地坚持战斗。该营第四连第一排打到只剩下5人时,弹药打光。他们在排长李勇发带领下同国民党军拼刺刀,最后全部壮烈牺牲。战后,第一排被纵队授予"李勇发排"的荣誉称号。坚守92高地的第八十二团第五连在击退国民党军多次冲锋后,也全部壮烈牺牲。被国民党军称为"党化部队"的第二〇七师第三旅连续发起4次冲锋均被击退。新六军上阵后仍无进展。新六军军长李涛命令该军新编二十二师第六十五团由羊圈子、庞家窝棚向打虎山南侧的大王家窝棚、曹家窝棚迂回,遭到奉命从锦州赶来的第八纵队第二十二师第六十五团的阻击。国民党军连续发动6次冲锋,均未得手。此时,廖耀湘发现东北野战军攻锦州部队正

---

① 《罗荣桓年谱》第615~616页,人民出版社2002年版。

源源不断北上,便决定由攻占黑山改变为掩护主力从黑山东面向营口退却。

林彪预料到廖耀湘在黑山、打虎山碰了一鼻子灰以后,可能缩回去,一是南下营口,二是东退沈阳。24日晚7时,他和罗荣桓、刘亚楼致电原在彰武的第六纵队司令员黄永胜、政治委员赖传珠,指出:廖耀湘兵团有自打虎山以东向台安撤退模样,决定"以拦住先头,拖住后尾,夹击其中"的作战方针,求得歼灭全部敌人。他们命令六纵立即南下,以强行军的速度迅速插到新民以西半拉子门等地阻敌东归沈阳,命令五纵赶到半拉子门配合六纵作战,命令八纵赶到打虎山以东,防止敌人从营口逃跑。①

现在回头再说廖耀湘。10月25日,廖耀湘攻黑山、打虎山三天,看到这两扇大门打不开,命令部队转向东南,企图夺路到营口,但已经来不及了。

25日凌晨,向营口撤退的四十九军和新六军等部在台安西北遭到东野独二师和八纵的截击。国民党军为夺路逃向营口,向解放军阵地发起猛烈进攻。多次冲锋,都被击退。战至黄昏,毫无进展。第四十九军军长郑庭笈判断,已经碰到东北野战军的主力。廖耀湘同意他的判断。他看到通往营口的道路已被截断,命令停止前进。

卫立煌得知廖兵团南撤营口受阻,便命令他们东撤沈阳。26日,廖耀湘明知回沈阳要过大河和沼泽地带,无疑是慢性自杀,但眼前只有这一条路,只好硬着头皮走下去,乃命令部队向左转。这一来,廖兵团就由头朝东南、尾在西北的纵队变成了面向东北的横队。这就好比一条头朝敌人的大蛇转过身来,把胸部、腹部都敞在敌人面前。仓促变阵,陷入混乱。

这一期间,林彪特别关注六纵、八纵的行动,他们到了什么地方,堵住了廖耀湘的退路没有。八纵很快有了消息,却听不到六纵的音信。林彪、刘亚楼不停地问秘书、参谋,但一天一夜过去了,仍无消息。

林彪阴沉着脸说:"这个黄永胜简直是乱弹琴,怎么一点消息也没有?要让廖耀湘跑了,一定要严加处理。"

刘亚楼火气更大:"要叫敌人跑了,非枪毙黄永胜不可!"

26日拂晓,黄永胜终于有了消息。他们24日黄昏接到命令后,立即南下。因怕廖耀湘跑掉,走了一段后便命令指战员轻装,扔掉背包、干粮袋,只带枪支弹药一路狂奔。指战员们气喘吁吁,汗流浃背,有的累得吐了血。30多个小时未休息、未吃饭,也没有时间架电台发报。经一天两夜急行军,跑了200余里,终于在26日凌晨4时出敌不意地插到黑山、打虎山以东的姚家窝棚、厉家窝

---

① 《阵中日记》第1052页,中共党史资料出版社1987年版。

棚,随即由行军队形迅速展开,同企图东退的廖兵团接上了火,把他们堵住了。

26日晚8时,奉命归六纵指挥的第五纵队在司令员万毅、政治委员刘兴元率领下赶到二道境子、一半拉山门地区,配合六纵完全堵住了廖兵团的退路。

至此,廖耀湘兵团10余万人,包括国民党的王牌主力新一军、新六军,被解放军压缩在打虎山以东、无梁殿以南、绕阳河以西、台安以北纵横约120平方公里的狭小地区。

当晚,第三纵队第七师第二十一团三营追击国民党军一部至四间房时,从被国民党军拉去带路返回的农民口中得知,在胡家窝棚有国民党军一部,带短枪的多,小汽车也多,到处都拉上了电话线。还有许多卡车、大炮和马车正在渡河。三营指挥员判断,该部可能是国民党军指挥机关。他们的估计没错,这里就是廖耀湘的指挥中心。三营决定,不等主力到达,不惜一切代价,迅速插到胡家窝棚,堵住该敌退路,打掉其指挥机关。随后兵分两路,于清晨从东西两面夹击胡家窝棚。他们经过同敌人的反复争夺,付出巨大伤亡代价,占领了村西之65高地和104.7高地,居高临下向村中开火。村中的国民党军指挥机关顿时乱作一团,溃不成军。三营乘势向村内进攻,一举捣毁了国民党军西进兵团前进指挥所和新六军军部。后来廖耀湘回忆道:"二十六日早晨,解放军第三纵队及其以北邻近部队第一棒就打碎了国民党辽西兵团的'脑袋'即兵团前进指挥所,同时打碎了新三军、新一军及新六军三个军的司令部。因为这些部队都是处于行军的状态,原来就未建立好通信联络的体系。所以,当兵团部及三个重要的军部被打碎之后,使指挥官陷于无法指挥,也再不能掌握部队的境地。而部队失去首脑,无所适从,整个兵团已陷于瘫痪和分崩离析的状态。"[①]

面对已经陷于分崩离析状态的国民党军,林彪决定以乱制乱,立即下令,哪里有枪声就往哪里打。至26日深夜,廖耀湘也顾不上保密了,急得在报话器上用明语呼喊:"部队到二道岗子集合。"林、罗、刘立即手持蜡烛,在地图上找这个"二道岗子",一下子找到三个。他们迅速判断是在新立屯附近的那一个,于是便下令到那里去抓廖耀湘。

在解放军追击下,廖耀湘兵团已经混乱不堪。

据新三军副军长杨焜回忆:"那种惊慌、混乱、奔逃的情形,简直无法形容。那时廖耀湘、李涛和我三人也杂在这些乱窜、乱奔的人群中瞎跑。那是在一片相当大的开阔地上,被围在开阔地的人,至少有三千人。还杂有辎重、行李、骡马、大车、汽车等。东边枪响,人群往西跑;西边枪响,人群又向东跑……跑来

---

① 廖耀湘:《辽西战役纪实》,《辽沈战役亲历记》第181页,文史资料出版社1985年版。

跑去,只听得四面八方枪响,却未看见解放军人员逼近来。于是我们几个人分别向跑的人群中大喊大叫:'你们不要跑,组织起来吧!帮我们突围出去,要官有官,要钱有钱啊!''司令官、军长都在这里,你们保护着出去,保证你们升官受赏!'……我们喊得声嘶力竭。这些人还是不理不睬,奔跑如故。我们认不出他们是什么官阶、职务,更叫不出他们的姓名,弄得无可奈何。后来,人群渐渐跑散了,逐渐稀少了,只剩下我们少数人蒙头转向,不知如何是好。最后我说:'我们三个人,都带有随从,同在一起跑,目标太大,还是分散开来各跑各的好,免得大家同归于尽。'他们两人都同意,于是就分散开了,各走一方。但解放军人数众多,大小村庄到处都有,解放区人民都已组织起来。尽管我们躲躲藏藏,昼伏夜行,或化装成老百姓,也不能逃出去。多则混过七八天,少则几小时之内,都一一被查出做了俘虏。辽西兵团的所有高级将领,除新编第一军军长潘裕昆、新编第三军军长龙天武两人逃跑外,其余的后来到解放军军官教导团里都聚会在一起了。"①

廖兵团为何垮得如此之快?

当时的美国国务院表示不能全部弄清。他们在《白皮书》中说:"紧接着其后数日内所发生的事件,至今还不能全部明了。当政府军正在战场上活动时,共军即进攻袭击其发号施令的总指挥部,俘虏或击毙其高级军官。由于政府军没有协同一致,缺乏配合的指挥,致使在对日作战期间战绩辉煌的、从前由美国训练与装备的部队土崩瓦解了。"②

蒋介石10月30日曾有过这样的反省:"当时以情势而论,锦州既陷,明知反攻兵力不足,地形不利,尤以士气不振,将心不固为虑,苟能照当时初意,由新立屯撤回沈阳,固守一时,再向营口撤退,以图恢复锦州,亦计之得者也。余不此之图,竟以长春部队叛降与国际外交情势恶劣之故,仍令不顾一切冒险出击,竟遭此莫大之失败,其责任之重,将何以自赎也?"③

其实,早在蒋介石一开始决定组建西进兵团就种下了败因。

廖兵团一冲十纵防守的黑山、打虎山,二冲八纵和独二师防守的魏家窝棚、六间房,三冲六纵防守的姚家窝棚、厉家窝棚,都碰了壁,士气已衰。首脑机关被三纵打碎,乱成一团,则是迅速崩溃的直接原因。

---

① 杨焜:《辽西战役补述》,《辽沈战役亲历记》第193页,文史资料出版社1985年版。
② 《中美关系资料汇编》第一辑第362页,世界知识出版社1957年版。
③ 蒋永敬、刘维开:《蒋介石与国共和战1945—1949》第182~183页,山西人民出版社2013年版。

31. 开启淮海决战阀门的人是谁？

粟裕为什么在济南战役尚未结束的9月24日就提出举行淮海战役呢？这是由于从当时华东战场敌我态势来看，已经具备了发起一个新战役的条件。

此时，济南即将解放，但徐州方向的援军慑于华野夹运而阵的打援部队的威力，并没有敢北上。负责直接指挥打援的粟裕一直在观察和分析这些援军的动向。驻商丘的国民党军邱清泉兵团虽然开始北上，但善于打滑头仗的邱清泉害怕重蹈区寿年兵团的覆辙，尽管蒋介石三令五申，严厉督促，但邱清泉还是软磨硬泡，徘徊在鲁西南的成武、定陶地区，就是不敢再向北走。驻扎在徐州以东新安镇一带的黄百韬第七兵团和驻扎在徐州以南宿县、固镇地区的李弥第十三兵团原计划经徐州沿津浦路北上援济，但这两个兵团直到济南即将失守，仍停留在原驻地。黄兵团虽有一部开到徐州，但后卫在新安镇还没有集结完毕。

粟裕此时提出两种选择。一是回师中原，与中原野战军会合，在徐州西南的豫皖地区寻找战机。这将会处于国民党军刘峙集团和白崇禧集团之间，一开始就将同数量仍占优势的敌人决战。二是经徐州以东地区南下，在海州、连云港和两淮地区作战，占领两淮、高邮、宝应，从东面暴露津浦线，孤立徐州，迫使敌人退守(至少要加强)津浦线和江边。华野多数指挥员倾向于出徐州以东地区。

9月24日早晨7时，粟裕致电中央军委并报华东局、中原局：

(一)至此刻为止，攻济战斗已突入内城六个团，敌极混乱。决乘此时机于白昼继续攻歼该敌。如内城之敌解决，则固守城南郊千佛山、马鞍山之敌，亦易解决(齐鲁大学之敌昨已投降)。估计攻济战斗日内即可完全结束。但援敌邱兵团直至今晨，才开始自商邱(今作商丘)以北分向曹县、城武间地区北进，而黄兵团则尚未完全集结。但以现有材料计，该兵团之六十四师亦到达砀山地区。李兵团则尚在固镇及其以东地区。似此，如援敌知济南已被我完全控制，则停止北援，而转为加强警备，以防我主力南进之可能性，似较继续北援之可

能性为大。如敌仍继续北援,我们当按既定之方针歼灭援敌。如敌停止北援,则我们下步行动,拟作如下建议:

1. 为更好地改善中原战局,孤立津浦线,并迫使敌人退守(至少要加强)江边及津浦沿线,以减少其机动兵力,与便于我恢复江边工作,为将来渡江创造有利条件,以及便于尔后华野全军进入陇海路以南作战,能得到交通运输供应的方便,和争取华中人力、物力对战争的支持,建议即进行淮海战役。该战役可分为两阶段:

第一阶段以苏北兵团(须加强一个纵队)攻占两淮(指淮阴、淮安),并乘胜收复宝应、高邮,而以全军主力位于宿迁至运河车站沿线两岸,以歼灭可能来援之敌。如敌不援或被阻,而改经浦口、长江自扬州北援,则我于两淮作战结束前后,即进行战役第二步,以三个纵队攻占海州、连云港,结束淮海战役,尔后全军转入休整。

2. 只进行海州作战,仅以攻占海州、新浦、连云港等地为目的,并以主力控制在新安镇、运河车站南北及峄枣线(指山东省峄县至枣庄的铁路线),以备战姿态进行休整。此案对部队休整(只有攻城部队须稍事休整,至昨黄昏为止,攻城部队之六个纵队仅伤亡八千余人,昨晚及今晨伤亡尚不在内,依此伤亡并不算大)更便利,但亦增加今后攻占两淮的困难(敌可能增兵)。

3. 全力向南求援敌之一部而歼灭之,但在济南攻克,敌人加强警惕,可能退缩,恐不易求战。

4. 全军即进入休整,如此对部队有好处,但易失去适宜作战之秋凉气候,和济南失守后加于敌人之精神压力。

(二)究应如何,请即电示。但不论采何方案,建议华东局立即令鲁南及滨海地武对临沂之王洪九部包围,以待济、徐作战结束后,加派一部主力(如仅以地武歼该敌很难奏效)攻歼该敌。①

粟裕电报中所做的"如援敌知济南已被我完全控制,则停止北援,而转为加强警备,以防我主力南进之可能性,似较继续北援之可能性为大"的判断十分准确。

敌人不北援怎么办?粟裕建议趁秋凉天气举行淮海战役。

粟裕此电之所以将准备进行的战役命名为淮海战役是因为这一战役第一

---

① 《粟裕文选》第二集第571~573页,军事科学出版社2004年版。

步是攻占两淮,第二步是攻占海州、连云港,第一步是"淮",第二步有一个"海"字,故名淮海战役。但这还只是中等规模的战役,后来人们称其为小淮海。

粟裕对军委如何批复非常关注。他对秘书说:"军委的批复一到,就要立刻告诉我。如果我睡觉了,要马上把我叫醒。"①

9月25日,中原野战军司令员刘伯承、副司令员陈毅和参谋长李达收到粟裕的电报,在河南宝丰大张庄研究了差不多一天。上午,他们致电中央军委并粟裕,表示赞成举行淮海战役。电报说:

> 粟敬(24日)七时电悉。济南攻克后,我们同意乘胜进行淮海战役,以第一方案攻两淮,并吸打援敌为最好。如能配合孙良诚②各伪部之反正,则收效更大。对控制鲁西南之四、八两纵以能进出于丰、沛、萧、砀、蹑邱兵团之后为最好,且可于南下时相机夹击援敌于淮北(津浦)路东地区,同时亦可保持向西的机动,打击陇海线、鲁西南分散之敌。③

由于敬七时电是粟裕个人署名的,而毛泽东对举行淮海战役问题还需要思考,毛泽东于25日以中央军委名义复电粟裕:"敬七时电悉。望你们召集许(世友)、谭(震林)、王(建安)及其他可能到会之干部,开一次讨论行动的会议,以最后斟酌的意见电告我们审查。"④

电报发出后,五大书记进行了磋商。同日晚7时,中央军委发出毛泽东起草的批准举行淮海战役的电报,全文如下:

> 饶粟并告许谭王刘陈李:
> 　　我们认为举行淮海战役,甚为必要。目前不需要大休整,待淮海

---

① 鞠开:《我所了解的有关淮海战役的几个问题》,邹徐文主编:《淮海大战亲历记》(上)第149页,凤凰出版社2008年版。

② 孙良诚,河北静海(今属天津)人,西北军将领。抗战初期任冀察战区游击总指挥、鲁西行署主任。1942年率部投降日寇充当伪军。抗战胜利后,蒋介石将其收编。刘、陈、李发此报时,孙良诚任国民党军第一绥靖区副司令官兼第一〇七军军长,驻苏北睢宁。在淮海战役发起时,该部并未反正。直到11月13日,华野第二纵队在睢宁西北的大王集将国民党军第一〇七军包围后,孙良诚才率部和第二六〇师向解放军投诚。

③ 中国人民解放军历史资料丛书编审委员会编:《淮海战役·综述　文献　图表　大事记》第41页,解放军出版社1989年版。

④ 中共中央文献研究室编:《毛泽东年谱(1893—1949)》(修订本)下卷第348~349页,中央文献出版社2013年版。

战役后再进行一次休整。淮海战役可于十月十号左右开始行动。你们应利用目前半月时间，使攻济部队获得短时休息，然后留一个纵队位于鲁西南起牵制作用，吴化文亦应移至鲁西南，其余全部南下，准备进行几个作战：(一)估计不久邱兵团将退回商砀地区，黄兵团将回至新安镇、运河车站地区，你们第一个作战应以歼灭黄兵团于新安、运河之线为目标。(二)歼灭两淮高宝地区之敌，为第二个作战。(三)歼灭海州、连云港、灌云地区之敌，为第三个作战。进行这三个作战是一个大战役，打得好，你们可以歼敌十几个旅，可以打通山东与苏北的联系，可以迫使敌人分散一部兵力去保卫长江，而利于你们下一步进行徐州、浦口线上作战。因此，你们应在酉〔十月〕灰〔十日〕以前做好有关这一战役的充分的准备工作，要开一次像上月曲阜会议那样的干部会，统一作战意志，调整内部关系。

军委
二十五日十九时①

毛泽东这一电报不仅批准了要举行淮海战役，而且明确提出："你们第一个作战，应以歼灭黄兵团于新安、运河之线为目标。"

粟裕在电报中提出：淮海战役"第一阶段以苏北兵团（须加强一个纵队）攻占两淮，并乘胜收复宝应、高邮，而以全军主力位于宿迁至运河车站沿线两岸，以歼灭可能来援之敌"。这"可能来援之敌"应当就是距离两淮最近的位于徐州以东新安镇地区的黄百韬兵团。因此，粟裕电报中包含有在黄百韬兵团来援的条件下将其歼灭的内容。但是，如果黄百韬兵团不来援呢？粟裕电报说："如敌不援或被阻，而改经浦口、长江自扬州北援，则我与两淮作战结束前后，即进行战役第二步，以三个纵队攻占海州、连云港，结束淮海战役，尔后全军转入休整。"也就是说，如果黄百韬兵团猬集于新安镇并不来援，则华野便攻占连云港，对黄百韬兵团则暂不动它。

毛泽东的电报则明确提出：首先将黄百韬兵团这一只拦路虎解决，再去进攻两淮，从而赋予这一战役以更积极的意义。史称粟裕敬七时电提出的淮海战役是"小淮海"，毛泽东在复电中提出首先歼灭黄百韬，虽然仍然属于"小淮海"的范畴，但比起粟裕原建议来，内容已经有了重大发展。从后来的发展看，

---

① 中共中央文献研究室、中国人民解放军军事科学院编：《毛泽东军事文集》第五卷第19～21页，军事科学出版社、中央文献出版社1993年版。

决定首先歼灭黄百韬兵团不啻是开启了淮海决战的阀门。毛泽东这一决心下定后,战争的双方就围绕着攻黄和援黄而启动并运作起来,参与这一决战的部队越来越多。战争的规模就像滚雪球一样越滚越大,最后发展为使蒋介石集团走向灭亡的南线决战。

32. 毛泽东为什么要一日之内连发三封"至要至盼"的电报？

就在华野千军万马围追堵截，准备围歼黄百韬兵团，刘峙、杜聿明正在筹划东援黄百韬兵团时，毛泽东已经在考虑歼灭黄百韬兵团后的行动，将目光投向在徐州的刘峙集团，决心在徐州附近歼灭刘峙集团主力。为此，11月10日，他一连发出三封"至要至盼"的电报。

第一封是10日凌晨丑时发出的，毛泽东以中央军委名义致电陈毅、邓小平，指令集中四个纵队攻取宿县：

你们主力是否已达宿县附近，并开始向宿县攻击。你们务须不顾一切，集中四个纵队全力攻取宿县，歼灭孙元良等部，切断徐蚌路。华野三、广两纵亦应用于攻击徐宿段。至要至盼。①

第二封是同时发出的，毛泽东以军委名义致电粟裕、张震、谭震林、王建安，指令以勇猛神速手段歼灭李弥兵团：

敌七兵团、十三兵团均向徐州撤退，你们是否已将该两敌包围歼击并切断其退路，尤其是七、十、十三纵及苏北十一纵，应乘十三兵团慌忙撤退之际，以勇猛神速手段歼灭该敌。至要至盼。②

第三封是毛泽东以军委名义致电陈毅、邓小平，指令歼灭孙元良部，控制徐蚌段的：

---

① 中共中央文献研究室、中国人民解放军军事科学院编：《毛泽东军事文集》第五卷第188页，军事科学出版社、中央文献出版社1993年版。

② 同上，第189页。

(一)冯治安全军起义,刘峙以冯部八日下午情况不明,于九日一时电令黄李两兵团均撤回徐州固守。邱兵团仍在黄口一带,并无向东增援黄李任务,亦无向南撤退意图。刘峙又令孙元良赶回宿县,敌之部署是固守徐州、黄口、宿县。(二)你们应集全力(包括三、广两纵)攻取宿县,歼灭孙元良,控制徐蚌段,断敌退路,愈快愈好,至要至盼。对刘汝明部不要理他。①

从这三封"至要至盼"的电报来看,毛泽东此时对淮海战场主要关注两点。

一是攻取宿县。从徐州到南京,如果走苏北,要经过河湖密集的水网地带,交通十分不便。唯一的通道是津浦路。解放军攻取宿县就可以卡断徐州国民党军同南京的联系,为歼灭刘峙集团创造条件。

二是歼灭黄百韬兵团和李弥兵团,砍断刘峙集团的左臂。此时,华野七纵、十纵、十三纵正由北向南,十一纵正由南向北,呈钳形向陇海路逼近。黄百韬兵团被牢牢夹住。然而李弥的十三兵团却缩回徐州。

宿县,即今宿州市,位于徐州与蚌埠之间,是一座秦汉时期就有的古城,当地人称其为南徐州,是南北交通要冲,兵家必争之地。1948年,这里又成为徐州"剿总"的后方补给基地,储存了大量武器、弹药、装备等军用物资。铁甲列车来回穿梭,军用列车络绎不绝。李延年从连云港撤退后,徐州国民党军海上交通已断。从徐州到南京唯一的通道就是津浦路,而宿县则是这条铁路中的咽喉。

早在10月23日早晨5时,毛泽东便指出:"陈邓东进与三纵、广纵诸部会合后,第一个目标是歼灭孙元良兵团,第二个目标是攻占宿、蚌。"②

11月3日,在豫西宝丰县皂角树村的刘伯承接到陈毅、邓小平11月2日午时的电报。陈毅、邓小平发出这一封电报,是因为他们当时发现孙元良兵团正向宿县转移,判断刘汝明可能放弃商丘,退守砀山、黄口地区,邱清泉兵团可能自砀山、黄口之线缩回徐州,似有东援黄百韬模样。在这封电报中,他们针对敌人可能采取的三个动向,提出我军的三种打法,其主要意图是从西、南两个方向对徐州采取攻击行动,以钳制邱清泉、刘汝明两部,并拟以一部兵力攻

---

① 中共中央文献研究室、中国人民解放军军事科学院编:《毛泽东军事文集》第五卷第190页,军事科学出版社、中央文献出版社1993年版。

② 同上,第121页。

击宿县、徐州中间地区,在孙元良北援时歼其一部。

据当时任晋冀鲁豫野战军作战参谋的章安翔回忆,刘伯承接到这封电报后即与邓子恢、李达反复研究。"刘伯承再三推敲,总觉得方案偏多,思路分散,有未能击中要害之瑕。刘伯承认为,津浦路之徐蚌段为敌人生死攸关的要害,孙兵团之被调至宿县即为此。从西面攻击邱兵团,对会战重点支援之力不大。如兼顾东西两面,则力量分散,打不痛敌人。只有集中力量截断徐州、宿县间铁路,斩断敌之中枢,击中要害,才能引起震动,引敌回顾,减轻敌人对东线的压力。"①

据李达回忆,在分析敌情、研究作战方案的干部会议上,刘伯承说:"蒋介石以重兵守徐州,他唯一的补给线是津浦路,很怕被我截断,所以要孙元良兵团到宿县,要邱清泉、刘汝明两敌南下。因此,我们要想方设法首先截断徐、宿间铁路,造成割断孙兵团,会攻徐州的态势。攻占宿县,斩断敌人中枢,会有极大收效。这样,不仅孙兵团可能北援,便于我在运动中给予歼灭,邱兵团也可能被迫南顾,减轻对东面华野的压力。"刘伯承要李达按照这个意见拟一份电稿上报军委并告陈邓。② 3日酉时,这一份电报发出。电报说:

> 蒋匪重兵守徐州,其补给线只一津浦路,怕我截断,故令孙元良兵团到宿县(今江日已全到),邱(清泉)刘汝明两敌亦有如陈邓所料之趋势,只要不是重大不利之变化,陈邓主力似应力求首先截断徐宿间铁路,造成割断孙兵团,会攻徐州之形势,亦即从我军会战重点之西南要线斩断敌人中枢方法收效极大。盖如此,则不仅孙兵团可能北援,便于我在运动中给予歼击,即邱兵团亦可能被迫南顾,减轻其东援之压力,对整个战役帮助较大,请陈邓切实考虑,机断行事。③

刘伯承提出的攻占宿县、截断津浦路的建议,如果按照下围棋的说法,可以称作手筋,是影响全局的一着妙棋,有一石三鸟的作用。除了切断徐州国民党军的补给线,隔离了刘峙集团同南京大本营的联系外,同时腰斩了刘峙集团,使其南北不能互相照顾,还阻断了南线国民党军北援的通道,减轻了围歼黄百韬兵团的华野阻援的压力。攻取宿县,这是小淮海发展为大淮海、将国民

---

① 余春水:《秘书眼中的刘伯承》,《纵横》2007年12期。
② 李达:《忆淮海战役》,《星火燎原丛书》之七,解放军出版社1987年版。
③ 中国人民解放军历史资料丛书编审委员会编:《淮海战役·综述 文献 图表 大事记》第101页,解放军出版社1989年版。

党军刘峙集团歼灭于徐州附近的战略部署的一个重要环节。

国民党军也看到了宿县的重要性。9日,刘峙电令孙元良率驻蒙城的第十六兵团"速开宿县,确保徐州后方安全"①。

如前所述,11月10日,毛泽东曾以中央军委名义发出三封"至要至盼"的电报,其中有两封提出要攻取宿县。

就在这一天,刘伯承到达河南永城,同邓小平、陈毅会合,一起研究和部署攻打宿县和截断徐蚌线作战,于16时致电军委、粟陈张:"我们现在永城以北,遵命于明真(十一日)夜南进宿县,另以一个旅明真夜赶至夹沟破路。"②

11日4时,毛泽东以中央军委名义复电:"你们真(十一日)夜到宿县附近时,将要遇到的敌人是孙元良的一个兵团部、两个军及三个师,望你们努力争取歼灭此敌。此战胜利,即完成了包围徐州的战略任务,然后以宿县为中心控制整个徐蚌线,构筑几道防线防止徐敌南逃,待其南逃时协同华野全歼徐敌。"③

后来,刘峙乘飞机南逃蚌埠,杜聿明率徐州国民党军南逃,被华野歼灭于河南永城陈官庄地区。

10日,中原野战军司令部下达徐蚌线作战命令:中野第四纵队、华野第三纵队、两广纵队,沿津浦路宿县、徐州段向东、向北攻击,以牵制东援黄百韬兵团的邱清泉、李弥兵团;以中野第三纵队和第九纵队一部攻取宿县城;第九纵队主力及豫皖苏军区独立旅沿津浦线固镇、蚌埠段向南推进,阻击李延年、刘汝明兵团北上援宿;第一纵队位于宿县西北为预备队。

11日,刘峙因邱清泉兵团和李弥兵团东援黄百韬后,徐州空虚,命令刚到宿县的孙元良兵团移驻徐州。孙元良兵团离开宿县,大大减轻了中原野战军攻取宿县的压力。刘峙命令孙元良由宿县开往徐州是一个败着,用围棋的术语说,是一个"大恶手"。

宿县城为永久设防城市,有高大的城墙,四门外有四关。刘峙深知其战略地位十分重要,因此曾经把孙元良兵团部署在这里。但是,自从黄百韬兵团在碾庄被围困以来,蒋介石命令邱清泉和李弥兵团东援黄百韬,把徐州防务交给

---

① 熊顺义:《孙元良兵团被歼经过》,中国人民政治协商会议全国委员会文史资料研究委员会《淮海战役亲历记》编审组编:《淮海战役亲历记》第409页,中国文史出版社1983年版。

② 中国人民解放军历史资料丛事编审委员会编:《淮海战役·综述 文献 图表 大事记》第129页,解放军出版社1989年版。

③ 中共中央文献研究室编:《毛泽东年谱(1893—1949)》(修订本)下卷第388页,中央文献出版社2013年版。

孙元良兵团。孙兵团北上后,在宿县城仅有第二十五军第一四八师及交通警察第十六总队、第二总队之第三大队,共1.3万人防守。对于防守这一军事重镇,这一点兵力显然不够,但是此时国民党军已经是捉襟见肘,顾得了东便顾不了西。刘峙、杜聿明正全神贯注于徐东作战,对南线宿县的防务则只能指望在蚌埠的刘汝明和李延年以及从河南姗姗来迟的黄维了。

担任宿县主攻的三纵司令员陈锡联等,决定八旅从东、北面包围宿县,占领东关、北关和宿县火车站,扫清外围据点,并破坏符离集至宿县间的铁路,而后转为纵队预备队。七旅担任东门主攻。九旅从西南面包围宿县,切断宿县至固镇间的铁路,从西门攻城。九纵二十七旅八十团为攻西城的预备队。

各旅按照三纵首长的部署,急速向宿县地区开进。九旅于11月11日到达宿县西面的西二铺地区。至13日拂晓,九旅完成对宿县西面和南面的包围。

12日,八旅进逼宿县,13日拂晓完成由东面、北面对宿县城的包围。

中野对宿县的包围,引起刘峙的惊慌。他于当日下午5时致电在固镇的第八兵团司令官刘汝明:宿县系重要的补给基地,但守备兵力薄弱,势难久守,而徐东大战正激烈进行,除由徐州派兵"向南策应作战外,希速派队北进增援为要"。刘汝明虽然复电表示执行,但是阳奉阴违,行动非常迟缓。

14日晚,中野三纵七、八两旅由城东发起进攻,15日凌晨4时,占领四关,将守军完全包围在宿县城内。下午5时,对宿县城总攻开始。至16日凌晨3时,三纵在九纵配合下,全歼宿县国民党军,俘虏国民党津浦铁路交警护路司令部中将副司令兼宿县城防最高指挥官张绩武和少将参谋长韦编以下官兵1万余人。

解放军攻占宿县,在徐州的刘峙集团与南京的联系被割断,等待他们的命运就是被歼灭。

33.华野追击杜聿明集团使用的是什么战术？

1948年11月30日,被围困在徐州的杜聿明集团除以一部分兵力对解放军发动佯攻,以迷惑解放军外,其主力第二、十三、十六兵团和徐州地区的国民党党政机关以及被裹胁的部分群众共约30万人,开始撤离徐州。12月1日,杜聿明率徐州"剿总"前进指挥部撤离徐州,向涡阳、蒙城方向退却。在徐州周围监视杜聿明集团的华野部队立即实施追击。

对此,蒋介石1949年元旦检讨战局时说:"我军撤出徐州后,前进途中,迭遭×军以人海战术猛袭,并依据各村庄与道路要点构筑工事顽抗,更在我军防地以外挖深沟数道,重重包围于萧县永城地区。"①

蒋介石这一段话说了杜聿明集团撤出徐州后的两个阶段,第一阶段是被解放军追击,第二阶段是被解放军合围。

我军追击和合围杜聿明集团时是否使用人海战术？

人海战术这个短语是国民党经常使用的。我们先看看他们是如何定义人海战术的。1962年台湾出版的多卷本《中文大辞典》的释文是:"人海战术:共匪作战时所使用之一种疯狂惨烈之战术。双方作战时,策动无辜之老百姓,无论老幼妇孺,驱在前线作挡箭牌,其后面之军队则接踵逼近阵线,以便作近距离之肉搏战。或全用军队作人海战时,则亦只顾战争之胜利,不顾兵员之死亡,以人海抵御炮火之轰击。对其攻击重点,常集中优势兵力于狭正面,以前后重叠之波状进攻,施行肉弹冲击,以突破阵地。正规军队常为仁慈不忍之心所激动,使战机稍纵即逝,常为其所制。共匪军称此种密集进攻之人海战术,为尖刀战术。"②

这一部大辞典出版于1962年,当时两岸处于严重对立状态。因此其释文牵涉政治性时,往往充满反共意识形态色彩。这一部辞典把人海战术划分为两类,一类是策动老百姓"驱在前线作挡箭牌",一类是"全用军队作人海战"。第一类出于国民党的编造,因为在使用机关枪、火炮等热兵器的条件下任何军

---

① 转引自王丰:《蒋介石父子1949危机档案》第132页,九州出版社2010年版。
② 中文大辞典编纂委员会编纂《中文大辞典》第二册,第284页,台北"中国文化研究所"1962年版。

队都无法策动没有受过军事训练的老百姓上战场打冲锋。因此,这是一个伪命题。

我们只说后一类。先说追击阶段。我们看看杜聿明集团如何撤出徐州、解放军如何追击,再对照《中文大辞典》的释文,看看解放军是否"以人海战术猛袭"。

请看杜聿明的回忆:"三十日晚,并因各部队撤电线,误将对指挥部联络电线拆乱,对各兵团电话不通,一直到十二月一日早晨指挥部撤走时亦未通话。这时我对各兵团当面情况极为模糊,急急忙忙率指挥部少数人员出发,发现自徐州西门至萧县公路,车辆拥塞,无法前进","由于各部队车辆混杂一起,各有主张,有的绕道逃脱,有的仍向萧县前进,所幸解放军当日尚未追到……"①

后来撤往台湾的国民党军第十六兵团司令孙元良回忆:"从徐州撤退的翌日(1948年12月1日),我的指挥部在当天晚上10点钟才到达预定的宿营地点,30公里的距离,乘汽车竟费了十几个钟头啊!""路上拉了这么长的长龙","好像软体动物一样","杂在撤退行列中,占一大数目的是各省的地方团队和地方警察。本来有命令要他们留在家乡打游击,实际上他们大多数还是拥到徐州。平时没有注意到他们的存在,撤退时忽然出现了大批穿灰色黑色制服的队伍来。""徒步部队依照命令大多避免走公路,车辆行列在公路上蔚为奇观。从最大的到最小的,最新式的到最古老的,供特殊用途的大型车和炮车,各种各样,组成长达百里的长龙。"②

后来流亡海外又去台湾的徐州"剿总"总司令刘峙的回忆是:"杜聿明兵团,使大军与千百辆汽车、炮车、牛车、马车、人力车,及无数之机关、学校、难民,都拥挤在徐州—萧县—永城间公路上,争先恐后,塞阻不前,此皆兵家之大忌。""据十二月二日空军侦察报告:'杜部已抵永城萧县间之青龙集、祖楼一带,态势整然。但匪军则三五成群,共约四五万人,队形不整,纷纷向西急进。'我当即绘制情况图,以代电空投杜副总司令,请其迅速击破当面之敌南下,并谓'依目前匪军战法,判断较我优势之匪军,可能采用围困战法,使我军疲而乱时,乘势攻击'。请其注意。"③

刘峙当时已经撤到蚌埠,他这一段话依据的是国民党军空军的观察。刘峙所说杜部队形"态势整然",解放军则"队形不整",充满了政治偏见。如果撤

---

① 杜聿明:《淮海战役始末》,《淮海战役亲历记》,第32~33页,中国文史出版社1983年版。
② 孙元良:《亿万光年中的一瞬》,第256~261页,台北铭华出版印刷有限公司1970年版。
③ 刘峙:《我的回忆》第172页,台湾文海出版社1982年版。

除这种偏见,国民党空军的报告无非是说杜聿明集团30万人马正队形密集地在公路上向西逃窜,而解放军总共四五万人,三五成群地,成散兵队形地在公路两侧追击。

所谓四五万人在追,是国民党空军沿着杜聿明集团的人流两侧侦察所见,实际上可能不止此数,但绝对要少于杜聿明集团30万人马的车流、人流。我们且看看华野当时的状况以及是如何追击的。

在淮海战役第一阶段,华野担负围歼黄百韬兵团,同时阻击援黄的邱清泉兵团和李弥兵团的艰巨任务,伤亡很大,按照刘伯承、邓小平、陈毅的说法是"刀锋似已略形顿挫",当时亟须休整。

黄百韬兵团被歼灭,淮海战役进入第二阶段后,华野以第一、三、十二、鲁中南纵队和冀鲁豫军区独立第一、三独立旅监视与阻击在徐州的杜聿明集团,以第二、六、七、十、十一、十三纵队及中原野战军第十一纵队南下阻击李延年兵团并配合中原野战军作战,以第四、八、九纵队肃清黄百韬兵团残余并对杜聿明集团布置第二道防线。

此时,粟裕判断徐州之敌可能要突围,但从哪一个方向突围?粟裕认为有三个可能:"一是沿陇海路向东,经连云港海运南逃,但要迅速解决装载3个兵团的船只、码头是困难的。二是直奔东南走两淮,经苏中转向京沪,但这一路河川纵横,要经过水网地区,不便于大兵团、重装备行动。三是沿津浦路西侧经过山区南下。这一带地形开阔,道路平坦,距黄维兵团又近,可以同刘汝明、李延年两兵团呼应,南北对进,既解黄维之围,又可集中兵力防守淮河。敌人最大可能走这一路。一旦杜聿明和黄维会合,战场形势将发生不利于我的大变化,所以这也是对我们威胁最大的一着。"①

当粟裕正要把大部兵力部署在津浦路时,收到中央军委发来的一份军情通报说,杜聿明将从两淮方向撤退。粟裕回忆说:"这使我左右为难。我虽认为敌人不会由此方向逃窜,但又有情报,万一敌人由此方向逃窜,而我军部署失当,个人贻误军机且不说,势将影响同敌人进行战略决战。相信这个情况吧,如果杜聿明不从这边走,而是向西南,与黄维会合,后果更难设想。我再三分析,认为敌人走两淮的可能性不大。我们将北线7个纵队部署在徐州以南津浦路的东西两侧,注意力的重心放在西南。如杜聿明3个兵团向两淮方向突围,要经过水网地区,速度不会快,我们也可以赶得上。"②

---

① 楚青整理:《粟裕谈淮海战役》,《党的文献》1989年第6期第8页。
② 同上。

正是由于上述原因,华野在一开始追击时,在杜聿明集团撤退的人流两侧追击的解放军较少。对此,粟裕回忆说:"我们以多路多层尾追、平行追击、迂回截击、超越拦击相结合,尽全力追击。实际上我们对杜聿明是网开三面,你向西去也好,向北去也好,向东去也好,就是不让你向南,其他方向都唱空城计,说明我们的力量也差不多用尽了。"①

为什么网开三面?人数较少的解放军如何能阻止杜聿明集团同黄维兵团或李延年兵团会合?关键就是要堵住南面。如果杜聿明集团往东、往北、往西去呢?那几个方向都是广袤的解放区,虽然没有主力部队,但是有豫皖苏军区的地方部队和民兵。如果杜聿明集团往那几个方向逃,走不了多远,迟早要被合围。

以较少的解放军在公路南面三五成群地追赶公路上30万人组成的车流、人流,哪里来的"人海战术"?要说人海,在从徐州到萧县的公路上密密麻麻的人流和车流才接近于人海。

再说围歼阶段。请看粟裕如何部署追截包围。30日,华野首长命令监视杜聿明集团的第一、三、四、八、九、十二、两广、鲁中南纵队追向永城、萧县、夏邑急进追击;命令在南线阻击李延年兵团的第十纵队经宿县西进永城,第二、十一纵队由固镇沿涡河北岸迂回西进,占领涡阳,命令第十三纵队跟进部署第二线截击,命令豫皖苏军区部队控制陇海路商丘、砀山段,并于永城、亳县、太和等地布防截击。② 12月2日,毛泽东为中央军委起草致粟裕等电:"敌向西逃,你们应以两个纵队,侧翼兼程西进,赶至敌人先头堵住,方能围击,不要单靠尾追。"③华野立即调整部署,令第一、四、十二纵队勇猛追击;令第三、八、九纵队绕到敌人前面堵击。

12月3日,蒋介石看到杜聿明集团已经撤离徐州,又改变主意,于上午10时左右空投亲笔信给杜聿明:"吾弟应速决心于两日内迅速解决濉溪口、马庄一带匪部……"④要杜向黄维兵团靠拢。杜聿明回忆:"我看了之后,觉得蒋介石又变了决心,必致全军覆没,思想上非常抵触。我先认为'将在外,军令有所不受',准备即向永城出发;但再一想空军侦察的情况,认为如果照原计划撤退到淮河附近,再向解放军攻击,解了黄维之围,尚可将功补过。但是万一沿途

---

① 楚青整理:《粟裕谈淮海战役》,《党的文献》1989年第6期第8页。
② 《中国人民解放军第三野战军战史》第291页,2008年3月印刷。
③ 中国人民解放军历史资料丛书编审委员会编:《淮海战役·综述 文献 大事记 图表》第212页,解放军出版社1989年版。
④ 此处所引出自《总统蒋公大事长编初稿》卷七(上)第189页,该书说是"致杜聿明电"。

232

被解放军截击,部队遭受重大损失,又不能照预定计划解黄兵团之围,蒋介石势必迁怒于我,将淮海战役失败的责任完全归咎于我,受到军法裁判。这样,我战亦死,不战亦死。摄于蒋介石的淫威,何去何从,又无法下决心。"于是,杜聿明把三个兵团司令官找来,研究怎么办。最后决定执行蒋介石的命令。① 于是调整部署,向东南方向突击。华野立即采取在东南面堵击,其他三个方向突击的战法,于4日拂晓将杜聿明集团合围于永城东北的陈官庄、青龙集、李石林地区。

对于杜聿明集团的突击为何没有奏效,国民党军的战报说:"×于包围作战中,利用星罗棋布之村落地带,作纵深约五公里以上之配置;依村庄大小,以最小限兵力占领。掘壕通至村外,使甲村与乙村构成交叉点;虽飞机轰炸,战车冲击,炮兵射击,均不宜奏效。必须以步兵逐村强攻,每占一村,伤亡不少。故一个部队每连续攻克一至二村,几以无力再战。反之,×前线失去一村,阵后即再占一村,始终保有原来之纵深,而无法突破。终至弹尽粮绝,覆没于×人海战术中,此种教训,殊堪记取。……"②

这一段说的是国民党军被包围后企图突围,是国民党军在强攻。按照《中文大辞典》中关于人海战术的表述,采用人海战术的是进攻的一方。这同堵击国民党军的解放军完全不搭界。

那国民党军的战报怎么说解放军围堵国民党军时使用人海战术呢?看来无非是说解放军依仗人多。拿淮海战役说,解放军参战的总兵力是60万,而国民党军参战的总兵力是80万。解放军在淮海战役中歼灭黄百韬兵团、黄维兵团和杜聿明集团使用的都是围歼的战法。孙子曰:"故用兵之法,十则围之,五则攻之,倍则分之,敌则能战之,少则能逃之,不若则能避之。"要围歼敌军,兵力至少应为敌军的3倍。那60万解放军如何能把80万国民党军围歼?答案是对敌军各个击破,逐个围歼。在整体兵力不足的条件下造成局部的优势兵力。要做到这一点,依靠的是灵活运动兵力,而要灵活运动兵力就要造成有利于我而不利于敌的战场,使我军能集中使用,在不需要兵力的地方全唱空城计,依靠地方武装和民兵。显然,这不是人海战术,而是人民战争。

总之,华野在追击杜聿明集团初期,采用的战术是网开三面;在围歼杜聿明集团时依靠的是人民战争。

国民党军说他们失败是因为共军用了人海战术,这不是事实。在1947年

---

① 杜聿明:《淮海战役始末》,《淮海战役亲历记》第34页,中国文史出版社1983年版。
② 转引自王丰:《蒋介石父子1949危机档案》第133页,九州出版社2010年版。

6月,全面内战爆发时,国民党军总兵力约430万人,接收了大量美式装备,并接收了100万侵华日军的装备。国民党军的正规军有86个整编师,其中22个是美械和半美械装备,此外,还拥有大量的炮兵以及飞机、军舰、坦克,并掌握了一些现代化的交通工具。而人民军队当时只有127万人,其装备主要是抗战时期缴获的日伪军的步兵武器和少量的火炮。国民党军无论是装备水平还是人数都远远超过人民军队。① 此时,如果解放军用人海战术,"不顾兵员的死亡,以人海抵御炮火的轰击",进行"肉弹的冲击",那失败的可能就是解放军了。

由此可见,解放军战胜国民党军的原因显然不是什么人海战术,而是以毛泽东为代表的中国共产党人在领导中国革命战争的长期实践中创造性地总结并贯彻了以人民军队为骨干、依靠广大人民群众、进行人民战争的伟大战略思想。

---

① 参看《中国人民解放军战史》第三卷第39~41页,军事科学出版社1987年版。

34. 毛泽东如何用空城计来对付傅作义的偷袭？

1948年10月，傅作义准备派部队沿平汉路快速偷袭石家庄，然后向西进攻阜平，威胁解放军总部所在地——西柏坡。

此时，华北第一兵团正在围攻太原，第二兵团在平北山区，第三兵团远在绥远，解放军在冀中兵力空虚。傅作义的密谋可能得逞。但其结果却是泡了汤。原因何在？

先说此事的缘起。

当时在东北战场，9月15日，锦州解放，19日，长春解放。23日，廖耀湘兵团被围。在北平的蒋介石再三要求傅作义出兵增援东北，解救廖耀湘。与此同时，阎锡山在徐向前兵团的围困下，也频频告急。傅作义深知，华北出兵增援东北是有去无回。为避免向东北增援，他提出组建"援晋兵团"，立即实施偷袭石家庄的计划，获得蒋介石的同意。参加这次行动的华北"剿总"政工处副处长由竹生说："在冀中十分空虚的情况下，傅作义使用'围魏救赵'的方法，提出了'援晋兵团'——偷袭石家庄的计划。如果能乘虚而入，直取石家庄，那将直接威胁当时中共中央所在地平山县西柏坡的安全。围攻太原的解放军势必挥师援石。这样既可解太原之危，又可借机将华北'剿总'的部队调到平汉线上，造成一种紧张气氛，从而杜绝蒋介石再从华北调兵的企图。"[①]

傅作义亲自接见了参与这次行动的政工队员。华北"剿总"副秘书长兼政工处处长王克俊在傅作义在场的情况下向这批队员布置此次行动时说："我们这次沿平汉路南下，进入石家庄即挥师直捣阜平。我们这次总的目的就是要解决共产党的心脏。"他还对上校督察员王越说："共产党的要人都在阜平。你跟部队的任务就是接管各部队的重要俘虏。"王越问王克俊："八路军和我们一样，也是官兵不分，哪能认出谁是大官？"在一旁看作战地图的傅作义突然插话说："这好办。共产党的高级人员南方人多，先听他们的口音。"他又伸出手指头说："再就是看手指。这些人最爱吸烟，左手的指头总是熏得黄黄的。你们

---

① 由竹生：《偷袭石家庄经过》，《平津战役亲历记》第34页，文史资料出版社1989年版。

对高级俘虏要优礼相待。"①

10月23日,号称援晋兵团的偷袭梯队在涿州集结,计有第九十四军、新编骑兵第四师、整编骑兵第十二旅和新编第二军暂编第三十二师,并配属有南京国防部驻华北的爆破大队,汽车400余辆,携带炸药100余吨,由第九十四军军长郑挺锋统一指挥,准备向石家庄实施快速奔袭。另以第三十五军、第十六军两个师和第九十二军第一四二师为策应梯队,布置于平汉线保定南北地区。

在部署这一行动时,傅作义极为保密,没有使用电台,只用文件传达命令。但秘密还是泄露了。原来,在傅作义司令部有一个文书叫甘霖,负责刻蜡版油印。他是中共地下党员。一天,上级交给他一份关于偷袭石家庄部署的机密文件。他刻印后立即搭车到已是解放区的徐水,在徐水县政府打电话给华北军区司令部。军区作战处长唐永键接到电话后立即向聂荣臻报告。甘霖再回傅作义的司令部已经不可能了,随即改名换姓到天津做地下工作。新中国成立后他曾任国际关系学院院长。②

与此同时,中共地下党员、北平《益世报》采访部主任刘时平从傅作义的亲信、整编骑兵第十二旅旅长鄂友三那里也听到这一消息。经核实后,刘时平和中共地下党员《平明日报》采编部主任李炳泉,将这一情报向中共北平地下党的负责人崔月犁汇报。崔通过地下电台将情报报给中共华北局城工部部长刘仁。刘仁随即向华北军区司令员聂荣臻和政治委员薄一波报告。两个渠道的情报是一致的。聂荣臻和薄一波立即向中共中央和中央军委汇报。

傅作义这一招是企图乘虚而入。此时,我军在冀中只有一个第七纵队,显然不足以阻挡住傅作义部队的进攻。越是面对严峻的挑战,越是神清气爽、从容镇定的毛泽东,获悉傅作义准备偷袭石家庄后,思考如何化险为夷,并乘势改善华北的敌我态势。毛泽东和中共中央、中央军委迅速采取以下措施。

(1)通过报纸、电台等新闻媒体公开揭露蒋介石、傅作义的偷袭阴谋,表示解放军已经严阵以待,使敌人有所顾忌。25—31日,毛泽东每隔一天为新华社写一篇新闻稿。

25日,毛泽东为新华社写的新闻稿说:"为了紧急动员一切力量,配合人民解放军歼灭可能向石家庄进扰的蒋、傅军,此间党、政、军各首长已向保石线及

---

① 王越:《华北"剿总"援晋兵团见闻》,《平津战役亲历记》第44页,文史资料出版社1989年版。
② 《聂荣臻传》第447~448页,当代中国出版社1994年版。

其两侧各县发出命令,限于三日内动员一切民兵及地方武装,准备好一切可用的武器,以利作战,尤其注意打骑兵的方法。"①

26日,新华社全文广播了这一新闻稿并在石家庄发行了号外。当日,郑挺锋便收听到了广播,并于27日晚9时电告傅作义。傅作义原本想收奇袭之效,但新华社一广播,机密荡然无存,进犯的脚步不得不有所迟疑。

(2)调动部队,做好迎战准备。此时,除在冀中的第七纵队外,离平汉路较近的还有华北第二兵团第三纵队。军委命令七纵主力移至保定以南坚决抗阻南进敌人,以待三纵赶到会合歼敌,使其不得南进;七纵另一个旅,应即直开新乐、正定之间,沿沙河、滹沱河两线,布置坚决抗阻阵地。杨罗耿率二兵团主力,过平绥路南下,到后,或直插平涿线破路,或向保定、望都方向随三纵跟进,视情况而定。

在部署华北军区部队准备阻击傅作义偷袭部队的同时,毛泽东还于29日致电林、罗、刘,决定急调位于锦西的东北野战军第十一纵队入关,向通县、北平方向活动,威胁北平,以调动傅作义偷袭梯队一部回头,再歼灭其余部分,粉碎傅作义偷袭石家庄的计划。林、罗、刘回电说:"为牵制傅作义,我们可将目前在锦西附近之四纵、十一纵全部及三个独立师、一个骑兵师,日内即开始向山海关冀东方面前进,威胁敌人。"②毛泽东获悉后很高兴,让他们将四纵、十一纵等部部署在玉田、蓟县、三河、宝坻地区,可以同时威胁平古、平津、津榆(指北平至古北口、北平至天津、天津至山海关的铁路线)三线,主要威胁北平,主力在该区休整,派出多数支队分向三线袭击,即能起很大作用。③

东方不亮西方亮,傅作义把十六军、三十五军调到东面来,西面就空了。毛泽东又命令华北第三兵团进攻归绥。

(3)做好必要的疏散和应急的准备,这一工作由周恩来主持。周恩来派中央办公处副处长汪东兴和中央警卫团的干部带两个步兵连、一个骑兵连、一架电台和一部报话机到西柏坡东北方向的行唐县一带担任警戒,侦察敌情,命令他们在敌人来犯时,坚决阻击,掩护党中央、毛主席安全转移。周恩来还要求各单位做好备战工作,一旦情况紧急,要像撤离延安一样有计划地分批疏散。按照周恩来布置,后方机关开始将机要文书档案装进一个个大木箱,用牲口一批一批地运送到后方。从延安转移来的保育院、托儿所、洛杉矶幼儿园的小朋

---

① 中共中央文献研究室编:《毛泽东文集》第五卷178~179页,人民出版社1996年版。
② 《罗荣桓年谱》第623~624页,人民出版社2002年版。
③ 中共中央文献研究室、中国人民解放军军事科学院编:《毛泽东军事文集》第五卷第149页,军事科学出版社、中央文献出版社1993年版。

友们也开始转移。①

傅作义的偷袭梯队24日从涿县出发,27日到达保定。28日,在10余架飞机掩护下,沿平汉路两侧继续南下。第七纵队在地方部队和广大民兵的密切配合下,节节抗击,不断给偷袭梯队以消耗和杀伤。至30日,偷袭梯队尚不能渡过唐河。华北第二兵团向南急进,前卫第三纵队于30日到达完县、唐县地区。冀中和北岳军区地方部队在保定以北破坏铁路、公路和桥梁,迟滞了傅作义策应梯队前进的步伐,至11月2日,第三十五军方到达保定。

31日,傅作义见解放军已有准备,偷袭不成,电令其偷袭部队前卫后撤至方顺桥,11月1日,又后撤至保定。蒋介石和傅作义的偷袭计划遂告破产。傅作义走偷袭石家庄这一步险棋,本想"出奇制胜,打开局面",结果除损兵折将,伤亡3700余人,损失战马240匹、汽车90余辆外,毫无所获。

毛泽东的秘书胡乔木在回忆这一事件时说:"毛主席分析了敌我双方的具体情况,一方面指示中央机关做好暂时撤离的准备,并调兵遣将,多次指示恩来同志电令我有关军事首长,率领所部急速到达指定地点打击敌人;另一方面,在10月25、27、29、31日,每隔一天为新华社写一篇新闻稿,导演了一幕别具一格的'空城计'。其中,27日写的《华北各首长号召保石沿线人民准备迎击匪军进扰》的消息和31日写的《评蒋傅匪军梦想偷袭石家庄》的述评仅各用了450字和600字,就把敌人面临垂死挣扎的局势、偷袭石家庄的真实企图、具体部署和后顾之忧,说得一清二楚。新闻播出后,傅作义大吃一惊,既然自己的意图已全部被看穿,石家庄军民已做好了迎击准备,取胜已无希望,只好作罢。执导这个'空城计',毛主席挥笔写就了几篇新闻,避免了敌人的一场窜扰。这是新闻报道在特殊历史条件下发挥的特殊作用。当然,当时如果仅有新闻攻势,而没有了强大的军事实力做后盾的话,敌军也不会乖乖地撤兵,因为我军确实做了准备。"②

毛泽东得到傅作义退兵的消息后,情不自禁地放开嗓子用他那浓重的乡音唱了一段京剧《空城计》中诸葛亮的唱段:

"我正在城楼观山景,耳听得城外乱纷纷;旌旗招展空翻影,原来是司马发来的兵;我也曾差人去打听,打听得司马领兵就往西行……尔到此就该把城进,为什么犹豫不决、进退两难,所为的是何情……我左右琴童人两个,我是又无有埋伏又无有兵……"

---

① 阎长林:《警卫毛泽东纪事》,第344~345页,吉林人民出版社1992年版。
② 《胡乔木回忆毛泽东》第468~469页,人民出版社1994年版。

毛泽东唱到这里,对身边的卫士李银桥、阎长林笑了笑,继续唱道:

"你就来来来,请上来听我抚琴,我诸葛亮缺少个知音的人……"①

在这一事件中,毛泽东借力使力,顺水推舟,因势利导,趁傅作义企图偷袭石家庄之机,把以四纵、十一纵和3个独立师、1个骑兵师,共12万人组成的东北野战军先遣兵团调到冀东,把华北第二兵团调到曲阳、定县、满城地区,从南北两方面威胁北平,为而后展开的平津战役创造了有利条件。

---

① 邸延生:《历史的真言》第276~277页,新华出版社2000年版。

35.邓华、刘亚楼为什么否定毛泽东先打塘沽的决定?

东北野战军秘密入关后,分别向北平与天津间、天津与塘沽间开进。12月8日,华北二兵团将三十五军合围于新保安。11日,毛泽东为中央军委起草致林、罗、刘的电报,提出平津战役的作战方针,指出:在将平津地区的国民党军分割包围后,攻击顺序是:第一,塘沽、芦台;第二,新保安;第三,唐山;第四,天津、张家口,最后是北平。

毛泽东写道:"东面则应依情况,力争先歼塘沽之敌,控制海口。只要塘沽(最重要)、新保安两点攻克,就全局皆活了。"①

此时,津塘守备区司令、第十七兵团司令侯镜如驻扎于塘沽。防守塘沽的国民党军有第八十七军、独立第九十五师、第三一八师、交警第三旅、保安第五团等部。此外,海军第三舰队司令官马纪壮率领国民党军最大的军舰"重庆号"巡洋舰以及其他数十艘舰船在渤海湾游弋,准备支援陆军作战,并在情况紧急时担负撤退的运输任务。

显然,解放军首先攻取塘沽,就可以彻底切断平津国民党军的海上退路,达到将其抑留于华北予以全歼的目的。因此,毛泽东将攻克塘沽作为最重要的任务。

12月13日,毛泽东以中央军委名义致电林、罗、刘:"请令后到的三个纵队,全部包围塘沽一点,割断天津、塘沽间及芦台、塘沽间联系,向天津、芦台两面构筑坚固阻击阵地,不要分兵去围唐山,也不要分兵去围芦台。如塘沽之敌很多,则监视之;不多,则相机歼灭之。此举务望迅速,以防平、通、津、唐诸敌向塘沽集中,从海上逃跑。"②

18日下午4时,林、罗、刘向中央军委报告:九纵一个师于16日晨占领北塘,已向塘沽前进;七纵昨日已到达芦台、汉沽,明日即继续向塘沽前进;"我拟首先攻歼塘沽、军粮城之敌。但目前对敌之具体位置尚未弄明。"③

---

① 中国人民解放军历史资料丛书编审委员会编:《平津战役》第138~140页,解放军出版社1991年版。
② 同上,第153页。
③ 同上,第188页。

12月20日中午12时,林、罗、刘致电第七纵队司令员邓华、政治委员吴富善等:"塘沽战役的指挥由你们担任,参加攻击的兵力待敌情弄明后再决定。盼你们即详细进行侦察并提出整个作战意见。"①

12月21日上午10时,二纵经两小时战斗,攻克塘沽西之新河车站,七纵二十师攻占海滩车站。

据吴富善回忆:"二十师攻占海滩车站,歼敌700余,自己伤亡600。二十一师六十三团配合二纵攻占新河车站,歼敌140人,自己伤亡400余人。原因是盐滩地用锹挖下去全是水,无法挖交通壕;发起攻击后,进入一马平川的盐田,部队完全暴露在敌人火力之下,盐滩地泥泞难行,大大延长了在敌人炮火下运动的时间。"②

邓华接到12月20日林、罗、刘指定他们负责指挥塘沽战役并到塘沽附近侦察的电报后,到塘沽附近做了调查,感到进攻塘沽难度很大。尽管这是毛泽东所强调的平津战役最重要的攻击点,但他决定如实向林彪报告。

25日,林彪将邓华等的报告转报军委:"(一)东为渤海,南为海河,我无法四面包围,炮火亦很难封锁海口,敌可背海顽抗,实难断敌退路,全歼敌人。(二)除渤海、海河以外,河沟很多,虽宽一丈左右,但水深及腹,潮来更深。除铁路电道与铁路东一条小道原有桥外,其余不易通过,而敌则可凭河沟坐守。(三)北宁路南有断续房屋,较好接近。西北直至海边均为草地、盐田,广阔平坦,潮湿泥泞,挖沟有水,不便部队展开及攻击。(四)市街狭长,虽可并肩由西向东打,但部队展开亦有限度,且形成平推,最好时南与北腰斩敌人为几段。但北面地形很坏,虽然在铁路、公路以东有一条小道,但河沟更多,不可能成为主攻,故断市内敌人之退路,与分割新港敌是困难的。(五)市内河沟池沼亦多,市街断续空地很多,便于敌人采取纵深据点配备。我则是连续的突破,费劲、费时,而敌陆海炮火均可配合。(六)目前作战形势需要打塘沽,而且要快,但从地形来看很不好打,必须有充分的准备,仓促过急会打莽撞仗,如海滩战斗代价很大,时间很长,还不能歼灭敌人。此次为我们入关第一个大仗,故必须谨慎从事,充分准备。二纵、九纵及炮兵均需于明日集结完毕,故攻击时间推至月底打为宜,最好下月初。据我们估计,塘沽为平津敌人唯一退路,如不打而跑的可能性较少(据供,敌人要守,到塘沽后赶筑工事便可证明)。万一跑了于敌更为不利,而便可打天津、北平。反正迟打、早打,退路是步兵难切断

---

① 中国人民解放军历史资料丛书编审委员会编:《平津战役》第188页,解放军出版社1991年版。
② 《吴富善回忆录》第455页,蓝天出版社1995年版。

的,还是以充分准备,细密组织为好。我们当尽一切克服困难,完成任务。请指示,保证坚决执行。"①

因为打塘沽是东北野战军在平津战役中的第一仗,又是最重要的一仗,林彪不能仅仅把邓华等的电报一转了事。指挥员必须亲自去看看地形。

27日清晨,刘亚楼和特种兵司令员萧华来到塘沽附近的第七纵队司令部。刘、萧听取了邓华等人的汇报后又顶风冒雪到前沿阵地查看地形。晚间,刘亚楼召集大家开会。刘亚楼首先发言:"军委要我们先打塘沽,一是为了控制海口,防止天津之敌从海上逃跑;二是歼灭小的,孤立大的,作个样子,迫使平津敌人放下武器。但是,现在看来,在这样的地形条件下,用3个纵队打塘沽,不仅要付出很大代价,还难以速决。况且敌人的指挥部已经搬上军舰,我们无法对敌形成包围。如果坚持打下去,攻占塘沽有把握,全歼守敌则不可能,最大可能是歼灭一部,大部逃窜,结果是得不偿失,更重要的是费时费力,将延长解放平津的时间。"他征求大家的意见:"如果先打天津,是否更有把握?"一听这话,七纵几个干部都高兴起来。最后,大家形成了共识。②

29日,刘亚楼返回平津前线司令部。林彪和他致电中央军委:"(一)据我在塘沽附近各部队对地形侦察的报告,均说该地地形不利作战,除西面外其他皆为开阔宽广之盐田,且不能作战,涉之水沟甚多,冬季亦无结冰把握(因海潮起落关系),不便接近亦不便构筑工事。且敌主阵地在新港靠近海边码头,我军无法截断其退路。该处停有兵舰,敌随时可逃入军舰退走,故两沽战斗甚难达到歼敌目的。且因地形开阔,河沟障碍,我兵力用不上,伤亡大而收获小,亦必拖延平津作战时间。我在两沽附近的部队,皆认为攻两沽不合算。(二)我原在两沽附近的部队,已大部西移到达天津附近。(三)我们意见目前我军一面准备防平敌突围,但由于我目前未攻两沽,敌多半不敢突围。在此情况下,我军拟以五个纵队的兵力包围天津,进行攻天津的准备。在我未攻击前,如敌突围则先打突围之敌。如我准备成熟时,敌尚未突围,则发动总攻歼灭天津之敌。盼军委电示。"③

毛泽东之所以把攻塘沽作为平津战役中"最重要"的一招,是因为塘沽口子一扎,平津国民党军将全部由惊弓之鸟变成笼中之鸟,插翅难飞了。他是从战略上或者从宏观上来考虑的。毛泽东年轻时虽然到过塘沽,但并不了解塘

---

① 中国人民解放军历史资料丛书编审委员会编:《平津战役》第215~216页,解放军出版社1991年版。
② 《吴富善回忆录》第458~462页,蓝天出版社1995年版。
③ 中国人民解放军历史资料丛书编审委员会编:《平津战役》第227页,解放军出版社1991年版。

沽海水难于封冻、不便于构筑工事的情况。而林彪、刘亚楼、邓华等却从地形出发,从战术上,或者说从微观上考虑,从而大胆地建议毛泽东把口子扎低一点。塘沽只有敌人的5个师,即使打塘沽,敌人随时可以上船逃跑,也不可能将其全歼。不如舍去这5个师,围住天津来得有把握。毛泽东立即接受了这一建议。

12月29日亥时,毛泽东以中央军委名义致电林彪、刘亚楼:"放弃攻击两沽计划,集中五个纵队准备夺取天津是完全正确的。"[1]

---

[1] 中国人民解放军历史资料丛书编审委员会编:《平津战役》第229页,解放军出版社1991年版。

36. 东北先遣兵团胜利攻占密云，
为什么却遭到了毛泽东严厉批评？

1948年12月5日，东北先遣兵团第十一纵队前卫第三十一师在行军途中攻占密云，歼灭国民党军6000余人。

此举非但没有得到上级的赞扬，还遭到毛泽东的严厉批评。这是为什么？

这要从平津战役的决策说起。

随着淮海战役不断取得胜利，中央军委判断，蒋介石可能决定放弃平津，将平津地区蒋介石系统的部队调到江南，加强长江防务。蒋介石当然希望傅作义系统的部队也能南下。但傅作义可能不愿意。当蒋系部队南下时，傅作义可能率部回到绥远。这样，解放军虽然可以不战而解放平津，却不能歼灭国民党军的有生力量，从而增加将来渡江作战的困难。因此，将傅作义集团抑留在华北为有利。

要抑留傅作义集团仅靠华北解放军的力量是不够的，因此需要东北野战军入关。由于蒋介石和傅作义估计东北野战军大战以后必须休整，不会很快入关，东北野战军可以利用他们这一错误估计，结束休整，迅速入关。由于傅作义已成惊弓之鸟，东北野战军入关又必须严格保守秘密。

11月20日子夜，毛泽东致电林、罗、刘，指出：

……应以锦州、新民线上及营口地区之我军先行秘密开动，以四个纵队的兵力与程黄现有兵力同时隔断天津、北平间和唐山、塘沽间之联系，使北平、唐山两处之敌均不能到达津、沽。欲达此目的，就要推迟程黄包围唐山的行动，并先以四个纵队夜行晓宿秘密入关，执行割断平、津的任务。而沈阳附近的兵力则宜推迟出发时间，因沈阳有敌电台。我一行动，敌必警觉。

为不使早日惊动傅作义，我们已令聂（荣臻）、薄（一波）、滕（代远）转令攻击保定之七纵停止攻击，改取包围监视方针。

傅、蒋在山海关的一个军尚未撤退，其目的是估计你们主力入关必走该地,让该部先挡一挡,争取主力逃跑或固守之余裕时间。因此你们主力入关应取四纵、十一纵所走道路,不要走山海关。

部队行动须十分荫蔽。蒋、傅对我军积极性总是估计不足的,他们尚未料到你们主力会马上入关。因此除部队行动应十分荫蔽外,请东北局及林、罗、谭令新华社及东北各广播台在今后两星期内,多发沈阳、新民、营口、锦州各地我主力部队庆功祝捷、练兵、开会的消息,以迷惑敌人。①

11月23日,东北野战军主力从锦州、营口、沈阳等地秘密出发,向北平、天津、唐山、塘沽等地开进。11月25日,华北第三兵团包围张家口,傅作义认为东北野战军尚未入关,为保持北平到绥远的道路通畅,派其王牌第三十五军到张家口。

11月27日凌晨2时,毛泽东发电报要求"程黄率所部务于数日内在平谷地区集中,准备完毕,待杨李在柴(沟堡)、怀(安)、张(家口)、宣(化)地区抓住几部敌人之后,迅即超越密云、怀柔、顺义线上之敌,向延庆、怀来地区前进,相机作战。"②

12月2日凌晨4时,毛泽东致电东北先遣兵团和华北第二、三兵团:"程、黄应立即出动,取直径向南口、怀来前进,协同杨罗耿,杨、李歼灭傅军。"③

12月2日,第十一纵队前卫第三十一师到达密云附近。

密云县城位于北平东北面潮河和白河交汇的三角地带,是平承铁路上的重要据点,密云附近的潮河、白河是先遣兵团进军平绥线的必渡之河。如果国民党军控制着密云城,将是先遣兵团进军平绥线的威胁和障碍。十一纵准备在进军平绥线的途中顺手占领密云。为此,三十一师师长欧致富亲自带领各团团长以及作战科、侦察科干部化装到密云附近进行侦察,得悉城内只有一个保安团的兵力,加上警察不足2000人,便定下攻取密云的决心。

12月3日,三十一师对密云发起攻击,从俘虏口中知道,密云周围的据点已为从古北口和石匣撤退的国民党军第十三军3个团防守。当三十一师扫除外围据点时,这3个团便撤入城内,使守军兵力达到4个团。三十一师原来准备顺手牵羊,结果却被黏上了。先遣兵团乃命令第四纵队先走,同时命令十一

---

① 中共中央文献研究室、中国人民解放军军事科学院编:《毛泽东军事文集》第五卷第253~254页,军事科学出版社、中央文献出版社1993年版。
② 同上,第280~281页。
③ 同上,第305页。

纵拿下密云城。

就在十一纵准备对密云发起总攻的时候,4日晚9时,毛泽东致电华北第二、三兵团和东北先遣兵团:"目前数日最大顾虑就是张垣(即张家口)之敌乘我程黄部将到未到之际,突围向东,而怀来、南口之敌,则西向接应。"①

5日5时,十一纵对密云发起总攻,激战至黄昏,攻克密云,歼灭国民党军6000余人。

这一行动虽然打通了西进平绥线的道路,但违背了毛泽东"迅即超越密云、怀柔、顺义线上之敌"的指示,结果是惊动了傅作义。傅作义得悉后并不像东北野战军出击北宁路时的卫立煌那样固守不动。他判断,能在一天之内拿下有一个师固守的密云城,东北野战军主力一定已经进关。他又得到华北野战军第二兵团正由紫荆关北上的消息,急令第三十五军和第一○四军第二五八师立即由张家口撤回北平,令孙兰峰率部继续坚守张家口;命令驻怀来的第一○四军向西接应第三十五军;并急调天津、塘沽地区的第六十二、九十二军和第九十四军主力到北平,加强北平的防御兵力;命令第十三军放弃怀柔、顺义,南撤至通县一带,命令第一○一军放弃涿县、良乡,北撤至宛平、丰台。

傅作义这些举措中急令第三十五军和第一○四军第二五八师立即由张家口撤回北平这一项,正是毛泽东4日晚9时电中所说的"最大的顾虑"。这一顾虑很快成为现实。此后,平张线作战就将围绕如何将第三十五军阻断在平张线上并将其围歼而展开。

毛泽东在发出上一封电报后,又紧接着致电程、黄并告林、罗、刘,直率地指出:"不以后卫军打密云,而以先头军打密云,致耽搁时间。在这种情形下,可能你们尚未赶到,三十五军及怀来之敌即已一起东逃,你们到后毫无事做,空劳往返。虽然如此,但你们仍须星夜赶进。希望杨罗耿能于六日夜或七日早在下花园、新保安线上抓住三十五军及一○四军主力,而怀来之敌亦未跑掉。"

幸而三十五军没有跑掉,否则程、黄攻密云以及华北三兵团没有把三十五军堵在张家口将酿成大错。

---

① 中共中央文献研究室、中国人民解放军军事科学院编:《毛泽东军事文集》第五卷第321页,军事科学出版社、中央文献出版社1993年版。

37. 哪三个人对促使傅作义接受和平改编贡献最大？

在回答这个问题之前，首先要说明：傅作义接受和平改编是以中共及其领导下的解放军为主导，各方力量博弈而形成的合力推动的。这些力量中，中共及其领导下的解放军、北平地下党等是正方向的，而蒋介石以及南京来的徐永昌、郑介民等和北平城内坚决反共的势力是反方向的，是阻力，还有一些力量是侧方向的推力。这些力量互相作用形成的合力促使傅作义走上了和平道路。

本文着重说傅作义身边的三位，即傅冬菊、刘厚同和邓宝珊。

据北平地下党学委秘书长崔月犁说：

> 地下学委对傅作义的工作，是通过各种关系多方面进行的。1948年秋，我已与刘厚同老先生直接建立了联系，那时我担任学委秘书长，分工上层统战工作。李炳泉同志出城之后，即由我作为共产党的代表正式与傅方联系，这时其他同志原来联系的人都交给我联系，以便于全面掌握傅作义的动态并进行工作，推动傅作义走上和平道路。从我们学委派出的人和联系人来看，主要是三人起的作用较大：刘厚同、邓宝珊、傅冬菊。[①]

其中，刘厚同和邓宝珊可以说是侧向的推力。

先说傅冬菊。

傅冬菊，1924年出生于太原，抗战中在重庆时，常和同学到新华日报社玩。周恩来见到他们总要抽时间和他们聊天，问他们读了些什么书，对抗战有什么想法等；也常常教育他们，要好好读书，多关心社会。傅冬菊觉得他特别和蔼可亲，为他的风采所吸引，便叫他"周伯伯"。周恩来立即纠正说："不能这么

[①] 崔月犁：《争取傅作义将军起义和平解放北平》，中国人民解放军历史资料丛书审委员会编：《国民党军起义投诚·冀晋察绥平津地区》第404页，解放军出版社1996年版。

叫。要叫周叔叔,你父亲比我大三岁。"傅冬菊中学毕业后考入在昆明的西南联合大学,由王汉斌介绍,加入中共的外围组织"民主青年同盟"。西南联大毕业后,1946年秋,她进入天津《大公报》当编辑,随后向中共地下党组织提出入党申请。中共地下党组织经过考察,同意吸收她入党,要她写一份自传,于某日在宿舍等待一位手持报纸的接头人,把自传交给来人。傅冬菊如期在宿舍等候,见来人竟然是自己的丈夫周毅之,这才知道原来自己的丈夫早已入党,不禁高兴地跳了起来。[1]

1948年秋,为了开展对傅作义的工作,中共华北局城工部指示天津地下党将傅冬菊夫妇调到北平,做该报长驻北平的记者。

1948年11月初,傅作义在南京开完军事会议后返回北平。此时,地下学委指示傅冬菊向傅作义转达了中共要他放下武器、与中共合作、和平解放北平的希望,进行试探。傅作义怕军统通过傅冬菊来套他的话,便问傅冬菊:"是真共产党还是军统?你可别上当!"

傅冬菊肯定地说:"请爸爸放心,我的同学是共产党,不是军统。"

傅作义对女儿说:"你每晚从我这里回家有没有人跟踪?一定要当心。"又问:"你是不是参加了共产党?"

傅冬菊答:"我还不够格。"

傅作义又问:"你们的同学是毛泽东派来的,还是聂荣臻派来的?"

傅冬菊回答不出,便去请示学委负责人佘涤清,佘让傅冬菊回答是毛泽东派来的。

傅作义乃说:"可以考虑。"[2]

随后,傅冬菊便留在傅作义身边,一面照顾他的生活,一面对傅作义进行劝说,并及时将傅作义每天的动态,包括神态、言谈举止、情绪变化通过周毅之,每天向地下党负责人崔月犁、王汉斌汇报。崔、王再向刘仁汇报,刘仁再及时向中央军委和平津前线指挥部报告。

对此,崔月犁回忆:"傅冬菊同志是党的好情报员,也是傅作义将军的好女儿。在我们党与傅作义谈判的过程中,傅冬菊同志也起了重要作用。我作为共产党的代表与傅方谈判后,给傅冬菊的主要任务则是了解傅作义的动态。那时,我和傅冬菊同志见面是在东皇城根(今作东黄城根)李中同志家里,我们几乎每天见一次面。那时她还是一个青年知识分子,每次见我总是高高兴兴,

---

[1] 傅冬口述,董世贵执笔整理:《我与父亲傅作义:有关北平和平解放的往事》,《纵横》2009年第1期。

[2] 参看《王汉斌回忆:派傅冬菊去北平前后》,《百年潮》2011年第1期。

满面笑容,不慌不忙地把她父亲的情况原原本本地告诉我。傅作义有时思想斗争激烈,唉声叹气,发脾气,吃火柴头,甚至想自杀,对他这些细微的情绪变化,我们都很清楚。有时头天晚上发生的事情,第二天一早就知道了;上午发生的事,下午就知道了。这些都及时写成电文,刘仁同志及时转给前线总指挥部。"①

对于刘仁领导的地下党以及傅冬菊的作用,聂荣臻给予很高评价。他在回忆录中写道:"几十年来,我打过许多仗,能够如此及时了解对方最高指挥官的动态,还是不多的。这对我们做出正确判断,下定正确决心,进行正确部署,具有重要的作用。"②

傅冬菊虽然可以起到让中共中央及时了解傅作义的动态的作用,但是却不能在思想上影响傅作义。因为在傅作义看来,傅冬菊还是个孩子。她虽然是自己的女儿,但又是中共党员,她是不可能站在自己的立场上的。她可以成为同中共联络的渠道,却不可以成为军师和谋士。

能成为傅作义的军师的非刘厚同莫属。

刘厚同(1882—1961),山西解县人,是傅作义的老师,参加过辛亥革命,出任过山西省学生军总教练和军士学校校长,北洋政府的京畿卫戍总司令部高级参谋,黎元洪大总统的一等侍从武官。在傅作义出任绥远省主席以及脱离阎锡山转投蒋介石的过程中,刘厚同常为他出谋划策,深得傅作义信任。傅作义出任华北"剿总"总司令后,给了刘厚同一个华北"剿总"的上将级参议的头衔,实际是傅的高级政治顾问。他常年住在天津。

1948年10月下旬,济南已经解放,辽沈战役大局亦已底定。傅作义将刘厚同接到北平商量对策。刘厚同到北平后,从1948年10月30日到1949年1月22日,记有日记。后来又根据日记亲自用毛笔在宣纸上以文言文撰写了4万余字的《北京古城和平纪略》。据此《纪略》,这一期间,他同傅作义谈话34次,其中最长的一次达10小时,给傅作义写信11封。③

10月30日刘厚同到达北平后的第一件事就是致函傅作义,建议撤回进犯石家庄的部队。一是防止孤军深入受挫,二是为和平解决华北问题准备条件。

---

① 崔月犁:《争取傅作义将军起义和平解放北平》,中国人民解放军历史资料丛书编审委员会编:《国民党军起义投诚·冀晋察绥平津地区》第407~408页,解放军出版社1996年版。
② 《聂荣臻回忆录》下册第701页,解放军出版社1984年版。
③ 参看张彩欣:《刘厚同与北平和平解放》,《北京党史》2007年第3期第51页,以下引用刘厚同的《北平古城和平纪略》均出自张彩欣文。

刘还建议收缩防线，将驻长城以外的部队南撤。此时，傅作义偷袭石家庄的企图已经暴露，傅作义正准备撤兵，即便刘厚同不提，傅作义也会调整部署。于是，傅作义撤回了准备偷袭石家庄的部队，又"撤热河石觉于古北口，山海关交中央军接管，己军退驻于唐山"。

10月31日，傅作义同刘厚同在西郊总司令部密谈。刘厚同对傅作义说："国军每战必败，由于政治自腐，故士卒战意消沉，非兵之不多，械之不精也。""兹东北尽失，中原残破，天下事已可知。子居华北五省重地，当民命倒悬之时，似宜速有决策，以慰四方颙颙之望。"傅作义在室内来回踱步说："正为此事焦虑。"问刘应该如何决策。刘答："识时务者为俊杰，当务之急莫要于倡导和平，结束内战。"这一次谈话开启了傅作义走向和平道路之门。

11月10日，崔月犁以同仁医院的李大夫的身份去见刘厚同，动员刘去做傅作义的工作，希望刘转告傅作义，仿效吴化文帮助解放军解放济南的方式，帮助解放军解放北平。刘厚同感到傅作义自尊心很强，自视很高，看不起曾经当过伪军的吴化文，拿吴化文说事，并不符合傅作义的思想状况，立即说："吴化文是投降将军，傅作义是杀头将军。他是宁肯杀头也不会投降的。"由于话不投机，对刘厚同的这一次试探就结束了。

11月20日蒋介石邀傅作义去南京，傅征求刘的意见。刘答："兹津浦南段战不利，子之援晋及热河、山海关诸军又皆自动撤回，倘留之于南不令归，试问子将如何？"见傅沉默不语，建议傅作义不可飞南京自投樊笼，可以冀东近日有小冲突，大战或不在远，若去南京则华北群龙无首，事必糜烂为由，委派他人代行。于是，傅作义便派刘多荃副总司令代替自己去南京。

11月22日，毛泽东为中央军委起草给在绥远活动的华北第三兵团杨成武等的电报，命令他们东进，包围张家口，调动傅作义的主力西援。29日，华北第三兵团向张家口发起进攻，平津战役开始。傅作义果然将其主力第三十五军由北平增援张家口。

12月5日傅作义认为，自己仅仅是一方的首脑，倡导和平还是以蒋介石出面为好。刘厚同致信傅，认为主张和平由蒋倡导"其意本善，事亦可行。但此间战事现已接触，且虑辗转需时，莫救华北之急。且就国共离合历史而言，双方未必遽能接近，故经考虑，以为和平倘自子发，其庶几易实现"。刘主张同中共谈判可以撇开蒋介石，对刘的建议，傅作义犹犹豫豫，下不了决心。

同日，傅作义发现东北野战军已经入关，命令第三十五军火速撤回北平。

8日，第三十五军被华北第二兵团包围于新保安，几次突围失败。

10日，第十六军指挥所和第二十二、一〇九师各一部在康庄东南被东北野战军第四纵队追歼。

11日,去增援第三十五军的第一〇四军大部和第二十二师一部被东北野战军第四纵队、第十一纵队追歼于横岭、白羊城地区。傅作义眼看大势已去,于12日未同刘厚同似亦未同其他人商量就致电蒋介石,要求辞职。蒋介石立即回电:"所称辞职,万难照准。"

当日,蒋介石在日记中写道:"华北战局,因第三十五军于新保安被围,新三军(第一〇四军原番号是暂编第三军)又遭匪袭击,以致宜生大受刺激,其精神亦受到严重威胁,似有精神失常之象,此为全局最大之打击也。原定集中全力固守津沽之计划,恐难实现,果尔,则华北战局已等于失败,而宜生又为政治与虚荣所牵制,不愿放弃北平,冀图固守,是无异自灭也。"①从蒋介石这一段日记看,他在傅作义总部也有内线。这并不奇怪。因为傅作义总部第二处就是军统的单位,处长史弘后来逃到台湾。

12日,傅作义致电蒋介石要求辞职似乎是在试探,他的部队被围、被歼后,蒋介石是否还让他主持华北战局。在得到蒋介石的答复后,他就开始试探同中共的谈判。派谁去呢?此前,学委南系②的共产党员李炳泉奉命动员他的堂兄、傅作义总部联络处处长李腾九做傅作义的工作。李腾九劝说了几次,傅作义无动于衷。第三十五军被围后,傅作义找李腾九商议,李建议派平明日报社社长崔载之去。此时李炳泉已任该报采访部主任。于是,崔载之便在李炳泉带领下,于15日出城找解放军谈判。③

16日,毛泽东得知傅作义已派人出城,为中央军委起草致林、罗、刘电,指出:"对傅作义代表谈判内容以争取敌人放下武器为基本原则,但是达到这个目的可以援用某些策略。"④

17日上午,崔载之一行五人在第十一纵队一个警卫排护送下到达东北野战军司令部驻地蓟县孟家楼附近之八里庄。罗荣桓令参谋处处长苏静接待,问明来意。崔载之转达傅作义的想法是,要解放军停止一切攻击行动,两军后撤,通过谈判,达到平、津、张、塘一线和平解决问题。他们还提出,为了搞到蒋

---

① 秦孝仪总编纂:《总统蒋公大事长编初稿》卷七(上)第197页,台北,1978年版。
② 即抗战胜利后来到北平和天津的抗日战争时期在昆明、重庆等地的地下党组织。北系为原在北平、天津的中共地下党组织。1948年10月,二者合并为统一的学生工作委员会,即学委。
③ 参看李腾九:《北平解放与北平和谈》,中国人民解放军历史资料丛书编审委员会编:《国民党军起义投诚·冀晋察绥平津地区》第360页,解放军出版社1996年版。
④ 中共中央文献研究室编:《毛泽东年谱(1893—1949)》(修订本)下卷第421页,中央文献出版社2013年版。

介石一部分大型飞机,希望让出南苑机场;为了制衡城内的蒋系军队,希望能把被围在新保安的第三十五军放回城里,解放军可以跟第三十五军一起进城。傅作义通电全国,宣布北平实现和平解决,建立华北联合政府,傅的军队由联合政府指挥,等等。苏静认为:"从中可以看出,傅有保全自己力量的意思,并打算举起和平的旗帜。"苏静随即将同崔载之交谈的情况报告了林、罗、刘。①

12月18日,傅作义的一位副司令听说傅已派人出城,劝傅主和要慎重,称主和之举"为拆蒋先生之台,莫逃叛逆之名"。傅作义听后大受影响,增加了顾虑。刘厚同回答道:"汤与武王,桀纣臣也,乃伐桀纣,后世不称为叛逆,而反以圣美之。此其义盖已可概见",即"《左传》所谓忠者,忠于民事也,非忠一人之谓耳","刻国事败坏至此,家室仳离,民生涂炭。民之所欲者和平,政之所需者改造,子能循历史而顺人心,起而倡导和平,天下且将壶浆迎之而不暇,谁复可谓子叛逆哉"!

12月19日,刘亚楼接见了崔、李,同他们谈了一上午,向他们分析了全国的形势和平津战局发展的前景。他说:"蒋介石已自顾不暇,静观待变纯属幻想。"他根据党中央的方针和林彪、罗荣桓的指示,阐明了中共和解放军对和平解决平津的基本原则是以放下武器、解除武装为前提,绝不允许保存其反动武装力量,更不允许通电全国建立华北联合政府。他指出,如傅方同意我方和平解决平津的条件,可以保证傅本人及其部属的生命安全和个人财产免受损失,可以给傅作义部队编两个军。蒋系的顽固的军、师长如果反抗,可先将其逮捕。② 这一次谈判,双方各自开出条件,由于差距太大,只是试探性的。为迫使傅作义接受和平改编,在平张线上,华北二兵团于22日攻克新保安,全歼第三十五军军部和两个师,共1.6万人。23日,张家口国民党军突围北逃,华北三兵团和东北野战军四纵等部展开追击,于24日歼灭逃敌6.5万人。

12月23日,崔载之收到傅作义发来的一封致毛泽东的电报,立即转交给苏静,转林、罗、刘并于当日转报中共中央和毛泽东。傅作义电报的全文是:

毛先生:

(一)今后治华建国之道,应交由贵方任之,以达成共同政治目的。

(二)为求人民迅速得救,拟即通电全国,停止战斗,促成全面和

---

① 苏静:《回忆北平和平谈判》,中国人民解放军历史资料丛书编审委员会编:《平津战役》第625页,解放军出版社1991年版。

② 同上,第625~626页。

平统一。

（三）余绝不保持军队,亦无任何政治企图。

（四）在过渡阶段,为避免破坏事件及糜烂地方,通电发出后,国军即停止任何攻击行动,暂维现状。贵方军队亦请稍向后撤,恢复交通,安定秩序。细节问题请指派人员在平商谈解决。在此转圜时期,盼勿以缴械方式责余为难。过此阶段以后,军队如何处理,均由先生决定。望能顾及事实,妥善处理。余相信先生之政治主张及政治风度,谅能大有助于全国之底定。①

傅作义在发出此电报以前,将其夫人送往重庆张伯苓处。

由于傅作义企图通过发通电造成他在掌握和谈主动权的印象,不愿放下武器,对于参加蒋介石发动的内战也没有反省之意,毛泽东对此电暂时未予回复。

25日,中共中央权威人士宣布蒋介石等43人为头等战争罪犯,傅作义名列第31。傅作义闻讯后情绪十分低落。

据傅冬菊回忆:"这一下子激怒了他,他把办公桌上的电话、茶杯、笔筒以及文件等,统统用臂横扫于地,跌跌撞撞走向卧室的时候,撞在门框上,摔倒在地。当我闻讯赶到时,他已躺在床上,嘴里念叨着:'完了,一切都完了。'我刚要说什么,刘厚同老先生来了,他说:'宜生,不要悲观,旧的生命完了,新的生命正好开始! 现在要紧的是,你要认清形势,下决心,把和谈道路走下去,我不相信共产党非要用武力解决平津问题。'父亲说:'人家要价太高,我无法满足。''高？不就是让你把中央军的军师长抓起来,宣布起义吗？你办不到,说明情况再谈嘛!''人家要的条件,是让我对不起朋友,也对不起死去的郭秀山(即郭景云),是让我当叛逆,落千古骂名!''宜生,此念差矣。前些日子,我不是对你讲了,什么叫忠,忠要忠于什么人。'接着刘老还针对父亲企图依靠空投,固守平津,与城共存亡的想法说,文化古都不能毁在你傅宜生手里,解放军四面而来,城是守不住的。蒋介石自顾不暇,哪有力量支援你。现在与中共和谈的资本虽然不如过去了,但议和一成,平津免遭战火破坏,城内军民生命财产得以保全,人民会感谢你的。共产党说话是算数的,政策也是很明确的。高树勋起义就是一个见证,你只要接受了和平起义,共产党是不会亏待你的。你和你的部属都会有个光明前途的。"在刘厚同劝说下,傅作义情绪稍稍稳定。②

---

① 北京市档案馆编:《北平和平解放前后》第51页,北京出版社1988年版。
② 傅冬菊、董世贵:《在父亲傅作义身边做"卧底"》,《各界》2009年第9期第12页。

12月30日，傅作义致电阎锡山，就是和还是战征求意见。阎锡山回电："军事上能守才能攻，政治上能战方能和。不能守而谋攻是速败，不能战而和是投降。"阎锡山怂恿傅作义顽抗到底。①

年底，傅作义又向他的左右散布，他要辞职，把指挥大权交给国民党军第四兵团司令官李文。如前所说，傅作义已经在12日向蒋介石辞过一回职。此时又散布要辞职，看来是炒作，造成和平解决北平问题非他莫属的印象。但是，刘厚同和他的部属都信以为真，一致反对。刘连称失算，认为"此举于事无补，只会错失时机，把局势弄僵，不是解决问题之道"，"兹战事所以久处停火状态，共方确守居间之约耳。倘子一旦辞职，继以他人，不时仆便无从斡旋，即此军心涣散，共军再从而攻之"，则千年文化古都毁于一旦。他希望傅以大局为重，速发通电。

12月30日，林彪致电中央军委："从北平城内党来电看来，傅作义似企图将指挥权交与李文，借以摆脱北平作战失败的必然前途的责任，和求得个人脱身先走，避免当俘虏，遭受对战犯的惩罚。""目前我们与傅作义有电台联络。我意可否向傅提出：如他能下命令缴械或给我们开口子，让我们进城，则我们可允许其直属的一个步兵师、一个骑兵师不解除武装，对傅可赦免其战犯的死罪和保存其财产等条件。如果我们这样提出，傅也不一定愿接受和能做到（多半也不能做到），但无妨这样做一下。如无效亦无损。如无效，则对我们仍然是合算的。请军委考虑电复。"②

此时，傅作义的情绪因患得患失而忽忧忽喜。1月2日深夜，傅至刘处，怒曰："和事破裂矣。吾惟婴城而守，与城俱亡。"刘惊愕问何故，傅气呼呼地说，据共方代表所提条件，"本部予编一军，至中央军一律缴械，外此并无他款，且辞近恫吓，我岂怕死之人"？刘一面劝傅冷静，一面说共方代表的话未必是共方真实主张，可能是个人的外交手腕。刘请傅谈谈他自己的意见。傅说："本部令全体解甲则可，吾不留一人一骑。倘使中央军由我失所，此后吾将无以做人，虽死不为。"刘听后转惊为喜，告诉傅别着急，几天后必有合理办法。

毛泽东获悉傅作义大闹居仁堂、准备辞职的情况后，于1949年1月1日以中央军委名义致电林彪：

（一）新保安、张家口之敌被歼以后，傅作义及其在北平直系部属

---

① 转引自刘统《解放战争全纪录》第585页，青岛出版社2010年版。
② 1948年12月30日林彪致中共中央电。

之地位,已经起了变化,只有在此时才能真正谈得上我们和傅作义拉拢并使傅部为我所用。因此,你们应认真进行傅作义的工作。

(二)你们应通过平市党委将下列各点直接告诉傅作义:

甲、目前不要发通电。此电一发,他即没有合法地位了,他本人和他的部属都可能受到蒋系的压迫,甚至被解决。我们亦不能接受傅所想的一套做法,傅氏此种做法是很不实际的,是很危险的。

乙、傅氏反共甚久,我方不能不将他和刘峙、白崇禧、阎锡山、胡宗南等一同列为战犯。我们这样一宣布,傅在蒋介石及蒋系军队面前的地位立即就加强了,傅可借此作文章,表示只有坚决打下去,除此以外再无出路。但在实际上,则和我们谈好,里应外合,和平地解放北平,或经过不很激烈的战斗解放北平。傅氏立此一大功劳,我们就有理由赦免其战犯罪,并保存其部属。北平城内全部傅系直属部队,均可不缴械,并可允许编为一个军。

丙、傅致毛主席电,毛主席已经收到。毛主席认为傅氏在该电中所取态度不实际,应照上述甲、乙两项办法进行方合实际,方能为我方所接受。

丁、傅氏派来谈判的代表崔先生态度很好,嗣后崔可再出城来联络传达双方意旨。惟我们希望傅氏派一个有地位的能负责的代表偕同崔先生及张东荪先生一道秘密出城谈判。

戊、傅氏此次不去南京是对的,今后亦不应去南京,否则有被蒋介石扣留的危险。

己、彭泽湘是中共叛徒,过去有一时期曾为蒋介石做过某些特务工作,其人买空卖空,为我方所不信任,希望傅氏亦不要信任他。

(三)上列六点最好由平市党委派一个可靠同志,经过傅作义亲近的人(出城谈判之崔某如何)的引荐,当面直接告诉傅作义,并告傅保守机密。如张东荪出城不能保守秘密,则张可以不出来。①

林彪、聂荣臻委托李炳泉同傅作义当面谈了上述六点以后,傅情绪好转。此时,北平有不少民主人士希望傅作义能顺应历史潮流,接受中共提出的和平解放北平的条件。由谁去劝说呢?华北法学院的俄语教授王之相知道自己的朋友蔡运升也是抗日名将马占山的朋友,而马占山和傅作义是拜把兄弟,

---

① 北京市档案馆编:《北平和平解放前后》第54页,北京出版社1988年版。

关系十分密切。当时,马占山就住在北平。新年过后,蔡运升便领着王之相到马家看望马占山,希望马占山能劝傅作义放下武器,接受和平。马占山慨然答应,随即到中南海傅作义的住处,开门见山地说:"宜生,东北完啦!平津你打算怎么办?"傅作义答:"打吧,还能把我怎么样?"马占山在军事上不是外行。他坦率地说:"我看你要不把林彪的部队挡在滦河以东,古北口以外,一旦接近平津,你非抓瞎不可。"傅作义说:"大哥,照你这么说,我简直没有办法了。"马占山说:"有办法也好,没有办法也好,咱俩都是六十岁的人啦,还能活几个六十岁?我看去他的吧!蒋介石消灭异己,壮大嫡系,永久也不会改变。不要因为你傅宜生一个人,而把千年古都、一二百万人民的生命财产,文物古迹一齐砸烂,作一个历史的罪人。我出个主意,你把宝珊接来。你现在是自己的刀削不了自己的把,叫宝珊帮你分担一点,他的主意多,你看怎么样?"①

马占山所说的宝珊,就是邓宝珊。

抗战期间,马占山在绥远抗日,结识了邓宝珊,马、傅和邓宝珊同为结拜兄弟,邓宝珊抗战期间驻守榆林时,同中共关系良好,又是华北"剿总"的副总司令,按照毛泽东的说法,"傅之灵魂是邓宝珊"②。于是,傅作义采纳了马占山的意见,于年底用飞机把邓从榆林接到北平。③

据崔月犁回忆,他同邓宝珊共见过三次面,都是在华北学院院长王捷三家里。他和邓宝珊第一次见面时,他对邓的印象是:"邓宝珊穿了一身国民党士兵穿的灰棉军装,四方脸,语音沉重。一见面他就说:'我是了解共产党政策的,我有个孩子在延安学习时,我见过毛主席,陕北的电台我经常听。'正巧我随身带着'陕北广播电台'的记录新闻材料,送了他一份,他很高兴。"崔月犁和邓宝珊谈论了国际国内形势。邓宝珊对蒋介石必败认识很明确,双方谈得很投机。崔月犁对邓宝珊说:"希望您劝傅先生赶快下决心和谈。时间不多了,争取北平和平解放,为人民做点好事。"邓宝珊表示要极力劝傅先生。崔月犁又问榆林地区情况。邓说:"先把傅先生的事谈定了,至于我那地方的事④好办。"⑤

---

① 于鹤龄:《马占山与北平和平解放》,《平津战役亲历记》第344页,中国文史出版社1989年版。
② 北京市档案馆编:《北平解放前后》,第60页,北京出版社1988年版。
③ 参看中国人民解放军历史资料丛书编审委员会编:《国民党军起义投诚·冀晋察绥平津地区》第157页,解放军出版社1996年版。
④ 1949年1月,邓宝珊致电驻守榆林的国民党军第二十二军军长左协中说:"二十二军起义事已与党中央谈过。希望加强保卫地方,听候安排。"5月29日,左协中率国民党军第二十二军起义。
⑤ 崔月犁:《争取傅作义将军起义和平解放北平》,中国人民解放军历史资料丛书编审委员会编:《国民党军起义投诚·冀晋察绥平津地区》第406页,解放军出版社1996年版。

经过邓宝珊、刘厚同等多次劝说,傅作义决定派过去同中共多次打交道的华北"剿总"土地处处长周北峰和张东荪一起出城谈判。

7日下午,周、张到达八里庄。8日15时,聂荣臻与周北峰、张东荪谈话。聂荣臻听完他们的意见后,要他们休息,并约定次日再谈。随后,林彪、聂荣臻(此时罗荣桓已赴西柏坡)就谈话情况致电中央军委:

张、周昨晚到此。我们商定由聂先去找张、周谈,取得傅的态度,请示中央决策后,林再出面提出具体答复。聂先后见张、周。

据张谈如下:傅要我代表他出来谈判,张当即表示称:"你是蒋介石的官,我是民主同盟的分子,我不能当你的代表,我只能把你的意见转达给对方,并要你派一代表同我去。"傅对张表示以下几点:(一)平、津、塘、绥一齐解决。(二)要平津以后能有其他报纸。(三)政府中要有进步人士。张谈:这些都是冠冕堂皇的陪衬语。(四)军队不用投降或在城内缴枪的方式,采取有步骤的办法,即是调出城外,分驻各地用整编等方式解决。如同意此方针,当由双方派代表协同拟定具体办法等语。聂问张,傅能否下令蒋系部队出城。张答:傅称,中下军官多为傅人,能控制能保证。如有不遵令者,傅可解决他。张并谈:基本是军队问题,我是外行,请你们详细考虑。聂问张:傅究竟是什么打算,能否永远站在人民解放军方面来,还是跟蒋介石殉葬,或者还幻想第三条道路。张答:我的观察,傅是决不能打下去了,其原因是其主力被歼,美援无望,不久前一批美援经上海时全被国防部换了一批坏货,傅很不满而失望。城内粮食不能持久。傅一脑子旧东西,不愿在中共下做事。第三条道路曾经有人活动过,我曾竭力阻止和破坏,现在傅亦没有这一打算。我看傅还是想要点面子下台,他称之为光荣的交代。其次是与周见面,其军事方针如张所谈不赘。

以上是我与张、周谈话的要点。我们判断是真假两面,如果傅真的这样,其用意是平津不战以讨好人民;不投降缴械讨好蒋介石;让出平津讨好中共。将来我军对他实行缴械时,其责任在我。傅这种打算是真是假都很难实现,因我们判断,蒋系部队不会听其命的。我们拟回答两条如下,如傅能保证军队能听命开出城,则我们准备答复他,规定时间地点将部队调出,分驻各地缴械;如不能保证,则要傅开口子,扣军官,实行里应外合。如果这两条都做不到,则我公开宣布军事行动。请中央立即回电,因张要走,同时攻津在即。①

1月9日凌晨2时,毛泽东以中央军委名义致电林彪、聂荣臻:

(一)因为傅作义派人出来谈判具有欺骗人民的作用,并有张东荪在场,故我们应注意运用策略。你们应回答如下几点:

甲、平津塘绥均应解决,但塘绥人民困难尚小,平津人民困难甚大,两军对峙,军民粮食均有极大困难,故应迅速解决平津问题。

乙、为避免平津遭受破坏起见,人民解放军方面可照傅方提议,傅方军队调出平津两城,遵照人民解放军命令开赴指定地点,用整编方式根据人民解放军的制度改编为人民解放军,并由双方代表于三日内规定具体办法,于一月十二日下午一点开始实施。平津两处办理完毕后,即可照此办法解决塘绥问题。

丙、政府中有进步人士,平津报纸不止中共一家,是中共民主纲领中原来就有的,故不成为问题。

(二)估计傅作义对于乙项是不能实行的。如果他能实行将军队开出城外,我们亦有办法将其缴械。故可大胆答应傅方提议,表示仁至义尽,你们即应与周北峰讨论实行此条的具体办法,例如军队出城所取道路、驻地及其他事项,逼傅在十二日开始实行,使张东荪看了认为我方宽宏大量,完全是为保全平津人民的生命财产而出此。

(三)对于要傅开口子、扣军官,实行里应外合这一点,现在不要提,待攻克天津后再说。

(四)如张东荪不愿久待,即可派车送他来中央所在地,并派人妥为照料。②

9日,林彪、聂荣臻来到八里庄继续同周北峰、张东荪会谈。

会谈时,周北峰除提出傅作义的四点意见外,还提出:"新保安、张家口作战中被俘人员要一律释放,宽大处理,不作战俘看待。对军队的行政文职人员和工勤人员给予生活出路。对傅部所属军政人员过去的罪行,不予追究,由傅负责。"

---

① 周均伦主编:《聂荣臻年谱》(上册)第500~501页,解放军出版社1984年版。
② 北京市档案馆编:《北平和平解放前后》第58~59页,北京出版社1988年版。

林彪当即答复:所有军队一律解放军化,所有地方一律解放区化。按照这一总的原则,首先解决平、津两市的问题。由傅作义将军下令把军队调出平、津两城,开赴指定地点,采用整编方式,改编为人民解放军。对傅作义不做战犯看待,保全他的私有财产,并在政治上给他一定的地位;新保安、张家口的被俘人员一律释放;对傅作义的部属参加起义人员一律不咎既往,凡愿参加工作的,都可留下安排适当的工作;愿还乡的,发足路费,填发证明,资遣返乡,并通知地方政府不予歧视。

聂荣臻着重讲了当前形势和傅作义的出路,最后说:"傅作义将军除了按此办法解决平津的国民党军队还有可能为人民做件好事外,别无出路,希望傅作义将军早下决心。"

周北峰、张东荪都表示:把驻守在平津的国民党军全部调出城外,开到指定地点,按解放军的编制、制度改编为人民解放军,这个办法好,傅将军一定能够接受。

随后,双方将所谈内容形成一个《谈判纪要》。《谈判纪要》中特别指明,1月14日为傅方答复的最后期限。周北峰在上面签了字,张东荪说:"我是民盟成员,代表不了傅作义将军,只能在中间当个调解人和见证人。我就不签字了。我这次不回城里了,打算返回燕京大学后启程到石家庄拜见毛主席。"

此次会谈,双方态度诚恳,气氛融洽,大家都很高兴。林彪兴致勃勃地议论送点什么礼物给傅方代表,作为这次谈判的纪念品。聂荣臻说:"有什么战利品也行。"苏静突然想到,最近给每位团以上干部发了一双在锦州缴获的高筒皮靴,便说:"给他们每人送一双吧。"可是,回孟家楼去取,已经来不及了。恰好苏静和王朝纲的都还没有舍得穿,于是就当作礼品送给他们。下午,周北峰回北平城,张东荪返回燕京大学,转道赴石家庄。①

1月10日周北峰和张东荪带回同林彪面商的合作办法,其规定:"天津傅军调扎青县,此条下并注或由傅将军酌定,北平者分驻于涞源、三河等县。俟双方合作一月后,再易名人民解放军……军队调遣日期订为于本月12日上午12时开始行动。"傅同刘商议说:"时间太仓促,恐怕办不到,况且石觉、李文还待疏通,不如暂不定日期。等电复林彪,派军事负责人到北平后再订日期。"刘答:"改期则可,无期恐滋误会。"商量至半夜,初步定于18日或20日行动。傅作义看了《谈判纪要》,认为所谈问题还不够具体,不肯明确表态。实际上是对

---

① 苏静:《回忆北平和平谈判》,中国人民解放军历史资料丛书编审委员会编:《平津战役》第630页,解放军出版社1991年版。

这个《纪要》不满意。

10日,聂荣臻向中共中央转报北平地下党9日下午1时关于傅作义情况的电报:"今11时见(刘)厚同谈:傅于张东荪回去后之新态度,为配合解决中央军。据刘谈,郑介民抵平,对傅无影响,仅给中央军打气。冬菊谈:傅与郑谈3小时后,出屋碰到她,面色很难看,以严肃态度说:'11日勿来找我,速回津去'。郑、傅所谈,外屋听不清,声音忽大忽小,忽断忽续,据估计谈话不甚愉快。近日平、津战争影响刘之态度,较前积极,已完全承认里应外合解决中央军思想,并谈一些具体方法,不似过去之和平论调。"①

从这些材料来看,刘厚同较前积极了。这说明此前他提出的仿照辛亥革命办法发通电云云,只不过是书生议论。向他做一些解释,他很快放弃不切实际的想法。但是,傅作义就不同了。他提出出城改编的意见,诚如林彪、聂荣臻8日致中央军委电所说:"其用意是平津不战以讨好人民;不投降缴械以讨好蒋介石;让出平津讨好中共。将来我军对他实行缴械时,其责任在我。"他实际是想通过出城改编的方式继续保存其实力。他对《谈判纪要》的不满意也表现在对傅冬菊的态度上。他在同大特务郑介民进行了长达3小时的谈话后,出屋碰到傅冬菊,"面色很难看",要撵她回天津。这说明他此时并不欢迎身边这样一个与中共有联系的女儿。

转天破晓,崔载之告诉刘,昨夜复电最后还是没有写日期。刘怕酿成大错,急忙找崔月犁,请转达内情,以免滋生误会。

此时,解放军对北平城的包围圈越来越小,城内不时可以听到隆隆炮声,有炮弹已经落到城内。邓宝珊和崔月犁在王捷三家里第二次见面。此次双方交谈时间很短,邓宝珊形色紧张地对崔说:"你能不能通知你们的军队先不要打,给我一个时间再与傅先生深一步谈谈?"崔答:"我可以向领导反映,时间不会很长了。傅先生的部队走不了啦!再不下决心就晚了。"崔告辞时,邓宝珊说:"军统活动很厉害,你要多加小心。我用汽车送你一程吧。"当时崔月犁住在南池子南口南弯子胡同,王捷三家在南池子北口。从王家出来,如果到崔的住处,汽车应当往南开。而邓宝珊是要往北走。由于地下工作规定,自己的住处绝对保密,崔便谎称往北顺路,到景山东街,崔下了车,此地离他的住处更远了。

1月11日,毛泽东以中央军委名义致电林彪、聂荣臻:"傅作义及其左右在接到我们意见后,企图叫我们迁就他们所设的范围(迫我就范),而拒绝我们迫

---

① 周均伦主编:《聂荣臻年谱》(上册)第502~503页,解放军出版社1984年版。

傅就范的方针,明明不能指挥中央军,要说能指挥。此外,并提出什么报纸及政府用人等事,好像他们是代表人民说话,向我们要求民主权利。你们应将你们向周、张宣布的三条电告北平党,叫北平党督促傅方实行。并严正地向傅左右(刘厚同等)说明,傅方既不愿意执行我方所提意见,如果又不执行他自己所提的离城改编,那就是他反复无常,势将丧失信用。同时,请你们考虑,是否可以叫北平党将离城改编一点,在社会上及民主人士中适当地散播出去,使人们感觉我方做得仁至义尽。"[1]

同日,林彪、聂荣臻致电中央军委:"周北峰返回北平后,傅作义对和平谈判已有回电:'吾人此次冒大不韪与非常惊险,不计毁誉,其唯一希望只在和平解决,保全平、津、塘、绥千万人民及文物工商业基础,帮助成功者速成功,个人别无所求,亦无任何企图,此种心理观念,既经张先生转达沟通,实为问题解决之珍贵基础。所带有关部队问题原则,基于上述心理基础,亟须缜密计划,妥慎实施,方可避免糜烂,不违初衷。''打通思想及说服工作均非仓促可办,故部队出城时间,须视准备工作进行之程度,及双方细节问题商决约定。万一有少部分不听命令,尚须双方在技术上预有商订。'"[2]

随后,林彪、聂荣臻又致电中央军委:"我们已要傅派代表到我处,直接商谈具体问题。如果傅真正将部队开出城外,则我军应采取如何对策,以达到令其缴械的目的、天津敌先头部队至迟需于13日12时以前开出,否则我14日即开始攻城,也许要待我真正攻下天津后,傅及北平蒋系军官才更容易就范。天津战斗开始后,至多30小时即可全部解决。"[3]

同日,毛泽东复电:"同意命令傅方代表限天津敌先头部队至迟须于十三号十二时以前开出,否则我军将于十四日开始进攻,并向傅方代表指出,我方怀疑傅方借谈判拖延时间,故天津方面必须依照指定时间开出城外,并不得对于公私财产、军用物品及公文案卷有任何破坏损毁,否则必须全体缴械,并惩办其负责人。军队出城,只能携带随身枪弹。"[4]

1月12日,傅作义决定派邓宝珊出城谈判。林彪、聂荣臻将此情况向中央军委报告后,毛泽东为中央军委起草致林、聂电,指出:"你们应根据我们一月

---

[1] 中共中央文献研究室编:《毛泽东年谱(1893—1949)》(修订本)下卷第434页,中央文献出版社2013年版。
[2] 周均伦主编:《聂荣臻年谱》(上册)第503~504页,解放军出版社1984年版。
[3] 同上,第504页。
[4] 中共中央文献研究室编:《毛泽东年谱(1893—1949)》(修订本)下卷第434~435页,中央文献出版社2013年版。

十一日电当面向邓宝珊驳斥傅作义九日电所持立场。""围城已近一个月,谈判如此之久,始终不着边际。自己提出离城改编,现又借词推托,企图拖延时间,实则别有阴谋,加重平、津人民的痛苦。傅如有诚意,应令天津守军于十三日全部开出城,听候处理。守军应负责移交一切公共财产、案卷、武器弹药、被服,不得有任何破坏损失。守军出城,只能携带随身枪弹物品。一切改编细目待出城后再说。否则我军将于十四日攻击天津。至于北平守军,可以推迟数日离城,但亦不能拖延太久。不是所谓由我军协助傅军解决抗不受命者,而是傅军协助我军入城解决一切敢于抵抗的部队。你们说这些话时应坚决明确。"还指出:"估计天津守军十三日必不会按照我们所说的时间、条件出城,你们应准备于十四日攻击天津。"①

1月13日,邓宝珊作为傅作义的全权代表偕同周北峰出城谈判。此前,平津前线指挥部已于11日迁移至通县宋庄,罗荣桓也于12日返回平津前线指挥部。下午,林彪、罗荣桓、聂荣臻从宋庄来到五里桥与邓宝珊、周北峰见面。林彪对邓的到来表示欢迎。聂荣臻开门见山地说:"上次谈判中规定14日是答复的最后期限,现在只剩下几个小时了。这次再谈就不包括天津了,只谈北平问题。"邓宝珊转达了傅作义成立联合政府的主张和解放军让出南苑机场的要求。林彪说:"现在没有别的条件可谈了,只有照上次谈过的,按平津前线司令部的规定,命令北平守军开到城外指定地点,接受人民解放军改编。别的什么都不可能,只有这一条路。"聂荣臻说:"部队开出城外接受改编,以免北平再遭炮火毁坏是再好不过的办法了。"邓宝珊问:"你们要打天津?"林彪说:"是,我们已经下达命令了。"

傅作义对固守天津非常自信,并对天津警备司令陈长捷有过指示:"你们打好仗,就好办。要能打才能和。""坚定守住,就有办法。"邓宝珊对傅作义的意图是清楚的,就问林彪:"你们打天津准备打几天?"林彪答:"3天。"邓宝珊不信,说:"恐怕30天你们也打不下来。"聂荣臻说:"30天打不下来就打半年,半年打不下来就打一年,非打下来不可。"在这次谈判前,总前委就打天津开了一次会,认为打天津对北平和谈是重要的一战。聂荣臻说:"如能迅速打下天津,给敌人一个震撼,北平和平解决也就不会有什么障碍了。"林彪说:"战斗开始后,至多30个小时可以全部解决。"现在他说3天,是留有余地。罗荣桓看到毛泽东要求的谈判所掌握的精神已经得到体现,而现场空气有些紧张,便

---

① 中共中央文献研究室编:《毛泽东年谱(1893—1949)》(修订本)下卷第435页,中央文献出版社2013年版。

说:"今天就谈到这里吧。邓宝珊将军可以在这里休息,准备继续谈。"①

1月14日,聂荣臻向中央军委报告同邓宝珊、周北峰谈判情况:"傅派邓宝珊、周北峰及上校秘书刁某昨抵此,今与之见面时,除本中央所示之态度与内容,指出傅拖延时间玩弄花头应负全责外,并由于傅拖延太久,天津方面今已开始攻击,故津市因战争所遭受的损害,应由傅完全负责。现傅对津只有下令迅速停止抵抗放下武器,对北平应照原改编方案,迅速提出具体实施步骤。在谈话中,邓取圆滑态度,主要两点:(一)过渡期间,军队改编用人民和平军名义,(二)傅拟将华北全部担子交邓负责出头,均被我一一拒绝。如能够攻下天津,有迫使傅就范争取北平不战解决问题。"②

当天晚间,邓宝珊致电傅作义,说:"林彪已下达总攻天津命令。"傅作义对刘厚同说:"你看,如何?"刘厚同说:"此中必有误会使然,或为前电无行动日期所致。事急矣,徒悬揣无益,当仍本初心,饬宝珊等务必尽其事,并一面令天津停止抵抗,以不战弥战,则任何误会俱释。"

据《纪略》,1月15日上午8时3分,傅作义在电话中令陈长捷通知林伟俦各军一律自动停战。③此时东北野战军第一纵队第一师一团二营指战员早已冲进天津警备司令部。但是没有发现陈长捷。五连副排长邢春福从俘虏口中得知陈长捷在司令部大院忠烈祠地下室,马上带领战士傅泽国、王义凤冲进去,先缴了20多个参谋人员的枪支。陈长捷正在作战室同傅作义打电话。傅作义说:"可以接洽和平吧。"这时,陈长捷听到人声杂沓,回头一看,邢春福等已经站在陈的身后,陈长捷对着电话说了一声"来了,来了",便放下电话。在北平的傅作义也扔下送话器,瘫坐在椅子上。④据东北野战军一纵政治委员梁必业回忆:"正在作战室里与傅作义通电话的陈长捷,以及中将副司令秋宗鼎、少将高参杨成和蒋介石派来的视察官程子践等七名将领都被我们的战士俘获。这时,副营长朱绪清赶到了,逼迫陈长捷下令全线投降。"⑤

陈长捷明知天津是守不住的,也知道傅作义正派人同解放军进行和平解放北平的谈判,但是,他秉承傅作义的旨意,仍然拒绝放下武器。后来,他对此

---

① 苏静:《回忆北平和平谈判》,中国人民解放军历史资料丛书编审委员会编:《平津战役》第632页,解放军出版社1991年版。
② 周均伦主编:《聂荣臻年谱》(上册)第505页,解放军出版社1984年版。
③ 参看张彩欣:《刘厚同与北平和平解放》,《北京党史》2007年第3期第54页。
④ 侯镜如等:《平津战役国民党军被歼纪要》,《平津战役亲历记》第28页,中国文史出版社1989年版。
⑤ 梁必业:《摧金汤,擒敌酋》,中国人民解放军历史资料丛书编审委员会编:《平津战役》第349页,解放军出版社1991年版。

反思道:"我一本军阀混战习惯,以能顽强相拒就是用来讨价出售的本钱,一点没有想到人民的利益,一意在军事上为傅负责到底,很自负地要坚持到粮尽弹竭时再说。"①

北平和平解放,傅作义为此立了功,但陈长捷却成为战犯。1959 年 10 月,全国人大常委会根据中共中央和毛泽东主席的建议,决定特赦和释放战犯。12 月 4 日,陈长捷第五批获得特赦。后来傅作义在西单鸿宾楼宴请宾客,陈长捷也在座。席间敬酒时,傅作义头一杯酒便举向陈长捷。他沉重地对陈长捷说:"天津战事,我应承担全部责任。平津全局动向已趋于和平解放之势,由于我的犹豫,结果造成一战一和,给天津人民带来重大灾难,也给天津各位带来不幸。"陈长捷举杯一饮而尽,说:"过去的事就让它过去吧,关键是在今后了。"②

1 月 15 日上午,林彪、罗荣桓、聂荣臻与邓宝珊、周北峰再次会谈。这次谈判从早晨开始,长达 3 小时。会谈进展比较顺利,对北平国民党军开到城外指定地点、进行改编的方案,华北"剿总"和部队团以上军官的安排原则、北平国民党军政机构的接收办法等,基本达成协议。

1 月 16 日,毛泽东致电林彪、罗荣桓、聂荣臻,指出:"如果傅方决心站在我们方面,我们决不会亏待他们。吴化文那样的人我们也没有亏待他。因此,傅方一切行动均应事先和我们商量。他们准备发表的通电也必须事先送我们看过,取得我们同意。"③

在楚汉战争时代,刘邦帐下有一位叫雍齿的将领,素质较差,又曾经叛变过。刘邦称帝后,将大封功臣,诸将日夜争功不决,人怀怨望。刘邦采纳了张良的建议,首先封雍齿为侯,诸将闻讯,都说:"雍齿尚为侯,我辈无患矣。"在战略决战时期,在争取国民党军将领起义投诚时,拿曾经当过伪军的吴化文说事,与刘邦封雍齿有异曲同工之妙。此前,崔月犁找刘厚同,提出以吴化文为榜样时,刘厚同以傅为"杀头将军"回答,是因为傅看不起吴,当然不屑以吴为榜样。毛泽东此电是说连吴化文都没有亏待,何况傅作义呢,这就说明傅要远高于吴,从而满足了傅的自尊心。

当天上午,刘厚同找崔月犁,请崔速电林彪,希"以人民文化为念,对北平但引弓而毋脱弦也,请勿再蹈天津前辙"。崔回答:"惟傅将军态度闪烁,不能

---

① 陈长捷:《天津战役概述》,《平津战役亲历记》第 179 页,中国文史出版社 1989 年版。
② 黄济人:《将军决战岂止在战场》第 379 页,解放军文艺出版社 1982 年版。
③ 北京市档案馆编:《北平解放前后》第 60 页,北京出版社 1988 年版。

无疑。"刘称傅非反复之人,只是误会原因。①

此时,傅作义并没有告诉刘厚同,中共已建议他不发通电。刘还认为同中共谈妥后,傅作义就发出通电。18日,他怕傅作义又有反复,就同傅冬菊秘密商定,如果到晚上,邓宝珊、周北峰还不回来,傅作义还不发通电,刘厚同就到傅作义设在中南海居仁堂的办公室拿来通电稿,到联谊社招来各报馆记者,代替傅公布和平通电。下午6时,刘厚同见邓、周还没有回来,就同傅冬菊商量去取电稿,就在这时,傅作义给刘厚同打来电话说:"邓、周和解放军的代表苏静已经到达北平。"刘厚同如释重负,连说"好,好",傅冬菊也在一旁欢呼。

19日晨,傅作义、邓宝珊向刘转述了谈判经过,傅请刘同苏静商议一切。刘推辞道:"我与双方俱有前约,两方代表携手,即置身局外,望践宿诺。"②

1月22日,傅作义在《北平和平解放协议书》上签字,随后北平国民党军陆续出城,到达指定地点接受和平改编。

23日,在奉化溪口的蒋介石在日记中写道:"起床所闻经儿报告李代总统昨午夜一时曾与经儿电话,称北平传与共匪已成立休战条件,准备在城内与共匪成立联合办事处,所有军队除极少数外,皆开出郊外整编。此事殊出意外,万不料宜生怯懦至此,变节如此之速乎?余诚不识其人矣。驻平中央部队尽为其所卖矣。"③

对在北平的蒋介石嫡系部队被和平改编,蒋介石心有不甘,于30日在其日记的反省录中写道:"北平国军既为匪傅所卖,不能南撤,明知已无可为力,但应对傅责以大义,令其设法作以下之处置:甲、中央各军分路突围作九死一生之计,与其坐任共匪宰割侮辱,不如死中求生,发扬革命精神。乙、如甲项不可能,则要求傅负责照原定方针,先让国军空运南撤,然后交出北平。丙、如乙项亦不能,则必须将中央军各级官长空运南撤,而将全部士兵与武器交傅编配。丁、为实行两项之方针,其意即宁可将全军交傅而不愿与由匪整编,以保留国军革命之人格,此为对傅最低限度之要求也。戊、如丙项亦不可能,则要求其将师长以上各高级将领空运南归。己、若丙、戊两项皆不可能,则惟有轰炸北平之匪、傅,予以同归于尽。当先作最后警告,发传单,仍要求其作乙、丙两项之实施也。"④

此时,蒋介石早被排除在北平谈判之外,成为场外的看客。要轰炸北平,

---

① 参看张彩欣:《刘厚同与北平和平解放》,《北京党史》2007年第3期第54页。
② 同上。
③ 转引自金冲及:《七十后治史丛稿》第298页,人民出版社2010年版。
④ 同上。

飞机须从江浙或重庆、成都起飞,路途遥远,谈何容易。当时他已下野,如何给空军下命令？在南京一片和谈的氛围中派飞机去炸北平,国人对他做何感想？他这六项不过是自说自话罢了。结果是在北平的中央军中,只有李文、石觉等少数高级将领飞离北平。

31日,北平和平解放。

邓宝珊同崔月犁进行了第三次会面,地点仍然在王捷三家。邓宝珊喜笑颜开地对崔说:"傅先生的问题算是解决了,他决定跟共产党合作。这个问题解决后,他的心情很好。我把傅冬菊叫到一起,亲近的人一块吃了一顿饭。"

刘厚同在劝说傅作义的85天中,由于劳累、焦急,致使右眼失明,但他无怨无悔,在日记中写道:"今日眇一目,使北平果得和平无恙,又何所惜。"此后,他回到天津,悄然身退。

第五部分：
宜将剩勇追穷寇

38. 解放军渡江战役为什么要推迟六天？

1949年3月31日，由邓小平、刘伯承、陈毅、粟裕和谭震林组成的渡江战役总前委根据中央军委的决定，制定了《京沪杭战役实施纲要》，指出这一战役的目的是以第二、三野战军全部，歼灭上海、镇江、南京、芜湖、安庆等地及浙赣线国民党军的全部或大部，占领苏、皖南部、浙江全省，夺取京、沪、杭，彻底摧毁国民党反动政府的政治、经济中心，决定于4月15日下午6时，以全线渡江作战，开始进行本战役。由粟裕、张震指挥第三野战军的东线第八、十两兵团为东集团，在张黄港至三江营段渡江作战；谭震林指挥第三野战军的西线第七、九两兵团为中集团，在枞阳至裕溪口段渡江作战。以上两路归粟、张统一指挥。刘伯承指挥第二野战军为西集团在枞阳至望江段渡江作战。总前委邓小平、陈毅在合肥统一指挥第二、三野战军，主持全局。

4月3日，中央军委复电，同意《京沪杭战役实施纲要》。①

但是，渡江战役实际是4月21日开始。为什么推迟六天？这同当时正在进行的中共代表团和南京国民党政府代表团的谈判密切相关。

4月1日，由张治中、邵力子、黄绍竑、章士钊、李蒸、刘斐组成的南京国民党政府代表团到达北平，同由周恩来、林伯渠、林彪、叶剑英、李维汉、聂荣臻组成的中共代表团开始举行和平谈判。

4月10日，毛泽东为中央军委起草致总前委电："我们和南京代表团的谈判已有进展，可能签订一个全面和平协议，签字时间大约在卯删（4月15日）左右，如果此项协议签订成功，则原先准备的战斗渡江即改变为和平渡江，因此渡江时间势必推迟半个月或一个月。关于江水情况如何，推迟渡江时间有何不利，望即告，以便决策。"②

同日，总前委邓小平和陈毅、粟裕、刘伯承等分别回答了毛泽东的询问。

---

① 《邓小平文选》第一卷第130～133页，人民出版社1994年版。
② 中共中央文献研究室编：《毛泽东年谱（1893—1949）》（修订本）下卷第479页，中央文献出版社2013年版。

在安徽凤阳孙家圩子的总前委邓小平、陈毅答复："每年阳历五月初开始大水,而且五月的水比七八月还大,两岸湖区均被淹,长江水面极宽,届时,渡江将发生很大困难。如过久推迟,则必须将部队后撤就粮、就柴草。所以我们意见,只有在能保证和平渡江条件下,才好推迟时间,否则亦应设想敌人翻脸,大江不易克服时,准备推延至秋后过江。"①

在江苏泰州附近的粟裕答复："四月下旬为黄梅雨季,现已到桃汛,江水日涨,将发生以下困难:(一)现有船只三分之二为内河船只,尔后江中行驶困难,因此以现有船只渡江,每次渡江人数势必减少三分之二;(二)雨季稻田放水,部队展开不易,江面过阔浪大,江阴下游无法渡江,甚至十兵团方面只能作为钳制佯动方向;(三)粮草困难,尤以烧草。"②

在安徽舒城的刘伯承、张际春、李达答复："长江水势四月末五月初将加速上涨,南风大起,雨多,流急,浪大,目前粮草已成困难。"③

11日,毛泽东在看了邓小平等的复电后为中央军委起草复总前委并告粟裕、张震,刘伯承、张际春、李达电,指出:"依谈判情况,我军须决定推迟一星期渡江,即由十五日渡江推迟至二十二日渡江,此点请即下达命令。"④

12日,邓小平、陈毅以总前委名义致电第二、三野战军各兵团,指出:

此次我军推迟一星期渡江,完全是政治上、军事上所必须采取的步骤。但因此也容易产生松懈战斗意志和迷失方向的危险。因此你们必须在师以上干部中说明下列诸点:

和平谈判颇有进展,有可能在最近签订协定。此种协定实际上就是国民党的投降,故于全局和人民有利。

我们渡江,应站在政治上最有利的地位的基础上进行,即是说,如果谈判破裂,责在对方;如果协定签字对方不实行或拖延执行时间,其责任亦在对方。我们在谈判结束(破裂或成立协定)之后渡江,则是理直气壮的。

要估计到现在国民党军队大部分还握在蒋介石死党手中,即使签了协定,他们都还有继续抵抗的可能,所以我们一切要从战斗渡江

---

① 中国人民解放军历史资料丛书编审委员会编:《渡江战役》第155页,解放军出版社1995年版。
② 中共中央文献研究室编:《毛泽东年谱(1893—1949)》(修订本)下卷第479页,中央文献出版社2013年版。
③ 同上。
④ 同上,第479~480页。

出发,而且因为敌人必然利用此时间加强其沿江军事准备,故我们亦应利用此时间更充分地进行军事准备。

如果政治上需要时,还可能再推迟几天。所以在部队中要一面防止急性病,一面防止战斗意志的松懈。

大家最担心季节和江水问题,中央对此亦极重视。计算时间,本月底以前,江水尚不致有大变化。

时间推迟的另一大问题是粮食、柴草、油盐,各兵团必须具体计算,拟出办法,望告我们以凭解决。

在延长渡江的时间内,中心工作仍应放在加强战斗准备,但亦可利用此时间传达二中全会决议。此点请各党委自行斟酌决定。①

14日,毛泽东为中央军委起草复电:"总前委卯文(4月12日)指示电甚好,请二野、三野即照此指示向师以上干部着重说明推迟渡江时间的理由,加强战斗准备工作,并多筹粮草油盐。"②

15日,国共和谈代表团举行正式会议会商《国内和平协定(最后修正案)》。周恩来宣布4月20日为签字期限。国民党代表团表示接受《国内和平协定》,决定派黄绍竑代表和屈武顾问携带文件到南京请示。

16日,毛泽东为中央军委起草致总前委,粟裕、张震、刘伯承、张际春、李达电,通报了和平谈判情况后说:

"南京是否同意签字,将取决于美国政府和蒋介石的态度。如果他们愿意,则可能于卯哿(4月20日)签字,否则谈判将破裂。

"你们的立脚点应放在谈判破裂,用战斗方法渡江上面,并保证于二十二日一举渡江成功。

"现请你们考虑者,即假如南京愿意于卯哿签字,但要求于签字后给他们几天时间以便部署,在这种情况下,我军是否可能再推迟三天,即由卯养(4月22日)改至卯有(4月25日)渡江?这种推迟,是否于我军士气及渡江任务之完成上发生妨碍。你们作此考虑时,仍应假定南京虽然签了字,但汤恩伯等反动将领仍然不愿执行,我军仍需用战斗方法渡江。在此种假定上,如果你们认为不应再推迟,则我们将拒绝南京的请求。"③

---

① 中国人民解放军历史资料丛书编审委员会编:《渡江战役》第160~161页,解放军出版社1995年版。
② 同上,第168~169页。
③ 中共中央文献研究室编:《毛泽东年谱(1893—1949)》(修订本)下卷第483页,中央文献出版社2013年版。

17日,总前委复电:"我们一致认为20日开始渡江作战,到22日全部投入夺取南岸的总行动,有把握胜利完成。"①

由于南京国民党政府拒绝在《国内和平协定(最后修正案)》上签字,20日午夜,中集团三野第七、九兵团首先在安徽枞阳至裕溪口段突破国民党军长江防线;21日,第二、三野战军在西起江西湖口,东至江苏江阴间500公里的战线上胜利强渡长江。

---

① 中国人民解放军历史资料丛书编审委员会编:《渡江战役》第174页,解放军出版社1995年版。

39. 1949年,谁让英国军舰第一次在中国领土内升起了白旗?

1949年4月20日清晨,正当中国人民解放军即将发起渡江战役的时候,英国军舰"紫石英"号溯江而上,企图到南京替换停泊在那里准备撤侨的英国军舰"伴侣"号,擅自闯入长江江阴至镇江段三野第八兵团作战区域,不顾炮兵三团鸣炮警告,强行溯江上驶,双方在三江营附近展开激烈的炮战。此时,人民解放军百万雄师屯兵长江北岸,集结在西起九江、东至江阴一线。其他西方国家眼见解放军兵临长江,渡江大战爆发在即,都知趣地纷纷在战前将自己军舰撤出长江,只有英国军舰倚仗着皇家海军昔日海洋霸主的地位,仍然高挂米字旗在长江中耀武扬威。

渡江战役前,解放军高度警惕帝国主义可能以武力支援国民党军队。中央军委对渡江战役中外国势力主要是美国可能干涉的情况,进行了充分准备。当时长江南岸的国民党军几十万残兵败将根本无力守卫漫长的千里长江防线,解放军在渡江战役中之所以出动百万雄师,将第二和第三两大野战军紧密靠拢,互相支援,同时第四野战军的先遣兵团也迅速南下,摆出牛刀杀鸡之势,就是准备万一美国武力干涉时有足够强大的力量可以对付。解放军严密提防美军介入,却未想到在美舰望风而遁之时英国军舰却出现在长江,因此进入紧张的战斗状态,炮战一触即发。

"紫石英"号的航线,正横在解放军东路军即将渡江的江面。当时第三野战军特种兵纵队炮兵三团配属东集团的第八兵团。"他们的作战任务是:一、封锁江面,保证步兵渡江时,不受敌海军袭击,并不让敌舰东逃,迫使敌海军起义或投降,为建设人民海军创造条件;二、制压对岸敌之火力点,特别是敌炮兵阵地,摧毁我步兵登陆点之堡垒,保证其顺利登陆突破扩张战果,并在有效射程内阻止敌之增援;三、协助步兵扫清江北敌之桥头堡垒。""对外国军舰不经许可就驶入作战领域,在鸣炮警告仍不停驶甚至向我袭击者,则坚决予以打击。"[①]

---

① 陈锐霆:《大江炮兵显神威》,《渡江战役》第767~773页,解放军出版社1995年版。

此时，作为渡江战役东集团的解放军35万大军正整装待发，如果英国军舰同国民党军舰一起开炮，将会使渡江部队遭到重大损失。因此，当"紫石英"号到达三江营江面时，江北岸的三野特种兵纵队炮兵鸣炮警告，要其退出战区。"紫石英"号闻炮后，虽然在舰尾展开英国国旗表明身份，但仍毫无顾忌地继续前行，并且将炮口转向解放军阵地瞄准，摆出随时还击的架势。据说"紫石英"号舰长斯金勒少校此前曾对外放话说："解放军最后通牒是4月20日撤离，我偏要在这一天上行，看中共能把我怎么样！"①

"紫石英"号竟然不顾解放军的警告，继续上驶。我军特种兵纵队炮兵三团忍无可忍，下令向英舰开火。英舰也开炮回击。我军炮兵有两发炮弹直接命中舰桥，骄狂的"紫石英"号舰长斯金勒少校和他的副舰长威士顿上尉两人都重伤倒地，操舵兵当场被炸死。不可一世的"紫石英"号此刻威风尽失，忙不迭地将白衬衣当作白旗挂起。随即，"紫石英"号在逃跑中坐困浅滩，但它却还不忘摆大英帝国皇家海军的威风，惊魂甫定之后，便降下白旗，重新升起米字国旗，结果又招来解放军猛烈的炮击。此时的"紫石英"号动弹不得，成为解放军炮火的活靶，眼见难逃毁灭的命运。于是，该舰慌忙再挂起白旗，由于担心我军因硝烟弥漫看不到白旗，竟一连升起三面，解放军才停止炮击。这是1840年鸦片战争以后，英国人第一次对中国军队打出白旗。在这场炮战中，"紫石英"号中弹30余发，17人死亡，20人重伤，60人泅水登岸，乘火车逃往上海。②后来该舰在检修时，发现弹药舱内有一发未爆炸的75毫米炮弹（为炮兵三团用日本94式野炮所射），令舰上水兵吓出一身冷汗：若这颗炮弹爆炸，"紫石英"号必沉无疑，该舰官兵将葬身鱼腹。

"紫石英"号重伤搁浅的消息传出，正在南京江面的英舰"伴侣"号慌忙疾驰镇江，救援"紫石英"号。下午1时许，英舰"伴侣"号从南京驶援"紫石英"号，又同炮兵三团展开激战，"伴侣"号舰桥中弹，两座前炮被击毁，10人死亡，12人受伤。后驶往上海。

当晚，由香港驶来的英国"伦敦"号重巡洋舰同驻在上海的"黑天鹅"号护卫舰以及受伤的"伴侣"号会合。21日清晨，英国海军远东舰队副司令亚历山大·梅登中将不顾解放军正在进行渡江战役，率领"伦敦"号与"黑天鹅"号，企图接应"紫石英"号冲出解放军控制区。在解放军开始渡江的敏感时刻，这无疑是一种挑衅行为。8时，"伦敦"号与"黑天鹅"号到达七圩港江面。这里是

---

① 冷静：《日落扬子江：1949年中英长江炮战历史回顾》，《军事历史》杂志2006年第3期。
② 康矛召：《英舰"紫石英"号事件》，《渡江战役》第774～775页，解放军出版社1995年版。

三野第十兵团第二十三军的作战区域,部署了特纵炮兵六团。他们发现这两艘英国军舰后发炮警告,要其停止西进。这两艘军舰竟悍然向二十三军步兵阵地猛烈炮击。二十三军的团长邓若波牺牲。炮兵六团立即还击,"伦敦"号多处中弹,舰桥被击中,15人阵亡,舰长等13人受伤;"黑天鹅"号7人受伤。两舰掉头东逃。① 在这三次炮战中,解放军伤亡252人,两尊榴弹炮被击毁。②

"紫石英"号在解放军停止对该舰炮击后,迅速进行抢修,到当夜10时已抢修完毕。"紫石英"号随后抛弃包括10吨燃油在内的大量物品,减轻军舰重量,经几番努力,至次日凌晨终于摆脱搁浅。但该舰慑于解放军的强大武力,害怕逃跑会招致炮击,因此不敢逃窜,老老实实地停泊在距搁浅处约3公里的江面。

"伦敦"号和"黑天鹅"号两舰在返途中再经过第二十三军炮群控制的江面时,又遭到解放军炮火猛烈痛击。令英军愕然的是,长江北岸国民党军桥头堡的炮兵也对其轰击。这次在第二十三军炮群与英舰作战时,附近的国民党军队最初作壁上观,未几也加入对英舰的炮击。

参加这场炮击的一位国民党军官日后说,国民党军队中多数人都有民族自尊心,痛恨帝国主义在中国的胡作非为,看不惯国民党内一些洋奴的嘴脸,他们见到解放军炮击英舰,都心里大感痛快,佩服之余,不甘落后,也纷纷加入对英舰作战。在国共两军炮火狂飙的打击下,英舰狼狈而逃。③

英军损失的惨重,可以从指挥官的伤亡中看出:4艘英舰的8名正副舰长就有5名伤亡,其中炮战的肇事者"紫石英"号舰长斯金勒少校因伤重身亡。解放军方面人员损失也较重,这是由于"伦敦"号和"黑天鹅"号同解放军展开炮战时,步兵正集结准备渡江,遭到"伦敦"号203毫米重炮的杀伤,官兵共伤亡252人。

4月21日,毛泽东收到粟裕、张震关于20日三江营炮击情况的报告,为中央军委起草复电:"你们所说的外舰可能是国民党伪装的,亦可能是真的,不管真假,凡擅自进入战区妨碍我渡江作战的兵舰,均可袭击,并应一律当作国民党兵舰去对付。"

22日,毛泽东从英国驻北平总领事包士敦给朱德总司令的信中获悉,英国人要求我军对两艘去营救被击损的"紫石英"号军舰给予方便,为此中央军委

---

① 康矛召:《英舰"紫石英"号事件》,《渡江战役》第774~775页,解放军出版社1995年版。
② 陈锐霆:《大江炮兵显神威》,《渡江战役》第772页,解放军出版社1995年版。
③ 冷静:《日落扬子江:1949年中英长江炮战历史回顾》,《军事历史》杂志2006年第3期。

致电总前委,粟裕、张震,刘伯承、李达,同意给予方便。① 但因英国不等我方答复就行动,导致21日七圩港炮战的发生。

英国官方对英舰长江事件的反应是复杂的。前首相丘吉尔提出,要派两艘航空母舰到中国海上去实行报复。首相艾德礼则说:"英国军舰有合法权利开进长江执行和平使命。"但是这些论调遭到反对党的驳斥,他们说,炮舰观念已经过时了。

23日,毛泽东为中央军委起草致总前委,粟裕、张震,刘伯承、张际春、李达电:"英舰事件,现已震动世界各地。英美报纸,均以头条新闻揭载。请粟、张加强江阴方面的炮火封锁,一则使国民党军舰不能东逃,二则使可能再来之英舰不能西犯。如敢来犯,则打击之。"②中央军委还要求迅速查明"紫石英"号军舰的情况。此时,炮三团奉命过江,准备参与研究处理"紫石英"号军舰事宜。

4月30日,毛泽东起草中国人民解放军总部发言人李涛为英国军舰的暴行发表的声明,指出:"四月二十六日,丘吉尔在英国下院,要求英国政府派两艘航空母舰去远东,'实行武力的报复'。丘吉尔先生,你'报复'什么?英国的军舰和国民党的军舰一道,闯入中国人民解放军的防区,并向人民解放军开炮,致使人民解放军的忠勇战士伤亡二百五十二人之多。英国人跑进中国境内做出这样大的犯罪行为,中国人民解放军有理由要求英国政府承认错误,并执行道歉和赔偿。……艾德礼首相的话也是错误的。他说英国有权开动军舰进入中国的长江。长江是中国的内河,你们英国人有什么权利将军舰开进来?没有这种权利。中国的领土主权,中国人民必须保卫,绝对不允许外国政府来侵犯。艾德礼说,人民解放军'准备让英舰"紫石英"号开往南京,但要有一个条件,就是该舰要协助人民解放军渡江'。艾德礼是在撒谎,人民解放军并没有允许'紫石英'号开往南京。人民解放军不希望任何外国武装力量帮助渡江,或做任何别的什么事情。"声明指出:"中国人民革命军事委员会和人民政府愿意考虑同各外国建立外交关系。这种关系必须建立在平等、互利、互相尊重主权和领土完整的基础上,首先是不能帮助国民党反动派。"③

随即,英国方面派遣驻南京使馆武官克仁斯少校接任"紫石英"号舰长。4月26日双方展开了接触以及非正式的对话。英舰承诺不再移动位置。解放

---

① 中共中央文献研究室编:《毛泽东年谱(1893—1949)》(修订本)下卷第486页,中央文献出版社2013年版。
② 同上,第487页。
③ 《毛泽东选集》第四卷第1460~1461页,人民出版社1991年版。

军方面允许"紫石英"号舰员可与当地居民交换食品。

5月13日,克仁斯向第八兵团政治委员、镇江前线司令部袁仲贤递交了英国远东舰队总司令布朗特上将的一封信,请求让"紫石英"号"安全通过所有为中国人民解放军所控制的地方而下驶"。

由于4月30日的声明已经表明了中方对"长江事件"的严正立场,总前委经中央同意,决定由冲突双方就地解决对"紫石英"号的处理问题。

袁仲贤答复布朗特:"英国军舰侵犯中国内河及闯入中国人民解放军阵地的行为,是中国人民不能原谅的。在英舰未履行其应负的责任之前,我不准备讨论其安全驶离的问题。关于英舰应履行的责任问题可与我的代表康矛召上校谈。"①

康矛召,当时是中国人民解放军第三野战军炮兵第三团政委,本来没有军衔。为同克仁斯交涉,临时授予他上校军衔。5月18日,康矛召致函克仁斯少校:"中国人民解放军镇江前线司令部对于英国海军军舰于4月20日侵犯中国人民解放军阵地之暴行及其所应负的责任,决定经由谈判解决。"康矛召通知他,康已被指定为镇江前线司令部的代表,要求对方指定代表举行谈判。

此后,双方即进入漫长的谈判过程。之所以漫长是因为英方不承认要负的责任,并拒绝道歉和赔偿。

康矛召回忆:"我最高当局鉴于英方并无谈判的诚意,而在此案中,我在政治、军事上都处在主动地位,国际舆论也对我有利,英方虽狡赖拖延无已,我方不必与之长期纠缠,如'紫石英'号逃走,我沿江部队可不予拦截,而在事后发表声明予以谴责。这一命令只限沿江各高级指挥员知悉。"

证明这一点的是7月中旬,我方同意"紫石英"号从南京获得英国海军所贮存的油料60吨。没有这批油料,"紫石英"号寸步难行。

但是,不久获悉,英国派遣驱逐舰在长江口游弋,有企图劫走"紫石英"号的企图。我们不能在英国武力威胁下让"紫石英"号逃走。最高指挥部指示,如果英国舰队溯江接应"紫石英"号或"紫石英"号擅自逃走,应给予坚决打击。

7月30日晚9时,"紫石英"号趁"江陵解放"号客轮经过该舰下行之际,尾随潜逃。9时50分,大港炮兵向"紫石英"号发炮警告,"紫石英"号也发炮射击,双方发生激烈炮战。"紫石英"号在炮火中赶上"江陵解放"号强靠该轮左侧行驶。而此客轮处置失当,没有表明身份或停驶,反而关闭灯光,企图尽快离开,招致被炮火误中而起火下沉,乘客伤亡惨重。

---

① 康矛召:《英舰"紫石英"号事件》,《渡江战役》第777～778页,解放军出版社1995年版。

"紫石英"号继续东逃,解放军沿江陆军发炮射击,"紫石英"号多处中弹,在天生港停驶修理后继续下驶。此时因台风使江水猛涨,该舰停机熄灯,顺流偷越江阴后,在黎明时分又撞沉一艘渡船。该舰利用水涨,避开吴淞口航道,从崇明岛北侧逃出长江。至此,康矛召上校的谈判任务也自然结束。[①]

在渡江战役中同英国打过交道的袁仲贤和康矛召在新中国成立后都转到外交部门工作。

[①] 康矛召:《英舰"紫石英"号事件》,《渡江战役》第781~782页,解放军出版社1995年版。

40. 渡江战役中,刘伯承为什么批评并阻止三兵团攻打安庆?

安庆是安徽西南部长江北岸的重镇。清代著名诗人钱澄之赋诗赞曰:"长江万里此咽喉,吴楚分疆第一州。"安庆襟江带湖,锁钥南北,地势险要,具有重要的战略地位,历来为兵家必争之地。古人称其为:"上控洞庭、彭蠡,下扼石城、京口,分疆则锁钥南北,坐镇则呼吸东西,中流天堑,万里长城于是乎在。"

在渡江战役中,这里属于由刘伯承指挥的西集团的作战范围。

为指导作战,刘伯承撰写了《渡江战术注意事项》,指出:

"敌人在长江北岸以桥头堡、要塞及江湖支点等构成掩护阵地,其企图是及早察明我渡江部署,堵我渡江出口,配合其舰队、飞机迟阻我渡江行动,以掩护江南主阵地的防御实施。

"我们从事于渡江的战术训练、船筏及其他器材的搜集,特别是侦察实施等,首先要把敌人在江北的掩护阵地扫除,直达江边,才能进一步作切实的准备。"[①]

安庆无疑是国民党军在安徽西部最突出的桥头堡。但是,刘伯承不同意攻打安庆。这是为什么?

以往一些著作是从军事的角度解释刘伯承何以不赞成打安庆的。例如,长期在二野工作的老作家柯岗、曾克等在所著的《刘伯承中原逐鹿》中写道:

> 围绕着安庆城的攻取与否发生的争论,表现了刘司令员一贯胸怀全局和极端缜密的战略家作风。这个突出于长江北岸的历史古城,是著名的军事重镇。每当南北隔江交战之时,安庆总是江南军队的一个桥头堡和掩护长江下游的屏障。当十一军完成对安庆的包围后,三兵团领导依据"扫除敌人江北桥头堡,以利渡江"的一般战术原则,决定以该军主力全力攻取安庆。刘司令员知道这个部署后以为不妥,当即电令三兵团:"攻取安庆无大把握或安庆对我由其他处渡

[①] 《渡江战术注意事项》,《刘伯承军事文选》第二卷第480页,军事科学出版社2012年版。

江妨碍不大时即可不攻,只作封锁。"他认为,安庆仅仅只是敌人"后退配备"的一个前出据点。如今我百万雄师陈兵千里江岸,蒋军防不胜防,个别孤立要点已不起多大作用了。又安庆擅城坚之利,周围地形复杂,守军为桂系一七四师,有一定的战斗力,如贸然攻城徒增伤亡,不如围而不攻为好。但三兵团领导仍然决心攻取安庆,对野司连续两电未作答复。第二天,刘司令员偕同李达赶往三兵团,批评、阻止了攻取安庆的部署。①

这一说法有一定道理,但刘伯承反对攻打安庆除军事原因外,还有政治上的原因。这就是中共中央正在和白崇禧的代表进行秘密谈判。

3月30日,毛泽东为中央军委起草致刘伯承、邓小平并告陈毅、饶漱石、粟裕、谭震林等电,指出:"白崇禧的代表(刘仲容)今日到北平,我们决定联合李、白反对蒋党。"②

4月2日,毛泽东为中央军委起草致刘伯承、张际春、李达并告邓小平,饶漱石、陈毅电:"南京代表团本日到北平,提到李、白意见,要求我军勿攻安庆,驻安庆桂军可以撤退等语。我们认为不要攻安庆,让安庆守军向武汉撤退,如何?速告。"

当日,刘伯承、张际春复电:"我们确定不攻安庆,最好让该城守军提早撤退,更利于渡江作战。"③

4月5日,毛泽东函告周恩来:"陈赓兵团四月五日由麻城出发,经浠水、广济、黄梅,向宿松、望江前进,限四月十五日前到达。""请再告刘仲容不要忘记到南京后,叫李宗仁速即告白崇禧,将上述各地及安庆守军火速撤退,愈快愈好,至迟不得超过四月十日,否则守军将被歼灭。"④

同日,毛泽东又起草军委总参谋部作战部部长李涛复白崇禧电,要求"安庆及其以西直至黄冈(不含)之贵方部队,请迅即撤退,并限四月十日以前撤退完毕"⑤。

4月10日,白崇禧方面致电中共中央:"关于安庆撤退事,暂有困难。因自

---

① 柯岗、曾克、薛洪兴:《刘伯承中原逐鹿》第155~156页,解放军出版社1983年版。
② 中共中央文献研究室编:《毛泽东年谱(1893—1949)》(修订本)下卷第472页,中央文献出版社2013年版。
③ 同上,第473页。
④ 同上,第475页。
⑤ 同上,第476页。

该地发生战事以来,国防部暂令坚守待援,该地辖京沪区指挥,敝方不便擅令守军撤退,拟请贵方允许,暂留该地勿攻,敝方亦不出击,以待和谈解决。"

同日,毛泽东以中央军委名义将上述电文转发给刘伯承、张际春、李达并告总前委,然后指出:"安庆既属国防部管辖,白崇禧自不便令撤,请令前线停止对安庆的攻击,以待和谈解决。"①

以上便是刘伯承阻止三兵团攻击安庆的政治方面的原因。

由于南京国民党政府拒绝在《国内和平协定(最后修正案)》上签字,解放军于4月20日开始渡江。

22日,守安庆的第一七四师弃城渡江南逃,于24日为解放军第十一军第二十九师、第三十一师所追歼。

---

① 中共中央文献研究室编:《毛泽东年谱(1893—1949)》(修订本)下卷第479页,中央文献出版社2013年版。

41. 渡江战役中，国民党江阴炮台为何开炮攻打自己的军队？

江阴要塞，雄踞于长江下游只有1500米的最窄处的南岸黄山东西，依山筑垒，群炮林立，虎视大江，形同锁钥。1949年1月19日，淮海战役刚结束九天，国民党军京沪杭警备总司令汤恩伯便亲临要塞，要求坚守江防4个月，然后实行战略反攻。

但是，曾几何时，4月21日，在解放军挥师渡江的关键时刻，从炮口喷出的炮弹非但没有打伤解放军指战员的一根毫毛，反而在国民党军的头顶上开了花，这是怎么回事？

先说说江阴要塞的建制和装备。

江阴要塞有一个相当于重炮团的炮兵总台，装备美国和德国重炮40余门和小口径直射火炮18门，一个相当于加强步兵团的守备总队，一个游动炮兵团，配备五七战防炮36门，一个工兵营。司令部下还有直属分队、探照灯队。总兵力约7000人。要塞担负着以黄山为中心的东西25公里的长江守备任务。

1946年春夏之交，中共盐阜地委组织部部长唐君照，接到他的四弟唐秉琳、五弟唐秉煜从南京来信说："小本生意蚀了本，想回乡做生意。"暗示要脱离国民党，到解放区工作。唐君照将此情况向地委书记曹荻秋报告，并说，唐秉琳早年曾随他参加过抗日救亡运动；唐秉煜在新四军确山训练部学习过，后奉长江局命，打入国民党军队工作，但已失去联系。

曹荻秋要求加强同他们的联系。1947年，唐秉琳调至江阴要塞任上校参谋处处长，当时他人在上海治病。盐阜地委获悉后派唐秉琳的堂侄，时任建阳县上岗区区长的唐坚华去上海去见唐秉琳，告诉他，组织上要他"留在国民党部队抓实力"。

唐秉琳将此信息告知在国防部三厅任参谋的唐秉煜和在国防部一厅任上校参谋的姨表兄吴广文，要他们跟他一起干。随后，中共又派唐秉琳的堂兄唐仲衡以逃亡地主的身份携家眷到江阴定居，设立了中共的联络站；随后唐坚华作为联络员也常在江阴居住。

1948年3月,中共华中工作委员会决定把江阴要塞的策反工作作为重点。

6月,江阴要塞司令孔庆柱因贪污事败辞职。国防部军械处处长戴戎光垂涎江阴要塞司令的职位。戴的老家在涟水,和唐君照既是同乡,又是同学。中共华中工委考虑,如果戴任司令,对开展工作有利。于是筹集了一些钱,送到南京,支持戴上下打点,谋取司令的职位。同时,由吴广文打通蒋介石侍从室主任俞济时的关节,把戴戎光的名字排在江阴要塞司令候选名单的第一位,蒋介石即圈定戴为司令。

戴上任后对唐秉琳非常感激,视为心腹。戴上台的第一件事是加强要塞的实力和火力。唐仲衡、唐坚华、唐秉琳等感到这是借水行舟的大好时机,便推荐吴广文任要塞守备总队队长,吴广文又介绍他的挚友陆军总部军械处副处长王德容到要塞任参谋长。唐秉煜仍在南京国防部当差,作为戴戎光的耳目(4月初,唐秉煜携带国民党国防部的情报来到江阴,被任命为工兵营长)。戴戎光对这样的安排十分满意,但他不知道自己实际已被架空。

此时,经过考察,中共华中工委批准吸收唐秉琳、唐秉煜、吴广文和王德容入党。于是,在江阴要塞就建立起中共的地下组织。随后,按照华中工委的要求,加强了对中间力量的争取,把大部分中层干部争取了过来。

1948年秋,唐坚华在从华中工委南下途中,在国民党的一个据点被捕,久押不放,原因不明。华中工委决定由吴铭①任政治交通员,接替唐坚华的工作,去江阴了解情况。吴铭到江阴后发现江阴要塞的策反工作并未因唐坚华被捕而受影响。唐坚华被捕后坚称自己是逃出来的地主,后经组织营救而被释放。

1949年2月,粟裕指定曾在济南战役策反吴化文工作中成绩突出的中共中央华东局社会部科长王澂明②参加对江阴要塞的策反工作。王澂明和华东局公安处科长江华带了电台到江苏靖江县城东面一个村子组成工作站,使用中共江南工委设在江北靖江县新港和江阴之间的秘密交通线同吴铭隔一天联络一次。不久,华中工委交代,今后此项工作直接由三野十兵团掌握。十兵团司令员叶飞和政委韦国清接见了王澂明,对他说,选择江阴作为渡江的突破口的原因是如果选东面,江面太宽,部队不易在拂晓前登陆。从地理位置说,江阴是最理想的。如果敌人掌握要塞对渡江极为不利;如果我军掌握这个要塞,对整个战役都有积极作用。叶飞向王澂明交代:"你和江阴要塞党支部的基本任务是保持60里防区,控制三四个港口,不打枪,不打炮,迎接解放军登陆。

---

① 吴铭:《江阴要塞策反记》,《渡江战役》第853~864页,解放军出版社1995年版。
② 王澂明:《对江阴要塞策反工作的回忆》,《渡江战役》第849~852页,解放军出版社1995年版。

完成这一项任务就是渡江第一功。"叶飞、韦国清决定从二十九军调团长李干和教导员徐以逊、陆德荣、王刚到江阴要塞,以加强策反力量。① 李干装扮成是唐秉琳过去的老勤务兵,给唐当卫士,徐以逊、陆德荣到游炮团当副官,王刚去特务连卫士排当兵。

4月17日,国民党军副参谋总长李延年陪同美国顾问到要塞视察。随后要塞突然发生两个情况的变化。一是原由游炮团负责的长山阵地交给国民党军第二十一军。二是守备总队队长吴广文被免职,已去无锡。长山阵地长达10里,过去未修工事,第二十一军接手已经是20日,没有工事,他们无法防守。至于吴广文被免职后,接任的李云葵也是倾向解放军的。19日,党支部又火速派人到无锡把吴叫回来,协助掌控守备总队。

20日,地下工作人员各就各位。徐以逊和陆德容到长山江边准备接应解放军。

傍晚,江北炮声响起,解放军渡江开始了。解放军首先进攻由第二十一军第一四五师两个团防守的江北八圩桥头堡。第一四五师参谋长用报话机给要塞通话,要求炮火支援。唐秉琳借口夜间观察有困难,容易出误差,想拖过去。那个参谋长说:"你们有炮火支援的任务。"唐见拖不成,就说:"好吧,请指示目标。"对方报了几个目标。唐即命令全台炮火减400米齐射。结果炮弹全落在第二十一军第一四五师阵地上,气得那个参谋长破口大骂,并向汤恩伯告状。汤立即打电话给戴戎光,要戴追查。

4月21日零时,解放军先头营在长山北麓登陆,徐以逊和陆德荣带领先头营,避开二十一军防区,摸上了山顶,一枪未放即占领长山,随后向西面的黄山逼近。此时,戴戎光接到汤恩伯的电话问为什么不打炮。戴急令火炮齐射新港。此时大部队尚未登陆,唐秉琳还不能暴露,于是按照事先约定,当着戴的面给第二中台台长下令打炮。第二中台便远距离地发射了几发不加引信的炮弹。

此时,要塞党支部加快了起义的步伐,命令王刚切断要塞对外通信的联络线,命令沿江所有炮兵、步兵全部让开正面阵地,佩戴事先规定的识别符号,向黄山营房集中。天刚亮,李干、吴铭、唐秉煜来到指挥所。吴铭向戴戎光宣布要塞官兵已经起义。戴没有反抗,缴枪投降。随后炮台掉转炮口向溃逃的第二十一军射击。上午,对岸第一四五师投降。就这样,被国民党军标榜为固若金汤,并为美军顾问表示满意的江阴要塞回到了人民手中。

---

① 李干:《回顾江阴要塞策反起义》,《渡江战役》第865~872页,解放军出版社1995年版。

42. 为什么说打上海好比在瓷器店里打老鼠？

有一部第三野战军的纪实作品说,陈毅和粟裕都说过,打上海好比是在瓷器店里打老鼠。他们何时说过这一句话,已无从考证,但是他们确实说过意思相近的话。

5月23日,当解放军发起向上海市区全线进攻时,陈毅给各军军长打电话:"你们马上要攻打市区了,一定要军政全胜,一定要把人民的损失减少到最低程度。"①

粟裕在他的回忆录中说:"我们打上海的指导思想是:既要打一场城市攻坚战,而又不能把城市打烂了,要争取把上海基本上完整地接管过来。"②

上海,是全国最大的城市和经济中心,当时有600万人口,其中有70万产业工人、20万店员,有1.2万家工厂、6万余家商店,工业总产值和贸易额占全国一半。十里洋场,高楼林立。这好比是一间瓷器店,放满了贵重而又容易破碎的瓷器。

瓷器店里的老鼠指的是国民党军。

自从4月下旬国民党军的长江防线被突破以后,其京沪杭警备总部所辖部队,除被歼灭的5个军外,都麇据上海,加上原淞沪警备司令部所辖部队,共有8个军25个师20余万人。

这些老鼠都有易守难攻的巢穴。从抗战前开始,到日本侵略者占据时期,再到抗战胜利后,上海逐年修筑钢筋水泥工事,1949年4月,共有钢筋水泥碉堡5000余座,加上1万余处卫星工事,半永久性的野战掩体,碉堡之间的堑壕密如蛛网,碉堡周围还有多道铁丝网、电网、地雷阵。在市区的核心阵地,利用32座高楼作为防守据点,以国际饭店和百老汇大厦为东西指挥部。

在解放军大兵压境的形势下,这些老鼠还准备坚守。5月1日,蒋介石在上海京沪杭警备总司令部召集团以上军官开会,发表训话说:"共产党问题是

---

① 《陈毅传》编写组:《陈毅传》第452页,当代中国出版社1991年版。
② 《粟裕战争回忆录》第622页,解放军出版社1988年版。

国际问题,不是我们一国所能解决的,要解决必须依靠整个国际力量。但目前盟国美国要求我们给他一个准备时间,这个时间也不会太长,只希望我们在远东打一年。因此,我要求你们在上海打六个月,就算你们完成了任务。那时,我们二线兵团建成了,就可以把你们换下来休息。"①

解放军打这些钻在据点、碉堡、工事里的老鼠,使用的兵力是第三野战军第九、十兵团8个军(后增加第七、八兵团各一个军)及特种兵纵队,共30万人。第二野战军主力则集结于浙赣铁路金华至东乡一带休整,准备对付帝国主义武装干涉,支援第三野战军作战。

粟裕考虑,打上海有三种办法。第一种是围困。上海有600万人民,粮、煤依靠外地运入,数量很大。长期围困,人民生活将陷入绝境。而国民党军有海上通道,围不死。因此,此法不可取。第二种是先打苏州河南国民党军防御薄弱地区。这虽然可以减少伤亡,但这里有南京路、林森路(今淮海路)、外滩,有四大公司,是"瓷器店"里的精华。打这里,会把市区打烂。此法亦不可取。第三种是把进攻的重点放在吴淞口,钳击吴淞,暂不攻击市区。这样做可以封锁国民党军的海上退路,切断国民党军抢运上海物资的通道,国民党军必将固守,就可能把市区的"老鼠"往吴淞口调,从而减少随后市区战斗的难度。但吴淞是国民党军防守的重点,打吴淞伤亡必大。粟裕认为:"但我们是人民的军队,为了保存城市的完整,保护上海人民的生命财产,付出一定的代价是必要的、值得的。"②

5月6日,毛泽东为中央军委起草致粟裕、张震电:"请粟、张即行部署,于辰灰(5月10日)以后,辰删(5月15日)以前数日内先行占领吴淞、嘉兴两点,封锁吴淞江口及乍浦海口,断绝上海敌人逃路,使上海物资不致大批从海上运走……"③

中央军委的指示和前线指挥员的考虑不谋而合。

5月12日,解放军开始向吴淞口发起钳形攻势。在上海南面的第九兵团北上,攻占嘉兴、平湖、金山卫、奉贤、南汇、松江、青浦,进逼川沙,从东南面威胁吴淞侧背。汤恩伯被迫从市区抽调第五十一军至白龙港、林家码头加强防御。在上海西面的第十兵团东进,攻占昆山、太仓、嘉定、浏河,向月浦、刘行、杨行猛攻。国民党军依托钢筋水泥碉堡群,在飞机、舰炮支援下顽抗。15日,

---

① 刘剑石、邹彬等:《上海战役概述》,《文史资料选辑》第六十六辑第171页。
② 《粟裕战争回忆录》第622~623页,解放军出版社1988年版。
③ 中共中央文献研究室编:《毛泽东年谱(1893—1949)》(修订本)下卷第498页,中央文献出版社2013年版。

又从市区调来第二十一军及第九十九师,加强防御。国民党军从市区调出部队,减轻了随后进攻市区的压力,但加大了解放军进攻吴淞的难度。攻击吴淞,地域狭窄,部队不便于展开,每攻一点都费时费力,伤亡很大,短时间难以奏效。

5月18日,粟裕、张震见把国民党军从市区调出的目的已经达到,致电军委和总前委,建议:如对沪攻击不受时间、地区限制,我们意见四面八方向市区发起攻击,北线力求楔入吴淞,而以九兵团主力先解决苏州河南与南市之敌,而后会攻苏州河北。①

当日,总前委复电:"进入上海的政治准备业已初步完成,攻占上海的时间不受限制。"随后,粟裕、张震上报了总攻的部署,获得军委批准。

23日,粟裕、张震获悉,汤恩伯已率领5万余人逃到吴淞口外的军舰上,苏州河南市区仅剩5个交通总队。当晚,第二十、二十七、二十三、二十六军分别从东、南、西三面对上海市区发起总攻,为减少损失,要求避免使用重武器。第二十五、二十八、二十九、三十三军从东面,第三十、三十一军从西面继续夹攻吴淞地区。

战至25日,攻占了苏州河以南的主要城区,但第二十七军进至苏州河南岸开阔地段时,遭到河北岸盘踞在百老汇大厦、四行仓库、中国银行大楼等高大建筑和成片厂房中的国民党军青年军第二〇四师等部的阻击。国民党军居高临下构成火力网,严密封锁解放军必经的马路、桥梁。第二十七军突击部队向苏州河上的桥梁发起冲击,多次进攻无效,不少指战员牺牲。一些指战员情绪激愤,要求使用重炮攻坚。聂凤智军长亲自到前沿观察,随即召开军党委紧急会议,统一思想。

有的同志尖锐地说:"前面的战士在流血,不能再拖延了。我们倒要问问军首长,是爱无产阶级的战士,还是爱官僚资产阶级的楼房?是我们干部战士的鲜血和生命重要,还是官僚资产阶级的楼房重要?"

聂凤智回答:"现在我们争论的焦点,不在于战士重要还是楼房重要。第一位的问题,是苏州河北岸有上百万人民群众。一炮打过去,会伤亡多少人?不打炮,我们要多伤亡一些战士;打了炮,会伤亡多得多的人民群众。我跟大家一样,爱惜战士的生命;大家也跟我一样,爱惜人民的生命。爱战士和爱人民,在本质上是一致的。但作为人民军队的指挥员,无论在什么情况下,最优先考虑的必须是人民的安危。说到底,我们为战上海而流血,而牺牲,不正是

---

① 参看中国人民解放军历史资料丛书编审委员会编:《渡江战役》第301页,解放军出版社1995年版。

为了解放上海人民,为了保卫人民群众生命财产的安全吗?要算账的话,首先要算这个大账。再说,现在那些楼房还被敌人占领着,再过几个小时,我们从敌人手里夺过来,它就不再属于资产阶级,而将属于人民。我们没有任何权利毁坏它,必须尽最大努力去保全它。"①

党委会研究决定:

一、尽最大努力保护人民生命财产和国家建筑,坚持不使用重武器;

二、改变战术,避免正面强攻,待天黑后迂回袭击敌人;

三、采取政治攻势,争取敌人放下武器。

当晚,面对四行仓库的第七十九师第二三五团三营七连已同据守四行仓库等建筑的国民党军青年师对峙了十几小时。七连指导员迟浩田在焦躁地来回踱步时无意间踩到一个下水道的井盖。他从来没有见过这个玩意儿,便问房东:"这是什么?"房东回答:"这是井盖,下面是下水道,排雨水和污水用的。"迟浩田又问:"它通向哪里?"房东回答:"通向苏州河。"迟浩田灵机一动,问房东:"能不能从这里钻到苏州河?"房东连连摇头:"不行,不行。里面都是脏水,臭得很。"这一点困难哪里能难倒迟浩田?他吩咐通信员张瑞林:"告诉连长掌握部队,我去探探路。"他掀开井盖,一股臭味扑鼻而来,苍蝇、蚊子嗡嗡乱飞。迟浩田正要往下跳,张瑞林一把拽住他说:"指导员,你不能先下去。我来。"说着就抢先跳了下去。不一会儿,张瑞林对上面的迟浩田说:"指导员,往北是一个大洞,猫着腰可以过去。就是臭味熏得人受不了。"迟浩田接着跳了下去。排长王其鹏也跟着跳了下去。王其鹏曾在济南战役中带两名战士攀上城墙,用手榴弹打退国民党军一个排的反扑,被授予作战英雄称号。

下水道中一团漆黑,臭不可闻。张瑞林在前,迟浩田居中,王其鹏断后,三人弓着腰往前摸。几分钟后,前面出现亮光。三人不禁大喜。出洞口,就是苏州河。河水很脏,深可及胸,最深处能没过头顶。三人开始徒涉过河。对岸有国民党军的哨兵。迟浩田吩咐大家不要弄出声响。他们在河水哗哗声掩护下到达北岸。此时王其鹏建议先拔掉国民党军在桥头的地堡。迟浩田摆摆手轻声说:"先不要打草惊蛇。往前走,找敌人的指挥部。"

这时,下起了小雨。迟浩田见前面有一个国民党军的哨兵,决定先抓这个舌头。他对张、王二人说:"你们看我的手势。他往那边溜达时,你们趴到这边。等到他回头,就把他按倒。"张、王密切配合,一下子就把那哨兵撂倒。

---

① 中国人民解放军历史资料丛书编审委员会编:《渡江战役》第 686~687 页,解放军出版社 1995 年版。

迟浩田威严地对那俘虏说："你放老实一点。我们是解放军。你不要喊叫。听我的命令,带我们到你们的指挥部去。"那哨兵乖乖地点头答应。他们塞住那哨兵的嘴。张、王二人扭住他的胳膊。迟浩田举着枪走在前头,蹑手蹑脚进入一座大楼,后来他们知道这就是有名的四行仓库。哨兵带着他们三人进入电梯,一按电钮,电梯关门上升。迟浩田等都是第一次坐电梯。电梯一动,大家都有点紧张。张瑞林对那哨兵说："你这个家伙想把我们弄到什么地方去?是不是想害我们?"那哨兵直摇头。迟浩田说："不要慌。他不敢把我们怎么样。"

哨兵把他们带到四楼。一出电梯,就听到："谁?干什么的?"迟浩田看到又是一个哨兵,立刻一个箭步扑上去,缴了他的枪。三人押着两个俘虏,往右一拐,来到一个大房间的门口。迟浩田看到房间内昏暗的灯光下,横七竖八坐满了抽烟、聊天的国民党军官。迟浩田不顾只有三个人势单力薄,迈入室内,举起驳壳枪,大声喝道："不许动!谁动打死谁!"王、张也立即拔枪呼应。室内的国民党军官们看到这三个似乎是从天而降的威武的黑大汉都端着枪,纷纷举起双手。

"闹什么?奶奶个熊。"随着话音,从里屋走出一个醉醺醺的军官,敞着怀,一副盛气凌人的长官模样。张瑞林眼疾手快,冲上去一把揪住他的衣领喝道："不许动!把手举起来!"那军官还不知道是怎么回事,酒倒是醒了一半,颤巍巍地举起双手。迟浩田一看他的领章是两杠三花的上校,当即缴了他的枪,并用枪顶住他的太阳穴,厉声喝道："我们是人民解放军。现在你们已经被包围了。你快下命令,叫你的弟兄们放下武器。否则我先毙了你!"接着他大声对室内的军官们说："弟兄们,你们已经被包围了。解放军已经浩浩荡荡开进上海。这座大楼也被占领了。只有缴枪投降才是你们的出路。"

王、张也大声喊道："放下武器,缴枪不杀!"

室内军官们的斗志顷刻瓦解。不等那个上校下令,都把枪放到地上。迟浩田立刻给张瑞林使了一个眼色说："你快去通知部队,这里的弟兄们已经放下武器,不用上来了。"张瑞林心领神会,道一声"是",押着两个俘虏出去了。迟浩田转过身喝令那个上校："你愣在这里干什么?快下命令,让你的部队放下武器投降。把桥上的人也撤下来。"

王其鹏用枪抵住那上校的脑袋。那上校只得乖乖拿起电话筒。

在苏州河南岸,连长萧锡谦找不到指导员和张瑞林、王其鹏,又见到对岸国民党军纷纷后撤,已经明白是怎么回事,立刻率部过桥到达苏州河北。

后来了解到这一座大楼就是四行仓库,那个上校是第二○四师的副师长。

迟浩田、王其鹏和张瑞林三位虎胆英雄凭着大智大勇,不费一枪一弹,抓获上校副师长,迫使其率师部和三个营放下武器。

聂凤智闻讯十分高兴地对第二三五团领导说:"把那个迟浩田找来。我倒要看看他长了什么样的三头六臂,竟然带两个战友就制伏了1000多敌人。"不久,聂凤智见到迟浩田,握着他的手,端详良久,哈哈大笑地说:"噢,你也没有三头六臂啊！头倒长得不小。"①

在此之前,聂凤智通过地下党找到留守上海市区的国民党军最高指挥官,淞沪警备司令部副司令兼第五十一军军长刘昌义的电话号码,聂凤智与刘昌义通话,劝刘放下武器。19时,刘昌义到第二十七军指挥部接洽投降,并于26日凌晨率4万余人撤至江湾地区,向解放军缴械。国民党军第三十七军及交警总队一部不服从刘昌义的命令,继续顽抗。第二十七军将其各个歼灭。

26日,第三十、三十一军完全占领浦东;第二十五、二十八、二十九、三十三军攻占吴淞。

27日上午,第二十七军攻至上海市区东北角杨树浦地区。国民党军第二十一军第二三〇师约8000人在该地区发电厂和自来水厂据守。这是上海的最后一股残敌。武力解决这一股残敌并非难事。但为保全水电设备,保证全市水电供应,第二十七军决定加强政治攻势,迫其投降,却找不到线索。此时,陈毅来到二十七军,听取了汇报,问明了这个师是川军,由副师长许照指挥。陈毅说:"你们查查陆军大学教授蒋子英的下落,他当过许照的教官,让他出面劝许照投降。"蒋子英的电话号码很快查到。当日下午,蒋子英接完电话,立即劝说该师全部投降。②

至此,上海战役全部结束,既完整地保存了"瓷器店",又打光和撵跑了"老鼠",共歼灭国民党军15.3万人,缴获各种炮1370门,坦克、装甲车119辆,汽车1161辆,舰艇11艘。

---

① 《迟浩田传》连载三《投身大决战》,《神州杂志》2010年第3期。
② 聂凤智:《踏上江南的土地》,《渡江战役》第688页,解放军出版社1995年版。

43. 毛泽东在陈明仁起义前是如何消除其顾虑的？

东北野战军第三次打四平时，负隅顽抗的陈明仁已经同林彪结下了梁子。他怎么会起义呢？这要从四平之战后他的境遇说起。

陈明仁守四平40余天，巷战19个昼夜，没有被吃掉，对屡打败仗的国民党军来说无疑是一支强心针。蒋介石升任陈明仁为兵团司令官，授予他青天白日勋章，要他到各地演讲传授经验。他到沈阳时，国民党政府曾组织10万人夹道欢迎。他在国军中的声誉到达顶峰。

然而，曾几何时，陈明仁又从巅峰跌落下来。

四平战事结束后，国民党军参谋总长兼东北行营主任陈诚便组织一些人到四平战地视察，其中也有美国顾问。当美国顾问看到火车站上整袋的美援面粉被垒作防御工事，大米、面粉抛撒遍地时，立即提出抗议。四平是国民党划分的辽北省的省会。辽北省主席刘翰东在解放军即将围城时要求离开四平，但遭陈明仁拒绝，害得刘翰东担惊受怕40余天。刘翰东见美国顾问提出抗议，也乘机告陈明仁纵容部队抢粮。陈诚历来对陈明仁没有好感，于是跑到蒋介石跟前告了陈明仁一状。蒋介石便撤了陈明仁兵团司令官的职，给陈一个总统府中将参军的闲差。陈明仁既恨陈诚排除异己，又怨蒋介石赏罚不明，便移居南京，换上便衣，纵酒打牌。[①]

当时，白崇禧为了反蒋，竭力反陈诚，凡是同陈诚有过节者，他就千方百计拉拢。陈明仁到南京后，白亲自登门拜访，邀请陈明仁到武汉当警备司令。经过一番讨价还价，白崇禧走国防部部长何应钦的门路，任命陈明仁为华中"剿总"副总司令兼武汉警备司令，又帮助陈召集被解放军歼灭的第七十一军旧部，恢复第七十一军建制，加上重建在陕北被解放军歼灭的刘戡的第二十九军，成立第一兵团，让陈当了司令官。

1948年10月，陈明仁赴武汉就任。

[①] 长舜、荆尧、孙维吼、蔡惠霖编：《百万国民党军起义投诚纪实》下册第897页，中国文史出版社1991年版。

要说陈明仁起义,离不开他的老师程潜和他的同学李默庵。程潜,字颂云,湖南醴陵人,国民党元老,1924年,程潜任孙中山大本营陆军讲武学校校长时,陈明仁、李默庵都是这所学校的学生。这所学校不久并入黄埔军校,陈明仁、李默庵等均为第一期学生。

程潜同蒋介石、白崇禧都有矛盾。1948年程潜竞选国民党政府的副总统失败后,于7月由武汉行辕主任调回湖南任湖南省主席和长沙绥靖公署主任。蒋介石调他到湖南,是为了牵制白崇禧。但蒋介石对程潜也不放心,又调黄埔第一期的李默庵任湘赣绥署副主任兼第十七绥靖区司令,以牵制程潜。程潜在湖南虽有威望,但不掌握兵权。1948年年底,蒋介石败局已定,经中共湖南工委策动,程潜和李默庵都准备投向人民,但苦于没有实力。他们希望能把当时任华中"剿总"副总司令、第一兵团司令官的陈明仁调回湖南。程潜相信陈明仁会和自己共进退。

白崇禧同意了程潜的请求,让陈明仁率第一兵团开往长沙。白考虑的是陈明仁守四平,是同林彪死拼过的,不会投向共产党。陈明仁到了湖南既可以监视程潜,又能替桂系挡上一阵,为桂系在衡阳、宝庆一线排兵布阵赢得时间。白崇禧算盘打得很精,但此番却大大地失算了。

陈明仁到湖南后,向程潜表示,愿意跟随程潜走和平之路,程潜嘱咐他继续以反共的面目出现,以取得蒋、白的信任。

1949年4月,中国人民解放军发动渡江战役后,国民党华中军政长官白崇禧率指挥所退驻长沙,破坏湖南的和平运动。

6月,根据中共湖南省工委的建议,程潜向中共中央和毛泽东递送了起义《备忘录》。但陈明仁却以怕泄密为由,没有在《备忘录》上签字。7月5日,毛泽东复电程潜:"先生决心采取反蒋反桂及和平解决湖南问题之方针,极为佩慰。""只要先生决心站在人民方面,反美反蒋反桂,先生权宜处置,敝方均能谅解,诸事待理,借重之处尚多。此间已嘱林彪将军与贵处妥为联络矣。"[①]

7月下旬,四野第十三兵团所属的第三十八、三十九、四十七、四十九军进至湖北公安、湖南常德、慈利、桃源一线;第十二兵团所属第四十、四十一、四十五、四十六军进至湖南平江、浏阳、金井、萍乡、安仁、攸县一线;第十五兵团所属第四十三、四十四、四十八军进至江西南昌、万载、宜春、分宜一线;二野第四兵团所属第十三、十四、十五、十八军进至江西永新、吉安、泰和、安福、遂川和

[①] 中共中央文献研究室编:《毛泽东年谱(1893—1949)》(修订本)下卷第528页,中央文献出版社2013年版。

湖南茶陵一线。

第四野战军这一从西到东的弧形攻势迫使白崇禧由长沙南撤至衡阳。

陈明仁所以没有在《备忘录》上签字,是顾虑在四平打得太凶,共产党不会宽恕他。针对他这种顾虑,曾受中共委托同程潜联络的章士钊给程潜、陈明仁写了一封亲笔信,信中转述了毛泽东关于陈明仁的话:"当时,陈明仁是坐在他们的船上,各划各的船,都想划赢嘛,这是理所当然的,我们会谅解。只要站过来就行了,我们还要重用他哩。"这番话打消了陈明仁的顾虑。①

经过解放军和程潜、陈明仁双方信使频繁往来和磋商,到8月4日,瓜熟蒂落,程潜、陈明仁率长沙绥靖公署、第一兵团部和3个军、3个保安师共7.7万余人在长沙郑重宣布起义,长沙和平解放。李默庵因同陈明仁有一些误会,出走香港。

8月30日,毛泽东致电程潜,邀请他和湖南知名人士仇鳌以及陈明仁到北京出席第一届全国政协会议。

9月7日,程潜到达北平。毛泽东、朱德、周恩来、林伯渠、董必武、李济深、郭沫若等百余人去车站迎接。

9月10日,陈明仁到达北平,聂荣臻去车站迎接。

9月19日,毛泽东邀请程潜、陈明仁同游天坛。到祈年殿前,毛泽东招呼陈明仁单独合了影,随后对陈明仁说:

"现在外面谣言很多,说你被我们扣起来了,还说杜聿明、王耀武被我们五马分尸干掉了。我想请你这次开会以后,去济南看看他们,把情况向外介绍一番,写些信给你那些还未过来的亲朋故旧,促进他们及早觉醒,及早归来。"

陈明仁回答:"是,我一定照办。"

"你还可以把今天的照片分送给黄埔同学,只要是送得到的,都送一张。"毛泽东还告诉他,"后天21号,我们的新政治协商会议就要开幕了。各方面的代表人物都有,唯独还缺少蒋介石的嫡系将领,你来了,代表性就全了。"

陈明仁听到这里,非常感动,主动对毛泽东检讨说:"起义前我自己认识不足。蒋介石和李宗仁派黄杰和邓文仪到长沙时,有人劝我把他们扣起来,我不仅没有扣,还把已经扣起来的军统特务毛健钧也放走了,错过了机会。"

"没错,没错。不要扣。革命不分先后,不要勉强人家嘛。今后,凡是愿意过来的,我们派飞机接,凡是愿意走的,我们派飞机送。你那样做是可以理解

---

① 长舜、荆尧、孙维吼、蔡惠霖编:《百万国民党军起义投诚纪实》下册第933页,中国文史出版社1991年版。

的。不要怕人家说闲话。"①

政协会议期间,毛泽东先后两次接见陈明仁,进行了长时间的谈话。在第一次接见时,毛泽东问他今后是从政还是从军,陈明仁回答:"报告主席,我是一个军人,还是想在军事上为国家尽点力量。"

毛泽东说:"那好。我们准备把你的一兵团正式编为中国人民解放军第二十一兵团,仍由你当司令员,你有什么条件吗?"

"报告主席,我现在真正服了共产党,我一点条件也没有。"

"哎呀,人家有条件的,我倒好办;你这个没有条件的,我倒不好办呀!这样吧,从今以后,解放军有饭吃,你也有饭吃。一视同仁,绝不会有半点亏待你。"

但是,在第二次接见时,陈明仁却提出,要求让他参加作战立功。毛泽东说:"你的愿望是好的,但目前部队未整训,马上上前线,逃兵必多。整训之后,如有作战机会,上前线打几仗是好的。"

后来到10月5日,毛泽东在致林彪和中共中央华中局并告湖南省委的电报中,除指示给陈补充一些人枪外,还说:"请你们注意有可能时,让其参加一二次作战。"②

1949年12月,陈明仁参加中国人民解放军,任湖南军区副司令员、第二十一兵团司令员、第五十五军军长,曾率所部到广西参加肃清国民党残余部队和土匪的作战任务,1955年被授予上将军衔和一级解放勋章。

---

① 宋一秀、杨梅叶编著:《毛泽东的人际世界》第428~431页,红旗出版社1992年版。
② 同上,第430页。

44.连战连捷的解放军为什么会在青树坪战斗中失利？

简单地说，客观原因是当时正值三伏天，四野整个部队处于休整状态；主观原因则是一些干部思想上有些轻敌。

先说客观原因。

1949年7月上旬，林彪集中3个兵团10个军约43万人，准备聚歼白崇禧主力第三兵团等部。8日，第十五兵团一部奔袭奉新、高安，白崇禧一触即逃。解放军虽然解放了包括井冈山在内的赣西、湘东22县，但只消灭白崇禧区区4600人。白崇禧实力并未受损。

7月16日，毛泽东致电林彪等，提出"白匪本钱小，极机灵，非万不得已绝不会和我作战"，对付它应"采取远距离包围迂回方法"，"使白匪完全处于被动地位；不管他愿意同我们打也好，不愿意同我们打也好，近撤也好，远撤也好。总之，他是处于被动，我则处于完全主动，最后迫使他不得不和我们在广西境内作战"①。

此时已是三伏天，林彪、萧克等经过长征的干部虽然出生于南方，但绝大部分师以下干部和战士以及从东北带来的骡马都不能适应南方酷热潮湿的气候，疾病滋生，发病率居高不下。显然，这种状态不能适应战斗，于是，部队转入休整，开展兵强马壮运动，准备秋凉再战。

8月4日，程潜、陈明仁在长沙通电起义。

7日，在白崇禧策动下，起义的国民党军中约4万人叛变南逃。

8日，林彪命令第十二兵团第四十、四十六、四十九军及暂时配属第四野战军指挥的第二野战军第五兵团第十八军进行追击。

青树坪战斗发生在第四十九军的追击过程中。第四十九军军长钟伟，是一个敢作敢为的战将，本书前面已经介绍过他在第三次下江南中指挥靠山屯战斗曾经取得不俗战果。

---

① 中共中央文献研究室编：《毛泽东年谱（1893—1949）》（修订本）下卷第532页，中央文献出版社2013年版。

林彪对钟伟十分满意。不久将他由师长破格直接提升为第十二纵队的司令（进关后改称第四十九军军长）。

入关后，钟伟所率部队，一路斩关夺隘，势如破竹，参加完宜沙战役后，在沙市渡过长江，收益阳，克澧县。

为追击叛军，8月9日，林彪、邓子恢等致电各部并报军委，特别指出："我四十九军须要全力南进，一四六师应即向宁乡前进，一四七师应直向宝庆方向前进。在发现叛部时仍先完成迂回，断其退路，然后实行争取，如叛部继续逃走，则追歼之。"①

于是，第一四六师向宁乡疾进，其前卫第四三六团不等主力到达就开始攻城。在猛烈炮火掩护下，尖刀连二营五连从城北突破，直插县衙门和国民党军指挥部。敌人除少数从南门逃跑外，其余4100余人悉数被歼。攻克宁乡后，第一四六师未做片刻停留，立即与第一四五师一道沿湘乡至宝庆（今邵阳）的公路，展开对叛军的追击。14日攻克永丰，击溃桂系1个团，歼灭1个连。此时，白崇禧已将其最精锐的第七军调到青树坪至界岭一带，企图消灭解放军一部以阻遏解放军的进军。林彪得悉后致电第四十九军，要他们"切实查明情况，不得盲目前进"。

但是，第一四六师认为，叛军就在前面太平寺一带，向军部建议继续追击。钟伟认为，第一四六师在前线，情况比他清楚，于是复电同意，并命令第一四五师向第一四六师靠拢。

15日，第一四六师以第四三七团、师直属队、第四三六团的顺序沿湘宝公路向界岭前进，至单家井，遇敌阻击。将其驱逐后，续进至青树坪。师部召集两个团的干部开会，研究敌情和下一步行动。会上意见不一致。有的认为应查明情况再前进；有的认为敌人在撤退，应继续前进。最后决定继续前进。当晚，前卫团一营进至界岭。由于轻敌麻痹，对两面山地未派出搜索分队。当全营大部通过时，敌军从两面山上开火。该营立即组织反击。经10分钟激战，俘虏敌连长以下50余人，余敌后撤。该营占领界岭及其周围山地。当晚，敌人大部队开始进攻。该营撤出界岭，和跟进的师主力在周围村庄构筑工事，进行抗击。

16日，第一四五师也进至青树坪地区。17日，敌人3个师呈钳形包抄上来。地上有坦克、大炮，天上有飞机。此时后撤只能是挨炸、挨轰。第一四六

---

① 中国人民解放军历史资料丛书编审委员会编：《解放战争战略追击·中南地区》第285页，解放军出版社2003年版。

师就地构筑工事进行抗击。在优势敌人的轮番进攻下,死打硬拼,一直坚持到天黑,才在第一四五师接应下,交叉掩护,撤出战斗。此役第一四六师激战48小时,毙伤俘敌人553人,但自己的损失达877人。第一四五师损失也达470余人。这是一次失利的战斗。

战斗结束后,第一四六师师长王奎元、政委栗在山、参谋长赵永夫写出战斗失利的检讨:

"首先是师领导上轻敌,明知界岭有桂军,地形不熟,情况不明,而夜间冒进。遭敌伏击后,还以为敌人要退,而不迅速转移……

"下层也轻敌,十五日向界岭前进时,前卫营不找向导,又不严密搜索,重机枪不下驮子……

"部队不善于山地作战,不沉着,过早地把弹药消耗了,待敌人接近时无弹药打,同时携带弹药过少。

"两团平排展开在公路两侧,一打响全部打上,毫无队形,这是重大错误。"①

对青树坪战斗的失利,钟伟主持第四十九军做了三点检讨:

"(一)军既然已下决心在永丰以北停止前进,不应轻易地听146师的意见而改变决心,这表明军考虑不周。(二)在永丰已碰到桂系一个团被我击溃,认为一个团顾虑不大,未充分估计其中变化,这是轻敌的表现,故未令146师停止。(三)15日146师遭伏击,经反击后歼敌两个连,但整个敌人未退。该师第二次返界岭时,又被敌人反击阻回。当时他们为避免同敌对峙消耗,已稍微后退。军认为敌人只有一个团,东南虽有敌7军一个师,只是听说的,觉得还可以对付,未充分地估计到情况的变化,果断地于16日晚令该师攻击敌人,这是麻痹的表现。依据上述三点,军犯了麻痹轻敌的错误。所以军对青树坪战斗的失利完全负责。"②

在第一四六师青树坪被困时,四野其他部队为什么不出动?因为除追击叛军的部队外,都在休整。

青树坪战斗对正在土崩瓦解的国民党军来说,无疑是一支强心针。国民党的媒体大肆吹嘘"青树坪大捷",说是消灭了林彪的一个军,是"自徐蚌会战

---

① 凌行正、黎品纯:《进军中南》第103页,辽宁人民出版社1998年版。
② 傅静、铁军、宣村:《四野1949》第170页,黄河出版社2002年版。

以来国军取得的最伟大的胜利","打破了林彪不可战胜的论调"。有的报纸还造谣说,在战斗中炸断了林彪的一只胳膊。在衡阳召开了"祝捷大会",白崇禧把从战场捡来的解放军的武器拿来展览,企图以此争取美援、鼓舞士气。[①]

青树坪战斗使毛泽东震怒。9月9日,他在致林彪、邓子恢的电报中称白崇禧是"中国境内第一个狡猾阴险的军阀"[②]。

这一战斗使双方的心态都发生了变化。从中共方面说,这一战斗使军中轻敌麻痹情绪一扫而空。从国民党方面说,他们把这次战斗看成是一种转机。白崇禧也受到鼓舞,认为对解放军可以一战。双方心态的变化已经预示了下一次战斗的结果。

[①] 凌行正、黎品纯:《进军中南》第103~104页,辽宁人民出版社1998年版。
[②] 中国人民解放军历史资料丛书编审委员会编:《解放战争战略追击·中南地区》第305页,解放军出版社2003年版。

45. 解放军一三五师孤军深入白崇禧防地，为什么成为好棋？

8月中旬，一四六师孤军深入白崇禧的防地，吃了亏。但是，50天后，一三五师也深入白崇禧的防地，却成为四野的一着好棋。为什么相似的遭遇却有相反的结果？

总的来说是形势使然。一四六师陷入白崇禧的夹击时，整个四野仍在休整，一四六师遂成孤军。一三五师深入白崇禧防地时，整个四野已展开对白崇禧之进攻，一三五师遂成好棋。

9月10日，四野各部结束休整，兵分三路对中南地区国民党军发起强大攻势。东路军由江西直指南粤，西路军由湘西南进，割断白崇禧退往贵州的道路。10月2日，中路军又分三路向衡（阳）宝（庆）地区白崇禧部展开攻击：第四十一军向永丰以西至宝庆以北地区，第四十五军向永丰以东至蒋市街地区，第四十军向蒋市街以东的新桥、白果地区攻击前进。当日，第四十五军一三五师的先遣支队已经插到永丰、青树坪之间，俘虏敌军200人，缴获汽车5辆。这正是50天前第四十九军遭白崇禧伏击的地方。该师主力没有停留，一口气又推进40余公里，10月4日，从水东江突破衡宝公路继续南下。

白崇禧原来是准备撤回广西的。但是，他盯住了孤军深入的一三五师。他火速调集第七、四十六、九十七军等部共13个师于衡宝一线，准备再来一个青树坪，抓一把，然后再撤。

林彪获悉后于10月5日致电各部：

"目前敌之企图不是撤退，而是与我决战。

"在此情况下，我军应集结兵力进行充分的准备，然后待命攻击。

"目前已突过衡宝公路之我军，则应在水东江、宋家塘以南地区集结，在公路以北者暂勿南进。"[1]

---

[1] 中国人民解放军历史资料丛书编审委员会编：《解放战争战略追击·中南地区》第351页，解放军出版社2003年版。

用兵一贯谨慎的林彪此时过高估计了白崇禧。如果所有部队都按照原计划继续前进,白崇禧的部队可能迅速被围歼。

幸而一三五师没有接到这个命令。他们连续行军160里,突破衡宝公路后,于5日14时到达灵官殿地区。这时他们架设起电台,才知道友邻部队都停留在衡宝公路以北。他们已经孤悬敌后了。

林彪立即对这个师投以极大的关注。此时的形势同50天前已经完全不同了。50天前,部队正在休整,大规模的行动还没有准备好。那个第一四六师便成为真正的孤军,吃了亏。如今部队经过兵强马壮运动,正准备对白崇禧集团采取行动,这个一三五师便成为围棋盘上意味深长的一手"大飞",深入敌后的楔子。于是,林彪便越过兵团和军直接给一三五师的师长丁盛、政委韦祖珍发电报:"你们暂时归我们直接指挥,望告电台,特别注意联络我们。"[1]林彪并规定,师、团电台不离人,随叫随到。兵团和军对一三五师电台只能收听,不得指挥。

与此同时,林彪命令中路军一线各部队迅速前进,命令西路军第三十八、三十九军向东推进,与中路军对白崇禧部形成夹击之势。对于林彪决定用五个军靠拢作战,以歼灭白崇禧部的部署,毛泽东于7日凌晨2时来电表示同意。

10月6日,林彪等致电丁、韦:"盼你们以少数部队迟滞水东江方向之敌,主力即向湘桂路前进,必须不顾一切艰苦和危险,坚决迅速破坏湘桂路,求得翻毁数十里和炸毁桥梁,使敌不能下决心南退。只要敌人不退,则能全歼桂军,使战争提前结束。"[2]

林彪这一计划十分美妙。如果把湘桂铁路炸掉一段,在衡阳的白崇禧部队就回不了广西了。但是,一三五师一时到不了湘桂路。因为白崇禧也盯上了这个师,并以主力四个师合围过来,连续向进占牙场冲、关帝庙、灵官殿、荷公殿的一三五师发起攻击。一三五师扼守上述各地的山头阵地,同敌人展开激战。一三五师深入敌后同白崇禧集团的战斗,为大部队合围白崇禧集团赢得了宝贵的时间。

一三五师发现当面之敌是第七军时,立即向总部报告。林彪等随即复电:"你师已被敌四个师包围,你们立即占领有利地形,构筑工事,安下钉子,进行环形防御,振作士气,下定决心,准备抗击绝对优势敌人的围攻,将敌吸引住,

---

[1] 中国人民解放军历史资料丛书编审委员会编:《解放战争战略追击·中南地区》第353页,解放军出版社2003年版。

[2] 同上,第355页。

以便我各路主力围歼敌人。"①

　　林彪等又致电第十二兵团和各军首长："桂敌调动甚速。因此,我各部亦需能及时应付。野司对密息能及时了解,因此,在目前时期,我四〇、四一、四五、四六、四九、十八等各军行动,暂时由我们直接指挥。故各部,特别是先头各师,应特别与我们保持电台联络,随时报告敌情与位置,以便根据密息,及时调动,配合行动。"②

　　白崇禧本来是打算要吃掉一三五师的。但是当他发现解放军已经压过来后,立即决定撤退。7日,他给第七军参谋长邓达之打电话说："长官部和第三兵团部决定今晚撤出衡阳,回广西去。第七军为后卫,原地掩护长官部和第三兵团部撤退。第七军到明日9时方可撤走。这个任务很艰巨,撤退时不论有任何牺牲,都不要停留。纵然后卫部队有的撤不下来,也就算了。"③

　　第七军是白崇禧的命根子,此前他是轻易不使用的。但是而今竟然用它来断后,并准备将其像壁虎尾巴一样甩掉,这说明这一次他因为贪图吃掉一三五师,耽误了时间,要溜已经很困难了。

　　7日晨,林彪获悉白崇禧集团准备全线撤退,立即命令中路军的第四十、四十一、四十五、四十九军进行追击;西路军的第三十八、三十九军阻断白集团的归路;东路军的第十八、四十六军向南挺进,命令一三五师截击南撤的白集团第七军和第四十八军,并配合主力聚歼该部。

　　此刻,曾经被白崇禧当作一块肉的一三五师已经变成了一个硬钉子。第七军为了突围,像发了疯似的向一三五师阵地左冲右突。一三五师英勇抗击,同敌人纠缠了两昼夜,终于为主力合围敌人赢得了时间。

　　9日8时,林彪要求第一三五师"设法堵住石珠桥、铜锣坪之敌南退道路,配合我其他各军歼灭该敌"。对这几天的战斗,丁盛回忆道："四〇三团的两个营,我带的两个团,在石珠桥打一七六师和一七二师。实际上一七二师是跟着我们走,所以当时我们打了这么多的部队。他想迅速撤退是很不容易的。我们成了牛皮糖,黏住他了。白崇禧想走走不掉,想打又打不成,攻我们攻不下来。我守着一个地方……你白崇禧不可能打下来。他的部署一下就给搞乱了。东走一下,不行;西走一下,也不行。这里碰一碰,那里也碰一碰,到处碰到我们的部队和他打。……这样,我们黏了敌人6天,10日,在黄土铺把他歼

---

① 凌行正、黎品纯:《进军中南》第128页,辽宁人民出版社1998年版。
② 中国人民解放军历史资料丛书编审委员会编:《解放战争战略追击·中南地区》第357页,解放军出版社2003年版。
③ 凌行正、黎品纯:《进军中南》第130页,辽宁人民出版社1998年版。

灭了。"①

9日,林彪等致电各兵团、各军首长:"在追击运动战中,野司根据密息,只能规定各部行动的方向,但各兵团、各军必须以机断专行的精神,加强对各师的具体指挥,不可以一切等候我们的指示,以免失掉机会。"②林彪在这封电报中,表现了其特有的指挥艺术,即在估计到追击战会打乱仗的情况下,及时向下级授权机断处理,以免层层汇报延误战机。

遵照这一指示,各部队发扬主动进攻的精神,追歼桂军,至11日上午,白集团4个师,除第一三八师师部率一个团逃跑外,其余4.7万人悉数就歼。

四野参谋长萧克在回忆录中写道:"衡宝战役共歼敌主力4.7万人,是进军中南的大胜利。虽然曾一度被白崇禧以进为退的临时部署所迷惑,延误了歼敌时间,但由于一三五师没有接到停止命令而深入敌纵深,并奋勇抗击,有效地迟滞了敌人的撤退行动;还由于发现敌人撤退,立即追击,得以将其全面包围,并全部消灭,沉重打击了白崇禧集团,为尔后进军两广,全歼中南地区之敌创造了有利条件。"③

12日,林彪等发出表扬在衡宝战役中有功部队的电报。13日,毛泽东将这份电报批给在北京出席开国大典的程潜一阅,并写道:"被歼灭者是七军两个师及四十八军两个师,地点在祁阳以北。消灭这些部队时,白崇禧坐视不救,自己退到桂林,各军退到东安、零陵、冷水滩一带,听任七军四十八军苦战四天被歼干净。"④

对白崇禧来说,这实在是无可奈何的事。

衡宝战役后,林彪在衡阳接受了苏联著名记者西蒙诺夫的采访。西蒙诺夫是作为苏联文化代表团副团长到中国来参加开国大典的。在参加完国庆庆祝活动后,便以《真理报》记者的身份到中南地区采访。

11月7日,西蒙诺夫到达衡阳。第二天下午,林彪在司令部接见了他。谈话中,西蒙诺夫询问他对当面之敌白崇禧的看法。

林彪回答说:"我认为白崇禧是国民党军将领中最有才干的一个,而这句

---

① 《丁盛将军回忆录》第109页,星克尔出版(香港)有限公司2008年版。
② 中国人民解放军历史资料丛书编审委员会编:《解放战争战略追击·中南地区》第365页,解放军出版社2003年版。
③ 《萧克回忆录》第407页,解放军出版社1997年版。
④ 中共中央文献研究室编:《毛泽东年谱(1949—1976)》(修订本)第一卷第15页,中央文献出版社2013年版。

话可以说并非过奖。他不用说有多年的军事经验,他的指挥也比其他国民党军将领高明,可是因为他的军队现在是非常明显而且公开地在与人民为敌,而作为一个政党的国民党已经四分五裂,而且军事上的形势各方面也对他完全不利。因此,白崇禧那一点或多或少的军事才干,实质上在这里也就已经起不了什么作用。"①

国民党军非嫡系部队中出类拔萃的将领中除白崇禧外,还有傅作义。无独有偶,林彪也曾对傅作义有所评价,但不是对记者,而是当面对傅作义本人。

在平津战役期间,林彪、罗荣桓从北平地下党处获悉,傅作义1949年1月19日在同邓宝珊谈话时说:"林彪四十四岁,聂荣臻四十八岁,我已五十四岁,作战经验比他们多,今被打败丢人。"②针对傅作义这一思想,2月8日,林彪、聂荣臻、叶剑英在北京饭店宴请傅作义和邓宝珊时,林彪在讲话中说:

> 傅(先生)之失败,并非个人才能问题,东北、华北我军之胜利,亦非个人才能问题。国民党违反人民利益为人民所反对,故必失败。中共为人民谋利益,得到最大多数人民的拥护与支持,力量不可抑制地增大。故傅之成败非因个人才能问题,而系整个国民党反动的结果。故在任何战场上和任何人指挥下,皆无例外遭受失败,而非仅华北一处如此。故只有站在人民立场上才会胜利。③

林彪这样讲既符合唯物史观,同时也回答了傅作义的问题,满足了他的自尊心。

林彪这两段话的基本精神是完全一致的。应当说,傅作义和白崇禧都是国民党军中出类拔萃的将领,但是,他们处在国民党军中。在国民党政府土崩瓦解的大势下,他们的才干对挽救国民党起不了什么作用。后来傅、白各自选择了不同的道路,导致后来不同的归宿。傅作义在新中国成立后,任水利部部长,为社会主义建设事业贡献了力量。白崇禧被蒋介石骗到台湾后,则为蒋介石牢牢控制。

---

① 西蒙诺夫:《战斗着的中国》第16~19页,中南人民文学艺术出版社1953年版。
② 《罗荣桓年谱》第685页,人民出版社2002年版。
③ 1949年2月12日林彪、聂荣臻致中央军委电。

46. 海南岛战役中,解放军的木船为什么能够打赢国军的军舰?

在回答这个问题前,首先要回答的是解放军为什么要用木船打军舰?

海南岛战役是渡海登陆作战,需要有海军、空军和海军陆战队。但是,解放军当时在华南战区既没有海军和空军,更没有海军陆战队,只有木船。而据守海南岛的国民党军有一个舰队,舰艇50余艘;有空军4个大队,飞机40架,掌握着制空权。按照常理,当时解放军解放海南岛的条件并不具备。

那是不是等解放军建设了海军和空军再发起海南岛战役呢?

不行。因为国民党军以海南岛等岛屿为基地,不断出动飞机轰炸、扫射沿海地区。不解放这些岛屿,沿海将不得安宁。同时,如果拖延解放海南岛的时间,国民党军将构筑永久性的工事,从而增加日后进攻的难度。对此,1950年1月5日,林彪致电担负海南岛作战的第十五兵团司令员邓华和政治委员赖传珠,指出:"由于敌利用现有诸海岛及台湾对我内地城市、交通进行轰炸,增加我方困难。因此,不歼灭诸海岛及台湾之敌,则全国绝不能安居。城市的建设速度亦不及敌之破坏速度。因此我军必须克服一切困难,坚决歼灭海南岛之敌,这是一个完成革命和使全国进行建设与走向繁荣的绝对必需条件。因此这一作战应视为一个坚定不移的方针。我全体指战员均需明确坚定的建立此种决心,切勿存含糊马虎的观念。"[1]林彪此电虽然泛指包括台湾在内的一切海岛,但重点还是说海南岛。

解放军是不是一开始就决定用木船渡海呢?

不是。为解放海南岛,解放军曾想方设法改善装备。1950年春天,林彪曾派四野后勤部政委陈沂和参谋长罗文,携重金从深圳出境到香港买登陆艇和能用于海战的船只。陈沂回忆:"我是以上海轮船公司的老板的身份出现的。

---

[1] 中国人民解放军军事科学院编:《中国人民解放军第三次国内革命战争史料选编》第三辑第6册第342页,转引自刘统:《跨海之战》第200~201页,三联书店2010年版。

我脱下军装,换上西装,俨然一副老板的样子。我曾在北平、上海搞过党的秘密工作,对都市的情况还略知一二,所以装装样子、拍板定案还是可以的。临行前,叶剑英同志特别交代,场面上办交涉时要少说,重要的是要亲自去看船。"①

但是,他们跑了三天,从这个码头转到那个码头,根本没有发现登陆艇,轮船倒是有,个儿还不小,但大而无当,如用它运兵,目标太大,会成为敌人炮火的靶子,而且还不能靠岸。陈沂对罗文说:"算了,看来买船是不可能了。"但向导老温建议再到澳门看一看。澳门更没有登陆艇,大轮船也只见到一艘,还正在修理。他们只买到一些防晕药、罗盘针、救生圈就回来了。②

担负渡海作战的第十五兵团曾尝试用汽车发动机改装机帆船,但大部分汽车发动机马力不够,四十军改装成50艘,四十三军改装成40余艘,虽然数量很少,但装备了机枪和火炮后便成为土炮艇,在强渡海峡的过程中发挥了很大作用。

既然解放海南岛刻不容缓,用木船渡海就是不得已的选择。

解放军决定用木船渡海并不等于决定用木船打军舰。这是两个不同的概念。用木船渡海能突破国民党军军舰的封锁就可以,并不一定要同军舰交手。

但是解放军在进行渡海训练时竟发生了木船打军舰,而且把军舰打跑的事件。解放军是怎样用木船打赢国民党军的军舰的?

解放军的木船同国民党军的军舰第一次交手发生在海上大练兵期间。

担负渡海作战任务的第四十、四十三军从松花江边一直打到南海边,可以说是所向披靡,无坚不摧。但面对波涛汹涌的大海就傻眼了。概括起来有"七怕":

一怕海上无风三尺浪,浪大船小过不了海;

二怕晕船呕吐,失去战斗能力;

三怕不会游泳没有救生器材,翻船被淹死在海里;

四怕海上航行迷失方向;

五怕登陆时水深下不了船干挨打;

六怕敌人飞机在海上轰炸无处藏身;

---

① 陈沂:《粤海筹船记》,中国人民解放军历史资料丛书编审委员会编:《解放战争战略追击·中南地区》第1006页,解放军出版社2003年版。

② 同上,第1003~1009页。

七怕敌人军舰在海上挡住去路闯不过去。

这"七怕"总的来说就是"出海南征，九死一生"。

要克服这"七怕"主要是以大海为操场，以木船为课堂，以船工为老师，开展海上大练兵，变陆军为海军陆战队。

要把大海做操场，必须克服敌军舰的骚扰。为此，在雷州半岛南端各要点架设了重炮。以往敌舰常常逼近半岛海岸，重炮一架，敌舰就再也不敢过来了。

练兵不仅要做到不晕船，而且要学会游泳和海上行船的全套技能，要"懂得撑篙、划桨、摇橹、抛锚、起锚、拉篷、落篷、提放分水板、掌舵、看风识浪、简单修补等技术"，还要摸索船工也未掌握的在船上架炮，在风浪中瞄准、射击，登陆等本领。在训练时，"遵循实践第一的观点，边摸索、边试验、边积累经验，虚心向群众学习，以实兵实船，先易后难，先近航，后远航，先单船，后群船等循序渐进的方法"，展开海上大练兵。

经过海上大练兵，北方的旱鸭子迅速变成熟练的水手。但是，木船遭遇到军舰怎么办，指战员们心中还是没有谱。

1950年2月中旬，正是春节，船工们都回家过年了。兵团命令部队自己驾船到海中训练。第四十三军第一二八师第三八二团四连一排副排长鲁湘云带领着水手班驾着两篷两桅的木船随大队向大放鸡岛方向驶去。这一艘船是从海边捡回来的，只有帆，但没有橹和桨，有风能走，无风则停。

太阳落山时，风平浪静，别的船都用橹和桨划回去了。这一艘船只能抛锚，等有风再开船。第二天清晨，起风了。鲁湘云命令开船。战士们按照分工，有的拔锚，有的起舵，有的拉篷，船开动了。由于大家归心似箭，没有注意风向，船向西南方向漂去。不久，碰到一艘军舰。鲁湘云命令大家把军帽摘下，不要让敌人察觉是解放军，同时拿起武器，做好战斗准备。

军舰向这一艘木船驶来，在距离400米左右时打了4炮，有一发炮弹落在船尾，打坏了舵，篷绳、锚车也被弹片打断，篷落了下来，但船仍在波峰浪谷中颠簸。鲁湘云让大家沉住气。军舰离木船只有150米了，鲁湘云嘱咐大家："不要慌，没有命令不准开火。"

军舰上的官兵在甲板上指指画画，显然是看到木船没有动静，打算把木船拖走。当军舰离木船只有60米时，鲁湘云命令开火。自动枪、机枪朝甲板上和船舱的窗户一阵射击，4发枪榴弹，发发命中。军舰上血肉横飞，乱作一团。军舰因距离太近而无法开炮，只能一掉头，开足马力就跑，到距离500米左右时打过来几炮，随后就一溜烟向东南方向逃去。

这艘木船把军舰打跑了,但自己也因没有篷,走不了,只能在水中漂荡。后来,援兵赶到,才把木船接回去。①

3月5日,第三八二团为这一艘木船的指战员开了庆功会。木船打军舰的事迹传遍整个兵团。这一成功战例增强了指战员们渡海作战的信心。

解放军的木船同国民党军的军舰第二次交手发生在解放军第二次偷渡期间。

说起偷渡,就得先说一下海南岛上的解放军琼崖纵队。

琼崖纵队是中国共产党在海南岛领导的一支人民武装,是以1927年9月海南岛农民起义队伍为基础组建的。这支人民武装在土地革命战争、抗日战争和解放战争中经历了长期艰苦卓绝的斗争考验,创立了以五指山为中心的革命根据地。

琼崖纵队为了加速海南岛的解放,于1948年9月至1949年7月,集中主力向国民党军发动了秋、春、夏季攻势,歼灭4100余人,缴获迫击炮9门、轻重机枪130多挺、长短枪2400余支,琼崖纵队发展到1.5万人。

但是,据时任琼崖纵队司令员兼政治委员的冯白驹回忆:"1949年下半年后,海南人民的革命斗争,又暂时处于困难的情况,革命斗争又遭一些波折。因为这时国民党蒋介石败势已定,不少残军又逃退海南,增加了我们的压力,但这时敌人是处于败势,士气低落,攻势并不猛。我们虽不能给敌军大的打击,但还能机动地与敌人周旋,给敌人一些杀伤,敌军也不敢深入我们五指山中心地区,我们还能渡过困难,胜利地坚持斗争。"②

1949年10月29日,陈诚到海南,宣布成立海南岛防卫总司令部,任命薛岳为总司令,统一指挥海南岛的陆海空军。此时,在海南岛已经麇集了10万国民党军的残兵败将,人数虽多,战斗力却不强。薛岳字伯陵,即以这些残兵败将组成伯陵防线,妄图阻止解放军解放海南岛。他深知,要守住海南岛,必须先解决琼崖纵队,于是,以一半兵力对琼崖纵队进行"围剿"。

为增强反"围剿"的力量,1950年1月间,冯白驹派参谋长符振中和两个随行人员穿便衣,登上一艘商船乘夜色渡过海峡,来到雷州半岛,见到第四十军军长韩先楚,然后同韩一起到广州。1月25日,叶剑英和第十五兵团司令员邓

---

① 鲁湘云:《木船打军舰》,中国人民解放军历史资料丛书编审委员会编:《解放战争战略追击·中南地区》第1019~1022页。
② 广东琼崖革命史研究会、海南革命史研究会编:《冯白驹回忆录》第221页,香港东西文化事业公司2000年版。

华、政治委员赖传珠、第一副司令员洪学智会见了符振中,听取了他的汇报。符转达了冯白驹的两点建议:一是趁国民党军防御部署尚未完成,派一部分兵力偷渡过海,增强琼崖纵队的反"围剿"的力量;二是如果偷渡不行,则先送一批弹药接济琼崖纵队。

在此之前,1949年12月18日,在莫斯科的毛泽东考虑到金门战斗失利的教训,致电林彪:"渡海作战完全与过去我军所有作战的经验不相同,即必须注意潮水与风向,必须集中能一次运载至少一个军(四五万人)的全部兵力,携带三天以上粮食,于敌前登陆,建立稳固滩头阵地,随即独立攻进而不要依靠后援。因为潮水需十二小时后第一次载运船只方能返回运第二次,而敌可用海空军切断我之运输,故非选择时机一次载运一个军渡海登陆,并能独立攻进,建立基地,取得粮食,便有后援不继,遭受重大损失之危险。三野叶飞兵团于占领厦门后不明上述情况,以三个半团九千人进攻金门岛上之敌三万人,无援无粮,被敌围攻,全军覆灭。你们必须研究这一教训。海南岛之敌,可能较金门之敌战斗力差些,但仍不可轻敌。请告邓赖及四十军、四十三军注意,并望你向粟裕调查渡海作战的全部经验,以免重蹈金门覆辙。"[①]

林彪接到这一封电报后派四野参谋处副处长尹健到南京向三野了解了金门作战的经验教训。

要准备强渡一个军的船只,困难很大,短期内无法实现。但解放海南岛又不能拖延,邓华等正在探索解决的办法,符振中带来了冯白驹偷渡的建议。叶剑英和邓华等一致认为,既然琼崖纵队的同志可以偷渡过来,我们也可以偷渡过去。[②]

1950年2月1日,第十五兵团召开广州会议,确定采用"积极偷渡,分批小渡与最后登陆相结合"的战役指导方针。2月9日,邓华、赖传珠、洪学智致电中央军委、毛泽东,汇报了海南岛情况后提出:"岛上有敌十万,如只采取大规模登陆速决的方针,则所需机帆更多,改装费用更大,舵手、机工、领航人员亦非半年内所能同时办到。另一方面岛上有我根据地,有冯白驹的配合,回旋地区亦大。只要我们能上去,那怕小部队,都可打游击,以增强岛上力量。故应采取积极偷渡,分批小渡与最后登陆相结合的方针,即是少数人化装便衣偷渡,在冯白驹与策反工作的配合下,一连、一营以至一个团的小规模渡到一定

---

① 中共中央文献研究室、中国人民解放军军事科学院编:《毛泽东军事文集》第六卷第62页,军事科学出版社、中央文献出版社1993年版。

② 符振中:《接应大军过海来》,中国人民解放军历史资料丛书编审委员会编:《解放战争战略追击·中南地区》第993页,解放军出版社2003年版。

程度,即我岛上力量能夺取海岸一两点后,方最后策应大军登陆。在我无海空配合的条件下,这种办法是较好的,但时间可能要长,最好不限制,以争取一九五零年完成任务为原则。"①

10日,林彪和中南军区第二政治委员邓子恢等致电中共中央和毛泽东,表示同意邓华等的建议。

12日,毛泽东致电林彪:"同意四十三军以一个团先行渡海,其他部队陆续分批寻机渡海。此种办法如有效,即可能提早解放海南岛。"②

又是邓华。读者读过第35问,对于邓华否定先打塘沽、建议先打天津一定有深刻印象。对于他这种实事求是、不唯上的精神,毛泽东和林彪都十分欣赏。

渡海用木船不同于用登陆艇,需注意气象条件。但"春夏之交,气候变化无定,风向掌握尤为困难。而风向风力对帆船渡海快慢安危有决定作用。据实际调查,对风向规律有如下特点:(1)不论白天晚上,空中无云天气愈晴则多为东南风或南风,风力甚小,不利启渡。(2)空中乌云满布,特别是落雨或时阴时雨,则多为东风、东北风,或北风,且风力较大,正是我最需要者。(3)半岛与琼北虽仅一水之隔,但温度相差五度左右,因此,主流以北与主流以南,风向风力均有所差别,常常主流北是东风,而过主流后变为东南风,或北岸为东南风,而南岸为东风,或南风。因此,我们对风向利用应采取两种办法,其一是,'等风、就风',一切启渡前的工作准备好,一旦好风来到,即断然决心启渡。'好风就是启渡的命令。'其二是,利用风流,调对启渡与登陆角度。即使风力不足,或中途息风,尚可借顺流摇橹而过,拂晓登陆"③。

3月5日,第四十军一一八师三五二团加强营800人,乘木船13艘,于晚7时30分从雷州半岛西南面的灯楼角起渡,次日下午2时50分在白马登陆,在琼崖纵队一部策应下,击溃守军,进入五指山区。10日,第四十三军一二八师三八三团加强营1000余人,乘木船21艘,于下午1时从雷州半岛东面的硇州岛起渡,次日上午9时在海南岛赤水港至铜鼓岭一带登陆,突破国民党军滩头阵地,12日清晨与琼崖纵队一部会师。

解放军2个营偷渡成功后,薛岳加强了海军的巡逻。

---

① 中国人民解放军历史资料丛书编审委员会编:《解放战争战略追击·中南地区》第508~509页,解放军出版社2003年版。
② 同上,第511页。
③ 李作鹏:《43军解放海南岛本军渡海作战经验总结报告》,见刘振华:《海南之战》第546页,辽宁人民出版社1994年版。

3月26日，第四十军一一八师加强团2900余人，在师政治部主任刘振华率领下，由琼崖纵队副司令员马白山协助，乘木船81艘（其中机帆船9艘），晚7时从灯楼角起渡，于次日凌晨3时遇敌舰，92炮连先敌开火，敌舰逃跑。由于大雾弥漫，船队于27日在琼西北临高角以东地区分散登陆成功。31日，第四十三军一二七师加强团3700余人，在一二七师师长王东保、政委宋维栻率领下乘木船88艘，于晚10时40分从雷州半岛海仔港、博赊港起渡，途中遇到国民党军一大两小三艘军舰。在王东保指挥下，离敌舰最近的红五连一、三、四号船迎着敌舰的炮火冲了上去，四号船被炮弹打了一个大窟窿，战士们边抢修，船边往前冲。当三艘小船逼近敌舰时，轻重武器一齐开火，打得敌舰甲板上冒起浓烟。船上的战士们拿着手榴弹，抱着炸药包，准备同敌舰短兵相接。敌舰发信号向那2艘小舰求援，那两艘小舰早已溜之大吉。大军舰也开足马力逃之夭夭。木船对军舰，创造了3比3的纪录。该加强团撵走敌舰后于4月1日凌晨4时左右在海口以东北创港和塔市间登陆成功。①

木船对军舰更大规模的海战发生于解放军大军强渡过程中。

4月16日晚7时30分，渡海作战兵团第一梯队中的第四十军6个团1.8万余人，在军长韩先楚、副军长解方、军政治部主任李伯秋等率领下，乘船300余艘，从灯楼角一线起渡；与此同时，第一梯队中的第四十三军2个团6900余人，在副军长龙书金等率领下，乘船81艘从东场港起渡。晚10时左右，第四十军渡海部队航行到海峡中途，国民党军的军舰闯了过来。他们接受了此前靠近解放军土炮艇吃了亏的教训，只是远远地开炮猛轰。有一艘大型军舰可能是仗着速度快、火力强，闯进第四十军左翼船队。第四十军炮兵主任黄宇所在的指挥土炮艇立即迎上去，在离敌舰几十米处，射出猛烈的炮火，敌舰被击中，冒出滚滚浓烟，只好撤至远处向第四十军船队盲目射击。在战斗中，大部分土炮艇被击沉或击伤。

第四十军强渡成功后，17日5时，黄宇奉命率仅剩下的5艘土炮艇返航，准备接应后续部队。途中，黄宇的指挥船一台发动机灭火，速度越来越慢，逐渐成为孤船。这时，突然有一艘敌舰向黄宇的指挥船开来。黄宇命令用篷布把火炮盖起来，篷布有口，炮手在篷布内继续瞄准，其余人员下舱隐蔽。关闭发动机，利用风帆航行。这样，就把土炮艇伪装成运输船。敌舰果然上当，大摇大摆开过来，准备拣洋捞。距离越来越近，黄宇看到这是一艘千吨级以上的

---

① 宋维栻：《加强团结勇渡海峡》，中国人民解放军历史资料丛书编审委员会编：《解放战争战略追击·中南地区》第1032页，解放军出版社2003年版。

护航驱逐舰,许多士兵拥到甲板上观看快要到手的猎物。在篷布下面的火炮是美制57毫米战防炮。炮长赵钻珠不断报告:"已瞄准敌舰","已瞄准指挥塔"。当距离只剩200米时,敌舰主炮对土炮艇已成死角;而土炮艇对敌舰可以直射。黄宇命令:"打!"指战员们有的掀开篷布,有的落下风篷,枪炮一起开火,敌舰指挥塔接连中弹。战斗中,炮长赵钻珠不幸牺牲。最后,敌舰狼狈逃跑。后来得知,敌舰是第二舰队的旗舰"太平"号,第二舰队司令王恩华中将就在舰上的指挥塔内,身负重伤,不久毙命。①

在这次强渡中,第四十三军土炮艇也阻击了敌舰的袭扰,完成了护航的任务。

解放军大军强渡成功后,横扫海南岛上的国民党军残兵败将。薛岳见大势已去,于22日下令总撤退。国民党军3.3万余人被歼,7万余人乘军舰逃往台湾和万山群岛。

解放军的木船所以能打赢国民党军的军舰,是诸多因素决定的。

一、参加解放海南岛战役的第十五兵团(司令员邓华、政委赖传珠)由四野的主力部队第四十军(军长韩先楚、政委袁升平)和第四十三军(军长李作鹏、政委张池明)及炮兵、工兵各一部组成,共10万余人。兵强马壮,战斗力很强。而盘踞海南岛的国民党军尽管有第四、三十二、六十二、六十四军,整编第十三师5个军的番号,有10万之众,但都是被解放军歼灭后重建的残兵败将,战斗力不强。国民党虽有海军,但是抗战胜利后才复建,没有战斗经验。

二、在海南岛有土生土长的总共2万余人的解放军琼崖纵队,在海南岛中部以五指山为中心建立了面积涵盖4个县的巩固的根据地,能有效地策应大军登陆。

三、吸取了金门战斗失利的教训。对此,毛泽东非常重视。前面我们已引用了他就此问题给林彪的电报。1月10日,毛泽东又致电中共中央转林彪:"海南岛与金门岛情况不同的地方,一是有冯白驹配合,二是敌军战斗力较差。只要能一次运两万人登陆,又有军级指挥机构随同登陆(金门岛是三个不同建制的团又无一个统一的指挥官,由三个团各自为战),就能建立立足点,以待后续部队的继进。"②

---

① 凌行正、黎品纯:《进军中南》第328页,辽宁人民出版社1998年版。
② 中共中央文献研究室、中国人民解放军军事科学院编:《毛泽东军事文集》第六卷第73页,军事科学出版社、中央文献出版社1993年版。

第十五兵团从上到下都认真吸取了金门战斗的教训。邓华说："当时我们考虑，渡海作战与陆地作战不同。陆地作战搞不好还可以整顿部队重来，渡海作战搞不好就有全军覆灭的危险，因此必须慎重从事，既要英勇果敢，又要稳扎稳打，必须实事求是，因时因地采取得力措施，并准备以必要的代价，克服敌机敌舰和茫茫大海阻拦，使部队顺利登陆，才能大量消灭敌人，取得渡海作战的胜利。这就是我们作战的指导思想。"①

此外，前面所说的开展海上大练兵，变陆军为海军陆战队，采用"积极偷渡，分批小渡与最后登陆相结合"的战役指导方针都是重要原因。

---

① 邓华：《海南岛战役作战经过》，中国人民解放军历史资料丛书编审委员会编：《解放战争战略追击·中南地区》第971页，解放军出版社2003年版。

第六部分：
战争史上的奇迹

47. 淮海战场上为什么会出现"共产党指挥的国民党军队同国民党军队作战"？

首先要声明一点：这是一句玩笑话，但也反映了淮海战场上的真相。所谓"共产党指挥的国民党军队"说的是原来国民党军的士兵，被解放军俘虏后参加解放军。他们被称为解放战士。

在回答这一带开玩笑性质的问题以前，我们先简单回顾一下解放军俘虏政策的历史。

1928年2月底，毛泽东指挥井冈山工农革命军粉碎国民党军对井冈山第一次"进剿"，俘虏国民党军士兵300余人。这是我军历史上第一次俘虏国民党军士兵，如何处理这些俘虏成为前所未有的新问题。当工农革命军和赤卫队押解这些俘虏时，毛泽东发现有打骂和搜俘虏腰包的现象，立即提出优待俘虏的政策。"他向广大指战员说明，国民党军队中许多士兵是被作为壮丁抓来的穷人，不应该打骂他们，而要进行说服，教育他们反戈一击。而且明确宣布：工农革命军不杀、不打、不骂俘虏，不搜俘虏腰包，对伤病俘虏给予治疗；经过教育、治疗后留去自由，留者开欢迎会做革命战士，去者开欢送会并发路费。"①

1929年年初，红四军向赣南闽西进军时，将三大纪律六项注意扩充为三大纪律八项注意时，增加了"不搜俘虏腰包"的内容。在十年内战时期，红军吸收了数以万计俘虏的国民党军士兵参加红军。

抗日战争中，我军将优待俘虏的政策延伸到日军战俘。经过教育，这些战俘自愿参加反战同盟，配合八路军进行瓦解日军的工作。

抗战胜利后，从我军同国民党军交手一开始，就十分注意俘虏政策，吸收俘虏参加我军。

上党战役刚结束，1945年10月13日，中央军委和总政治部即致电刘、邓："俘虏兵除老弱残废优资分途遣送回部回籍外，精壮士兵应尽量争取分补各部，中下级青年军官，亦应争取改造为我服务。对其一般高级将领应尊重其人

---

① 金冲及主编：《毛泽东传（1893—1949）》第169页，中央文献出版社1993年版。

格,愿留者欢迎。但个别特殊反共分子,如续济川①应拘禁,宣布其罪恶,以儆效尤。在其他各级军官士兵中,须充分有耐心的发动民主讨论,暴露阎锡山一贯勾结敌伪,欺骗军民,以及现行的各种反动政策,特别是他们士兵与人民疾苦。对我军及解放区各项措施,以一切办法介绍,欢迎他们参观和批评,解释我党和平、民主、团结方针,在俘虏兵工作中,应创造新的经验去动摇与瓦解顽军,争取和平民主的实现。"②

10月16日,中共中央致电各局、各区党委并转各级司令部、政治部:"为了削弱国民党军队,增加我军之补充,及为了将来向国民党交换我之被俘、被捕人员起见,今后凡在战斗中俘获之国民党军队及伪军之官佐、士兵及特务人员等,均按下列办法处理:(一)一切精壮士兵,均加争取,补充我之部队。(二)一切官佐,均加争取,其愿为我军服务者,令其服务。其不愿为我军服务或坚决顽强反我者,则加看管教育,并令其生产,一律不放回。如集中看管困难,则分散交地方政府看管、教育和生产,以便将来战争结束时,向国民党交换我之被捕被俘人员。(三)一切老弱残废对我对敌均系无用之人,则予以宣传教育后放走。(四)对于在顽官欺骗下,其士兵对我军影响尚浅,尚未明了我军俘虏政策之个别部队,在俘虏其官兵后,加以切实的宣传教育,应适当的以其最好的一部分散放回其原部队,以便扩大我军影响。反动官佐,经教育后,亦可放回几个,借以证明我党不杀俘虏的政策。"③

此后,我军各部队都进行了争取俘虏的国民党军士兵补充我军的工作,其中以西北野战军最为突出。

陕北土地贫瘠,人烟稀少,补充兵员非常困难。针对这一情况,1946年11月,陕甘宁晋绥联防军政治部在《关于两个月来自卫战争中政治工作总结》中就指出:"在边区人口稀少长期战争的条件下,必须认识争取俘虏参加我军,是我们补充兵力的主要来源,是战胜敌人瓦解敌人的重要政策。"④

青化砭战斗结束后,彭德怀根据敌情、我情确定了"每战必胜,粮食、弹药、被服、人员的补充,主要取之于敌人"的战略方针。此后,大批俘虏补充进部队。这些补充进我军的俘虏,当时被称为解放兵。部队中解放兵越来越多,每

---

① 续济川,阎锡山的第六行政主任公署(驻长治)主任。抗战时期搜刮民财,打击牺盟会和抗日团体。1938年5月9日,张闻天、刘少奇致电邓小平、朱瑞:"对阎锡山的旧派势力续济川等的进攻,应采用相当强硬的办法对付。"参见刘崇文、陈绍畴主编:《刘少奇年谱》上卷第214页,中央文献出版社1996年版。
② 《中国人民解放军政治工作历史资料选编》第八册第45页,解放军出版社2007年版。
③ 同上,第58页。
④ 同上,第480页。

个连队平均占70%,有的连队达80%。第三纵队1947年补充由解放区农民入伍的子弟兵1880人,而补充的解放战士为7154人,二者约为1比4。

1947年10月11日,毛泽东为中央军委起草致各战略区首长电,指出:"西北我军在彭副司令指挥之下,包括三个地方旅在内,总共只有十个旅,每旅大者五千余人,小者二千余人,全军共计四万余人。边区人口一百五十万,三分之一沦于敌占,一切县城及大部分乡村均曾被敌侵占,现仍有十一城在敌手。本年荒旱,近数月粮食极端困难。七个月作战,未补解放区新兵,补的都是俘虏,即俘即补。七个月中没有作过一次超过两星期的正式整训,绝大部分时间都在行军作战中。然而,我军战斗意志极其坚强,士气极其高涨,装备火力大大增强,人员因有俘虏补充,亦比三月开始作战时略有增加。利用边区地方广大,人民拥护,七个月内,击破了胡宗南中央系步骑二十四个旅及杂牌十个旅的攻势,被我歼灭及受歼灭性打击者达十一个旅,加上敌人拖疲饿瘦,使我转入了反攻。人民虽受敌人摧残搜刮的灾难,却极大地提高了觉悟。我军虽在数量上少于敌人几倍,但在战斗力上优于敌人,尤其是在精神上压倒敌人,敌人极怕我们,我们不怕敌人。目前我军主力准备再在内线一个短时期,即打到敌后去,估计再有一年左右时间,即可歼灭胡军大部,并夺取西北许多地方。"①

对于大批俘虏拥进部队的现象,当时人们称之为"用胡宗南的兵打胡宗南"②。这一说法同华野的"共产党指挥的国民党军同国民党军作战"有异曲同工之妙。

但这样做也出现了一些问题。西北野战军副政治委员习仲勋回忆:"当时,补充到部队的俘虏兵,经过教育都能掉转枪口杀敌立功。但是,战斗频繁,部队没有时间进行大的休整,教育跟不上形势的发展;大量的解放战士的阶级觉悟还很低,不知道为谁当兵,为谁打仗,正统观念还很重,当兵'吃粮'的雇佣思想相当普遍,他们还不懂得革命军队与反动军队的根本区别,不习惯人民军队的作风纪律。相当一部分人染有兵痞流氓习气,部队中发生打骂群众,乘群众逃离村庄之机,挖窖倒柜、捉鸡宰鸭的,不少都是这些人干的。当然,也有子弟兵违反纪律的。不管是子弟兵还是解放兵,在生活比较艰苦,物质条件极端困难时,在打了胜仗产生骄傲情绪时,在连续作战部队比较疲劳,伤亡较大时,

---

① 中共中央文献研究室、中国人民解放军军事科学院编:《毛泽东军事文集》第四卷第302~303页,军事科学出版社、中央文献出版社1993年版。
② 王政柱:《毛主席和我们在一个战场》,《缅怀毛泽东》(下)第240页,中央文献出版社1993年版。

都较多地发生了违反纪律的现象。"①

如何解决这些问题?

1947年有两件大事。一是随着解放军转入反攻,10月间,毛泽东为人民解放军总部起草政治宣言,提出了"打倒蒋介石,解放全中国"的伟大号召。二是在7至9月,中央工委在西柏坡召开了全国土地会议,讨论通过了《中国土地法大纲》,在各解放区开展了轰轰烈烈的土改运动。应采取什么方法结合这两件大事,针对部队存在的问题,进行部队教育?

1947年9月28日,毛泽东批转了东北民主联军第三纵队诉苦教育经验报告。这一报告提供了结合土改和响应"打倒蒋介石,解放全中国"的伟大号召,对部队进行生动感人的、切实有效的教育经验。

第三纵队是由挺进东北的冀热辽部队和山东部队的一部为骨干扩编而成的。四平保卫战以后,该纵队退往辽东辉南、柳河一带,坚持南满斗争。由于敌强我弱,战斗频繁,生活艰苦,出现了不少思想问题。一些从山东、河北过来的老兵不愿意在东北坚持斗争;少数收编来的和解放入伍的人员有严重的兵痞流氓习气,有的认为国民党蒋介石是"正统",认为八路军受苦受穷,不如国民党。有少数人厌倦艰苦生活,开了小差,还有些人不遵守纪律。

为解决这些问题,该纵队第七师在柳河召开的政治工作会议上明确提出了用阶级斗争的学说教育部队,解决为谁当兵、为谁打仗的问题。为此,提出了"谁养活谁"等问题交指战员讨论。在讨论时,第二十团第三营机枪连的副班长任纪贞讲起他父亲给地主扛了一辈子活,最后累得吐了血,想喝一碗小米粥而不得,控诉了封建地主的罪行,使大家深受教育。三营教导员推广了这一经验。接着九连战士房天静痛诉了自己的苦情。房是山东博山人,15岁被日本鬼子拉到东北本溪煤矿当劳工。后来,父亲在老家被地主逼债而身亡。母亲带着两个弟弟千里迢迢到东北来找他。途中因生活所迫,把两个弟弟卖掉,只身来到本溪找到儿子,但因日本人不让母子相聚,他们隔着铁丝网说了几句话,房就被迫离开母亲去上工。不久母亲因愁苦饥病而死。房天静诉说到这里,哭倒在指导员怀里,一面哭,一面表示今后坚决跟着共产党走,为被逼死的父母报仇。诉苦教育迅速提高了指战员的阶级觉悟。1947年1月19日,房天静在一保临江的一次战斗中,发现一股敌军窜入山沟,他抱枪翻滚着冲下有厚厚的积雪的山沟,进入敌军阵地,歼敌一个班,俘敌5人。此时他已孤身一人

---

① 习仲勋:《新式整军与西北大捷》,中国人民解放军历史资料丛书编审委员会编:《新式整军运动》第419~420页,解放军出版社1995年版。

追出一公里,仍沉着地命令俘虏卸下枪栓放在自己脚下,各自扛着不能射击的枪,随后押解着俘虏返回部队,被纵队授予"孤胆英雄"称号,记特等功。①

6月间,辽东分局书记兼辽东军区政治委员陈云听取了三纵队领导关于部队开展诉苦教育问题的汇报,予以充分肯定,指出:这是部队教育的方向,要求把诉苦教育和杀敌立功运动结合起来,在全区推广。8月辽东军区政治部主任莫文骅在东北民主联军总部召开的政治工作会议上汇报了第三纵队诉苦教育的经验。8月26日,《东北日报》刊登了《辽东我军某部根本改造教育工作》的报道,详细介绍了三纵经验,并发表了由东北民主联军副政治委员罗荣桓主持起草的社论《部队教育的方向》,指出:"辽东军区我军某部在这次夏季攻势前进行诉苦教育的全部过程,在部队教育工作上是一个具有极其重大意义的创造。这个创造,主要解决了部队教育的两个问题,第一个是部队教育当前的主要内容应该是什么,第二个是应当如何进行部队教育。"社论指出,当前部队教育的主要内容是阶级教育,但是阶级教育不能用抽象说教的方法。这次辽东军区某部进行教育,是采取群众路线的方法,以群众的诉苦开始,彻底揭露了阶级压迫的残酷,用群众亲身经历的事实,活生生画出了一幅劳动人民在旧社会、在蒋管区、在敌伪统治下被悲惨剥削的图画。这种群众性的诉苦证明,罪恶绝不是单个地偶然地发生的,大家来自山南海北,都受到同样的痛苦,都同样受冻受饿受辱挨打,这证明普天之下都存在着两种人,一种是压迫人的人,一种是受人压迫的人。前一种经过各种线索的追寻,都归到蒋介石那里,蒋介石就是他们的头子。后一种人经过各种事实证明,都归到共产党这里,共产党为人民办事,是被压迫的劳动人民的领袖。要报仇雪恨,只有和共产党一起,大家联合起来打倒蒋介石。②

9月28日,东北民主联军政治部将第三纵队的经验分两次电报军委总政治部。毛泽东亲自修改后转发全军。

由于解放兵绝大多数都是贫苦农民出身,都受到地主阶级的剥削和国民党军中长官的压迫,因此,各部队都有类似房天静那样的典型。据彭德怀回忆:"一九四七年十二月中,撤围榆林,进行整训。一纵队三五八旅战士中有一名四川人,是俘虏来的。深夜,一个人在野地,写着他母亲的神位,哭诉他母亲是怎样惨死的,仇恨国民党和当地的恶霸地主,他参加了人民解放军,要如何

---

① 参看《综述》,房天静:《诉苦教育使我成长》,中国人民解放军历史资料丛书编审委员会编:《新式整军运动》第7~9、811~821页,解放军出版社1995年版。
② 《罗荣桓年谱》第503页,人民出版社2002年版。

为母亲报仇。一位连指导员悄悄在旁边听着,他也有类似苦难,结果他们拥抱相诉相哭。我们抓住这件事,开了诉苦大会,把它当作运动来开展。我军新老战士、干部,多数都有一本不同程度的血泪史,过去各不联系,不能成为同仇敌忾的阶级感情。诉苦大会普遍开展后,大会小会又紧密结合,一个人的痛苦,就变为大家的痛苦,大家的痛苦也就是每个人的痛苦。很自然地提高了阶级觉悟,凝结为阶级仇恨。"[①]

对于诉苦,彭德怀评价道:"这种诉苦会的形式是很好的,红军和抗日时期,都没有找到这种形式;要是早找到这种形式,对争取俘虏兵加入红军,扩大红军的成绩,要快,要大得多。毛主席把这种做法推广到全军,并誉为'新式整军运动'。"[②]

1948年3月7日,毛泽东为中国人民解放军总部发言人所写的评论指出:"西北野战军的战斗力,比之去年是空前的提高了。西北野战军在去年作战中,还只能一次最多歼灭敌人两个旅,此次宜川战役,则已能一次歼灭敌人五个旅。此次胜利如此显著,原因甚多,前线领导同志们的坚决的、灵活的指挥,后方领导同志们和广大人民的努力协助,以及敌军比较孤立,地形有利于我等项,都是应当指出的。但是最值得注意的,是在冬季两个多月中用诉苦和三查方法进行了新式的整军运动。由于诉苦(诉旧社会和反动派所给予劳动人民之苦)和三查(查阶级、查工作、查斗志)运动的正确进行,大大提高了全军指战员为解放被剥削的劳动大众,为全国的土地改革,为消灭人民公敌蒋介石匪帮而战的觉悟性;同时就大大加强了全体指战员在共产党领导之下的坚强的团结。"[③]

回顾完解放军俘虏政策的发展,再来回答那一个玩笑性的问题。

淮海战役的特点:一是战役时间长,共进行了66天;二是战争规模大,人民解放军两个野战军共60万人对国民党军7个兵团加两个绥靖区共80万人;三是战况空前激烈,伤亡人数多,解放军在整个战役中伤亡达13万余人。兵员补充完全依靠地方输送新兵将缓不济急,因此,除地方输送了几个基干团外,主要是补充俘虏,俘虏补充进部队,也来不及进行教育,要立即投入战斗。因此,必须实行即俘即补即战的方针。

[①] 《彭德怀自述》第251页,人民出版社1981年版。
[②] 同上,第252页。
[③] 《毛泽东选集》第四卷第1294页,人民出版社1991年版。

当淮海战役第一阶段围歼黄百韬兵团的碾庄战斗进行了一周(11月12日至18日)时,华野各参战纵队伤亡均在5000人以上,不少连队仅剩10余人,一般连队每班老兵(在济南战役被俘的解放战士即算老兵)只剩下1至3人。在即俘即补的情况下,这些老兵均被提拔为班长、副班长,班中战士几乎都是刚刚在碾庄战役中解放的战士,他们上午被俘,下午就补充进部队并参加作战。

不仅战士,而且班排连级干部伤亡也很大,在淮海战役中有的连队干部已经换了四五茬。由于没有时间进行训练,新提拔的干部指挥能力较弱,新补进部队的解放战士不会打夜战,又缺乏老兵带,有时出现了进攻时拉不上去、撤退时撤不下来的情况。

在执行即俘即补即战方针的过程中,为了尽量不降低连队战斗力,华野在调配战士时,注意把伤亡较少的营属机枪连及团属炮连的机枪兵、炮兵、弹药手以及团以上机关的勤杂人员和年轻的马夫、挑夫等老兵调到步兵连队充当骨干,其空缺则用新解放战士补充。为解决干部问题,除教导团全部补充部队外,对团以上司政供卫机关实行精简,将纵队、师、团的侦察、通信参谋和警卫员,大量调出充实基层。还抽调干事、科员、文工团员和老战士等到团以下单位任职。有了这一批骨干,为融化俘虏创造了条件。许多国民党军士兵原来都是被抓壮丁抓来的劳动人民,参加解放军后充分体会到官兵平等,能立即掉转枪口参加战斗,连原来的军服都来不及换。为此,粟裕命令后勤部门赶制10万顶军帽发给这些解放战士,以便识别敌我。①

这些解放战士进入解放军就像换了一个人,由在国民党军中消极被动到在解放军中积极勇敢,许多人立功受奖。1949年4月17日,周恩来在《关于和平谈判问题的报告》中说:"我们的战士有很大部分是俘虏过来的,称为解放战士。有的部队,解放战士竟占百分之八十,少的也占百分之五十至六十,平均约占百分之六十五至七十。对于俘虏,我们实行即俘、即查、即补、即训、即打的办法,就是说士兵一俘虏过来就补充到部队,经过诉苦教育就参战。在打黄百韬时,情形竟发展到上午的俘虏,下午就参加作战。当时的解放战士现在有许多已经做了排长、连长。这种情形是世界战史中所少有的。"②

淮海战役开始时,华东野战军共有36.9万人,战役过程中伤亡10.5万人,战役结束时增长到55.1万人。增长的部分除华东军区补充的几个基干团外,主要是补进的解放战士。

---

① 《粟裕传》编写组:《粟裕传》第774页,当代中国出版社2000年版。
② 《周恩来选集》上卷第315~316页,人民出版社1980年版。

从淮海战役开始，到淮海战役第三阶段，华野部队中的解放战士已经占总人数的80%。这就是在淮海战场上，"共产党指挥的国民党军队同国民党军队作战"这句玩笑话的由来。

此事给毛泽东留下深刻印象。1949年10月20日，他在中央人民政府人民革命军事委员会第一次会议上说："淮海战役时，甚至是即俘、即教、即补、即战。现陈粟部队百分之八十是俘虏成分，他们都坚决作战，全靠我们的革命精神，同他们互亲互爱。"[①]

在中国历史上有一个武王伐纣的牧野之战。当周军向商军进攻时，纣王仓促调集来的由奴隶组成的大军在阵前倒戈起义，周军直迫商都，纣王大败，退入宫中自焚。牧野之战的详情已在历史中湮没。淮海战役则非常具体生动地体现了行将覆灭的统治阶级的军队官兵在战争中大批大批倒向人民的过程。

国民党军士兵被我军俘虏后之所以能即俘即补即战，还有一个原因是国民党军内部恶劣的官兵关系和我军兄弟般亲密的官兵关系形成鲜明的对比。

据旅美作家王鼎钧回忆，抗战胜利后，他由一名流亡的中学生报名参加了国民党军宪兵第十四团，在宝鸡马营接受新兵训练。训练期间，当众用扁担打新兵的屁股是家常便饭。他回忆道："原来新兵训练就是挨打，操课教材无非是打人的借口。起床号已响，你的动作慢了，要打；起床号未响，你的动作快了，要打。熄灯号未响，抢先上床，要打；熄灯号已响，还没有上床，也要打。"

如此打法，把新兵打伤怎么办？王鼎钧回忆说：在给新兵打屁股之前，"他们朝这人的口中塞一块软木，防他因疼痛咬断舌头，又在他小腹底下垫一个枕头，防他疼痛时挤破睾丸。最后一个步骤是，两名班长拉紧他的裤子，否则棍子打下去，裤子的褶皱会像刀刃一般纵横割裂他的皮肉，使他久久不易复原"。"打完了，队伍解散，班长立刻架起挨打的人，协助他艰难的踱步。班长知道要走满多少步，才可以把他领进禁闭室，把他放在门板上。班长立刻褪下他的裤子，双手蘸满烧酒为他推拿。他们还有一个偏方，把旧鞋的鞋底烧成灰，敷在打破了皮的地方，帮助伤口提前愈合。这是一套制式作业。唯有如此，被打的人才不会留下后遗症，成为连队的弃材。""我心里一直在想，他们行刑的动作怎么这样熟练，默契怎么这样好，他们究竟干过多少次了？尤其是受刑者嘴里那块软木，每个班长行囊里都备有一块，一定是经过多次试验改进，定出规格，

---

① 中共中央文献研究室编：《毛泽东年谱（1949—1976）》（修订本）第一卷第23页，中央文献出版社2013年版。

代代相传。"①

国民党军在训练新兵时用扁担打屁股,训练完了如何?照打不误,不过次数减少而已。1946年秋,笔者还在读初中。学校里就驻扎了国民党军。笔者目睹了他们开饭前在队列前鞭打士兵的场景。

反观解放军,早在古田会议时就批判了军阀主义的思想,废除了肉刑。对士兵强调政治思想教育,强调官长和党员的模范带头作用,身教重于言教。对此,王鼎钧写道:"那时,跟我们隔着秦川平原②生聚教训的中共,可不是这样练兵的!我得承认,自大清朝廷、北洋政府、国民革命军是一套文化,中共的解放军是另一种文化。"③

写到这里就使笔者联想到1944年7月罗荣桓讲的一段话。他说:

> 毛泽东同志在建设红军和现在的八路军、新四军是给我们很好的示范。他写下的红四军九次党代表大会的决议,解决了我们建军的方向。他把党的领导树立无产阶级的思想,作为建军的决定因素。他曾亲自下手去建立连队支部,重视小组在班排的分布,规定军队的三大任务、三大纪律八项注意,以建立自觉地纪律,巩固官兵一致,军民一体,反对打骂战士,废除肉刑,有了争取俘虏的政策。他给我们奠定了和培养出革命军队的本质,同一切其他军队、旧的军队完全区别开来,组织一支崭新的军队。④

这一切都是毛泽东建军思想的一部分。王鼎钧所说的"另一种文化"实际上就是毛泽东的军事思想。

在国民党军,班长棍打士兵,再大的官就克扣军饷,喝兵血。如此恶劣的官兵关系,士兵哪来的积极性?他们在国民党军中已经听释放回去的俘虏兵说起解放军鱼水般的军民关系和兄弟般的官兵关系,被俘后,目睹解放军中的新气象,就能掉转枪口,立即投入战斗。

使用俘虏兵还能弥补我军的短板,提高我军的战术技术水平,这一点在解放战争前期尤为突出。1947年冬,陈毅赴陕北参加中共中央召开的会议。年底在晋绥做《华东一年来自卫战争的初步总结》的报告。他说:"由于我军多是

---

① 王鼎钧:《关山夺路》第31~32页,三联书店2013年版。
② 当时王鼎钧在宝鸡,宝鸡和陕北之间隔着八百里秦川。
③ 王鼎钧:《关山夺路》第36页,三联书店2013年版。
④ 《罗荣桓军事文选》第232页,解放军出版社1997年版。

翻身农民,他们参军没几天,就拿枪打仗,没有经过正规训练……"但是俘虏过来的国民党兵有许多却是经过正规训练的。他举了一个战例:"我们有一个营长指挥三个连去打一个村里的敌人,村外是开阔地,不讲究机炮火力掩护,敌人等到我们冲到七八十米远才打枪,冲一次就死伤七八十人。一个俘虏兵是机关枪射手,他看见营长叫'打!打!打!',说:'营长你叫打哪里呀?'营长没法答他。他说,要用机枪封锁敌人的枪眼,掩护冲锋。营长同意了他的意见。他并提出要用三挺机枪封锁五个枪眼,他先负责布置,搞好标尺,试验射击目标,然后指挥三挺机枪一齐开火,压住了敌人的火力,营长就命令冲锋,以手榴弹打过去,没有一个伤亡,敌人就被迫投降了。这是战术作用。我们的营长不如人家的班长,俘虏兵起了指挥作用。"①我军缴获了美械重炮、坦克,也需要俘虏兵教会官兵使用和维修。

说完解放军的俘虏政策,我们再看看国民党军是怎么说和怎么做的。

1947年5月19日,蒋介石在对军官训练团第二期学员讲话中说:"去年七月间,第七十四师在淮阴作战的时候,曾经收编了三千俘虏。后来该师师长张灵甫来见我时,我曾当面警告他:'匪军俘虏绝对不能收编,一定要送到后方收容。'他说:'俘虏中有许多是我军过去被俘过去的,而且并不是拿来补充战斗兵,只是作杂役兵,想必没有关系。'我说:'作杂役兵也不行,一定要集中送到后方。'我当时以为他照办了,哪知他并没有作到,此次该师和匪军作战,一遇到猛烈炮火,阵地就生混乱,听说有杂役兵乘机鼓噪,裹胁官长的事发生。"②

蒋介石"听说"的"杂役兵乘机鼓噪"的事,在国民党军圈子里广为传播。5月28日,徐永昌日记载:"鹿瑞伯(即鹿钟麟)言:兵征不起,由于不愿当;官长则厌战(因抗战后未得休息)。周至柔云,所以七十四师缺额竟以俘虏共兵四五千补之。战事失利时,俘兵倒戈相向,有绑其团长以去者(此说不可信)。"③

徐永昌认为"此说不可信"。如有此事,当发生在第七十四师被歼过程中,南京国民党军上层何以得知,这只能是道听途说。此事在解放军战史中未见记载,只能存疑。

我们姑不论此事真伪,但从蒋介石所言可以看出,国民党军同解放军相反,不敢吸收俘虏到他们的部队,则是不争的事实。

---

① 《陈毅军事文选》第429~430页,解放军出版社1996年版。
② 蒋介石:《对于匪军战术的研究与军队作战的要领》,秦孝仪主编:《先总统蒋公思想言论总集》卷二十二第125页,台北中国国民党中央委员会党史委员会1984年版。
③ 《徐永昌日记》第八册,台北"中研院近史所"1990年影印本。

对此，徐永昌在日记中写道："亦有言共党俘虏国军士兵即时编入部队作战，我则不敢，且对被俘官兵之逃回或被释放者亦均加以严格控制。前节谓彼每班皆有可靠五六人为之作督察云云。"徐永昌评论道："我何以每班不能有可靠者？即此一节，虽日言训练当非胡扯！后节则证明国军一片散沙，非层层节制之师明矣，国晋（指国军和晋军）皆然。"①

国民党军上层由于对俘虏完全不信任，就出现了这样的现象：当败退到台湾的国民党当局获得一批志愿军战俘后，就在这些俘虏身上刺上"反共"的字样？在网上有人说，刺这些字都是战俘自愿的。如果是自愿的，应是个别现象，何以成为普遍的行为？

反观解放军，解放战士经过诉苦，对蒋介石充满了阶级仇恨，在战斗中表现神勇，不怕牺牲，涌现了许多王克勤（参见下文）式的战斗英雄。他们显然是自愿打倒蒋介石的，何以不在身上刻上"打倒蒋介石"的字样？

答曰：这是由两军截然相反的性质决定的。解放军是为占全国人口绝大多数的人民大众服务的。因此，对出身于人民大众的解放战士充分信任，就敢于实行即俘即补即教即战，而不做那些刺字的表面文章。国民党军则是为占全国人口极少数的官僚买办资产阶级和封建地主阶级服务的，在军队和民众之间、在军队内部官兵之间充满了尖锐矛盾，因此不敢将俘虏补充进部队。他们获得一些战俘，但不能获得他们的心，只能做一些刺字之类的表面文章。

附录：

王克勤：安徽阜阳人，1939年7月被国民党军强行抓去当兵。1945年10月，在邯郸战役中被解放，参加中国人民解放军。1946年9月加入共产党，在第六纵队第十八旅五十二团任机枪班班长。在党和军队的培养下，经过阶级教育，迅速成长为具有高度政治觉悟、英勇善战的优秀战士。

10月6日，第五十二团在山东巨野县同国民党军整编第十一师第十一旅作战。入夜，王克勤班随部队进入徐庄，距敌师部仅一公里，严重威胁其安全。拂晓，敌人以强大炮火向解放军阵地猛攻，并以6架飞机轮番轰炸，经一天激战，村中几十户的房屋除一草棚外，全被炸毁。一块30多米长宽的晒谷场，炸了75个弹坑。由于战斗激烈，伤亡很大。在最前沿的两个班，三班仅剩班长一人，而王克勤班却无一伤亡。

---

① 《徐永昌日记》第九册第95~96页，台北"中研院近史所"1990年影印本。

进入战场后,他向第一次参加战斗的新战士做思想工作,传授战斗经验,消除恐惧心理。前进中,看到徐庄大火通明,就说:"敌人怕我们接近,就放火烧村子壮胆。"进村后,他组织大家赶修工事,说:"我们战斗是为了消灭敌人,不是让敌人打死我们。修好工事就可以避免伤亡。"敌人炮弹落在附近,新战士要跑。他对他们说:"不要跑,第二发炮弹准不会落在原地,你一跑正好挨炮。"他带领全班在阵地上挖了立姿、蹲姿,大的、小的,真的、假的各种机枪工事,打了就转移,避免了敌炮杀伤。他在阵地后面的一堵墙上挖了许多枪眼,然后把机枪阵地挪开。敌人以为机枪在墙后,老往那里打炮,一天也没有打到机枪工事。一次,两个多排的敌人以一面断墙做掩护冲了过来。敌我之间只有一墙之隔。排长急了。王克勤说:"我骑到墙上去打!"排长说:"别胡来,爬上墙,敌人正好打死你。"王克勤沉着地说:"你看吧。"等敌人冲近了,王克勤让战士们快扔手榴弹。在手榴弹爆炸的硝烟中,王克勤骑到墙上,端起机枪猛烈扫射,顷刻之间打死一大片,剩下的仓皇逃窜。战士们都学着班长的样子,人人灵活作战,一天下来竟无一伤亡。

王克勤提出了"在家靠父母,革命靠互助",在班里开展思想、技术、体力三大互助。他被评为"一级杀敌英雄""模范共产党员",班里战士多人立功受奖,他的班成为模范班。六纵推广了他的经验,12月,补充解放战士2000多人,仅3人开小差。

12月10日,延安《解放日报》发表《普遍开展王克勤运动》的社论,指出:王克勤是"从一个蒋介石手下愚昧的奴隶,转而与人民相结合,很快地转变成为一员智仁勇全备的人民战士"的范例,是使新解放的弟兄们"接受中国人民解放军的优良传统,高度发扬阶级友爱,互助互学,巩固官兵团结,加强战斗力,更有效地消灭敌人"的范例。社论号召全解放区军民,普遍开展这一运动。

1947年7月10日,在定陶战役中,他率领全排奋勇登城,负重伤后仍坚持指挥战斗,因流血过多不幸牺牲。

48. 为什么说小推车创造了世界战争史上的奇迹？

大家都知道,在近代及现代战争中,后勤都具有举足轻重的地位。尤其是大兵团作战,后勤更具有决定性意义。美军自第二次世界大战起,十分重视后勤补给工作。无论是在朝鲜战争中,还是在越南战争中,甚至是在伊拉克战争中,美军的后勤补给水平都是在世界上数一数二的。那么,我军在淮海战役中根本不具备美军那样的现代化后勤补给的条件,可又是怎么成功地以少打多呢？毫无疑问,如果不是我军的后勤补给工作创造了世界战争史上的奇迹,淮海战役是根本不可能打胜的。然而,很可惜,许多讲解放战争的书和文章,包括讲淮海战役的书和文章,对此都谈得很少,绝大部分都只谈战略战役战术。现在我们就来详细介绍一下我军在淮海战役中如何用"土办法"搞后勤,创造了世界战争史上的奇迹。

上海解放以后,陈毅在讲话中曾几次说过:淮海战役是山东人民用小车推出来的。其实,早在1947年,陈毅对山东支前民工就做出高度评价。他说:"目前在我军前线和后方日夜有数十万劳动人民替战争服务。他们的任务主要是抬送和救护伤员,替军队运送粮食,担任战利品的后运和军用品的前运,同时还要替各后勤部门各地方工作机关进行输送工作。这样一支由劳动人民组成的志愿劳动大军,在中国历史上还是第一次……没有这一支伟大人民志愿运输大军,我们休想战争能够胜利。一个美国记者游历山东解放区,看着劳动人民服务前线的运输行列深为诧异,他认为在欧美各国纵令有此现象,也必须军队押解和官吏监督,至少应有巨大报酬才行,否则人民推运着这许多重要的日用品和军用物资是难以保证不被损伤和盗窃或私自取用的。"[①]

在莱芜战役中被俘的国民党军第七十三军军长韩浚在解放区的观感同上述美国记者十分相似。据《大众日报》1947年3月15日报道:"在莱芜战役中放下武器之蒋七十三军军长韩浚中将,已于四日安抵后方某地。……于某村

[①] 陈毅:《如何爱护民工和组织民工》,《陈毅军事文选》第403页,解放军出版社1996年版。

休息时,韩氏亲睹我大批有组织的民伕[1]运输队路过,无一兵押送,担架队每至一村能自动照料伤员,村内妇女亲自送茶送饭,更惊讶不已,告记者称:'我们部队在莱芜像瞎子一样,派出谍报员个个都被民兵活捉去了,老百姓逃避一空,我们抓来的民伕不但没人押着全跑光,即使派人看押,稍不注意也能把伤号抛下逃走。民众是你们的,蒋军必败的道理,到解放区后,我认识更清楚了。'"[2]

1948年淮海战役发动前,像这样的民工支前已扩展到整个华东地区的解放区,其中以山东贡献最多。

为了更好地统一调配淮海战役的后勤工作,1948年11月4日,中共中央华东局正式成立支前的最高领导机关——华东支前委员会,由傅秋涛任主任,办公地点设在临沂县城。华东支前委员会的成立,加强了对支前工作的领导,有利于统一调配华东地区的人力和粮食。各地区也先后抽调干部建立和健全了豫皖苏后勤司令部、豫西军区支前司令部、渤海支前委员会、华中支前司令部、鲁中南支前委员会、华北冀鲁豫战勤总指挥部等领导机构。同时,制定了支前后勤工作的各项政策和措施,分别发出紧急指示和动员令,号召党政军民紧急动员起来,集中一切力量,高度发挥积极性与智慧,争取这次决战的完全胜利。

华东支前委员会制订的《淮海战役支前工作计划》下达后,陇海路以北的山东解放区、陇海路以南的苏北解放区、江淮解放区和豫皖苏解放区广大群众首先投入支前运动。山东各级党组织、政府都派出得力干部具体组织落实,连刚解放的济南也成立了支前委员会,派干部深入各工厂组织动员工人抢修机器,为部队加工军粮和各种军需品。

"兵马未动,粮草先行。"早在淮海战役发动以前,华中一、二、九专区就向战区调粮2300万斤,华东支前委员会由山东调粮1.5亿斤。为向部队供粮,从山东半岛的最东端成山头到微山湖畔,从沂蒙山区、泰山山区到渤海平原,山东解放区的千万群众都行动起来,夜以继日地加工军粮。滨海区数十万妇女

---

[1] 1947年6月,陈毅在华东野战军干部会议上所做报告中说:"某同志来信,他提议改变'民伕'的称号。他说'民伕'是统治阶级奴役人民的一种轻贱的称呼,与我们劳动人民服务前线的自由劳动的新内容太不相称,应考虑改变,事实上有不少民伕讨厌这一旧称呼。例如有同志叫民伕同志'夫子同志',他们即回答:'我自愿上前线替战争服务,不是强迫来当伕的,革命同志就是革命同志,俺不跟你夫呀妻呀的!'某同志又提议改称'民工',名实才不矛盾。我完全同意这样改称。"《陈毅军事文选》第404页,解放军出版社1996年。此后,在解放区即称支前的劳动人民为民工。

[2] 转引自《莱芜战役资料选》第223页,山东人民出版社1982年版。

一个月内加工军粮3批,共2000余万斤。渤海区28个县,使用1.8万盘碾子,为前方碾米2077万斤。碾子不够用,群众就创造出以磨代碾的办法,即将破簸箕或秫秸锅盖,中剪一孔,周边弄湿,套在磨脐上,使两扇磨盘之间由零距离变为有一些距离,将磨的粉碎功能改变为去皮功能。以磨代碾后,碾米的效率大大提高。冀鲁豫第五专区突击9个昼夜,碾小米1000万斤。刚刚解放的济南宝丰面粉厂工人也加班加点检修机器,迅速恢复生产,两个多月内生产面粉1200万斤。

山东解放区的妇女不仅担负磨面碾米的任务,而且还为部队缝制棉衣、棉被,加工鞋袜。每到夜晚,妇女们三个一群,五个一伙,围在煤油灯下,一面说笑或哼唱着民歌,一面飞针走线纳鞋底、上鞋帮,成为山东农村常见的风景。不少妇女还在鞋上绣上"将革命进行到底""为人民杀敌立功"等革命口号。据不完全统计,鲁中南区妇女做军鞋100万双,渤海区妇女就为部队缝制了棉被20万床、军袜60万双,胶东掖县妇女在半个月内就赶做了军袜22万双。

为把粮草、弹药和各种军用物资运到前方,必须保证交通畅通。为此,山东和苏北各地都组织了广大民工抢修铁路、公路和桥梁。在修复济南到兖州的铁路时,沿途动员了18万民工和3.5万名技工,突击了52天,修好铁路128公里、铁路桥梁31座,保证按时通车。在修复兖州到临城的铁路时,缺乏枕木,群众就把准备盖房用的木料献出来,砍伐自家的树木,一共献出枕木17万根。沿途支起几百个铁匠炉,敲打出752万个道钉、5万个螺丝,满足了修铁路的需要。铁路员工还争分夺秒检修机车和通信设备,使津浦、陇海、平汉、胶济铁路逐段通车。在陇海路以北,临近战区的鲁中南地区广大群众,从10月20日到11月20日,仅用一个月时间便在铁路以北广大新解放区修通了临沂到滋阳、台儿庄、潍县等地共31条,总长达1300公里的公路,修建桥梁380座,保证了主要交通干线畅通无阻。随着战役的发展,江淮、豫皖苏、豫西、冀鲁豫地区从后方到前线的道路、桥梁也迅速修通。

为保证战时的通信联络,鲁中南区党委和支前委员会组织了2600名民工,协助电话队分别架设了由临沂通沂水、十字路(今莒南县城)、郯城和兰陵,由兰陵通邳县到运河车站,由兰陵通峄县、滕县、台儿庄、贾汪等地的电话线路,总长度达876里。围歼黄百韬的战斗打响后,部队和支前机关由山东急速南下,需要保持同华东局的密切联系,亟须架设从兰陵到台儿庄52里的电话线路。接到任务后,民工和电话队连夜奋战,只用了一天就使电话畅通。

淮海战役开始时,参战官兵和支前民工每天需原粮300万斤,但是,淮海地区遭受日寇和国民党军长期掠夺及连年灾荒,群众生活十分困苦,负担供应粮食的能力非常微弱。部队和支前民工吃粮主要依靠从苏北和豫皖苏区,特别是山东解放区运输和供给。由于运输粮食要求很急,华东支前委员会决定先从靠近战区的鲁中南区第四、五、六专署征调 1 亿斤粮食作为第一批,再从渤海、胶东后方往前线调运。

鲁中南地区是国民党军重点进攻山东时遭受破坏最严重的地区,群众生活十分困苦。但是,大家一听说要支持淮海战役打老蒋,都非常兴奋,纷纷表示:要钱有钱,要粮有粮,要人有人,要物有物,全力支持前线。他们宁愿自己吃糠咽菜,也要把节省下来的粮食支持前线。临近战区的郯城县接到筹集 500 万斤粮食的任务,但县粮库只有 100 万斤粮食,有 400 万斤需要在群众中筹集,按全县人口计算,平均每人达 10 斤以上。这在当时,在经过多年战争、民生凋敝的情况下,是一个惊人的数字。但是,郯城人民表示,宁愿自己挨饿,也要保证前线的战士吃饱饭。他们把粮食你一瓢,我一碗,积攒起来,贡献出去,最后不仅完成了征集任务,还超额 100 万斤。

从后方到前线,要翻山越岭,跋涉河流。当时,缺乏现代化的交通工具,运粮主要依靠肩挑、牲口驮和用小车推。渤海区为完成向前方运送 1 亿多斤粮食的任务,从 11 月 28 日到 12 月 13 日,出动大车 70960 辆、小车 15582 辆、木船 1250 艘,民工 17 万人。人欢马叫,车轮滚滚,条条通往前线的道路上,都奔腾着支前民工的铁流。为了把粮食尽快运到前线,推小车的民工们每车装载粮食普遍在 300 斤以上,有的竟装了 400 多斤。泗水县运输团一次接受了 6 天内运粮 9 万斤的任务,该团 1000 余名民工仅用 3 天就运送了 11.2 万斤。运送途中,遇到雨雪天气,民工们怕粮食受潮,宁愿自己挨淋受冻,也要把自己穿的蓑衣、棉袄脱下来,盖在粮食上面。遇到道路泥泞或陡坡,小车推不动,民工们便卸下粮食,改为人扛。沿途,民工都用自带的"三红",即红高粱、红辣椒、红萝卜咸菜充饥。有时"三红"吃完了,带队的干部就叫民工吃运送的粮食。民工们都拒绝了。他们宁愿自己挨饿,也不动用运送的军粮。

把伤员由前线抬往后方,是民工担架队的重要任务。民工们在执行抢救伤员的任务时,视伤员如亲人。在战斗紧张,部队医护人员忙不过来时,渤海第一专区担架团民工李省三主动带领民工,协助部队医护人员一夜连续三次到火线抢救伤员。在接近敌人时,一面向敌人射击,一面抢救伤员。当敌人用炮火封锁了道路时,李省三就趴在地上,让其他担架队员把伤员架到他背上,顺着一道土坎往前爬行,终于通过敌人的火力网。李省三被评为特等功臣。胶东北海民工团有 4 位民工用担架转运伤员时,遇到国民党军飞机轰炸,来不及隐蔽,队员们便扑到伤员身上,用自己的身体掩护伤员,对伤员说:"同志,打不死我就打不死你。"胶东招（远）北担架队向前线运送军鞋,遭遇敌机轰炸,7名民工牺牲,7副担架被炸毁。民工们并没有被吓倒,他们掩埋了同伴的尸体,坚定地提出:"要为死者报仇,减人不减担架。"他们用自己节省下来的菜金买来木料,连夜赶制担架,买不到麻绳,就用自己的背包带绑扎担架,人员不够就由5人一副担架改为4人抬一副。到达前线后,他们抢运伤员50次,总计999名,其中从火线抢运下来的就有483名。在追歼徐州逃窜的国民党军时,他们急行军400余里,紧随部队完成任务,被授予"轰不垮,拖不乱,担架越毁越多,从无逃亡"的"钢铁分队"。

离战场较远的冀鲁豫解放区位于黄河以北的第六、第八专区两个担架团共有担架队员3500余人,随军转战3个月,行程7000余里,抢救转运伤员近万名,使伤员得到及时住院治疗。在向后方运送伤员时,他们无微不至地关心伤员,千方百计地减轻伤员的痛苦。为力求担架平稳,他们根据不同的路况编成担架号子,由前面的队员通知后面的队员。比如,遇到路上有石头或坑洼时,前面的队员就喊一声:"路不平!"后面的答应:"高抬脚喽!"遇到上坡下坡,前面的民工喊一声"上坡啦",同时把担架放低,后面的民工随之把担架抬高,以保持担架平稳。反之,当前面民工喊"下坡啦",随之高举担架,后面的民工立即将担架放低,以防止伤员从担架上摔下来。在途中休息时,有些担架队员编小席、草帘子和草帽,送给伤员用。有的还在上面写上自编的顺口溜:"小草帘,亮光光,祝伤员,早健康。我编草席你打仗,争取全国早解放。"

冀鲁豫第六专区担架团班长王兰彬在卫家河战斗中带领两副担架冲过国民党军的机枪封锁,接连抢救了9名伤员。东明县有一副担架,在运送伤员途中,遭到国民党军飞机尾追扫射,4名抬担架的民工伏在伤员身上,1人负伤,保障了伤员的安全。

淮海战役是中国人民革命战争史中规模最大、时间最长、战争双方参战人数最多,也是解放军歼灭敌人最多的一次战役,战场地处江苏、山东、河南、安徽四省交界地区,分属于华东、中原和华北三大解放区,参加作战的有华东野战军、中原野战军以及华东军区的江淮军区、苏北军区、鲁中南军区,中原军区的豫皖苏军区、豫西军区、陕南军区,华北军区的冀鲁豫军区的部队。后勤支前任务异常艰巨和繁重。支前工作在战役中迅速由华东拓展到整个战区。

11月9日亥时,毛泽东在被粟裕称为"字字千钧"的对粟裕、张震齐辰电的复电中指出:"应极力争取在徐州附近歼灭敌人主力,勿使南窜。华东、华北、中原三方面应用全力保证我军的供给。"①此时,"小淮海"已经发展为"大淮海",后勤支前工作也由山东担负发展为华东、华北、中原三方面齐上阵的局面。

11月14日晚11时,毛泽东在必须集中精力彻底解决黄百韬兵团的电报中指出:"此战役为我南线空前大战役,时间可能要打两个月左右,伤员可能在10万以上,弹药、民工需要极巨,请华东局、中原局用全力组织支持工作。"②

11月16日晚6时,毛泽东为中央军委起草的关于成立总前委的电报中指出:"中原、华东两军必须准备在现地区作战三个月至五个月(包括休整时间在内),吃饭的人数连同俘虏在内将达八十万人左右,必须由你们会同华东局,苏北工委,中原局,豫皖苏分局,冀鲁豫区党委统筹解决。此战胜利,不但长江以北局面大定,即全国局面亦可基本上解决。望从这个观点出发,统筹一切。"③

当黄维兵团被中原野战军围困在双堆集,杜聿明集团被华东野战军围困在永城县东北陈官庄、青龙集地区,刘汝明和李延年集团在蚌埠蠢蠢欲动时,在前线的部队和民工共有150万人,每天仅粮食就需要300万斤。支前任务非常繁重,运输工作极度紧张。在战场周围的华东、中原和华北三个中央局,山东、苏北、江淮、豫皖苏、冀鲁豫直至远在千里之外的豫西解放区都投入支前热潮。

到淮海战役后期,已是数九寒天。在战区,部队多,天气冷,支前道路遥远,任务十分繁重。

一天,陈毅从淮海战役总前委所在地小李庄出来,到附近的公路上,看到公路上来来往往、川流不息、熙熙攘攘,时有拥堵的担架、大车、小车和不断摁着喇叭的卡车、吉普车,不禁感慨万千,于是赋诗一首,题曰《记淮海前线见闻》,其中写道:

> 几十万,民工走不通,
> 骏马高车送粮食,
> 随军旋转逐西东,

---

① 中共中央文献研究室编:《毛泽东年谱(1893—1949)》(修订本)下卷第387页,中央文献出版社2013年版。

② 中共中央文献研究室、中国人民解放军军事科学院编:《毛泽东军事文集》第五卷第216页,军事科学出版社、中央文献出版社1993年版。

③ 中共中央文献研究室编:《毛泽东年谱(1893—1949)》(修订本)下卷第393页,中央文献出版社2013年版。

前线争立功。

担架队,几夜不曾睡,
稳步轻行问伤病:
同志带花最高贵,
疼痛可减退?

吉普车,美蒋运输来,
闪闪电灯红胜火,
轰轰马达吼如雷。
夜夜送千回。
…………①

对于人民群众在淮海战役中的作用,粟裕也曾经说:"华东的解放,特别是淮海战役的胜利,离不开山东民工的小推车和大连生产的大炮弹。"②

解放战争时期,由我党组建的大连兵工总厂(对外称大连建新工业股份有限公司)1948年生产"七五式"炮弹23万发,引信32万余个,无烟火药110吨,源源不断地供应前线。在淮海战役中使用炮弹很多。仅歼灭黄百韬兵团就使用"七五式"炮弹8万余发。③ 而这些大炮弹正是来自大连兵工厂。

对于淮海战役中人民群众的作用,国民党军的将领只有在被俘后才能看到。据国民党军第十八军军长杨伯涛回忆:

第十二兵团11月由确山出发,经过豫皖边界时,老百姓逃避一空,几乎连个带路的向导都找不到,新蔡、临泉一带,一年前十八军曾在这里大抓壮丁补充兵员。这样老百姓见了国民党军队,自然像躲洪水猛兽一样逃避了。蒙城、永城一线,第十八军也光顾过,真有"军行所至,鸡犬为空"模样。我那时还认为黄河改道冲洗,造成一片荒凉,再加上双方拉锯战,更使人烟稀少,不全是军队纪律不好造成。这次我当了俘虏,被解放军由双堆集附近押送到临焕集集中,经过几

---

① 甘耀稷、罗英才、铁竹伟:《中国元帅陈毅》第431页,中共中央党校出版社1996年版。
② 《粟裕传》编写组:《粟裕传》第771页,当代中国出版社2000年版。
③ 参看吴凡吾:《粟裕将军称赞大连生产的大炮弹》,《淮海大战亲历记》下卷第415~418页,凤凰出版社2008年版。

十里路的行程,举目四顾,不禁有江山依旧,面目全非换了一个世界之感。但见四面八方,熙熙攘攘,车水马龙,行人如织,呈现出千千万万的人民群众,支援解放军作战的伟大场面。路上我们经过一些市集,我从前也打这地方经过,茅屋土舍,依稀可辨,只是那时门户紧闭,死寂无人,而这时不仅家家有人,户户炊烟,而且铺面上有卖馒头、花生、烟酒的,身上有钱的俘虏都争着去买来吃,押送的解放军亦不禁阻,他们对馒头、花生是久别重逢,过屠门而大嚼。还看见一辆辆大车从面前经过,有的车上装着宰好刮净的肥猪,想是犒劳解放军的。我以前带着部队经过这些地方时,连一撮猪毛也没有看见,现在怎么有了,真是怪事。通过村庄看见解放军和老百姓住在一起,像一家人一样亲切,有的在一堆聊天欢笑,有的围着一个锅台烧饭,有的同槽喂牲口,除了所穿的衣服,便衣和军装制式不同外,简直分不出军与民的界限。国民党军队每到一处,对老百姓是不信任的,有时还要加以监视。特别进入解放区,有了风吹草动,就要把老百姓集中一处监视起来,唯恐他们与解放军里应外合。我军在巨野、菏泽作战也有这样办的。

我们可以引证蒋介石的话,说明杨伯涛此言不谬。1947年6月6日,蒋介石在军官训练团第三期研究班说:

"国军进入匪区,必须与当地民众隔离,以便封锁消息。"[1]

何谓民众,就是人民,就是老百姓。毛泽东曾说:"革命是什么人去干呢?革命的主体是什么呢?就是中国的老百姓。"[2]在抗日战争期间的解放区流行着一首歌曲,题为《军队和老百姓》,歌词是:"军队和老百姓,嗨嗨军队和老百姓。打鬼子保家乡,咱们是一家人。咱们是一家人啊,才能打得赢啊!"

但是,在国民党军那里,不仅要同老百姓隔离,而且还把老百姓当成骂人的词语。在第47问,我们已经引用了旅美作家王鼎钧关于国民党军训练新兵时棍打士兵的叙述。王鼎钧还回忆道:"紧急集合的号声,把大家从梦中惊醒。

---

[1] 秦孝仪主编:《先总统蒋公思想言论总集》卷二十二第167页,台北中国国民党中央委员会党史委员会1984年版。

[2] 《毛泽东选集》第二卷第562页,人民出版社1991年版。

穿衣服的时限是五分钟。动作慢一拍的人要挨打,罪名是'老百姓'。有人匆忙中把裤子穿反了,并不惊怕,好像挺有幽默感,该打,罪名是'老油条'。有人担心自己来不及,穿着衣服睡觉,该打,罪名是'神经病'。老百姓、老油条、神经病,班长每天动手动脚念念有词。""尤其是'老百姓',这一条是每个新兵的原罪。班长打一下,骂一声活老百姓,打一下,骂一声死老百姓,好像和老百姓有深仇大恨。"

王鼎钧评论道:"兵士来自民间,带着民间的习性和身段,也许和军事训练的目标相悖,但是你不该因此侮辱老百姓,不该借此丑化老百姓,以致教育出几百万卑视百姓、欺凌百姓的官兵来。"[①]

正因为杨伯涛身处卑视、欺凌老百姓的国民党军,无怪乎看到老百姓对国民党军和解放军态度的冰火两重天。

杨伯涛接着写道:

> 我们这些国民党军队将领,只有当了俘虏,才有机会看到这样的场面。在强烈的对照下,不能无动于衷,不能不正视现实,承认共产党、解放军所在的地方,和国民党、国民党军队所在的地方,有两个世界的天壤之别。我当时就大发感慨,认为第十八军的最后败灭,非战之罪,应归咎于脱离人民群众,进而敌视人民群众,在人民群众的大海里淹没了。[②]

陈毅和杨伯涛所看到的支前场景都在安徽省,属于豫皖苏解放区。时任中共中央豫皖苏分局书记宋任穷回忆说:"据统计,豫皖苏人民支援粮食2.1亿斤,柴草5.3亿斤,担架12.5万副,后方男女老少,不分昼夜磨面、碾米、制鞋,有的献出仅有的口粮和种子供部队食用,有的甚至拆下住房木柴供给部队,形成了支援前线的高潮。"[③]

看到杨伯涛的回忆,笔者联想到蒋介石1947年6月1日在国民党军军官训练团第三期研究班开学典礼上讲的一番话。他向他的高级将领们提出了一个连他自己也弄不明白的问题。他说:

[①] 王鼎钧:《关山夺路》第31～32页,三联书店2013年版。
[②] 《杨伯涛回忆录》第192～193页,中国文史出版社1996年版。
[③] 《宋任穷回忆录》第254～255页,解放军出版社1994年版。

比较敌我的实力,无论就哪一方面而言,我们都占有绝对的优势。军队的装备,作战的技术和经验,匪军不如我们。尤其是空军,战车以及后方交通运输工具如火车、轮船、汽车等,更完全是由我们国军所独有。一切军需补给,如粮秣弹药等,我们也比匪军丰富十倍。重要的交通据点、大都市和工矿资源,也完全控制在我们的手中。无论就哪一方面的实力来比较,共产党绝对不能打败我们。因此,大家相信,共匪虽然决心叛乱,就实力而言,我们一定有十分的把握,能将共匪消灭。这一点不但各将领知之甚详,就是全国民众,亦皆有此信念。可是剿匪军事,到现在已经荏苒一年了,我们不但尚未把共匪消灭,而且不能使剿匪军事告一段落,这究竟是什么缘故呢?我现在召集各高级将领来受训,就是要大家共同研究这个缘故。[①]

蒋介石详细对比了国共双方各方面的实力,认为自己占尽优势,却眼看着一步步走向沉沦,愤愤不平地说:"我实在想不出他有什么道理!"

蒋介石想不出的道理就是人心的向背。这是决定战争胜负的诸因素中最关键的因素。蒋介石偏偏认识不到这一条,他焉得不败!

---

① 秦孝仪主编:《先总统蒋公思想言论总集》,卷二十二第135~136页,台北中国国民党中央委员会党史委员会1984年版。

49. 我军在军事战术技术上究竟靠什么打赢了解放战争？

解放战争期间,蒋介石曾多次指责中国共产党领导的解放军是靠人海战术打仗,罔顾士兵和百姓死活。

据《郝柏村解读蒋公日记(1945—1949)》记载:1947年1月,蒋介石就在日记中谈到国共交手时中共采取人海战术问题,"蒋公认为比晚唐黄巢,明末李闯更残酷"[①]。

在淮海战役中,杜聿明率邱清泉、李弥、孙元良三个兵团从徐州突围,蒋介石又在日记中写道:"我军撤出徐州后,前进途中,迭遭×军以人海战术猛袭……"[②]

无独有偶,1962年台湾出版的《中文大辞典》仍然指责解放军使用人海战术:"人海战术:共匪作战时所使用之一种疯狂惨烈之战术。双方作战时,策动无辜之老百姓,无论老幼妇孺,驱在前线作挡箭牌,其后面之军队则接踵逼近阵线,以便作近距离之肉搏战。或全用军队作人海战时,则亦只顾战争之胜利,不顾兵员之死亡,以人海抵御炮火之轰击。对其攻击重点,常集中优势兵力于狭正面,以前后重叠之波状进攻,施行肉弹冲击,以突破阵地。正规军队常为仁慈不忍之心所激动,使战机稍纵即逝,常为其所制。共匪军称此种密集进攻之人海战术,为尖刀战术。"[③]

那么,解放军真是靠人海战术打赢的吗？

在冷兵器时代和战场火力密度还没有发展到足以威胁集团步兵之前,步兵作战可以保持非常密集的队形。因此,在北伐战争和十年内战时期,军队进攻时常采用密集队形,人们通常称之为集团冲锋。到抗战胜利前后,我军有一些将领对这一战术提出了否定看法,并开始研究如何改进。

1944年林彪在陕甘宁边区部队高干会议上所做的《今年怎样练兵》的讲

[①]《郝柏村解读蒋公日记(1945—1949)》第229页,台北天下远见出版有限公司2011年版。
[②] 转引自王丰:《蒋介石父子1949危机档案》第132页,九州出版社2010年版。
[③] 中文大辞典编纂委员会编纂:《中文大辞典》第二册第284页,台北"中国文化研究所"1962年版。

话中就说:

> 今后我们的战争,是在近代使用火力的战争条件之下,用集团的冲锋目标太大,如果被人家的大炮和机关枪射击的时候,损失就太大了。因此现在我们要教育战斗员三五成群的战斗,一个两个的去战斗。①

1945年9月5日,刘伯承在《晋冀鲁豫军区关于上党战役某些战术问题的指示》中写道:

> 伪阎作战特点。长于防御,构筑品字形的据点碉堡,控制强大的预备队,实行反突击;此外,它配置有外围据点,形成掎角之势。因此,我们必须进行连续的城市战斗(村落战),才能消灭之。此种战斗是一种精细而不痛快的技巧战斗,决不能粗枝大叶,用密集队形一冲了事。②

此后,如何在不掌握制空权,缺乏重炮、坦克的条件下,减少进攻中的伤亡就成为我军指战员不断探索和研究的课题。

抗战胜利后,林彪到东北,在辽西前线看到一份部队的油印小报介绍了一个连队在杨家仗子战斗中的经验。当时,敌人的炮火十分密集。为了减少伤亡,这个连进攻时把一个班分为几组,互相用火力掩护,交替前进。林彪非常重视这个经验,用红蓝铅笔在这份小报上画了许多标记。他又结合其他部队的一些经验,提出了"三三制"的战术,即在集中兵力攻击敌人时,把每个步兵班分成三个小组,每组三至四人,第一组前进时,第二、三小组用火力掩护;第一小组前进到地形较好的地点时立即卧倒,第二小组再前进,第一、三小组用火力掩护;然后,第三小组前进,第一、二小组用火力掩护。在每一小组中的三四名战士,也采用同样的方式前进。这是一种此起彼伏的跳跃式的前进运动。概括地说,就是进攻时,每个班要在班长指挥下,以疏散、机动、小群的战斗队形进行战斗。③

---

① 《林彪军事论文选集》第154页,北京军区司令部军训部1970年编印。
② 《刘伯承军事文选》第300页,解放军出版社1992年版。
③ 李示文:《"一点两面三三制"的故事》,《红旗飘飘》第十四辑第154~155页,中国青年出版社1960年版。

1946年1月15日,林彪以他和彭真、罗荣桓的名义致电各部队,推广"三三制"战术,并认为这一战术不仅便于作战,而且也便于日常管理。①

与此同时,林彪还提出了"一点两面"战术,即集中兵力于主要攻击点突击敌人,同时以部分兵力从另一面或多面钳制并协同歼灭敌人。在主攻点上要"采用狭窄的战斗正面和纵深的战斗配备",使主攻点的部队像尖刀和钻头一样,突破敌人防线并向纵深发展。

林彪说:

> 在战略战役的作战部署上,都应当反对平均主义,反对平分兵力,反对同时进攻几个目标。在战略上应在几路中选一路打,以五、六个团攻敌一个团;在战役上对于所欲打之一路敌人,应当详细侦察他所处的地形,在他整个的阵地上找出他地形上最大的弱点及其他弱点在什么地方,而将我军进攻的火力兵力最大部分,采取并列纵队和纵深配备用在这个狭窄的地段上,由这个弱点里像尖刀一样地刺杀进去(不是像宽刀一样的砍的方式)。这就是我们所谓一点两面战术的"一点"。②

这"一点"战术体现了毛泽东的军事思想。1946年9月16日,毛泽东在《集中优势兵力,各个歼灭敌人》中指出:

> 在战术的部署方面,当着我军已经集中优势兵力包围敌军诸路中的一路(一个旅或一个团)的时候,我军担任攻击的各兵团(或各部队),不应企图一下子同时全部地歼灭这个被我包围之敌,因而平分兵力,处处攻击,处处不得力,拖延时间,难于奏效。而应集中绝对优势兵力,即集中六倍、五倍、四倍于敌,至少也是三倍于敌的兵力,并集中全部或大部的炮兵,从敌军诸阵地中,选择较弱的一点(不是两点),猛烈地攻击之,务期必克。得手后,迅速扩张战果,各个歼灭该敌。③

---

① 《罗荣桓年谱》第475页,人民出版社2002年版。
② 林彪:《指挥要则》,《林彪军事论文选集》第170页,北京军区司令部军训部1970年编印。
③ 《毛泽东选集》第四卷第1198页,人民出版社1991年版。

为什么是"一点"而不是两点？

在压力相同的条件下,受力面积越小,则压强越大。这是物理学的常识。因此,钻头等工具和尖刀、匕首等武器的价值才能凸显出来。集中兵力于突破口,其作用就像是钉钉子、钻孔和使用匕首。

1946年2月13日夜间,东北民主联军发起的秀水河子战斗首次运用了"三三制"和"一点两面"战术。

2月11日,国民党军第十三军第八十九师第二六五团第一营和第二六六团及师属山炮连、运输连先后进入法库县城西南的秀水河子村。林彪乘其远离主力,孤军深入之机,以新四军第三师第七旅、山东第一师及保安第一旅第一团等部共7个团的优势兵力突然将其包围。第一师由北向南,第七旅由南向北向其猛攻。北面助攻方向的第一师首先动手。进攻时采用"三三制"战术,加上是解放军擅长的夜战,在阵地上避免了大的伤亡。国民党军全力对付北面的进攻。20分钟后,南面主攻的第七旅突然在敌人背后开火,打了敌人一个措手不及。深夜,各部队先后攻入村内,与守军展开白刃格斗。敌军不善于夜战和近战,非死伤即被俘。战至14日清晨,全歼国民党军4个营,毙伤500多人,俘虏800多人,缴获各种炮38门、轻重机枪98挺、步枪790支、汽车32辆、电台2部。我军伤亡771人。

为减少进攻时的伤亡,解放军各部队除注意采取"三三制"等分散队形外,还运用了多种方法。

第一,夜战。

刘伯承在布置平汉战役时指出:"夜间是我们最有利的战斗机会,我们要发扬'夜老虎'的光荣传统,但需要精密的实际侦察和周到的计划。在进攻计划中,应使部队采取直路前进,避免弄错方向。""夜间战斗不依靠火力,而应以突然的动作并与手榴弹相结合。"[①]

刘伯承在讲解攻城战斗时说:"动作以愈突然愈隐蔽愈好,为避免伤亡和减省弹药,应于夜间接敌。拂晓前开始奇袭,一举登城进入城中战斗。"[②]

第二,爆破。

[①]《平汉战役战术上某些问题的指示》,《刘伯承军事文选》第二卷第42页,军事科学出版社2012年版。

[②]《上党战役战术问题的指示》,《刘伯承军事文选》第二卷第4页,解放军出版社2012年版。

陈毅在总结华东一年来自卫战争时说："爆炸是蒋军最怕的武器。过去抗战时期，使用手榴弹、白刃战、射击瞄准。现在强调爆炸，在部队是比较普遍的，炸药也很多，破坏敌人的障碍都是用爆炸。如一组炸毁敌人的鹿砦，二组炸外壕，将它炸垮通过，三组炸围墙，只有十余分钟就可完成。山东部队比较熟练，每个班都有一套办法。华中部队不愿学习。他们说：'打了十多年仗都不用爆炸。'你问他怎样破坏鹿砦。他答：'用斧子砍。'你问他怎样过外壕，他答：'用梯子架起来过。'问他如何过围墙，他答：'用梯子架起来爬。'你说：'这一伤亡要大。'他答：'妈的，老子革命还怕死吗？'但经过长期的教育与实际经验的教训，现在学习爆炸也不错了。"①

第三，挖地道、堑壕。

1948年6月1日，为帮助林彪打消在攻打长春时对攻坚的顾虑，毛泽东在为中央军委起草的致林彪、罗荣桓和刘亚楼的电报中介绍了徐向前兵团进攻临汾的经验："徐向前同志指挥之临汾作战，我以九个旅（其中只有两个旅有攻城经验）攻敌两个正规旅及其他杂部共约二万人，费去七十二天时间，付出一万五千人的伤亡，终于攻克。我军九个旅（约七万人）都取得攻坚城经验，是一个很有意义的大胜利。临汾阵地是很坚固的，敌人非常顽强。敌我两军攻防之主要方法是地道斗争。我军用多数地道进攻，敌军亦用多数地道破坏我之地道，双方都随时总结经验，结果我用地道下之地道获胜。"②

后来，在攻打锦州前的10月7日，林彪以林、罗、刘名义口授一封电报给攻打锦州的各部队，介绍第三纵队利用交通沟攻打义县的经验，电报说："此次锦州战役各部需充分发挥义县战斗中挖交通沟的经验，各部需须严守以下原则：（一）每个师须以六个营的兵力（三分之二的兵力）全力用于挖交通沟，只留下担任尖刀的部队则在后面进行充分的突击准备的军政工作，绝不可以少数部队挖交通沟。（二）挖交通沟时要有不怕伤亡、不怕疲劳的精神，大胆进至距敌五六十米处，沿途展开，由前向后挖，或前后同时挖。（三）每个师要挖五条或三条交通沟。（四）每条沟须高宽各一米达五。（五）挖沟部队可于夜间接近敌人挖，白天撤回休息，以少数部队控制交通沟。（六）挖时先须以卧倒姿势挖卧沟，然后逐渐挖成站沟。（七）以上指示必须坚决执行，不可懒散、怕疲劳不执行。今后我东北全军的基本任务是攻大城市，故各部须在此次挖沟中，在思想

---

① 《陈毅军事文选》第431~432页，解放军出版社1996年版。
② 中共中央文献研究室、中国人民解放军军事科学院编：《毛泽东军事文集》第四卷第472~473页，军事科学出版社、中央文献出版社1993年版。

上与作风上打下坚固基础,则今后作战就增加了重大的必胜因素。只要我肯挖交通沟,则不管敌火力如何激烈,工事如何坚固,都将使其大大丧失作用。(八)各部应立即向着自己的攻击目标和地区开始挖交通沟,此次战役结束后须将挖交通沟作一总结检讨报告。"①锦州攻克后,林彪、罗荣桓和刘亚楼在总结锦州战役时说:"我军各师普遍均采取了用交通沟接近敌人的办法,每师均挖了数条,每条长达数里,有的中间能过大车、担架。各突击部队均直达敌城墙外数十米达处,故总攻开始前,地面上看不着部队,敌机、敌炮,皆无法大量杀伤我军。"②

到淮海战役和平津战役时,挖交通沟壕已成为解放军进攻据点常用的战术。刘伯承称之为"地平线下的作业"。在围歼黄维兵团过程中,双堆集前后左右的解放军纷纷挖向国民党军阵地的堑壕,一开始是挖卧式的,然后躺在浅沟里往深挖,挖成跪式的,最后挖成人可以直立行走的立式的,一直挖到距离国民党军阵地只有几十米的地方,在各条堑壕之间再挖横向联通的,便于部队在其间运动。

对这种"地平线下的作业",著名的军中记者吕梁当时做了生动的描述:"跨过清澈的浍河,一条又深又宽的战壕,在开阔的平原上纵贯田野,一个人站在里面,稍一弯腰,就可以完全隐蔽。战壕两侧,每隔四五步挖有一个避弹室,里面铺着金黄发亮的麦秸。战壕伸延长达二十里,通过一个个村庄,直到黄维部的中心据点双堆集外围工事前。在每个村子周围,又分成许多箭头,解放军从这些战壕里跃出,攻克了一个一个敌占的村庄。"③

对解放军这种阵前的近迫作业,国民党军十分害怕,千方百计用炮火进行破坏,派部队冲击。于是,双方就围绕着挖堑壕和破坏挖堑壕展开了激烈的枪战。为了加快挖堑壕的速度,解放军便在夜间施工。由于四处都在挖,在国民党军不敢出来活动的夜间挖,国民党军对此只能是穷于应付。等挖到距离国民党军阵地只有几十米的地方,解放军突然发起冲击,转眼就冲入国民党军的阵地。国民党军只能向后退缩。第十八军军长杨伯涛回忆说:"一道道的交通壕如长龙似的直伸向我军阵地边缘,形成无数绳索,紧紧捆缚。然后利用夜晚,调集兵力进入冲锋准备位置,在炮兵火力配合下,一声号令,发起猛烈的冲

---

① 中国人民解放军历史资料丛书编审委员会编:《辽沈战役》第 162~163 页,解放军出版社 1993 年版。
② 同上,第 203 页。
③ 吕梁:《双堆集战场巡礼》,晋冀鲁豫《人民日报》1949 年 1 月 19 日。

锋,当者很难幸免。"①

第四,组织各种武器的密切配合,搞好步炮协同。

为增强进攻敌人坚固工事的火力,解放军官兵充分发挥聪明才智,因陋就简,创造了一些使用炸药包、手榴弹等器材的土办法。这些办法有时会产生奇效,使国民党军官兵感到震撼,乃至惊恐。他们常把这些土装备看成是新式武器,并为其命名。在这里介绍三种,即棍炮、没良心炮、大根炮。

棍炮

为配合华东、中原两野战军进行淮海战役,不使胡宗南抽出一兵一卒去增援中原、华东战场,西北野战军准备于1948年11月中旬发起冬季战役。

此时胡宗南将其主力三个军集中在陕西东部合阳、澄城、蒲城一带。以一个军加一个保安旅防守西面的铜川、耀县。彭德怀决定将野战军组成东、西两个集团,由西北野战军副司令员张宗逊率第一、第四纵队组成西兵团向西出击铜川、耀县,彭德怀亲率野战军主力组成东兵团在东面隐蔽待机。

西兵团的积极活动使胡宗南误以为西北野战军的主力已经西移到铜川、耀县一带,于是将驻在蒲城、富平地区的第一、六十五军西调到铜川、耀县,并命令第七十六、九十军及第三十六军第一六五师放弃澄城、合阳,经蒲城县东部的永丰镇西进,企图夹击西野西兵团。他命令第七十六军占领洛河东岸的永丰镇,并控制洛河西岸的桥头堡,保持在洛河两岸的行动自由。

此时,彭德怀正率领东兵团隐蔽集结于蒲城至永丰一线以北,观察胡宗南部队在运动中的弱点,准备伺机而动。

他看到位于永丰镇及其以西石羊、城头、曹村的第七十六军位置孤立,命令东兵团对其发起攻击。25日下午,第二纵队在第三纵队配合下,向控制洛河西岸桥头堡的第二十四师发起攻击,该师一部被歼。军长李日基立即打电话向兵团司令官裴昌会报告。裴昌会让他把第二十四师调回永丰镇。李日基说:"永丰镇地面很小,全军集中在一个地方,兵力分布太密,一个炮弹打下来会死很多人。"裴昌会说:"我晓得。你的部队都是新兵,没有打过仗。如果不把他们圈在寨子里,打起仗来敌人一冲就会垮。至于伤亡嘛,共军能有多少炮弹?只要能支撑过这一夜,我叫90军明天一早就来解围。"于是第二十四师残部连夜逃回永丰镇。

---

① 《杨伯涛回忆录》第172~173页,中国文史出版社1996年版。

永丰镇在蒲县东面的洛河东岸,东西长600米,南北宽300米,寨墙由黄土夯筑而成,相当结实。

27日晚,第二纵队司令员王震和第三纵队司令员许光达命令对永丰发起总攻。在炮火准备时,炮兵用十多门八二迫击炮向永丰镇抛射炸药包。永丰镇内一时间犹如天塌地陷,烟雾弥漫,国民党军不知道是什么新式武器,吓得东躲西藏。28日凌晨3时,第二纵队独立第四旅在西门北侧寨墙爆破成功,将寨墙炸开一个缺口。经反复争夺,十二团从缺口竖云梯首先登上寨墙,以一部占领西门楼和西北角地堡,主力沿街道向东突击。第十一、十团和第三纵队独立第二旅先后进西门投入战斗。随后,第三纵队独立第六旅从北面寨墙打开缺口,向东南、西南突击。第七十六军军长李日基看到大势已去,回到军部,命令焚烧文件。正焚烧中,解放军已冲入军部所在的窑洞。李日基身边的官佐为李打掩护,说李是一名副官。但是,在冲到窑洞中的解放军战士中就有认识李日基的解放战士。李日基只好承认了自己的真实身份。

李日基和新一师师长吴永烈被俘后心有余悸地说:"贵军的棍炮实在厉害,到处是震耳欲聋的爆炸声,我们都蹲在窑洞里,电话线都炸断了,根本无法掌握部队。"他们所说棍炮指的就是用八二迫击炮抛射炸药包。炸药包捆在一根木棍的上端,木棍的下端装上炮弹,放置于迫击炮筒内,作为抛射的动力。因为使用了木棍,国民党军就称其为棍炮。①

没良心炮

为解救被华东野战军包围在碾庄的黄百韬兵团,蒋介石命令黄维率第十二兵团东进。

第十二兵团辖第十、十四、十八、八十五4个军共11个师和1个快速纵队,约12万人,是蒋介石的嫡系部队,其中第十八军是蒋介石的五大主力之一。11月8日,黄维兵团由确山、驻马店东进。24日,第十二兵团强渡浍河,钻进中原野战军预设的口袋。25日,中原野战军将第十二兵团合围于以双堆集为中心的纵横各7.5公里的区域内。27日,黄维集中4个师向东南方向突围。第八十五军第一一○师师长、中共地下党员廖运周突围中起义,其余3个师被击退。此后,黄维调整部署,用坦克、汽车及大量器材构筑环形防御阵地,转为固守。

---

① 彭德怀传记组:《彭德怀全传》(二)第752页,中国大百科全书出版社2009年版。

12月6日,包围黄维兵团的中原和华东野战军共8个纵队及2个旅组成东、中、西3个集团,采取坚决围困、稳步攻击、攻占一村、巩固一村、逐个歼灭的打法,将黄维兵团进一步压缩在南北5公里、东西1.5公里的狭长地带。

在双堆集地区包围黄维兵团的中野由于挺进大别山,把不适应山地作战的重武器都精减了,火力不强。但是,在围攻双堆集的战斗中却迫切需要加强火力。一纵战士颜顺邦建议使用汽油桶箍上钢箍,抛射炸药包。经过试验,效果不错。这种抛射器抛射距离不远,精确度也不高,但威力很大,非常适合近距离使用。一纵攻打小马庄时,使用这种抛射器炸塌了国民党军的碉堡,把国民党军的士兵震昏。

一纵在《参加歼灭黄维兵团初步战术总结》中写道:"……此次证明最有效是炸药发射筒,虽杀伤力不太大,但震动的威力很强,破坏力较大,攻击前能集中三四十个发射筒,在很短时间发射成百上千公斤炸药,爆炸震动可在10分钟时间内,使敌完全昏迷,失掉战斗力。我这次攻占独立家屋和小马庄(不到六七户人家),经过30个发射筒,发射1000公斤炸药后,该地没有完整堡垒,村子墙角都被打掉,我攻占该地伤亡很少(由突破到占领我伤亡不到20人)。"[①]

刘伯承亲自组织总结这一经验。不久,这种抛射器便在各纵队推广。指战员们称之为"飞雷""特大威力炮"。国民党军不知道这是一种什么武器,有的猜想,可能是苏联援助的新式武器。因为它震慑威力大,有的人就给它起名为"没良心炮"或"原子炮",说它发射的是"特重型炮弹"。黄维兵团虽然有大量的射程很远、瞄准精确度很高的美式重炮,但是在双堆集的特殊条件下,却挡不住解放军土造的炸药抛射器。

12月13日,解放军各攻击集团对黄维兵团发起总攻,南集团担任主攻。

担任南集团突击任务的是第六纵队第十七旅第四十九团一营和华野第三纵队第二十一团一营。这两个"一营"都是英雄营。前者在1948年7月襄樊战役中勇猛冲杀,首先突破襄阳西门,被授予"襄阳登城第一营"称号,后者在1948年3月洛阳战役中,在营长、战斗英雄张明率领下,冒着敌人猛烈的炮火,首先攻占洛阳东门,并击退国民党军10余次反扑,被授予"洛阳营"称号。杜甫诗云:"即从巴峡穿巫峡,便下襄阳向洛阳。"襄阳位于鄂西,洛阳位于豫西。这两座古城是姊妹城市,而"襄阳营"和"洛阳营"则是兄弟部队。

这次要攻击的国民党军阵地,距离黄维的兵团部约1公里,由号称"威武

[①] 第十六集团军司令部编:《中国人民解放军第十六军战史资料选编》第159页,1995年。

团"的第五十四团防守。国民党军的阵地构筑在高出地面约 2 米的台地上,东西宽 800 余米,南北长约 300 米,周围筑有断续土墙。墙内有大量地堡为骨干的环形防御阵地,并用坦克作为发射点。阵地里配置了许多火炮。墙外有大量子母堡构成的地堡群,地堡之间有交通壕相连,防守十分坚固。

进攻前,六纵第十七旅旅长李德生带作战部队的干部多次看了地形,研究并确定了作战方案。战斗发起前,土的、洋的一起上,山炮、八二炮和"没良心炮"在距离敌人阵地仅 80 米处实施抵近射击,炮火准备打了 1 个多小时,给守军以毁灭性打击。① 下午 5 时 50 分,"襄阳营"从西南面,"洛阳营"从东南面向敌人发起冲锋。经过两小时激战,"威武团"被全歼。南集团攻占临时机场南端的阵地和尖谷堆阵地,黄维的兵团部完全暴露。东集团攻占杨老五庄、杨子全庄。战至 15 日,第十二兵团被全歼,黄维被俘。"没良心炮"在双堆集战役中立下了功劳。

大根炮

这一武器出现在 1949 年 4 月,四野第四十二军进攻安阳期间。

安阳是中国历史上有文物和文字可考的最早的古都之一,周围城墙高达 10 米,下宽 15 米,上宽 5 米,可以跑汽车。城墙外是 10 米宽的外壕,外壕外是护城河,水深 3 米,河底插满削尖的竹扦。城墙四角和主要城门上有钢筋水泥的碉堡,在外壕和护城河的两侧,筑有 200 多个暗堡,与城内通联,构成网络。守城的国民党军是冀豫边区"清剿"指挥部所属第一三四师和安阳周围各县退入安阳的地主、土匪武装。这些地主、土匪武装同当地农民群众有血海深仇,企图利用坚固的城墙和防御工事负隅顽抗。

1947 年晋冀鲁豫解放军发起豫北攻势,解放汤阴,活捉孙殿英后曾经攻克安阳外围据点多处,后因安阳工事坚固,短期难以攻克,乃从安阳撤围,结束豫北攻势,准备南渡黄河,转入外线作战。

1949 年 3 月,四野先遣兵团南下时,准备搂草打兔子,用两天时间拿下安阳和新乡。3 月 29 日,罗荣桓在四野北平高干会议上做报告时提出,要防止骄傲自满、松懈轻敌。他说:"我们解放了东北,解放了北平、天津,打了这么多胜仗,武器装备又好,不好好向干部战士说清楚,部队很容易发生轻敌观念。轻敌观念会损害战斗力。轻敌观念事实上已经有了表现:准备打安阳、打新乡的

---

① 《李德生征程忆怀》第 139 页,上海文艺出版社 1995 年版。

部队,自己规定只要两天时间,这就是看不起敌人。"①

果然被罗荣桓不幸言中,先遣兵团没有打开安阳,因急于南下,而把任务留给后面的部队。

经过这两次"虚惊",安阳的守敌狂妄起来,认为仗着安阳坚固的城墙和工事,解放军奈何他不得。

4月,四野主力从平津地区南下。为扫清前进障碍,打通平汉铁路,四野司令部命令第十三兵团司令员程子华指挥第四十二、四十七军,会同华北军区所属第七十军及太行军区一部,共13万人发起安(阳)新(乡)战役,先围歼安阳守军,再攻取新乡。

4月16日,第四十二军从河北磁县和临漳向南奔袭,17日包围安阳,至27日,全部攻占外围据点50余处,并控制东、西、北关。南关守敌也退入城内。大军逼近城垣。为便于攻城,解放军切断护城河上游水源,放干护城河的积水,并开始往城墙发炮射击。但是,因城墙太厚,效果不佳。第四十二军决定挖坑道对城墙实施爆破。他们从城外西南角挖了几百米的地道直通城墙根下,把一包一包炸药送到各个爆破点。为防止敌人逃跑,又重新将护城河灌满水。

5月6日凌晨4时,担任突击任务的第一二六师第三七六团已将74包1250公斤炸药送进城墙下的炸药室。该团四连的指战员已隐蔽在距城墙下炸药室仅50米处,等待爆破后立即攻城。此时,第三七六团团长张志超担心爆破威力太大,伤及四连指战员,命令作战参谋佟乃迪带人取回20包炸药。佟参谋去后,不知怎么搞的,竟把炸药弄响了。城墙被炸开上宽23米、下宽9米的大豁口。佟参谋和同去的战士全部牺牲。

这一炸,总攻提前。第一二五师也炸开城墙。2个师突入城内,那些依仗城墙的守军立刻蔫儿了,仅2小时即结束战斗。战士们问俘虏,知道城墙是怎么炸开的吗?俘虏们战战兢兢地回答:"是贵军的大根炮。"

大者,威力巨大,城墙上的守军没有炸死的也炸晕了;根者,从下到上地炸。因此,国民党军称之为大根炮。

安阳攻克后,新乡国民党军宣告投诚,开出城外,接受了和平改编。

由于解放军贯彻的是人民战争的战略,广大官兵充分发挥了主观能动性,在战术、技术上灵活机动,不断创新,从而保证了战争的胜利。反观国民党军,

---

① 《罗荣桓年谱》第740页,人民出版社2002年版。

由于在战略上脱离人民,当官的存在雇佣观念,当兵的是被抓来的,在战术技术上只能是消极被动,墨守成规。例如,1948年10月13日,国民党军驻葫芦岛各部为援救被东北野战军围困的锦州,向扼守塔山的东北野战军第四纵队阵地发起猛烈进攻。据时任国民党军第十七兵团副司令官兼第六十二军军长林伟俦回忆:"国民党驻葫芦岛各军在十三日拂晓四时半即开始炮击,塔山立即为炮击烟火所掩盖,五时开始攻击。独立第95师企图集中兵力重点突破,采取该师老一套的'波浪式'冲击办法,以一团分成三波,一个营兵力为一波,一营伤亡了,二营接上冲击,二营伤亡了,三营接上冲击,并且另用一团兵力施行侧击。当部队冒着烟火冲击到塔山敌阵地前缘时,受到英勇的人民解放军塔山英雄团的坚强打击,在严密火网的封锁下,国民党军营长以下数百人被歼横死河滩,千余人带伤逃回。"[①]

蒋介石对此深有感触。

1948年1月13日,蒋介石在国民党军的军事训练会议上说:

  自从去年以来,我个人每经一次战役,对于这次战役的成败利钝,无不加以详细的研究和检讨;而且每一天每一个时刻,我都在研究我们国军所以遭受牺牲的原因。我发现一个根本的原因,就是由于我们一切的训练,皆不适合剿匪的缘故。[②]

蒋介石承认:

  共匪有一个唯一的长处,而远非我们国军所能及的,就是他能将科学的精神,和科学办事的方法,运用于组织、宣传、训练与作战。共匪现在自称其共产主义为"科学的共产主义",这当然是欺人之谈;但是他们从高级干部以至于最下级的士兵,对于本身的业务,都能本着科学精神和科学方法,实事求是,精益求精。尤其是他们一般干部,可以说人人都具有研究的精神,无论什么问题发生,他们一定要集中精力,探本穷源,经正面反面反复推敲,总要求得一个切实的结论。即以作战而论,他们每经过一次战斗,不仅纵队司令部要举行会议,

---

[①] 林伟俦:《塔山战役纪要》,《辽沈战役亲历记》第259页,文史资料出版社1985年版。
[②] 秦孝仪主编:《先总统蒋公思想言论总集》卷二十二第385页,台北中国国民党中央委员会党史委员会1984年版。

将战斗经过加以详细的检讨,就是每一连、每一排、每一班,都要集合士兵,将每一个人作战的经过报告出来,如果发现了什么缺点,立即就要通知其他单位,一致改正。至于那一士兵在战斗中有什么表现,更是竭力宣扬,鼓励大家去效法。他们这种彻底研究不断改进的精神,正是现代化科学的精神。①

蒋介石对于解放军这一种科学精神和科学方法十分艳羡。但是,对实行反人民的战略的国民党军来说,这又是学不会的。对此,蒋介石只能徒呼奈何。

---

① 秦孝仪主编:《先总统蒋公思想言论总集》卷二十二第 386~387 页,台北中国国民党中央委员会党史委员会 1984 年版。

50. 解放战争中，国民党为什么失败，共产党为什么胜利？

这是个大题目，可以写厚厚一本书了。但我们能不能用比较简短的语言来表述上述这个问题呢？毕竟那些在快餐文化的熏陶中长大的读者，大概没有耐性去读那么厚的书。但这是个极具挑战性的问题，因为我们也不能像有些教科书那样只概括出几条极其抽象的结论，不过我们可以试试。

要回答上述这个问题，首先要了解抗战胜利时国共两党的实力对比。

抗战胜利时，蒋介石正处于他的事业的顶峰。他是世界五大国领袖之一，得到美、苏、英、法各国的支持。国民党军在抗战中和抗战后接受了美国援助的大量美式装备，在抗战胜利后又垄断了关内对日伪军的受降权，接收了百万侵华日军的全部装备。到全国内战爆发时，国民党军总兵力达430万人，其中正规军200万人，在其86个整编师（军）中美械和半美械装备的有22个师，其中新一、新六军，第五军，整编第十一、七十四师是全部美械装备，编制充实，战斗力强，是其五大主力。白崇禧的第七军和傅作义的第三十五军的实力也不可小觑。国民党军还有空军、海军和特种兵，并掌握了全国制空和制海权，掌握了大部分铁路和公路交通干线。

反观解放军，抗战胜利时，按毛泽东的话说，只有几十万条破枪，到了全国内战爆发时总兵力只有127万人，其中正规军61万人，装备比抗战胜利时虽略有改善，但仍以步兵武器为主，有少量的炮兵。同时，重炮很少，弹药不足，火力弱，缺乏现代化的运载工具。

双方比较起来，国民党军可以说占尽了优势。因此，蒋介石对在内战中取胜充满信心。

1946年6月8日，蒋介石在对营以上官长讲话时说："我们能不能做到精良快当和速战速决而把奸匪消灭呢？我们深信是毫无问题的。因为我们有空军、有海军，而且有重武器和特种兵，而他们匪军则绝对没有的。我们各兵种如果能配合得法，运用灵活，准备充分，组织严密，发挥应有的效能，我们就一定能速战速决,把奸匪消灭。"①

6月17日,蒋介石在总理纪念周上宣称:"共果不就范,一年期可削平之。"②

过了50天,即8月6日,毛泽东在延安同安娜·路易斯·斯特朗谈话时说:

> 我们所依靠的不过是小米加步枪,但是历史最后将证明,这小米加步枪比蒋介石的飞机加坦克还要强些。③

斯特朗将同毛泽东的谈话整理成文,送到美国发表。不知道蒋介石看过这一讲话没有。他即使看过,也不会相信,也许还会认为毛泽东是不是太狂了。

一年后,即1947年6月1日,蒋介石对其军官训练团第三期研究班学员的讲话,似乎让人觉得他好像看到过毛泽东上述的那段话,他说:"共产党反躬自问,他们有何理由,有何实力,有何把握,能消灭我们八年抗战的历史和五十年革命的基础?我实在想不出他们有什么道理!但是比较敌我的实力,无论就那一方面而言,我们都占有绝对的优势,军队的装备,作战的技术和经验,匪军不如我们,尤其是空军、战车以及后方交通运输工具,如火车、轮船、汽车等,更完全是我们国军所独有,一切军需补给,如粮秣弹药等,我们也比匪军丰富十倍,重要的交通据点,大都市和工矿资源,也完全控制在我们手中。无论就哪一方面的实力来比较,共产党绝对不能打败我们。因此大家相信,共匪虽然决心叛乱,就实力而言,我们一定有十分的把握,能将共匪消灭。"④

然而,一年多以后,即1949年,国民党军兵败如山倒,国民党政府撤到了台湾。国民党为何会失败并垮台得如此之快,不仅蒋介石想不通,还有不少人百思不得其解。于是,为什么丢掉大陆就成为台湾历史学界的一个长久不衰的热门话题。

再说共产党。蒋介石发动全面内战后,中共中央虽对胜利充满信心,但是

---

① 秦孝仪主编:《先总统蒋公思想言论总集》卷二十一第339页,台北中国国民党中央委员会党史委员会1984年版。
② 《徐永昌日记》第八册第289页,台北"中研院近史所"1990年影印本。
③ 《毛泽东选集》第四卷第1195页,人民出版社1991年版。
④ 秦孝仪主编:《先总统蒋公思想言论总集》卷二十二第135~136页,台北中国国民党中央委员会党史委员会1984年版。

需要多长时间才能胜利,谁也没谱,即使毛泽东也是如此。因此,他在1946年8月6日对美国记者斯特朗这样说:"中国人民在美国帝国主义和中国反动派的联合进攻之下,将要受到长时间的苦难。"①

可是,从1946年6月到9月,只打了3个月,解放军在关内已歼灭国民党军25个旅。毛泽东提出:"今后一个时期内的任务,是再歼灭敌军约二十五个旅。"他预计:"在歼灭第二个二十五旅这一任务完成的时候,我军必能夺取战略上的主动,由防御转入进攻。那时的任务,是歼灭敌军第三个二十五个旅。果能如此,就可以收复大部至全部失地,并可以扩大解放区。"②至于何时战胜国民党,当时还不能预计。

又过了一个多月,1946年11月21日,毛泽东在中共中央的会议上说:"蒋介石的进攻是可以打破的。经过半年到一年消灭他七八十个旅,停止他的进攻,我们开始反攻,把他在美国援助下七八年积蓄的力量在一年内打破,使国共的力量达到平衡,达到了平衡就容易超过它。那时我们就可以打出去,首先是安徽、河南、湖北、甘肃,然后可以再向长江以南发展,这大约要用三年到五年的时间。当然我们也不能说那时就能消灭蒋介石,我们宁可把事情估计得严重一些,最坏也无非是打十五年……"③这时,毛泽东已有明确的预期:消灭国民党短则三五年,最长十五年。

内战爆发一年之后,即1947年,毛泽东心里就更有数了,预期又明确了一点。1947年7月21日至23日,中共中央在陕北靖边县小河村召开前委扩大会议。毛泽东根据战争第一年歼敌112万人的战绩,首次提出:"对蒋介石的斗争计划用五年的时间来解决,现在不公开讲出来,还是要准备长期斗争,五年到十年甚至十五年,而不像蒋介石那样,先说几个月消灭共产党,后来又说还要几个月,到了现在又说战争才开始。"④

这个预期大约维持了一年,因为1948年9月8日至13日,中共中央在西柏坡召开的政治局扩大会议上,再次确认了小河村会议提出的用五年左右的时间从根本上打倒国民党反动统治的计划。⑤

然而,胜利来临之快大大超过了毛泽东和全党的预期。到1948年11月11

---

① 《毛泽东选集》第四卷第1195页,人民出版社1991年版。
② 同上,第1206页。
③ 中共中央文献研究室编:《毛泽东文集》第四卷第198~199页,人民出版社1996年版。
④ 同上,第267页。
⑤ 中共中央文献研究室编:《毛泽东年谱(1949—1976)》(修订本)下卷第344~345页,中央文献出版社2013年版。

日,毛泽东在致各中央局、各野战军前委的电报中指出:"九月上旬(济南战役前)中央政治局会议时所作的五年左右建军五百万,歼敌五百个正规师,根本上打倒国民党的估计及任务,因为九、十两月的伟大胜利,已经显得是落后了。这一任务的完成,大概只需再有一年左右的时间即可达到了。"①这次,毛泽东的预期是真靠谱,因为五个多月后,即1949年4月23日,南京解放,宣告国民党在全国的统治覆灭。到了1949年10月,人民解放军已经占领了全国大部分领土。

对于解放战争为何胜利来得这么快,多少年来大陆和台湾的学术界及社会上出现过各种各样的说法,到目前为止这些说法似乎还不能完全满足今天读者的求知欲。那么,在解答了几十个读者关心的问题的基础上,也不妨试着通俗概略地说一说自己的判断。

第一,蒋介石发动的内战师出无名。

发动一场战争总要有说得过去的理由,才能得到大多数人的支持和理解。就像八年抗战,那是为反侵略而战,因而能够得到中国绝大多数人民的积极支持。蒋介石要发动内战却没说出个让人民服气的理由,当时他的确也说不出来了,于是采用了不宣而战的方法。

1946年6月27日,蒋介石在日记中写道:"剿匪军事决不能用正式讨伐方式,只有用不宣而战局部的逐渐解决。"②"为什么不明令讨伐呢?"他对国民党军的高级政工人员解释说,"今天中国共产党因为有第三国际的关系,在国际上已取得了相当的地位,尤其是国际舆论并不明了中国共产党的真相,他们不认识中国共产党是一个武装叛变的集团,而以为中国共产党也和其他民主国家里的共产党一样,是一个有主义、有组织的正式的政党。……所以中共虽然是我们中国的叛逆,民族的败类,而国际间仍不得不承认其与政府处于相对的地位。如果政府下令讨伐,则依照国际公法的规定,双方就成了交战团体,这对于政府实在是太不利了。"③

如何不宣而战?那就要关上和谈的大门。

1946年7月2日上午,蒋介石亲自出面同周恩来谈话,王世杰、邵力子、陈诚在座。蒋要求中共让出安东(今丹东)、胶济线、苏北、承德、察哈尔省张家口

---

① 中共中央文献研究室编:《毛泽东年谱(1949—1976)》(修订本)下卷第389页,中央文献出版社2013年版。
② 转引自邓野:《联合政府与一党训政》第490页,社会科学文献出版社2011年版。
③ 秦孝仪主编:《先总统蒋公思想言论总集》卷二十一第382~383页,台北中国国民党中央委员会党史委员会1984年版。

以南地区,由国民党军进驻。① 蒋介石还威胁说:"如共军必须占据以上地区,威胁政府,则政府认为一切无法续谈。"②周恩来表示拒绝。

7月3日,蒋介石不同其他党派协商,向国防最高委员会提出:11月12日召开国民大会,获得通过。

7月5日,蒋介石对徐永昌说:"三人会议已不得要领,可乘便往重庆陆大视事。"③

这一年6月,徐永昌由军委会军令部部长改任陆军大学校长,但当时他还是三人小组国民党方面的代表。蒋介石让徐到重庆陆军大学视事,实际就是结束三人会议,亦即结束国共和谈。

1946年11月15日,蒋介石强行召开国民大会,彻底关上了和谈大门。

11月19日,周恩来率中共代表团飞回延安。

不宣而战效果如何?

1947年1月,国民党军在鲁南战役中两个整编师和一个快速纵队被歼后,参谋总长陈诚说:"古人说:名不正,言不顺。师出有名。我们在前方和团长以上的长官都谈过,究竟是打是和? 他们都表示怀疑,说后方总说我们好战,连死了的官兵也不知为什么要打。……现在我们前方士气相当消沉。"④

郝柏村在读蒋介石1947年3月27日日记时写道:"国军一旦遭受挫败,其士气影响非如抗战时期。盖抗战以民族大义之号召力,其精神潜力无穷。而内战则不然,尤其士兵都来自农村,说服剿共的理由,无法用民族大义激励。"⑤

郝柏村在读蒋介石1947年5月《反省录》后写道:"抗战虽苦,无人胆敢反战,(如)反(则)以汉奸论处。内战为何而战,一般人民对共产党之认识不足,何况中共又以农工阶级利益为号召,而中国百分之九十为农民,故一旦军事失利,全国人民既已经八年抗战之苦,渴望和平,整理家园,故学潮、工潮极易为中共所运用。此际在军事战场及政治、社会两条线上,中共已居主动优势地位,两年变化是很快很大的。"⑥

---

① 中共中央文献研究室编:《周恩来年谱(1898—1949)》第678~679页,中央文献出版社1989年版。
② 转引自杨奎松:《失去的机会:抗战前后国共谈判实录》第304页,新华出版社2010年版。
③ 《徐永昌日记》第八册第296页,台北:"中研院近史所"1990年影印本。
④ 《陈诚军事报告》,《国防常会219次会议》,转引自蒋永敬、刘维开:《蒋介石与国共和战》第137页,山西人民出版社2013年版。
⑤ 《郝柏村解读蒋公日记(1945—1949)》第249页,台北天下远见出版股份有限公司2011年版。
⑥ 同上,第268页。

如果把"一般人民对共产党之认识不足"解读为"一般人民未接受国民党对共产党的文宣",郝柏村这一段话大体不错。

第二,国民党政府和军队的腐败是国民党政府垮台的原因之一。对此,本书已有相关介绍,不再重复。这里只摘录两段美国人说的话,供读者参考。

一是美国研究中国问题的权威专家费正清对1943年中国观感的一段话:

> 目前问题在于蒋介石的统治面临着巨大的困难,比如通货膨胀,他对此似乎束手无策。当时法币与美元的官方兑换率是20比1,而黑市的汇率是高达400比1,导致那些渴望帮助中国的美国人被迫袖手旁观,而无法施加影响改变什么。我们发现,那些本应由国民党来做却并未做好的事,如今在共产党地区得以实现,包括扫盲运动、小型工业生产合作社、农村动员以及妇女解放运动等,但是所有一切都处于革命的背景当中。相反,蒋介石信任的是他的组织机构,包括CC系和戴笠领导的军统机构。他们力图通过镇压反对意见来达成表面的统一,然而未能如愿。其独裁统治与恐吓威胁的方式毁掉了政府在上层爱国分子心中的合法性。官员的腐败并不能赢得同样腐败的机会主义者的忠诚。①

二是1949年7月30日美国国务卿艾奇逊为编撰白皮书写给美国总统杜鲁门的信。信中说:

> 美国(驻华)军事和外交官的报告透露出,他们在1943和1944年两年中愈来愈深信,政府与国民党显然已失掉在抗战初期使他们赢得人民忠诚的十字军精神。据许多观察家的意见,他们已经堕落腐败,争夺地位权力,依赖美国为他们赢得战争并保全他们在国内的无上地位。
>
> 中国民众对于政府的信心也就逐渐消失了。②

为什么要引用西方学者和官员的话?因为有些读者不相信大陆官方编史

---

① 《费正清回忆录》第277页,中信出版社2013年版。
② 《中美关系资料汇编》第一辑第32~33页,世界知识出版社1957年版。

的话，甚至也不相信大陆学者的话，只相信西方学者和官员的话，那好，我们就请他们看看西方学者和官员是怎么说的。

第三，蒋介石发动内战，造成庞大的军费开支，入远远不敷出，国民党只得依靠印刷钞票维持，造成恶性通货膨胀，民不聊生，民怨沸腾，国民党政府又用军警宪特乃至暗杀手段镇压和恐吓人民，终于把自己置于火山口上。

有的读者会问，不是有美国吗？美国不是支持蒋介石吗？

不错，美国是支持蒋介石，但美国人民会永远允许美国政府把金钱源源不断地投入国民党的战争无底洞吗？那么精于计算的美国资本利益集团会允许这种长期投入却没有丝毫产出的事吗？绝对不可能。即使美国政府和美国国会中的少数人有这样的意愿，也无法长期蒙骗美国大众。这就是为什么时任美国总统杜鲁门为压迫国民党方面尽快达成和平协议，不得不指使美国特使马歇尔下令，自1946年7月29日到1947年5月26日，美国对国民政府武器禁运。事实上，武器援助到1947年11月才恢复。

驻中国美军指挥官魏德迈将军后来在国会做证指出，六月停战令后国军士气低落是最终失败的重要原因。而武器禁运和美国对国民政府其他支持的失败，以及中国和美国的反国民政府的各种宣传都直接造成了士气低落。

陈纳德将军等也支持这种观点。

魏德迈的话揭示了一个容易被人忽略的事实，即战争往往具有整体性，仅依靠军事手段虽然能取得一时的胜利，但终究是会失败的。在解放战争中，中国共产党为揭露国民党蒋介石发动内战的反动本质而展开的大规模政治宣传，与人民解放军取得的军事胜利具有同等重要的地位。不过，国民党为了攻击中共，也曾发动过大规模的政治宣传，其中不乏造谣污蔑，但由于国民党不在理，所以他们的宣传几乎没起作用。

第四，中国共产党和中国人民解放军的团结精神和自我牺牲精神是国民党方面没法比的。

在这一方面，毛泽东率先垂范。

首先，毛泽东冒着坐班房的危险去重庆谈判，以其大无畏的行动表现了中共的和平诚意，争取了民心。其次，在胡宗南进犯延安后，他率领党中央机关800人留在陕北，将其比作一块肉，招引胡宗南的一群绿头苍蝇，宁愿自己在陕北的千山万壑中冒着风险同敌人周旋，也不使其调往其他战场。

再如刘、邓大军。

1947年8月,他们在远离后方、千里挺进大别山后遇到重重困难。9—10月间,邓小平在河南光山县王家大湾附近对第一纵队部分连以上干部讲话说:

"我们整天背着几十万敌军在这里转,弹药、粮食、被服得不到补充,战士们不服水土,很多人生病闹疟疾,伤病员得不到最好的治疗,群众基础,物资供给,都远不如解放区,所有这些都给我们带来极大的困难。

"我们在大别山困难很多,是在'啃骨头'。但是,在其他战场上,我们的兄弟部队已经开始'吃肉'了。

"我们背上的敌人越多,我们啃的'骨头'越硬,兄弟部队在各大战场上消灭敌人就越多,胜利也就越大。而各大战场上的胜利,反过来也有我们的支援,只有我们和兄弟部队互相支援,不断歼灭敌人,才能不断减轻我们的压力,才能使我们的条件从根本上得到改善。"①

1948年11月19日,刘伯承、陈毅、邓小平向军委建议,淮海战役第二阶段以中原野战军全部和华东野战军一部求歼黄维兵团和李延年兵团。当时,华野围歼黄百韬兵团的战役尚未结束,包围黄维兵团的任务主要由中野承担,而中野全部的兵力和黄维兵团的兵力数量大体相当,但中野的装备却明显处于劣势。在部署这一仗时,刘伯承为说明其难度,打了一个比喻,叫"瘦狗拉硬屎"。邓小平要求部队拿出"倾家荡产"的气魄打好这一仗。他说:"只要歼灭了敌人南线的主力,中原野战军就是打光了,全国各路解放军可以取得全国胜利,这代价是值得的。"②

像这一种宁愿自己"啃骨头"而让兄弟部队"吃肉"的战例在解放军中不胜枚举,比如华北第二、三兵团为配合东北野战军作战,不让傅作义部队出关,在北宁路和平绥路上来回奔波,比如辽沈战役中担负黑山阻击战的第十纵队和担负塔山阻击战的第四、十一纵队都宁愿承受重大牺牲而很少缴获,也要保证兄弟部队"吃肉"。

到战略决战阶段,淮海战役和平津战役都是两个野战军联合作战的。野战军之间的团结、合作显得特别重要。在淮海战役期间,华东野战军的第三、七、十三纵队、鲁中南纵队和特种兵纵队炮兵一部,配合中原野战军参加了围歼黄维兵团的战斗。此时,中原野战军重武器较少。据《第三野战军征战纪实》,当时共有野炮2门、山炮43门(炮弹200余发)、步兵炮4门、迫击炮207

---

① 骆荣勋、郑明新主编:《挺进大别山》第127页,河南人民出版社1987年版。
② 刘华清:《为了全局,为了胜利》,邹徐文主编:《淮海大战亲历记》上册第34页,凤凰出版社2008年版。

门(炮弹 300 余发)。① 但是,据《陈赓传》记载,在围攻黄维兵团时,陈赓指挥的东集团第四、九、十一纵队和豫皖苏军区独立旅共有榴弹炮 6 门、野炮 4 门、山炮 13 门,另有"飞雷"15 个。② 这两组数字虽有出入,但中野重武器不足却是不争的事实。

在中野把黄维兵团围困在双堆集以后,陈毅打电话给华野特种兵司令员陈锐霆说:"中野挺进大别山,重武器都打了埋伏。总前委决定华野特纵炮兵支援中野歼灭黄维兵团。歼灭黄维兵团作战是整个战役承前启后的重要纽带,一定要配合中野把这一仗打好。"③

黄维兵团被全歼后,陈毅打电话给南集团指挥员华野参谋长陈士榘和特种兵纵队司令员陈锐霆,黄维兵团的东西华野部队一律不准拿,华野各纵队战斗结束后即时归建。于是,参加围歼黄维的华野各部队战后将缴获全部留给了中野,"两袖清风"归还建制。④

1948 年 12 月 11 日,在东北野战军即将入关之际,林彪、罗荣桓、刘亚楼和谭政就政治工作致电各纵队并报中央军委:"为了主动的团结友军,应在各种场合给他们以可能的关怀与照顾(例如在行军宿营或作战之时),充分发扬我军的友爱互助精神,而在发生争执与纠纷时,不论有理无理均应忍耐、退让,检讨自己,原谅对方,宁可自己吃亏,不可因此伤害对方感情。我们的口号是团结至上,团结战胜一切。"⑤

1948 年 12 月 7 日,中央军委命令东北野战军第四纵队暂归华北第三兵团指挥,配合华北主力歼灭张家口之敌。12 月中旬,四纵路过新保安地区。华北二兵团杨得志、罗瑞卿、耿飚接待了四纵司令员吴克华和政委莫文骅,提出在进攻新保安时借用四纵的炮兵团。吴、莫等商量后认为攻打新保安在攻打张家口之前,四纵到达张家口外围后还有准备时间,在战斗中兄弟部队应该相互支援。经请示军委和东北野战军总部,得到批准后,四纵即将炮团留在新保安。该团在新保安战斗中发挥了很大作用。21 日下午,四纵到达张家口东南面,加强了包围张家口的兵力,并把此前在康庄、怀来战斗中获得的战俘交给华北三兵团,用以补充部队。⑥

---

① 《第三野战军征战纪实》第 320 页,解放军文艺出版社 2004 年版。
② 《陈赓传》第 560 页,当代中国出版社 2003 年版。
③ 陈锐霆:《为虎添翼》,《淮海战役》中册第 414 页,中共党史资料出版社 1988 年版。
④ 《陈毅传》编写组:《陈毅传》第 440 页,当代中国出版社 1991 年版。
⑤ 《平津战役》第 149 页,解放军出版社 1991 年版。
⑥ 参看《莫文骅回忆录》第 544~545 页,解放军出版社 1996 年版。

反观国民党军。

国民党军并非一支统一的军队。其中派系林立,貌合神离,除蒋介石从黄埔军校建校到北伐培植的嫡系外,还有李宗仁、白崇禧的桂系,有阎锡山的晋军,有傅作义的晋绥系统,还有西北军、东北军、川军、滇军,如此等等。蒋介石对这些派系实施的是分化瓦解、金钱收买的政策,未能真正使各派统一思想、统一指挥,因此只是形式上的统一。抗战时期,因为有民族大义,可以同仇敌忾,打内战时则同床异梦、貌合神离。这些杂牌部队,有的因反对内战愤而起义,有的只求自保,有的相互倾轧。各系统的军队在同一战场上经常是各吹各的号,各唱各的调,极易分崩离析。

张灵甫在覆亡以前给蒋介石的电报中说:

> 以国军表现于战场者,勇者任其自进,怯者听其裹足,牺牲者牺牲而已,机巧者自为得志,赏难尽明,罚每欠当,彼此多存观望,难得合作,各自为谋,同床异梦。匪能进退飘忽,来去自如,我则一进一退,俱多牵制。匪诚无可畏,可畏者我将领意志之不能统一耳!窃以若不急谋改善,将不足以言剿匪也。①

蒋介石读了这一封电报,十分感慨,又读给他的部属听。但是,言者谆谆,听者藐藐。国民党军不能统一的痼疾是改不掉的。

第五,共产党之所以能在解放战争中迅速取胜,毛泽东采取了与蒋介石根本不同的战略方针也是重要原因。

毛泽东的战略方针是:

> 以歼灭敌人有生力量为主要目标,不以保守或夺取地方为主要目标。保守或夺取城市和地方,是歼灭敌人有生力量的结果,往往需要反复多次才能最后地保守或夺取之。②

蒋介石的战略方针恰恰相反,以夺取和保守地方为主要目标。他说:

---

① 秦孝仪总编纂:《总统蒋公大事长编初稿》卷六(下),第 446 页,台北,1978 年版。
② 《毛泽东选集》第四卷第 1247 页,人民出版社 1991 年版。

我们的作战的纲领,可以说是先占领据点,掌握交通,由点来控制线,由线来控制面,使匪军没有立足的余地。①

蒋介石根本不考虑部队的损耗,似乎他的部队是取之不尽、用之不竭的。而他占领的地方就要派兵防守。损耗加分兵,他的部队就越打越少。解放军则通过歼灭敌人有生力量不断补充和壮大。这一问题,在第12问中已做详尽表述。

到解放战争后期,蒋介石认识到了他的战略方针的错误,但是他无法纠正。因为毛泽东提出的战略方针以人民战争为基础,蒋介石是无法学会的。

在毛泽东军事思想的熏陶下,我军优秀指挥员都围绕着集中优势兵力、消灭敌人有生力量这一主要目标,掌握了以下打胜仗的诀窍。

首先,敌变我变,没有任何条条框框。解放军将领们不会拘泥于已有的战役战术原则,他们中的大多数都能根据我情、敌情、地形、气象等多方面情报的掌握和认真分析迅速做出部署,并予以落实。粟裕有三句话很精彩地说明了如何实事求是、灵活用兵。他说:"哪里好消灭敌人就在哪里打仗,什么时候好消灭敌人就在什么时候打仗,什么敌人好消灭就打什么敌人。"②"哪里好消灭敌人就在哪里打仗"的范例是莱芜战役,当时南线临沂方面国民党军密集,但北线李仙洲兵团兵力较弱,于是华野立即调兵到北线歼灭了李仙洲兵团。"什么时候好消灭敌人就在什么时候打仗"的范例是豫东战役对区寿年兵团的歼灭。当时,华野陈(士榘)唐(亮)兵团奇袭开封后,国民党军邱清泉兵团和区寿年兵团援救开封。华野弃城打援。作战的一般原则是把敌情搞清楚后再动手。但是当时战场上敌人较多,如果等调查清楚再动手就会丧失战机。于是粟裕不等完全弄清敌情就下令围歼区兵团,结果很快就歼灭了区兵团。"什么敌人好消灭就消灭什么敌人"的范例是孟良崮战役。作战的一般原则是先打弱敌。当时进攻山东的国民党军最强的是第七十四师。但由于它队形稍稍突出而又接近华野重兵集结的坦埠地区,实力虽强但比较好消灭,于是华野便决定首先拿它开刀,把它剜出来予以歼灭。本书所写的林彪、罗荣桓发现锦州解放后廖耀湘兵团依然南下,立即建议把打锦西、葫芦岛改变为围歼廖兵团,也

---

① 蒋介石:《匪情之分析与剿匪作战纲要》,秦孝仪主编:《先总统蒋公思想言论总集》卷二十二第112~113页,台北中国国民党中央委员会党史委员会1984年版。
② 《粟裕战争回忆录》第354页,解放军出版社1988年版。

是范例。锦西、葫芦岛敌人处于海港,不能四面包围;而廖耀湘兵团人数虽多,但处于彰武、新立屯地区,可以四面包围,比锦西、葫芦岛之敌好打,于是立即转兵北上,打了一场空前的歼灭战。

其次,各级指挥员在指挥局部的战役、战斗时大都能自觉地从全局出发考虑和行动,没有丝毫的本位主义。因此,毛泽东在战略决战时对全局指挥能做到得心应手。

最后,当各路国民党军汹涌而来的时候,指挥员们不把其看成铁板一块,常能利用矛盾,各个击破。本书所写的孟良崮战役如何利用各路国民党军的矛盾,百万军中取上将首级,就是范例。

毛泽东同将帅们由于在思想上高度统一,对他们的指导主要是提出战略方针和需要注意的关键,同时提出歼灭敌人数量的任务,至于仗怎么打,他大胆放手,充分发挥将领们的主观能动性而极少干预。在某一战役计划形成后,毛泽东经常指示他们"情况紧急不及请示时,一切由你们机断处理""情况紧张时,独立处置,不要请示"①。在一些看法不一致的具体问题上则充分发扬民主,认真倾听他们的意见,反复切磋,从而形成切合实际的正确的决策。毛泽东采纳粟裕暂不过江、在中原打大仗的建议就是一个范例。

再看蒋介石。

郝柏村在解读蒋介石1947年1月31日日记时写道:"蒋公领导风格,事无巨细,都常详尽指示或手令。古语云:'将在外,军令有所不受。'而蒋公指示过详,未必与第一线情况相符,但前方将领对蒋公指示,一向绝对服从,故有强其所难之态度。"②

1948年11月30日,杜聿明率徐州守军邱清泉、李弥、孙元良三个兵团突围,计划向永城方向逃窜。走到半道,蒋介石改变主意了,空投手令命令杜聿明不去永城,改向濉溪口攻击前进,以解黄维之围。杜聿明十分不满。他回忆道:"我看了之后,觉得蒋介石又变了决心,必致全军覆没,思想上非常抵触。我先认为'将在外,君命有所不受',准备即向永城出发;但再一想空军侦察的情况,认为如果照原计划撤退到淮河附近,再向解放军攻击,解了黄维之围,尚可将功抵过。但是万一沿途被解放军袭击,部队遭受重大损失,又不能照原计

---

① 中共中央文献研究室编:《毛泽东年谱(1893—1949)》(修订本)下卷第317页,中央文献出版社2013年版。
② 《郝柏村解读蒋公日记(1945—1949)》第229页,台北天下远见出版股份有限公司2011年版。

划解黄兵团之围,蒋介石势必迁怒于我,受到军法裁判。这样,我战亦死,不战亦死,慑于蒋介石的淫威,何去何从,又无法下决心。当即用电话将蒋介石信中要点通知各兵团,令部队就地停止。各司令官到指挥部商讨决策。"等司令官们到达指挥部讨论来讨论去,又反复看了蒋介石的信,"都感到蒋的指示十分严厉,不能不照令迅速解黄维之围。于是决定服从命令,采取三面掩护,一面攻击,逐次跃进的战法,能攻即攻,不能攻即守"①。如此一来,又耽误一天,杜聿明集团终于被华野包围于陈官庄。

蒋介石对于他的部属事无巨细,详尽指示。他的指挥能力如何?

1936年埃德加·斯诺在陕北采访周恩来时曾经就此问题询问周恩来。在北伐时期就同蒋介石共事的周恩来回答:"不怎么样。作为一个战术家,他是拙劣的外行,而作为一个战略家则或许好一点。作为一个战术家,蒋介石采用拿破仑的方法。拿破仑的战术需要极大地依靠士兵的高昂士气和战斗精神,依靠必胜的意志。而蒋介石正是在这方面老犯错误;他过于喜欢把自己想象成一个带领敢死队的突击英雄。只要他带领一个团或一个师,他总是把他们弄得一团糟。他老是把他的士兵们集中起来,试图用猛攻来夺取阵地。一九二七年的武汉战役中,蒋介石带领一个师在别人失败后进攻那个城市,把全部力量用于进攻敌人的防御工事,这个师全部被打垮。在南昌,他又重复了那种错误。他袭击了由孙传芳防守的那个城市,并拒绝等待增援而用了他的第一师。孙传芳撤退,让蒋介石进入部分城区,然后反击,把蒋军赶入城墙和河流之间的陷阱。蒋的军队被消灭了。"②

蒋介石心理素质如何?

刚发动内战时他信心满满。但到1947年2月3日,距离他宣布一年期削平共产党不到八个月③,战事何时结束尚遥遥无期,他已忧心忡忡。郝柏村在解读他这一天的日记时写道:"日记里的最高统帅对战局忧心未已,忧惧时起,几乎成为惊弓之鸟,实为极严重的心理现象。就理性而言,实应客观检讨敌我战略问题,亦即信心问题。"④

此后,从表面看,蒋介石还是倔强的,颇有传说中曾国藩屡败屡战的劲头。但内心则方寸已乱,屡出昏着。比如,在淮海战役中,为援救黄百韬兵团,蒋介

---

① 杜聿明:《淮海战役始末》,《淮海战役亲历记》第34页,中国文史出版社1983年版。
② 《党史研究资料》1980年第1期。
③ 1946年6月17日,蒋介石在纪念周上提出:"共果不就范,一年期可削平之。"(《徐永昌日记》第八册第289页,台北"中央研究院"近代史研究所1990年影印)
④ 《郝柏村解读蒋公日记(1945—1949)》第234页,台北天下远见出版股份有限公司2011年版。

石命令黄维兵团东进。此时东进最安全和快速的路线是由确山、驻马店乘火车南下汉口,换乘轮船或军舰到浦口,再循津浦路北上,沿途不会遭到解放军的阻击。但是蒋介石计不出此,让黄维由确山走陆路,要过南汝河、洪河、颍河、西淝河、涡河、北淝河、浍河,沿途遭中原野战军重重阻击,最后被围歼于双堆集。蒋介石的瞎指挥是国民党军速败的原因之一。

第六,解放区实行的土改是中共获得胜利的基础,而广大农民的支持是人民解放军战胜国民党军的决定因素。

中共的土地改革深得农民拥护。有了农民的支持,兵源、粮食、战场都获得解决。正因此,才有人民的小车推出了淮海战役的胜利。

我军俘虏的国民党军士兵即俘即补,能够立即掉转枪口,英勇作战。而国民党军得不到农民的支持,到了战场,风声鹤唳,草木皆兵,把民众都看成是敌人,于是蒋介石就要求军队同民众隔离,结果只能是两眼一抹黑。

国民党是不是对此一无所知呢?不是。"平均地权""耕者有其田"本是孙中山的遗训,国民党也曾试图解决这个问题。1947年,国民党南京政府"下令将地租调降25%"。对此,黄仁宇写道:"这项方案似乎成功了一阵子,降租计划生效。但数星期后,争议随之而起。据知在政府监督比较不力的地方,有些粗野的地主要求佃农付全额的租金。起初抗命行为只出现在个别的例子中,但后来消息开始传开,地主和佃农很快就划分阵营,接着就爆发武装冲突。在湖南省的两三起例子中,传出有人因此丧生。有些佃农原先已保留百分之二十五的佃租,后来吓住了,就自动与地主讲和,把该部分租金再补交给地主。报道出现在中文报纸,但据我所知,外国媒体却加以忽视。国民党政府既震撼又惊愕,却保持沉默,蒋介石也没有任何指示。"[1]

到解放战争后期,有的国民党将领亡羊补牢,病笃求医,也力图仿效中共的做法,以挽救其失败的命运。傅作义就是这样的将领。1947年11月28日,蒋介石在北平召开军事会议,决定成立华北"剿总",由傅作义任总司令。12月1日,傅作义在回答记者华北之战将如何打时说:非打游击战争不可。而游击队的"基础则赖于政治及经济方面之配合",因此要实行"耕者有其田"和"基层政治"。对此,廖沫沙在12月6日香港《华商报》上评论道:"所可惜的是:一、河北平原的田早已被耕者所有了,除开津保平几个大城市的瓦片,还有什么田可以给傅作义去分呢?二、他那一套可怜的'基层政治',早就有人预言

---

[1] 黄仁宇:《黄河青山:黄仁宇回忆录》第253页,三联书店2014年版。

过,只在察绥的'小圈子里'可以关起大门玩玩,哪里能见世面?三、据他说,'今年为地方奠定军事的基础,明年则为地方奠定经济生产的基础'(一日《大公报》)。可是眼前的华北就是一个无粮无煤的地方,到哪儿去'奠定经济生产'呢?岂不是痴人说梦?"①

傅作义为实行"耕者有其田",在1948年拟了一个《土地改革方案》,基本要点是对不在乡的地主没收其土地,在乡的地主则实行二五减租。1948年秋季招收了一批大学生,在华北"剿总"成立了以周北峰为队长的土地改革工作队,在北平南苑进行试点。这一行动立即遭到有势力人物的反对。拥有土地的李培基在傅作义为他所设的便宴上责问傅作义:"共产党搞土改,怎么你们也闹土改呢?"傅作义在饭桌上没有任何表示,但事后又嘱咐主持试点的人要"外圆内方"。另有一位拥有土地的热河籍的政客则勾结北平宪兵向土改工作队寻衅。还有反对者告到国民党中央,弄得蒋介石亲自来电查询。这一土改只好不了了之。②

对傅作义此举只能说是大厦将倾,独木难支。也就是说,当时国民党中个别人的作为,已难以支撑国民党这座必将倒塌的大厦了。

由于上述原因,随着时间的推移,解放军官兵的士气越来越高涨,国民党军官兵的士气越来越低迷。两军相逢勇者胜,双方士气的反差促使国民党军速败。这样的战例,在解放战争中可以说是俯拾皆是。此处只说说东北野战军第五纵队的丰台之战。

东北野战军1948年年初共有第一、二、三、四、六、七、八纵队,唯独没有第五纵队。这是因为在西班牙内战中,第五纵队是指潜伏在马德里的弗朗哥的特务团体。因此,第五纵队一度成为不好的称谓,东北民主联军便未用此番号。1948年3月,部队扩充到12个纵队,这才将以辽东军区3个独立师合编的纵队命名为第五纵队,由万毅任司令员,刘兴元任政治委员,吴瑞林任副司令员,唐凯任副政治委员,下辖第十三、十四、十五师。部队编成后进行了三查三整和大练兵。10月,参加堵击廖耀湘兵团的战斗,取得了实战经验。12月12日,入关后已进至南口的第五纵队奉命抢占丰台,截断傅作义由铁路撤到天津的退路。13日,第五纵队攻克黑山扈、红山口后从颐和园东西两侧向南插,正值傅作义收缩兵力,将西郊各部向城里撤退,第五纵队做好了同国民党军狭

---

① 廖沫沙:《纸上谈兵录》,第110页,花城出版社1984年版。
② 仲文:《关于傅作义的"华北剿总"》,《傅作义生平》第346页,文史资料出版社1985年版。

路相逢的思想准备。

当五纵到达田村火车站时,由石景山方向开来一列火车。随前卫部队十三师行动的五纵副司令员吴瑞林和十三师干部决定留下警卫营和工兵营,当火车在车站停靠时将其拿下。火车到站后,工兵营将车头炸毁。睡梦中被震醒的军官钻出车厢责问:"怎么回事?"战士们冲上去问他们:"你们是哪部分的?"军官答:"不要误会,我们是保二旅的。"战士说:"没有错,就是来抓保二旅的。放下武器,缴枪不杀,优待俘虏。"不到半小时,俘虏1000余人。当身穿缴获的国民党军军服的十三师大队正向丰台急进时,发现队伍右侧有一支队伍同他们平行前进,还有两辆马车在驭手吆喝下往前闯。一位参谋过去一问,知道是保二旅十六团,于是一个个咬耳朵悄悄传达命令后,一声令下,指战员们立即扑向旁边的队伍,搂的搂,抱的抱。国民党军直喊:"不要误会!"战士们回答:"误会不了,抓的就是保安十六团。"几分钟工夫,800余人全部缴械投降。

14日下午,在十三师后跟进的十五师进到西郊机场附近时,与一支队伍并行。一开始,该师指战员也没有注意,以为是兄弟部队。走着走着听到有人发牢骚说:"老子没有被共产党打死,像这样跑法也得累死。"这才知道是敌人。师长王振祥立即悄悄传口令给部队,然后一声令下,将这一伙国民党军俘虏,经审问,才知道是从长城外撤回北平的一〇四军的残部。

五纵抢占丰台后又击溃国民党军7个师的疯狂反扑。不到一年工夫,这一支新部队便锤炼成威武雄师。

有一些研究者认为,只有几十万条破枪的解放军之所以能在短短4年时间内战胜拥有美械装备并接收了关内日军绝大部分装备的国民党军,东北苏军移交给东北民主联军的大量缴获的日军武器装备起了很大的作用。

诚然,苏军移交的日军武器对东北民主联军顶住国民党军的进攻并逐步转向反攻起了重要作用。但从解放战争全局看,缴获国民党军的武器武装自己应该说起了更大的甚至可以说是决定性的作用。据不完全统计,解放军在4年中共缴获各种炮5.44万余门,轻重机枪近32万挺,长短枪316万余支,飞机189架,舰艇200艘,坦克622辆,装甲车389辆,汽车2.2万辆,机车1016辆,马匹19万余匹,枪弹5亿零798万余发,炮弹552万余发。[①] 解放军通过用缴获来的这些武器武装自己,到解放战争后期,已经在陆军装备上对国民党军形成了压倒性的优势。应该说,蒋介石这一位运输大队长立了头功。缴获来的

---

① 《中国人民解放军战史》第三卷附件三:战绩统计表(三),军事科学出版社1987年版。

美械和日械打坏了需要修理,弹药等消耗品需要补充,修理和补充都得依靠解放军自力更生。为此,解放军建立了许多兵工厂制造弹药和零配件。大连建新公司就是著名的兵工厂,吴运铎就是建新公司著名的模范人物,他在修理枪械时曾三次负重伤,但身残志不残,被誉为中国的保尔·柯察金。为使用现代化的装备,具有远见卓识的共产党人早就在培养和重用这一方面的人才。东北野战军的炮兵司令员朱瑞就毕业于苏联炮兵学校。华东野战军的特种兵纵队司令员陈锐霆1941年起义前即任国民党军的炮兵连长和营长。

后　记

　　《真相:解放战争那些事》终于交稿了。这一本书原计划半年完成,但断断续续写了一年多。

　　写这本书完全在我的计划之外。2013年时,我还没有想到要写这一本书。我曾经写过罗荣桓、罗瑞卿的传记,写过林彪的传记(未出版),写过一部关于毛泽东用兵的多卷本中的战略决战卷,还写过刘伯承的小册子。我曾经长时间地泡在中央档案馆和解放军档案馆,对解放战争的材料不算陌生。

　　中国青年出版社的编审吴方泽同志就约我尝试着用问答式的体裁写解放战争。此时,我已经80岁。但是除了头白齿豁耳半聋,身体还算顽健,脑子尚未糊涂。写东西可以锻炼锻炼脑筋,以预防老年痴呆症,还可以通过阅读求得新知,是一件蛮好玩的事,胜过打麻将多多,何况出了书还可以拿稿费,何乐不为？于是,就开始动笔了。

　　一动笔,就知道此事不简单。因为我碰到了对业务精益求精的出版社和编辑。

　　先说出版社。我写完第一稿后,中国青年出版社的领导提出,引用史料方面不够全面,近些年,大陆和台湾的专家学者史海钩沉,披露了一些新的研究资料及信息,要尽可能地将其中客观真实的史料及观点引入书中,以说明问题。于是,我着重从这一方面补充。我没有条件去美国看蒋介石日记,但可以在国内看到蒋介石的言论总集、事略稿本和大事长编,还可以读到许多学者研究蒋介石的论著。在修改书稿的过程中,我尽量多地引用这些史料,从而使书稿的内容丰富了许多。

　　再说出版社的领导和编辑。在这一年多时间里,他们和我经常通过电子信件讨论书稿。到2014年岁末时,他们与我的邮件往来的次数在我的联系人中已占第一位。有时我发去一篇稿子,他们改后发来,我改了再发去,往返数次,同一个文件名也被电脑连续标出1、2、3,以免搞乱。邮件往返的过程,也是探讨、切磋的过程。这一过程有争论,有互相补充,常使问题的研究得以深入,逼得我不得不常跑国家图书馆,以求获得新的资料。到国图,对年轻人来说,是稀松平常的事,但对我讲就得费点劲儿了。因为一要挤公交车,二要爬过街天桥,三要跑南馆、北馆,排队复印。辛苦是辛苦,但每获得一条新资料、一个新观点,就会得到新乐趣,足以补偿奔波之劳累。

在这里,还要提到我的老伴刘爱云。因为她把家务事都揽过去了。每天上超市采购,连超市的员工都认识这位大妈了。我牙齿不好,吃东西只能吃烂的。为加强营养,她想尽办法。这里也举一例。为吃水果,她买来了九阳破壁机,每天将瓜果梨桃等打成浆状,把花生米、核桃仁打成糊状,方便我食用,以保证能摄入足够的营养,使我可以全身心地投入写作。这一本书能够写成,她功不可没。

是为记。

（京）新登字083号

图书在版编目（CIP）数据

真相：解放战争那些事/黄瑶著. —北京：中国青年出版社，2017.9
ISBN 978-7-5153-4803-2

Ⅰ.①真... Ⅱ.①黄... Ⅲ.①第三次国内革命战争-史料 Ⅳ.①K266.06

中国版本图书馆CIP数据核字（2017）第164522号

出版发行：中国青年出版社
社　　址：北京东四十二条21号
邮政编码：100708
网　　址：www.cyp.com.cn
责任编辑：沈谦 sq-bs@163.com
编辑部电话：(010) 57350509
门市部电话：(010) 57350370
印　　刷：三河市君旺印务有限公司
经　　销：新华书店

开　　本：700×1000　1/16
印　　张：23.5
插　　页：2
字　　数：480千字
版　　次：2017年9月北京第1版　2021年1月河北第3次印刷
定　　价：68.00元

本图书如有印装质量问题，请凭购书发票与质检部联系调换
联系电话：(010)57350337